선교적 교회의 이론과 실제

선교적 교회의 이론과 실제

선교적 교회의 이론과 실제

초판 1쇄 발행 | 2016년 5월 13일
초판 2쇄 발행 | 2017년 1월 25일
개정증보 1쇄 발행 | 2019년 8월 26일
개정증보 2쇄 발행 | 2023년 5월 24일

지은이 한국일
펴낸이 김운용
펴낸곳 장로회신학대학교 출판부

등록 제1979-2호
주소 (우)04965 서울시 광진구 광장로5길 25-1(광장동)
전화 02-450-0795
팩스 02-450-0797
이메일 ptpress@puts.ac.kr
홈페이지 http://www.puts.ac.kr

값 17,000원
ISBN 978-89-7369-391-7 93230

A Theory and Practice of Missional Church by KOOK IL HAN
Published by Unyong KIM
Presbyterian University and Theological Seminary Press
25-1, Gwangjang-Ro(ST) 5-Gil(RD), Gwangjin-Gu, Seoul, 04965,
The Republic of Korea
Tel. 82-2-450-0795 Fax. 82-2-450-0797 email: ptpress@puts.ac.kr
http://www.puts.ac.kr

개정증보판

선교적 교회의 이론과 실제

한국일

머리말

선교적 교회의 이론과 실제를 다룬 본 서를 출판한지 3년 만에 개정증보판으로 보완하였다. 선교적 교회를 소개할 때 필요한 주제들에 관해 새롭게 작성한 글을 수록하였다. 새로운 내용으로는 첫번째 "선교적 교회란 무엇인가"의 제목으로 선교적 교회의 다양한 특징들을 제시하였다. 두번째 "선교적 그리스도인"이란 제목으로 선교적 교회를 실천하는 성도와 그러한 성도를 세우기 위하여 교회는 무엇을 하여야 하는가에 대한 내용, 세번째 선교적 교회를 실천하기 위한 "선교적 목회"는 어떻게 해야 하는가에 대한 내용을 수록하였다. 이렇게 하여 필자는 선교적 교회에 필요한 주제들을 보완하여 다시 출판한다.

현재 한국교회가 직면한 위기를 생각할 때 지역교회가 나아가야 할 새로운 방향과 패러다임이 절실하게 요청된다. 목회자들의 관심을 이끄는 교회성장에 관한 세미나와 그것을 주도하는 기관들이 있지만 신학적으로 검증되지 않은, 보편성을 갖지 않은 방법론에 치우친 내용들이 대부분이다. 모든 신학이 시대와 상황에 조건적으로 형성되기 때문에 상대적 의미를 갖는 것은 불가피하다. 그런 점에서 본 서에서 제시하는 선교적 교회론 역시 우리시대가 겪고 있는 문제에 국한될 수 있다. 선교학을 포함하여 신학의 역할은 성서에서 제시하는 본질적인 내용을 시대와 상황적 요청에 충실하게 연구하고 대안을 제시하는데 있다. 몰트만이 언급한 바와 같이 신학을 형성하는 두 개의 축은 "정체성(Identitaet)과 적합성(Relevanz)"이어야 한다.

선교적 교회에 대한 논의는 다른 이론들과 함께 현재 한국교회가 직면한 문제를 해결해야 하는 신학적, 선교학적 과제에 여러 가지 면에서 중요한 통찰을 제공한다고 생각한다. 특히 선교적 교회론은 한국교회가 갖는 특징과 관련하여 발생하는 문제를 해결하고 보완하는데 중요한 역할을 할 수 있다. 필자가 이 주제와 관련하여 선교적 교회론을 이론과 현장의 사례탐구를 통해서 연구하면서 얻은 생각들을 본문(제4장, 선교적 교회의 실천 모델과 원리)에서 제시하였는데 요약하면 다음과 같다.

첫째, 한국교회는 서구교회와 달리 지역교회가 전체 교회의 중심을 이루며 지원하고 있기 때문에 활발한 지역교회 존재와 활동이 중요하다. 건강한 지역교회를 세우고 활성화하는 방안이 매우 중요하다.

둘째, 한국의 지역교회는 70-80년대 급성장기간에 지역사회와 적절한 관계를 갖지 않으면서 고립된 개교회 중심체제로 성장하였다. 결과적으로 지역사회와 단절되고 고립된 상태에 있는 한국교회에 선교적 교회론에 관한 논의는 지역사회와의 관계회복의 새로운 출구를 열어줄 것이다.

셋째, 개교회 중심체제와 교회중심적 패러다임은 교회의 문제를 내부적 차원에서만 해결하려고 한다. 선교적 교회는 지역사회와 소통이 단절된 상태에 있는 지역교회를 '친교 없는 선교'에서 '친교 안에 있는 선교'로 전환하고자 한다.

넷째, 한국교회는 19세기의 선교관, 즉 서구교회의 배경에서 형성된 지리적 개념의 선교를 넘어서지 못하고 있다. 선교상황이 전 세계로 확장(mission in six continents)된 오늘의 상황에서 선교적 교회론은 20세기 이후에 발생한 선교지형 변화에 적합한 선교이해를 제공한다.

다섯째, 한국교회의 성장주의는 지역이 배제된 개교회중심의 성장을 추구하였다. 선교적 교회에서는 지역교회들의 연합을 통해 지역복음화를 위해 협력을 지향한다.

여섯째, 현재 지역교회들의 포괄적이며 다양한 방식으로 전개하고 있는 선교활동을 학문적으로 해석하고 설명하고 지지해 줄 수 있는 선교학 이론이 필요하다. 선교적 교회론이 추구하는 폭넓은 선교이론은 지역교회들의 활동을 선교학적으로 해석하고 지원할 수 있다.

일곱째, 현재 교회중심의 선교 패러다임은 목회자 중심 구조와 패러다임을 벗어나지 못한다. 그러나 실제적으로 지역사회에서 다양하고 폭넓은 선교활동에 참여하는 성도들의 활동에 대한 신학적 지원이 필요한데 선교적 교회론은 이런 주장을 수용할 수 있는 신학적 공간이 있다.

여덟째, 한국의 지역교회는 선교활동에서 목회자 역할이 결정적이라고 할 만큼 영향력이 있다. 목회자 중심의 구조가 갖는 부정적인 면을 극복하면서 목회자의 리더십의 긍정적인 면을 발전적으로 유도할 필요가 있다. 선교적 교회론의 한 분야로 선교적 목회 리더십이 이 부분에 기여할 것이다.

아홉째, 건강한 지역교회를 세우고 운영하기 위해서는 규모와 상관없이 지역교회가 활성화되는 길을 찾아야 한다. 사례연구를 통해서 지역 사회와 함께하고 소통하며 참여와 변화에 영향을 주는 생명력 있는 교회 들의 존재를 확인하였다. 선교적 교회는 이런 교회들을 연구하고 네트워 크를 형성하여 지역교회를 선교적 교회로 안내하는 길잡이로 세우고자 한다.

열째, 지역사회 발전(마을 만들기 운동)을 동반하는 선교적 교회 운동 은 통일 후 북한 지역에 필요한 선교모델이 될 수 있다. 통일 이전에 남 한 지역에서 선교적 교회의 다양한 사례를 연구하여 통일 후 북한지역을 복음화하며 건물이 아니라 지역사회발전에 기여하는 교회의 역할을 미 리 준비할 수 있다.

한국사회에서 개신교에 대한 불신이 더욱 확대되어 가며, 그리스도 인이지만 교회에 나가지 않는 사람들을 지칭하는 가나안 성도의 증가 소 식이 마음을 아프게 하며, 무엇보다 청년 세대들이 교회에 무관심해지는 경향은 분명 한국교회의 문제를 보여주는 것이며 미래를 어둡게 하는 현 상임을 부정할 수 없다. 그러나 한국교회에 희망이 없지는 않다.

매스 미디어에서 언급하고 있는 교회들의 부정적인 모습이 교회 안 이나 밖에서 교회에 대한 불신을 더하며 이런 현상은 앞으로도 계속될 수 있지만, 그럼에도 불구하고 한국교회에 희망을 포기할 수 없는 것은 전국에서 알려지지 않았지만 신앙의 본질을 붙잡고 씨름하는 목회자와 성도들이 적지 않다는 것이다.[1] 한국사회에서 교회의 신뢰를 하루 아침 에 회복하는 것은 불가능하게 보이지만 필자가 사례연구를 통해 확인한 것은 지역사회로부터 신뢰를 얻어 교회가 살아있고 지역사회에 선교적 교회로 존재하는 것이 불가능한 것이 아니라는 사실이다. 그러므로 한국 교회의 회복은 서구교회와 같이 위로부터 오는 개혁이 아니라 아래로부터 저변으로 확장하는 운동을 통해서 실현될 수 있다.

필자는 성경 마태복음 13장 24-30(가라지 비유)절을 묵상하는 중에 하나님 나라의 원리는 문제에 집중하고 그것을 제거하는 방식이 아니라, 문제가 있음에도 불구하고 좋은 씨를 뿌림으로 실현된다는 사실을 새롭게 깨달았다. 이 사실을 깨닫기 전에는 필자는 교회를 문제 중심으로 보고, 그것을 해결하고 개혁하려는 불타는 의지를 가지고 투쟁적으로 접근하였다. 즉 가라지를 뽑고 제거하려는 일에 열정을 쏟았다. 필자는 많은 시간을 그런 방식으로 연구하고 접근하다가 하나님 나라의 원리를 가라지에 관심을 가지고 제거하는 일에 열정을 쏟는 것이 아니라 좋은 씨를 뿌리는 것임을 깨닫게 된 것이다. 그 후에 선교적 교회를 연구하면서 좋은 씨를 뿌리는 것으로 좋은 교회 사례를 발굴하고 연구하면서 그것을 소개하는 일에 필자의 새로운 학문적 관심인 "희망의 선교학"에 집중하였다.

교회를 향한 새로운 관점은 자연히 한국교회를 희망의 눈으로 볼 수 있게 하였고, 사례연구과정에서 전국의 각 지역에서 힘들고 어려운 상황에서도 소리 없이 좋은 씨를 뿌리며 하나님 나라의 희망을 이루어가는 동역자들을 만나게 되었다. 이런 과정을 거치면서 선교적 교회운동은 유럽과 북미상황에서 시작하였지만 전혀 다른 배경을 가진 한국상황에 적

---

1   필자는 이것은 "강호에 숨은 고수가 많다"는 말로 표현한다. 사례연구를 통해서 숨은 고수들을 발견하는 것이 필자에게는 큰 기쁨이며 이들을 통해 한국교회의 희망과 선교적 교회의 살아있는 모델들을 발견하게 되었다.

합한 선교적 교회의 이론과 실제를 연구할 수 있었다. 좋은 현장은 좋은 교과서이다. 이론과 현장간에 활발한 상호작용은 양쪽 모두에게 생명을 불어넣는다. 본 서는 선교적 교회론을 15년 넘게 이론과 사례를 연구하면서 개별적으로 작성한 논문들을 모아 엮은 책이다. 필자는 한국교회가 여전히 문제가 있지만 그럼에도 불구하고 좋은 씨를 뿌림으로 하나님 나라를 향한 희망을 함께 공유하는 마음으로 이 책을 출판하고자 한다.

2019년 7월 양수리에서

목차

제 4 장   마을 만들기와 지역교회의 선교적 역할

제 8 장 통전적 선교에서 바라본 선교적 교회: 온 신학 관점에서

제 9 장 선교적 그리스도인: 루터의 소명론에 대한 선교적 해석과 적용

선교적 교회를 위한 신학적 토대:

하나님 나라와 교회

• 본 논문은 공동연구논문인 "하나님 나라를 위한 성도의 은사 및 사역개발" 중 본인이 작성한 부분을 기본으로 하여 수정 보완한 글임을 밝힌다. 제13회 소망신학포럼, 한국교회 성인양육(서울: 장로회신학대학교 연구지원처, 2013), 17-45.

서론

1. 한국교회의 특징

한국교회는 신생교회(younger church)로서 교회가 신앙생활에 중심이 되는 교회 중심적 신앙에 바탕을 둔 선교 패턴을 형성해 왔다. 130여 년의 짧은 역사 속에서 한국교회는 하나님에 대한 사랑과 열정을 교회를 향한 사랑과 열정으로 표현해 왔다. 교회 중심적 신앙 패턴은 교회를 섬기는 일에서 잘 나타나 있다. 좋은 교인은 주일을 잘 지키고 교회 안에서 봉사를 잘 하는 신앙인을 지칭한다.[1] 그리스도인들의 삶은 교회를 중심으로 진행되었다. 이것이 한국교회가 가진 특징이다. 다른 신생교회들과 비교할 때 한국교회는 어떤 교회보다 모이는 교회로서의 특징이 뚜렷이 나타난다.[2] 이러한 현상은 짧은 교회사 속에서 한국교회가 성장하고 선교하는 교회로 발전하게 한 긍정적인 요소임을 부인할 수 없다.

한국교회가 신앙생활에서 교회를 강조하고 교회중심적 신앙관을 형성하게 된 이면에는 여러 가지 요인들이 작용하고 있다. 첫째 요인으로 기독교 문화와 전통을 지닌 서구사회와 다르게 비기독교사회 속에서 신앙을 가지려면 사회로부터 교회 안으로 들어가는 면이 강조될 수밖에 없

---

[1] 주일성수와 같은 한국 그리스도인의 특징은 선교초기부터 나타난 것으로 보고한다. 다니엘 기포드 지음, 심현녀 옮김, 『조선의 풍속과 선교』(서울: 한국기독교역사연구소, 1995), 111.

[2] 이덕주 목사는 초기 한국 기독교 신앙 양태를 '통합지향적 신앙', '분리지향적 신앙', '변혁지향적 신앙'으로 구분하고 있다. 이덕주, 『한국토착교회 형성사 연구』(서울: 한국기독교역사연구소, 2001), 267-372.

다. 선교학적 용어로 한국교회는 "가는 구조"(go-structure)보다 "오는 구조"(come-structure)의 성향이 강하다.[3] 서구사회에는 천년 이상의 기독교 역사와 문화가 형성되어 왔기 때문에 교회 밖에서도 신앙적 영향을 받을 많은 매체가 있다. 그러나 한국교회는 짧은 교회 역사로 인해 전혀 다른 상황을 경험을 하였다. 약 100년 전 선교 초기시대에 그리스도인이 된다고 하는 것은 강력한 개인적 결단을 요구하는 사건이었다.[4] 당시 한국은 이미 불교와 유교, 토착 종교가 존재하고 있었으며 그것이 한국인의 전통과 습성을 형성해 왔기 때문에 기독교로 개종하는 과정에서 많은 반대와 핍박을 감수해야만 했다.[5]

둘째, 다종교사회인 한국에서 그리스도인이 된다는 것은 기존의 종교로부터 떠나 새로운 종교를 받아들인다는 것을 의미한다. 이 과정에서 선택과 분리는 불가피한 과정이다. 다종교 상황에서 신앙을 갖는 것은 기존 종교와 그것이 준 고정관념과 틀을 벗어나 새로운 세계관, 인생관, 가치관을 소유한 삶의 형태로 들어가는 것을 의미하였다. 그리스도인이 되는 것은 기존의 종교 문화를 떠날 뿐만 아니라 일상생활 속에서 분리되어야 하며 새 종교인 기독교에 소속하는 것이다. "떠남"과 "분리"와 "새로운 소속감"의 과정에서 기독교 신앙은 새로운 변혁을 향한 강력한 결단을 통해서 이루어졌고 이것이 현재 한국교회의 신앙적 특성을 형성하였으며 서구 사회와는 달리 신앙이 '강성'이 될 수밖에 없었다.[6] 지금도 한국교회는 일반적으로 신앙생활을 '영적 전투'로 이해하고 있는데 이런

---

3 H. J. Margull, *Zeugnis und Dialog. Ausgewaehlte Schrisften* (Hamburg, 1992), 136.

4 기포드 선교사는 한국 그리스도인들은 예수님을 구세주로 인정하는 순간부터 그의 삶에 발생하는 변화에 대하여 커다란 혁명이 시작된다고 묘사한다. 당시 유교적 제도나 제사에 대해서도 그리스도인은 신앙에 따라 단호한 태도를 취했다고 보고한다. 다니엘 기포드 지음, 심현녀 옮김, 『조선의 풍속과 선교』(서울: 한국기독교역사연구소, 1995), 110.

5 한국 그리스도인들의 개종에 대해서는 다음의 책을 참고하라. 이덕주, 『한국 그리스도인들의 개종이야기』(서울: 전망사, 1990), 전택부, 『토박이 신앙산맥』 1 (서울: 대한기독교서회, 1977), 2권 (1982) 3권(1992).

6 참고, 이덕주, 『한국 그리스도인들의 개종이야기』.

경향은 옛날에는 더욱 심했을 것이다. 이런 역사적 배경과 현상은 한국교회와 그리스도인의 신앙의 특성이 교회중심적인 신앙과 선교 패러다임을 형성하는데 주요 요인으로 작용하였다.

이런 과정은 자연히 신앙의 관심을 교회 안으로 집중시켰으며 이런 교회중심적 신앙은 교회절대주의를 초래하였고, 교회와 세상을 이원론적으로 이해하는 결과를 가져왔다. 한국교회는 그리스도인의 자의식을 주로 "교인"으로 갖게 하였으며 교회를 "성전"의 개념으로, 예배시간을 "거룩한 시간"으로 구별하면서 자연히 교회 밖의 공간과 시간에 대하여 상대적으로 소홀히 여기는 결과를 가져왔다.[7] 교회와 세상을 분리하면서 교회중심의 내향적 특성은 70년대부터 활발하게 전개된 교회성장운동을 통해서 더욱 강화되었다.

한국교회가 가장 선호하는 교회관은 "구원의 방주"와 "도피처" 개념이다. 여기에서 교회와 세상 사이에 넘어설 수 없는 큰 간격이 형성되고 이원론적인 인식이 고착되어 세상으로부터 등을 돌리고 교회 안에서의 활동에만 신앙을 적용하는 기형적인 그리스도인 상과 교회상을 초래하였다. 사회로부터 고립된 교회 안에 갇혀 있는 신앙형태는 대부분의 교회들이 표방한 교회의 탈정치화는 탈사회적 현상을 가져왔다.[8] 이제 우리는 교회를 세상으로부터 고립된 우리 안에서가 아니라 세상과 역사적 차원에서 어떤 소명과 약속을 받았는가를 바르게 이해하고 실천방향을 확립해야 할 시점에 왔다.

교회는 세상을 향해 보냄을 받은 선교적 공동체이다. 구체적으로 모든 교인들이 가정, 직장, 이웃과의 관계 속에서 말과 행동으로 그리스도의 증인이 되어야 한다. 복음화는 교회의 전도활동이 아니라 그리스도인의 일상적인 삶 속에서 세상의 모든 영역에서 하나님 나라의 복음이 실

7 　이원규, 『한국교회의 현실과 전망』(서울: 성서연구사, 1994), 227-29.
8 　김병서, 『한국사회와 개신교. 종교사회학적 접근』(서울: 한울 아카데미, 1995), 217-30.

현되는 과정이다. 그렇다면 하나님 나라와 복음을 구체적으로 어떻게 이해해야 하고 하나님 나라와 교회 그리고 세상이 어떤 관계를 갖는가에 대한 논의가 진행되어야 할 것이다.

2. 하나님 나라와 교회

교회의 목적은 하나님 나라에 대한 봉사이다. 교회의 존재 이유와 중요성 그리고 역할을 하나님 나라와의 관계에서 바르게 이해하고 정립해야 한다. 하나님 나라는 예수 그리스도 안에 현존하고 성령을 통해 세상 안에서 성장하고 있다. 교회는 이러한 하나님 나라에 참여하도록 부름 받은 하나님의 백성의 공동체이다. 교회 목표가 하나님 나라라는 것은 교회 자체나 성장이 최종 목표가 되어서는 안 된다는 것이다. 또한 교회는 스스로 자신 안에 머물려 하는 내향성으로부터 하나님 나라의 건설을 위해 해방되어야 한다. 교회는 세상 안에 하나님의 통치에 봉사하기 위해 세움을 받았다.[9] 하나님의 백성으로서의 교회는 "지금 여기"(here and now)에서 실현하는 그 역사적 소명을 하나님 나라와 세상 사이에 서 있는 자신의 독특한 위치와 관계를 분명하게 알지 않고서는 바르게 이해할 수 없다. 다시 말하면 교회는 하나님 나라로부터 출발하여 그것을 목적으로 하는 것이기 때문에 교회의 존재와 선교는 오직 하나님 나라의 조명하에서만 바르게 이해할 수 있다.

하나님 나라 모티브는 구약의 예언자들의 메시지의 중심을 이루고 있다. 성경은 하나님의 세계 안에서 이스라엘을 자신을 증거하는 백성으로 선택하였지만 하나님의 통치는 이스라엘 경계선을 넘어 전 세계를 포함하고 있다는 사실을 분명하게 증거한다.[10] 구약의 메시지의 핵심은 하

---

9 김명룡, 『열린신학 바른 교회론』(서울: 장로회신학대학교출판부, 2002), 111-12.
10 크리스토퍼 라이트, 정옥배 · 한화룡 옮김, 『하나님의 선교』(서울: IVP, 2010), 569-630.

나님의 나라를 실현하는 그의 통치가 전 세계 위에 임하며 모든 사람으로부터 영광을 받는 분으로 묘사한다.[11]

신약성서는 하나님 나라를 예수의 삶과 사역을 통해서 구체적으로 증언한다. 예수는 이 땅에 하나님 나라를 전하고 보여주기 위해 왔다. 그의 공생애 첫 사역은 하나님 나라를 선포하는 것으로 시작하였다. '때가 찼고 하나님 나라가 가까워 왔으니 회개하고 복음을 믿으라'(막 1:15). 하나님 나라는 예수의 공생애 사역에서 중심을 이룬다. 그가 전하는 복음은 하나님 나라를 가리키는 것이며 그가 행하는 모든 기사와 이적은 하나님 나라의 표상이며 예수의 인격과 행동은 곧 하나님 나라가 어떤 것인가를 친히 보여주는 실체이다. 즉 예수의 말과 행동이 세상 속에서 하나님의 통치를 현재적인 실재로 만든다. 그러면 구체적으로 예수님 안에 현존하는 하나님 나라의 특징은 무엇인가? 또한 하나님의 나라는 이 세상 안에서의 삶을 향해 어떤 약속을 하고 있는가? 다시 말하면 하나님 나라는 교회와 세상, 전 인류를 향해 어떤 약속을 하는가?

하나님 나라가 세상 속에서 어떻게 임하는가를 말하기 위해 먼저 하나님 나라에 관한 극단적인 입장을 극복해야 한다. 이원론적 세계관은 하나님 나라를 영적이고 개인적 실존이나 또는 초월적이고 내세적인 세계에서 이루어지는 종말론적 현실로 이해할 때 하나님 나라는 이 세상이나 역사와 무관하며 교회가 현실에 참여할 어떤 근거도 갖지 못한다. 반대로 하나님 나라를 이 세상과 역사 속에서 실현되는 어떤 제도나 정치 형태와 동일시 할 경우 하나님 나라의 초월성과 종말론적 완성의 여지가 사라진다. 후자가 하나님 나라에 대한 현실 참여적 급진주의적 입장이라면, 전자는 현실 도피적 보수주의 입장이라고 말할 수 있다. 그러므로 하나님 나라는 개인의 영적, 내면적 차원에 속한 비역사적, 비정치적인 것

11　이형기 · 송인설 공역, 한국기독교교회협의회 신앙과 직제위원회 편, 『신앙과 직제와 삶과 봉사의 합류』(서울: 한국기독교협의회, 2009), 34-35.

이 아니며 반대로 세상 속에서 인간의 힘으로 실현되는 역사 내적인 정치 현실도 아니다. 예수의 말씀과 삶을 통해서 드러난 "하나님 나라는 개인적이고 내면적일 뿐만 아니라 동시에 공동체적이고 사회적이며, 현세적이고 역사적이면서 동시에 종말론적이고 우주적이며 역사 초월적이다."[12]

하나님 나라는 역사적 종말에 완성에 이를 것이지만 역사 속에서 이미 다가오는 하나님의 주권과 통치를 시작하였다. 예수 안에서 역사와 종말은 연결되어 있다. 몰트만은 예수는 그의 선교와 부활을 통해 하나님 나라를 역사 속으로 이끌고 왔다고 설명한다. 그 나라는 종말론적 미래로서 현재를 결정하는 권능이 되었으며 이러한 미래는 이미 시작되었다. "우리는 이미 〈옛 시대〉의 상황 속에서 〈새 시대〉의 빛 안에 살 수 있다. 종말론적인 것은 이러한 방식으로 역사적인 것으로서 되기 때문에 역사적인 것도 역시 종말론적인 것이 된다. 희망은 현실적이 되고 현실은 희망적이 된다."[13]

"예수의 하나님 나라 사상에는 분명히 역사적이며 정치적인 차원의 의미가 내포되어 있다. 하나님의 통치는 하나님의 뜻이 '하늘에서 이루어진 것과 같이 땅에서도 이루어'(마 6:10)져야 하는 것이기 때문에 그 영역은 정치적 현실을 포함하는 인간의 삶의 전 영역을 포함한다."[14] 그렇기 때문에 이러한 하나님 나라는 이 세계 역사의 모든 현존하는 정치적 질서를 근본적으로 변혁시키는 "종말론적인 정의와 사랑과 평화와 기쁨의 나라이다"[15] 그러면 하나님 나라는 어떤 방식으로 이 땅에 전개되고 실현되는가? 그 하나님 나라는 어떤 특성과 내용을 담고 있는가?

---

12 윤철호, 『예수 그리스도』(서울: 한국장로교출판사, 2008), 279.

13 위의 책, 284.

14 윤철호, 『예수 그리스도』, 280.

15 위의 책.

몰트만은 하나님 나라가 "역사 안에서 해방하는 통치로서 현재한다면 이러한 해방하는 하나님의 능력은 그의 약속과 복음의 선포 속에서 분명해진다."고 말한다.[16] 하나님은 "말씀과 신앙, 약속과 희망, 계명과 복종, 권능과 성령을 통해서 통치하신다."[17] 이러한 하나님 나라는 역사 안에서 성령의 실재를 통해 구체화된다. "하나님의 영은 불가능한 것을 가능하게 만든다. 그는 믿을 것이 전혀 없는 곳에서 사랑을 창조하며 희망할 것이 전혀 없는 곳에서 희망을 창조한다. … 하나님의 영은 새로운 미래의 창조자로서 그리고 이러한 미래를 위해 일시적으로 존재하는 것을 새롭게 창조하는 분으로서 역사 안에서 활동한다."[18] 예수의 선포에서 나타난 현저한 특징은 하늘의 아버지께서 누구보다 우선적으로 가난하고 고통 당하고 죄짓고 버림받은 자들에게 우선적으로 자비와 사랑을 베푸신다는 것이다.

이런 하나님 나라를 이루는 통치는 중세나 제국주의 시대에서 볼 수 있는 것 같은 강제적인 지배나 억압적 방식이 아니라 사랑과 섬김을 통해 이루어진다. 예수님 제자들에게 세상 나라와 하나님 나라의 차이점을 분명하게 말씀한다. 세상 나라와 권세는 일방적이며 임의적으로 지배하고 다스리지만 하나님 나라는 이러한 위계질서나 힘의 논리가 아닐 자신을 낮추고 섬기는 방식을 통해서 이루어진다(막 10:42-45). 하나님 나라의 최고의 권위는 사랑과 섬김이다. "너희는 그렇지 아니하니"란 표현을 통해서 예수님은 하나님 나라의 주권이 실현되는 방식을 세상 나라의 방식과 대조시킨다.

하나님 나라는 세상적인 눈으로 보면 연약해 보인다.[19] 또한 몰트만

---

16 몰트만, 『성령의 능력 안에 있는 교회』, 282.
17 위의 책.
18 위의 책.
19 헨리 나우엔, 『예수님의 이름으로』(서울: 두란노, 2003), 55-59.

이 표현한 것같이 하나님 나라는 세상의 눈에는 감추어진 방식으로 통치한다. 하나님 나라는 세상에게 익숙한 힘의 논리 즉 무력적, 혁명적 정치투쟁에 의해서가 아니라 예수에게서 보이는 가난하고 고난당하고 소외되고 버림받은 사람들을 위한 자기희생적 사랑과 섬김의 삶을 통해 이루어지기 때문이다. 이러한 방식은 세상이 하나님 나라에 직접적으로 관여할 수 없는 십자가에 감추어진 하나님 나라의 특성을 대변한다. 그리스도인에게 구원의 능력인 십자가가 세상 사람들에게는 미련하게 보이거나 걸림돌이 된다(고전 1:18). 그러므로 하나님 나라는 십자가를 통해 회개와 결단을 요구한다. 누구나 하나님 나라에 참여하며 그 나라를 맛보려면 회개와 자기 부정을 통해 신앙으로 들어가야 한다. 하나님 나라는 십자가의 복음을 통해 회개를 통한 죄 용서를 경험하며 새로운 존재로 거듭나는 과정이며 성령의 능력을 통해 교회를 지속적으로 새롭게 만들어간다.

하나님 나라는 잔치와 같은 공동체의 특성을 갖는다. 그 잔치는 안의 구성원들만이 아니라 밖에 있는 사람들을 초청하는 잔치이다. 하나님 나라의 잔치를 미리 맛보는 교회는 지역사회와 함께 하며 잔치의 공동체를 넓혀가는 것이 선교 활동이다. 이 잔치는 세상의 모든 차별을 뛰어넘어 사람들을 초대한다. 이 잔치 안에서 하나님 나라의 평등과 포괄성과 사랑을 나눈다. 그러므로 이 잔치의 초대소식을 전하는 선교적 교회는 타인을 위한 교회이기 전에 타인과 함께하는 교회이다.[20]

3. 하나님 나라와 복음이해

하나님 나라의 바른 이해는 그 복음에 대한 바른 이해에 기초한다.

---

[20] 테오 순더마이어, 채수일 엮어옮김, 『선교신학의 유형과 과제』(서울: 대한기독교서회, 1999), 99.

한국교회에서 복음이해는 종종 개인주의 또는 집단주의 이데올로기에 의해 왜곡되어 있다.[21] 개인주의에 영향을 받은 복음은 하나님 나라를 개인을 위한 어떤 사건으로 축소하는 경향을 갖는다. 복음은 그것이 선포될 때 듣고 인격적으로 결단한 사람이 자신의 개인적 삶에 적용한다는 점에서 개인적 차원을 가지고 있으나 복음은 개인으로서의 내가 접촉하기 이전에 전 인류와 피조세계의 구원과 회복을 향한 내용을 담고 있다는 점을 주목해야 한다. 복음을 듣고 믿음으로 받아들이는 나의 관점에서는 개인적 특성을 갖고 있지만 복음의 내용은 전 우주적이며 이 세상 전체를 통치하고 다스리는 하나님 나라에 관한 것이다. 우리가 복음을 '온 세상'에 전하라는 선교위임에서 언급하는 온 세상은 단지 지리적 차원만이 아니라 인간의 삶의 모든 영역에서 복음이 전파되고 실현되어야 할 것을 의미한다.[22]

복음은 존재 자체로서의 개인을 대상으로 하는 것이 아니다. 오히려 아담 안에 있는 옛 사람에 속한 한 구성원으로서 죄로 인해 죽을 수밖에 없는 인간 전체를 대상으로 한다. 그러므로 복음의 좀 더 넓은 차원을 무시하는 일은 교회의 사명을 축소하거나 왜곡하는 결과를 초래한다. 즉 개인을 전체로부터 유리된 개별 단위로 이해하여 "구원(을) 오직 한 '개인과 하나님과의 관계 속에서만' 이루어지는 것 같이 이해하게 한다. 그것은 개인은 결코 혼자서 있는 존재가 아니며 따라서 자신이 속해 있는 세계와의 관계를 떠나서 구원을 언급할 수 없다는 사실을 간과하고 있다."[23] "복음이 제공하는 것은 종교적 경험만이 아니라 새로운 창조, 즉 하나님의 통치하에 있는 삶의 새로운 양식을 모두 포함한다.[24] 이런 점에

---

21 최준식, 『한국인에게 문화는 있는가』(서울: 사계절, 1998), 57-91. 최준식 교수는 한국사회를 전형적인 집단주의 사회로 규정한다. 이런 특징은 유교의 연고주의에서 온 것으로 진단한다.

22 "the gospel to all realms of life", *Mission and Evangelism: an ecumenical affirmation, you are the light of the world* (Geneva: WCC, 2005), 13-14.

23 C. 레네 파딜랴 지음, 홍인식 옮김, 『통전적 선교』(서울: 나눔사, 1994), 22.

서 복음은 전 세계를 포괄하는 하나님 나라의 특성과 동일하다는 점을 주목해야 한다.

나이로비에서 개최된 세계교회협의회 제5차 총회 문서에서도 복음은 다음의 사실을 포함하고 있음을 확인하였다. "예수 그리스도를 통한 하나님 나라와 사랑에 대한 선포, 은혜와 죄사함, 회개하고 그분을 믿을 것으로의 초대함, 하나님의 교회 안에서 교제하라는 명령, 하나님의 구원하시는 말씀과 행동을 증거하라는 명령, 정의와 인간의 존엄성을 위한 투쟁에 참여할 책임, 전인적 인간을 가로막은 모든 것을 거부할 의무, 생명 그 자체를 내거는 헌신"등이다.[25] 그러므로 교회가 하나님 나라를 위해 세상을 향한 증인으로 부름 받았다는 것은 "하나님의 창조 질서 안에서 모든 것이 상호 관련되어 있으며, 모든 인간 관계는 동시에 영적, 물질적, 사회적, 정치적 그리고 경제적이다."[26]라는 포괄적 확신에 서 있는 것을 의미한다. 이와 같이 하나님의 창조 질서 안에서 모든 것이 서로 긴밀하게 연결되어 상호 영향을 주고받고 있으며 그 모든 영역이 하나님 나라 안에서 본래의 목적을 향한 기능과 영향력을 회복하게 된다.

4. 하나님 나라 빛에 비추어 본 교회와 세상의 관계

하나님 나라에 비추어 교회의 본질과 선교를 살펴보기 위해 교회와 세상의 관계를 통해서 좀 더 깊이 이해할 필요가 있다. 르네 빠딜라 만큼 복음적 관점에서 그리스도와 교회와 세상의 관계를 분명하게 설명한 학자가 많지 않을 것이다. 빠딜라는 성경에서 사용된 세상(cosmos)이라는

---

24 위의 책, 84.

25 세계교회협의회 엮음, 이형기 옮김, 『세계교회협의회 역대총회 종합보고서』(서울: 한국장로교출판사, 1993), 335.

26 하워드 A. 스나이더 지음, 박민희 옮김, 『하나님의 나라, 교회 그리고 세상』(서울: 드림북, 2007), 130.

단어가 차지하고 있는 중요성에 대한 관찰만으로도 우리는 복음의 전 우주적인 차원을 충분히 이해할 것이라고 언급한다. 즉 "예수 그리스도안에서의 하나님이 하신 일은 단순하게 한 개인과의 관계가 아닌 전체로서의 세계와 직접적인 관계를 맺고 있다."[27] 신약성서에 따르면 교회를 하나님 나라의 공동체로서 하나님 나라가 역사 안에서 구체적으로 나타나는 온 우주의 주로서 예수를 인정하는 공동체로 소개하고 있다.[28]

하나님 나라와 교회의 관계에 대하여 빠딜라는 다음과 같이 설명한다. "하나님의 나라는 예수 그리스도 안에서 역사 속으로 침입해 들어왔고 성령을 통하여 계속하여 활동하고 있다. 교회는 성령을 통한 하나님의 행동의 결과이다. 그것은 그리스도의 몸이며, 예수 그리스도에 의하여 시작된 새로운 삶의 활동 영역이다. 성령은 이 새로운 삶을 신자들에게 공급해 주는 행위자(Agent)이다. 이와 같이 성령은 교회에서 선교적 공동체로서 그의 존재를 가능케 하는 은사를 준다."[29] 그러므로 교회는 하나님 나라와 동일시 되어서는 안 되지만 동시에 그로부터 분리되어서도 안 된다.

하나님 나라는 교회를 통해서 세상에 알려지기 때문이다. 하나님 나라의 현존과 분리하여 교회의 선교를 이해하는 것은 불가능하다. 교회는 사회행동과 봉사와 함께 복음 선포를 통해 비록 온전하지 않지만 하나님 나라를 나타내는 것이다. 또한 교회는 그리스도의 몸으로 만물을 완성하시는 그의 약속이 그 안에서 완전히 이루어진다(엡 1:22-23). 세상의 이중적 특성을 바르게 이해해야 한다. 즉 하나님을 떠난 세상과 하나님의 회복의 대상으로 선교의 장을 구분하여 교회가 세상과 다른 성격에서 구분되지만 동시에 하나님의 선교에 참여하도록 세상 안으로 부름 받았다는

---

27   C. 레네 파딜랴, 『통전적 선교』, 23.
28   위의 책, 221.
29   위의 책, 222.

사실을 잊지 말아야 한다.[30]

교회와 세상을 분리하는 이원론의 문제를 그리스도 안에서 바르게 연결하는 성경적 근거를 에베소서 1장 23절을 통해서 분명하게 알 수 있다. 이 본문에 따르면 교회와 세상은 본질상 구분되지만 예수의 주권을 통하여 그리고 교회에 주어진 약속을 통하여 분리할 수 없는 관계에 있음을 증거한다. 그리스도는 세상의 주관자이며 동시에 교회의 머리이다. 이 사실은 교회와 세상이 서로 다른 특성을 가지고 있음에도 불구하고 교회를 통해서 세상 안에서 일하시는 그리스도로 인하여 연결되어 있다. 르네 빠딜라가 이미 잘 설명한 것같이 교회의 파송목적과 교회를 향한 약속은 세상 속에서 실현된다. 세상을 향한 약속을 교회에 주셨다. 이것이 교회가 존재하는 이유이며 하나님의 선택의 목적이기도 하다. 만일 교회가 세상으로부터 등을 돌리고 교회 자신만을 위해 존재한다면 그것은 이미 그리스도의 교회가 아니다. 교회는 본질적으로 세상과의 연관성에서만 자신의 존재이유와 목적을 알게 된다. 그것은 교회가 만물 안에서 만물을 충만하게 하는 그리스도의 충만함이기 때문이다. 이 약속은 종말의 선취로서 교회 안에서, 교회를 통하여 모든 세상은 그리스도의 충만함을 경험하고 그의 다스림을 받는다.[31]

그러므로 교회는 하나님의 일을 자신의 일로, 하나님의 이름 대신에 자신의 이름을 드러내며 하나님의 영광을 자신의 영광으로 대치하려는 유혹을 극복해야 한다. 교파주의와 개교회주의 같은 현상은 모두 이러한 유혹에 넘어간 형태이다. 구약의 이스라엘 역시 하나님을 유대 민족주의 범주 안에 제한하였으며 보쉬가 지적한 바와 같이 '배타적 선민의식'에 사로잡혀 세상을 향한 증인으로 부름을 망각하였다.[32] 예수는 그의 삶과

---

30 데이비드 보쉬, 전재옥 옮김, 『세계를 향한 증거』(서울: 두란노, 1995), 263-68.

31 Peter Pokorny, *Der Brief des Paulus an die Epheser* 10/II (Leipzig, 1992), 89-95.

32 크리스토퍼 라이트, 정옥배 · 한화룡 옮김, 『하나님의 선교』(서울: IVP, 2010), 333-34.

활동을 통해 세상에 화평으로 오시고 존재하는 모든 담을 헐어버리는 분임을 보여주었다(엡 2:14). 이것은 분열과 반목에 사로잡혀 있는 세상에 대하여 예수님이 보여주신 하나님 나라의 모습이다. 오늘날 교회는 세상의 모든 담과 분쟁과 적대감들을 헐어버리고 그리스도 안에서 한 백성이 되는 것, 바로 이 꿈을 위해 세상 안에 세움을 받았다.

교회의 선교를 말할 때 교회는 "창조 세계 전체를 그리스도의 주권 밑에 모으고, 인류와 창조세계를 교제로 인도하는 것이 하나님의 계획임을 알아야 한다. 교회는 그리스도를 통해 만유를 하나님께 화해시키고, 그것들 상호간에 화해를 일으키시는 그리스도의 선교에 동참한다." 교회는 이것을 예배와 예전을 통해서, 창조 세계에 대한 봉사와 케리그마를 통해서 하나님 나라의 실재와 하나님의 선교에 참여한다. 그러므로 교회는 이 세상의 구원과 변화를 위해 하나님의 뜻을 증거하고 그것을 실천하는 일에서 자신의 존재 이유를 발견한다. 좀 더 구체적으로 말하면, "교회는 (그리스도의 사역을 따라) 가난한 사람들과 곤궁 속에 있는 사람들과 주변으로 밀려난 사람들을 변호하고 돌봄으로써 모든 사람들과 고통을 나누도록 부름을 받았고 그것을 실현하는 능력과 은사를 받았다.[33] 그러므로 "교회는 온 세상을 위한 하나님의 의도와 계획을 나타내는 징표요, 그것을 일구는 도구이다."[34] 하나님의 백성은 하나님의 창조세계에 대한 화해와 치유와 변혁을 증거하고 이 하나님의 선교에 동참하도록 세상으로 파송되었다. 그렇기 때문에 교회의 온전성(integrity)은 선포를 통한 증거와 JPIC(정의, 평화, 창조세계의 보전)를 위하여 선한 뜻을 가진 모든 사람들과의 연대를 통하여 구체적으로 수행하는 행동에서 실현된다.[35]

---

33 "Your Kingdom Come", *Mission Perspectives. Report on the World Conference on Mission and Evangelism*. Melbourne, WCC (Geneva: WCC, 1980), 83-119.

34 한국기독교교회협의회 신앙과 직제위원회 편, 『신앙과 직제와 삶과 봉사의 합류』, 364.

35 위의 책, 365.

　　지역사회 속에서 교회의 선교적 책임은 교회가 단지 말로만 복음을 지역 주민들에게 전하는 것이 아니라 지역사회를 교회를 통해 변화시켜 가는 책임이 있다. 그것은 선교의 궁극적 목적이 교회 자체가 아니라 이 세상에 하나님 나라를 이루어가는 것이기 때문이다. 그것을 위해 교회는 지역사회와 함께해야 한다. 교회가 세상으로 파송된 공동체라는 것은 그들을 위해 무엇을 하기 이전에 그들과 함께하는 관계가 선행되어야 한다.[36] "이 세상은 단지 하나님의 피조물만은 아니다. 그것은 또한 하나님의 선교의 영역이다. 하나님은 온 세상을 사랑하셨기 때문에 교회는 세상의 어느 부분이라도 소홀히 할 수 없다."[37] 교회의 선교적 과제는 이와 같이 그리스도 안에서 행하시는 만물을 새롭게 하는 하나님의 새 창조 사역에 참여하는 것이다.

　　그러므로 우리는 교회가 선교활동을 지향하는 '선교하는 교회'와 교회 자신을 세상으로 파송된 공동체의 의식을 가지고 있는 '선교적 교회' 사이의 차이점을 올바로 인식할 필요가 있다.[38] 전자가 활동으로 선교를 이해한다면 후자는 교회 자체가 선교적이라는 자기인식을 가지고 있다. 그러므로 선교하는 교회가 되기 위해서는 먼저 교회가 선교적 교회의 자기인식을 가져야 한다. 왜냐하면 선교는 단지 교회의 프로그램이 아니라 하나님으로부터 세상으로 파송된 '선교적 교회'로부터 나오는 활동이기 때문이다. 만일 선교를 교회의 많은 프로그램들 중의 하나로 정의한다면 우리는 교회 자체를 내부지향적 양태로 규정하게 된다.[39] 지역사회를 향해 개방적이며 함께하는 태도 없이 단지 전도를 위해 나간다면 그것은

36　한남제일교회 오창우 목사는 인터뷰에서 그 교회에 부임할 때 지역의 담임목사로 부임한다는 생각을 가지고 갔으며 자신은 "마을지기"의 일한다는 의식을 가지고 있다고 말했다. 오창우 목사는 선교적 교회론의 분명한 근거에 서있는 선교적 목회자상을 갖고 있다. 2011. 3. 12. 오후 6-10시.

37　『세계교회협의회 역대총회종합보고서』, 336.

38　H.-W. Gensichen, *Glaube fuer die Welt* (Guetersloh, 1971), 170.

39　대럴 구더(Darrell L. Guder), "선교: 프로그램인가? 목적인가?", 제3회 춘계신학강좌 자료집, 주제: 통전적 선교신학, 일시: 2004. 11. 10(수) 장소: 영락교회 50주년 기념관, 5.

'선교하는 교회'와 '오는 구조'에 서 있는 세상을 향해서는 닫혀 있는 교회이지만, '오는 구조' 만이 아니라 세상과 함께 하는 '선교적 교회'는 '오는 구조'(come-structure)와 함께 '가는 구조' (go-structure)를 지향하는 교회로서 지역교회는 지역사회와 함께 하며, 교인은 세상 속에 그리스도인으로 살아가도록 인도하는 교회이다.[40]

선교전략적 차원에서 이해할 때 전체 교회의 선교는 세상으로부터 공신력을 얻고 있을 때 가능하다. 이런 점에서 교회의 사회적 공신력은 선교의 인프라이다. 하나님 나라의 복음은 그것을 전달하는 '증인'으로서 지역교회와 그리스도인이 세상으로부터 신뢰를 얻는 것이 중요하다.[41] 그러므로 교회의 선교는 눈에 보이는 특정 프로그램 이전에 개 교회들의 보이는 부분과 함께 전체 한국교회의 보이지 않는 부분이 중요하다. 교회의 선교 활동이 사람들에게 좋은 영향을 주는 것은 지역사회에서의 교회가 긍정적인 이미지를 가질 때이며 사회적 공신력을 얻을 때이다. 이 것은 지역사회에서 교회의 선교적 차원이 복음증거와 사회적 책임을 함께 수행하게 될 때 선교의 효력을 얻게 되는 것을 의미한다.

결론

교회는 하나님 나라를 지향하는 신앙공동체이다. 교회가 세상에서

---

[40] 용학교회 박석종 목사는 대학원에서 "하나님의 선교"를 배운 후에 기존의 자신의 목회방향이 교회내부지향적인 것을 깨닫게 되었다. 박목사는 하나님의 선교 관점에서 볼 때 교회는 자신이 아니라 세상을 향해야 하며 그것을 실현하기 위해 우선적으로 교회구조가 선교적 구조로 변화되어야 한다고 생각했다. 박목사는 선교적 교회의 실천에 적합한 교회 조직의 개편을 시도하고 내부적 일을 위한 조직 외에 대 사회적 역할을 수행하는 다섯 위원회를 새롭게 조직하여 지역사회를 섬기는 교회로 전환하였다. '하나님 나라의 도구로서 용학교회 이야기', 한국일, "복음전도와 교회의 공적 책임", 이형기 외 8명 공저, 『공적신학과 공적교회』(서울: 킹덤북스, 2010), 206-7.

[41] 참고: 한국일, "복음전도와 교회의 공적책임", 167-222.

하나님 나라를 미리 맛봄을 경험하고 증거하는 공동체이지만 그 자체가 목적이 될 수 없다. 그렇기 때문에 교회는 자신이 스스로 중심에 서려고 하는 현실주의적 유혹을 물리쳐야 한다. 하나님 나라의 빛 안에서 교회는 부단히 자신을 살피는 노력을 하는 것이 중요하다. 이것이 그리스도를 아는 보배를 질그릇에 담은 교회의 이중성(고후 4:7)을 언제나 인식하고 새롭게 되는 원리이다.

한국교회와 선교의 진정성을 회복해야 한다. 활동과 프로그램으로는 풍부하지만 지역사회로 한국교회는 부터 신뢰를 얻지 못하는 것은 그 모든 활동이 교회자신을 위한 것이라는 평가를 받기 때문이다. 선교는 교회가 자기 울타리를 넘어 세상으로 나아가는 행위이다. 이것을 위해 세상과 소통하고 교제를 가져야 한다. 그동안 교회는 선교활동에는 적극적이면서도 지역사회와 소통하는 면에서는 매우 소극적인 태도를 취해왔다. 하나님 나라가 실현되는 현장은 먼 지역이 아니라 바로 교회가 속한 가까운 지역에서부터 시작되어야 한다. 선교현장으로서의 지역성과 선교에 참여하는 교회로서의 지역교회의 선교적 교회론의 정체성을 재발견해야 한다.

한국사회의 진정한 복음화는 지역교회 차원에서 실천되어야 한다. 그것을 위해 지역의 개교회들 간에 경쟁관계를 극복하고 지역사회의 복음화를 위해 서로 연합하고 협력하는 관계를 구축할 필요가 있다. 지역복음화는 민족복음화를 이루는 출발점이다. 각 교회와 그리스도인들은 지역사회 속에서 빛과 소금의 역할을 감당하고 그곳에 속한 사람들과 열린 관계를 통해 진정으로 지역을 위해 섬기고 봉사하는 교회가 되는 것이다. 오늘날 한국교회기 주어진 선교사명을 지속적으로 수행하려면 올바른 교회관, 선교관에 기초하여 건강한 교회 성장을 추구해야 하는데 이것을 위한 가장 중요한 과제는 지역교회에 주어진 은사와 자원을 주목하고 그것을 지역사회 차원에서 실천하면서 점차적으로 한국사회 전체

로 확장해가는 전략이 필요하다. 이것을 위해 교단 차원의 협력도 필요
하지만, 교파주의와 개교회주의를 극복한 지역교회간에 연대와 협력이
우선적으로 이루어져야 한다.

제2장

선교적 교회란 무엇인가:

선교적 교회 관점에서 본 지역교회

서론

오랫동안 선교는 해외 선교사역을 위한 학문이며 그렇기 때문에 선교사나 타문화권 선교에 참여하는 특정한 대상을 위한 학문이라고 생각해 왔다. 신학의 한 분야로서 선교학은 적어도 20세기 중반까지는 세계선교를 위한 학문으로서의 역할을 충분히 실행해 왔다. 그러나 20세기 중반 이후에 선교학의 책임영역은 더 이상 해외선교나 선교사를 위한 학문만이 아니라 이 땅에 존재하는 모든 교회와 그리스도인의 삶을 안내하는 학문으로서 다양하고 넓은 역할을 담당한다. 이러한 과정에는 몇 가지 이유가 있다. 첫째, 세계선교현장의 변화이다. 기존의 비서구지역만을 선교현장이라고 생각해온 것으로부터 전세계가 선교현장이라는 현장의 확장이 있었다. 둘째, 전 세계에 교회가 세워진 범세계교회시대를 맞이하고 있다. 셋째, 기존의 선교사를 파송하는 교회의 선교로부터 온 세상에서 일하는 하나님의 선교개념의 출현과 80년대 후반부터 지역교회의 선교적 역할을 새롭게 인식하는 선교적 교회 운동이 전개된 것이다.[1]

이런 변화는 선교를 더 이상 특정한 상황에만 적용하는 것이 아니라 모든 교회와 그리스도인에게 적용되어야 하는 선교의 보편화 요구에 대한 응답으로 실현되었다. 크리스토퍼 라이트는 구약학자로서 드물게 성경 전체를 선교적 관점에서 이해하는 "선교적 해석학"을 주장하고 발전시켰다. 그는 성경이 선교를 목적으로 기록된 책이기 때문에 선교적 관

---

[1]　한국일,『선교적 교회의 이론과 실제』(서울: 장로회신학대학교, 2016), 156-164

점에서 읽어야 성경의 본의를 바르게 이해할 수 있다고 본다. 이런 점에서 크리스토퍼 라이트는 대담하게 "선교는 모든 것이다"라고 주장한다.[2] 이 관점에서 보면 선교는 타문화권에 파송되는 선교사에게만 해당되는 것이 아니라 우선적으로 모든 그리스도인에게 주어진 보편적 소명이다.

모든 그리스도인이 타문화권에 파송된 "선교사"가 될 수는 없지만 하나님의 선교 관점에서 볼 때 모든 교회는 그리스도인은 세상으로 파송받은 선교적 존재이다. 예수가 세상으로 보내신 선교적 소명은(요 17:18; 20:21) 특정한 사람만이 아니라 모든 교회와 그리스도인에게 적용되는 말씀이다. 이것이 교회에 주어진 선교적 본질에 충실하는 것이다. 선교적 요구와 함께 선교학은 이제 지역교회 목회를 선교적 교회에 근거한 "선교적 목회"로 전환하며 또한 그리스도인을 교인으로부터 "선교적 그리스도인"으로 교육하도록 하는 새로운 역할을 갖는다.[3]

선교적 교회론은 교회의 본질이 선교적이라는 사실을 지역교회 차원에서 새롭게 발견하여 연구하고 실천하는 운동이다.[4] 80년대 말부터 영국의 선교학자인 뉴비긴의 서구교회에 대한 반성적 성찰을 통해 지역교회의 선교적 본질을 강조한 그의 주장이 북미 선교학자들에게 지역교회의 선교적 역할을 발견하도록 영향을 미쳤다. 북미의 선교학자들을 중심으로 전개하고 있는 선교적 교회에서는 선교적 책임과 실천을 지역교회 역할에 집중하였다. 한국의 선교학자들도 2000년 초기부터 선교적 교회를 선교학의 중요한 주제로 다루기 시작했다.

---

2 Ch. Wright, *Mission of God*, 정옥배 · 한화룡 옮김, 『하나님의 선교』(서울: IVP, 2010), 39-92; "선교는 모든 것이다". 25; 선교적 해석학에 대한 더 많은 이해를 위해서 다음의 책을 참고하라. 강아람, 『선교와 해석학』(서울: 케노시스, 2016).

3 D. L. Guder, *Call to Witness*, 허성식 옮김, 『증인으로의 부르심. 총체적 구원을 위한 선교적 교회론』(서울: 새물결플러스, 2016), 117-119; L. Newbigin, *The Gospel in a Pluralist Society*, 홍병룡 옮김, 『다원주의사회에서의 복음』(서울: IVP, 1998), 231-242.

4 선교적 교회론에 관한 자료는 많이 출판되었다. 여기에서는 대표적으로 미국선교학회와 한국선교학회에서 출판한 자료를 소개한다. D. L. Guder, *Missional Church*, 정승현 옮김, 『선교적 교회』(인천: 주안대학원대학교출판부, 2013); 한국선교신학회 엮음, 『선교적 교회론과 한국교회』(서울: 대한기독교서회, 2015).

한국사회에서 60-70년대 발생한 산업화 과정과 함께 출현한 도시화 현상은 사람들의 주거환경에 급격한 변화를 초래하였고, 이와 함께 나타난 한국교회의 급격한 교회성장은 지역교회의 지역성을 약화시키거나 무관한 상태에 있는 결과를 가져왔다. 개교회 성장에 기반한 교회성장운동은 대형교회 출현과 더불어 교인의 범위를 도시의 전체로 확장하면서 실제로 지역과는 관계가 소홀하여 지역성을 상실한 교회현상을 가져왔다. 여기에 개교회 간 경쟁은 개교회주의에 불을 붙였고 지역은 단지 교회성장을 위한 대상에 불과하였다. 한국상황에서 선교적 교회운동은 이러한 왜곡된 현상으로부터 지역사회와 함께하는 본래의 지역교회의 회복을 지향하며 세상을 향한 증인의 역할을 교회가 존재하는 지역에서 출발하여 세계선교에 참여하는 선교운동으로 진행된다.

본 글에서 사용하는 지역이라는 용어는 민족이나 국가 또는 문화적 정체성의 차이를 구분하는 단위로 사용되지만 또한 좁은 의미에서 한 국가 안에서 구체적으로 예배를 진행하며 성도들을 돌보는 목회 현장으로서의 지역의 속한 개교회(local church)를 가리킨다. 본 글에서는 후자의 개념으로 성도들을 신앙으로 목양하고 지역사회에 선교적 책임을 수행하는 개교회를 의미한다.[5]

선교적 교회를 실천하는 주체로서 지역교회의 역할을 논의하는 것은 오래된 서구교회나 신생교회인 한국교회 모두에게 매우 중요하다. 지역교회의 선교적 역할을 언급하기 위해 공교회와 선교에서 지역교회가 갖는 위치와 역할에 대한 논의가 필요하다. 근대선교를 주도해 온 서구교회는 세계선교를 교회 밖에 세운 선교회나 교단의 선교부 차원에서 실행해 왔기 때문에 지역교회는 직접적으로 선교에 참여하지 않았고 예배와

---

5 L. Newbigin, "What is 'a Local Church Truly United'?, 1976", in: *The Ecumenical Movement. An Anthology of Key Texts and Voices*, Ed. By Michael Kinnamon and Brian E. Cope (WCC publication, Geneva, 1997), 114-121.

교인들의 신앙을 돌보고 유지하는 주로 공교회를 보조하는 역할로서 교회 안의 활동에 머물러 있었다.

반면에 한국교회와 같이 역사가 짧은 신생교회는 교회가 지역교회로부터 출발하였다. 초대교회에서 볼 수 있는 것처럼 기독교 체계가 갖추어지지 않은 비기독교 상황에서는 지역교회가 중심적 역할을 한다. 서구교회가 조직의 위로부터 지역교회를 세워주는 하향적 구조라면, 한국교회는 아래로부터 교회조직을 지원하는 상향적 구조이다.

본 글에서는 선교적 교회로서 지역교회의 특성과 실제적인 역할에 대한 논의를 하고자 한다. 서구사회 뿐만 아니라 한국사회 역시 교회가 약해지는 상황에 지역교회의 선교적 역할을 다루는 것은 매우 중요하다. 결국 교회를 향한 선교적 사명은 일차적으로 지역교회에 주어진 것으로 이해한다. 이러한 관점에서 선교적 교회로서 지역교회의 존재와 역할에 대한 연구가 본 글의 중심과제이다.

1. 선교적 교회의 열 가지 특성

먼저 선교적 교회의 특징을 포함한 정의를 소개하려고 한다. 선교적 교회를 단순하게 정의할 수도 있고, 그 특징에 따라 길게 설명할 수도 있다. 이번에 선교적 교회의 정의를 열 가지 논지를 중심으로 설명하고자 한다.[6]

1) 선교적 교회는 하나님 나라를 지향하고 세상에서 일하시는 삼위일체 하나님의 선교에 참여하면서 공교회로서 지역교회의

---

6 선교적 교회의 열 가지 특성의 본문은 다음 자료에 수록되어 있는데 여기에서는 그 내용을 요약하였다. 한국일, "선교적 교회란 무엇인가", 『함께 한길 함께 갈 길』, 손달익 목사 근속 30주년 기념 헌정 논문집(서울: 쿰란, 2017), 150-167.

선교적 정체성과 역할을 중요시하는 운동이다.

기존의 선교운동은 하나님 나라와 교회가 양분되는 이원론을 극복하지 못하였다. 보수적 신앙은 교회의 성장을 추구하면서 교회 자체를 절대화하는 잘못을 범했다면, 진보적 신앙은 하나님 나라를 추구하면서 교회 밖에서 맴돌았다. 교회는 그 자체가 절대화될 수 없으나 동시에 가볍게 여길 수 없는 이 세상에 세워진 그리스도의 몸이다. 교회가 없다면 예수가 세우고, 바울이 설명한 그리스도의 몸은 존재하지 않는다.

교회는 그 자체가 하나님 나라가 아니지만 이 세상에서 하나님 나라를 가장 근사치로 보여주고 미리 맛볼 수 있는 그리스도의 몸이다. 교회 자신은 언제나 보이는 차원을 상대화 하면서 교회의 본질적 차원을 추구해야 한다. 하나님 나라 운동이 탈세상적 내세의 천국만을 지향하지 않도록 역사적, 세상적 차원을 강조해야 한다. 지역교회가 공교회를 지향한다는 것은 세상 안에서 하나님 나라의 공적 책임을 수행하는 것과, 세상에 존재하는 모든 그리스도의 몸을 구성하는 지체들과 연합하는 것을 의미한다. 공적 책임과 연합은 교회가 하나님 나라를 실현하는 매우 중요한 두 개의 기둥이다.

2) 선교적 교회는 활동(doing) 이전에 그리스도인의 존재(being)와 정체성 자체가 세상을 향하여 파송 받았다는 사실에서 출발한다.

선교적 교회는 성경에 기록된 교회의 본질을 회복하는 선교운동이다. 교회는 선교활동을 하기 때문에 선교적이 아니라 본질적으로 선교적이기 때문에 선교활동을 한다. 교회는 본질적으로 세상으로부터 닫혀 있는 방주가 아니라 세상을 향해 열린 선교적 신앙공동체이다. "교회는 만물 안에서 만물을 충만하게 하는 그리스도의 충만함이다."(엡 1:23) 교회를 향한 하나님의 약속의 말씀에 근거하여 교회 자신의 존재와 정체성을 이해한다. 이 말씀은 교회가 세상을 향해 선교적으로 존재하고 활동하는 신앙적 선교적 공동체인 것을 증거한다.

선교적 교회는 지역교회와 성도가 지역사회와 함께하며, 적극적으로 소통하며, 또한 지역사회 일에 함께 참여하면서 지역사회 안에서 하나님 나라를 이루어 간다. 성경 말씀도 개인적 차원이나 교회적 차원만이 아니라 소명의 현장인 세상과의 관계에서 해석하고 적용해야 한다. 선교적 교회는 교회와 그리스도인의 신앙 의식으로부터 출발하여 활동으로 구체화하는 운동이다.

3) 선교적 교회는 교회가 속한 지역사회(세상)와 신뢰를 회복하는 운동이다. 신앙과 선교의 진정성을 회복하고 교회와 세상 사이에 선교적 인프라를 건설하는 운동이다.

선교적 교회는 자신이 속한 지역사회와 주민, 더 나아가 사회로부터 신뢰를 회복하는 운동이다. 개교회주의와 성장운동은 교회를 경쟁관계로 형성하였다. 성장이 최선이라는 전제는 목적을 위해 모든 수단을 정당화하였다. 성장 최우선주의는 지역교회들을 사회적으로 교회를 향한 불신을 야기시켰다.

교회의 전도와 선교는 교회를 향한 세상의 신뢰를 바탕으로 실현된다. 그런데 교회의 세속화 현상과 결과는 교회를 향한 세상의 신뢰, 즉 사회적 공신력을 상실하게 만들었다. 세상은 이제 교회와 그리스도인의 말을 주목하지 않고 삶에서 나타나는 진정성을 보기를 원한다. 진정성은 말과 삶의 일치를 말한다. 그리스도인들의 말이 내면의 진실된 상태에서 모순 없이 나오는 것이다. 교회는 이제 지역사회에서 말하지 않고 존재와 행동이 메세지가 되는 진정성을 회복하는 운동을 전개해야 한다.

4) 선교적 교회는 지역사회, 지역주민들과 일상생활 속에서 친교(코이노니아)를 실천하며 그것을 토대로 하여 폭 넓은 차원의 선교운동을 전개하는 활동이다.

한국교회는 세상을 부정적으로만 이해하고 분리하기 때문에 세상과 지역사회를 선교의 대상으로만 여긴다. 함께하기 보다 분리를 더 강조하는 편협한 구원론과 교회론, 그리고 선교활동은 지역교회를 스스로 고립시키는 결과를 가져온다. 평소에 교회는 교인들끼리만 모이고 소통하고 대화하는 게토(ghetto)화 된 집단이 되었다. "지역교회는 지역사회에 전도는 하지만 그들에게 관심을 갖지 않는다." 친교 없는 선교, 지역주민을 대상으로만 여기는 선교, 스스로 사회로부터 자신을 고립시키는 선교는 본래의 선교의 정신인 세상에 존재하는 경계와 담을 넘어가는 행위로서의 선교의 본질과 모순된다.

선교적 교회는 지역주민들을 선교의 대상이 아니라 함께 더불어 살아가는 주민으로서의 정체성을 갖고 "친교 없는 선교"(mission without fellowship)에서 "친교 안에 선교"(mission in fellowship)를 지향하는 운동이다.

5) 선교적 교회는 해외 지역만을 선교현장으로 한정하는 기존의 선교 패러다임을 넘어서 전 세계를 선교현장으로 간주하되 지역을 선교현장으로 인정하고 출발하는 운동이다.

선교적 교회는 지역 선교와 해외 타문화 선교를 동시에 수행하는 선교운동이다. 기존의 선교는 해외지역의 활동만을 선교로 간주해 왔다.

오늘날 전 세계가 선교 현장(mission in six continents)임을 인식하고, 선교는 우리가 속한 지역에서의 활동과 동시에 세계 다른 지역에서의 활동이 함께 진행되어야 한다. 선교적 교회는 지역 선교로부터 출발하여 세계 선교로 확장한다.

선교적 교회는 선교적 과제와 책임을 소수의 선교사들에게만 전담하고 나머지는 후원자의 위치에 머무는 이전의 패러다임을 넘어간다. 선교적 파송은 모든 성도에게 주어진 사명이다. "아버지가 나를 세상에 보내신 것같이 나도 너희를 세상에 보내노라"(요한복음 17:18)는 말씀은 특정인에게만 아니라 모든 그리스도인에게 적용되는 내용이다. 선교현장의 다양성과 활동내용은 하나님이주신 은사와 사명에 따라 다르게 선택된다.

6) 선교적 교회는 목회자 중심의 기존의 목회 패러다임을 넘어서 모든 성도가 세상으로, 삶의 자리로 파송 받았다는 평신도 신학에 기초하여 활동하는 운동이다. 목회자와 성도는 하나님 나라의 동역자의 관계에 있다.

선교적 교회는 선교적 그리스도인을 만들어 낸다. 기존의 교회 중심의 선교와 목회 패러다임에서는 목회자 중심 구조를 형성한다. 교회가 하는 모든 평신도 일을 목회자 중심으로 계획하고 결정하고 실천한다. 평신도는 목회자의 비전과 목회를 돕는 수동적, 소극적 위치에 머물고 있다. 선교적 교회는 교회 안으로 소명을 받은 목회자와 세상으로 소명을 받은 성도가 하나님 나라를 위해서 함께 일하는 동역 관계에 있다. 선교적 교회에 관한 올바른 인식은 교회와 세상, 하나님 나라와 교회, 목회자와 평신도의 동역 관계에 대한 올바른 신학적 인식을 필요로 한다.

평신도는 그들의 일상생활을 성직자와 다르게 사회 속에서 살아가는 사람들이다. 성직자들이 교회 안에 갇혀 주로 종교적 차원에 머물러 있는 반면, 평신도들은 사회에서 발생하는 모든 영역을 일상의 삶에서 직접 대면하고 경험한다. 선교적 교회는 평신도의 삶과 그들의 관심사, 직면하고 있는 문제들을 생각하면서 평신도 신학이 발전할 수 있는 터전을 훨씬 확장한다. 세상을 변화시키는 것은 직접 세상 안에서 살아가는 성도들이다.

> 7) 선교적 교회는 교회를 중심으로 한 특정한 활동 중심의 선교만이 아니라 성도의 모든 상황과 모든 일상을 선교현장으로 간주하고 활동하는 선교운동이다.

교회와 교회 생활이 그리스도인에게 중요하다는 사실은 아무리 강조해도 지나치지 않는다. 그러나 그리스도인의 신앙이 교회 안에서만 진행되는 것은 아니다. 그리스도인에게 일상은 하나님의 부르심과 파송의 현장이다. 그리스도인의 삶이 거룩한 삶이라는 것은 교회 안에서 예배 드리는 공간과 시간에서만 아니라 살아가는 모든 일상이 하나님 앞에서 구별되는 거룩함이 실천되는 현장이다.

그리스도인의 진정성은 교회 안에서 드리는 예배에서뿐만 아니라 교회 밖에서 살아가는 일상에서 나타나야 한다. 선교적 교회론에서는 모든 그리스도인들이 일차적으로 자신의 삶의 현장에서 하나님의 선교의 증인, 즉 선교적 그리스도인으로 살아갈 것을 촉구한다. 일상에서 하나님 나라의 거룩함을 실현하기 위해서는 성도 간 교제를 강화하며 동시에 교제의 범위를 세상으로 확장하는 일이 동시에 요구된다.

> 8) 선교적 교회는 교회의 두 차원—모이는 교회와 흩어지는 교회—의 균형 잡힌 이해와 실천을 추구하는 운동이다.

선교적 교회는 모이는 차원에서의 예배와 흩어지는 차원에서의 선교가 균형을 갖추어야 한다. 선교적 교회는 제도권에 머물며 세상으로부터 교회 안으로 들어오는 사람들에게만 초점을 맞추는 것이 아니라 다양한 형태와 방식으로 세상을 향해 도전적이며 개척의 자세로 나아가는 운동이다. 성장 위주의 교회는 교회 자체가 얼마나 숫자와 규모가 커지는가, 그리고 들어온 사람들을 어떻게 유지하도록 관리해야 하는가에 관심이 집중되었다. 선교적 교회에서는 목회자는 더 이상 교회 안에 머물러 교인들만 상대로 하는 닫힌 목회가 아니라 교회 밖으로 나가 지역의 주민들과 대화하며 함께 친교를 나누는 열린 목회, 즉 선교적 목회를 추구한다. 목회자의 세상을 향한 열린 목회적 태도로부터 성도들의 삶의 자세가 세상을 향한 선교적 삶으로 바뀌게 될 것이다. 선교적 교회는 제도로서의 교회의 담과 울타리를 과감하게 넘어서 지역사회 안으로 들어가 함께 더불어 살아가는 운동이 되어야 한다.

9) 선교적 교회는 개교회 중심의 성장을 지양하고 다양한 교회들이 속한 지역의 복음화를 위해 연합과 협력하는 지역 에큐메니칼 선교 운동이다.

선교적 교회는 지역교회를 중요시하면서도 편협한 교회주의에 빠지지 않으며, 지역교회를 중심으로 지역사회와 함께하는 친밀한 관계에서 신뢰를 회복하면서 교회를 활성화하는 선교운동이다. 이러한 선교적 교회운동을 전개하기 위해서는 세계 안에서 하나님 나라를 실천하는 폭넓은 에큐메니칼 신학에 기초해야 한다.

한국교회는 개교회가 교회의 기초를 형성하고 있는 구조적 특성이 있기 때문에 지역 교회를 든든히 세워야 하는 과제가 있다. 한국교회에서 에큐메니칼 운동이 (지역)교회들과 긴밀한 관계를 가져야 하는 이유가 여기에 있다. 지역의 교회가 개인과 교회적 차원을 넘어 세상 전체를 선교현장으로 인식하고 참여하기 위해서는 교회의 선교적 관점과 통찰을 넓게 이끌어주는 신학이 필요하다.

10) 선교적 교회는 지역을 선교현장으로 인식하고 교회를 통해 마을을 발전시키는 하나님 나라의 지역화 운동이다.

하나님 나라는 추상적이 아니라 역사 속에서 분명한 시간과 공간 속에 실현되고 있다. 지역교회는 하나님 나라의 실현을 담당하는 최우선 위치에 있다. 즉 지역에서부터 하나님 나라가 구체적으로 실현된다. 지역의 공동체 회복과 하나님 나라의 정의와 평화, 사랑의 실천은 지역으로부터 시작된다.

마을을 목회 현장으로 삼은 것은 교회가 추구하는 하나님 나라를 지역에서 우선적으로 실천해야 한다는 선교적 과제가 있기 때문이다. 지역사회는 지역교회의 일차적인 선교현장이다. 마을 목회는 지금까지 개교회 존재나 성장에 초점을 두었던 개교회 중심의 목회를 마을로 확장하는 것이다. 마을 목회는 지역교회가 하나님 나라를 추상적 개념으로 이해하지 않고 마을의 주민들과 더불어 살면서 구원을 기독교적 가치의 틀 안에서 구현하며 살아내는 운동이다. 교회는 그리스도의 몸으로서 지역사회를 품고, 함께 더불어 살면서 복음서에 기록한 예수님의 삶과 사역─코이노니아, 케리그마, 디아코니아─을 따라가려는 교회인데 선교적 교회는 무엇보다 지역교회가 지역사회와 코이노니아의 관계를 회복하고 그것에 기초하여 선교와 봉사를 실현하는 교회이다.

2. 공교회성 관점에서 본 한국의 지역교회의 역할과 문제

교회는 크게 공교회와 지역교회로 구분된다. 그리스도에게 속한 모든 교회는 하나의 거룩하고 보편적이며 사도적 교회임을 고백하지만 세상에 존재하는 교회는 지역이나 문화적 특성에 따라 다양한 특성과 형태를 가질 수밖에 없다. 역사적으로 교회를 형성하는 신학, 교리, 예전, 전통, 형태 등에서 현실적으로 존재하는 모든 교회들은 다양하다. 이런 다양성에도 불구하고 예수 그리스도를 주로 고백하는 교회는 성경에 제시된 신앙 공동체로서의 하나의 교회이다. 이 하나의 그리스도의 교회가 공교회 또는 보편교회이다. 모든 교회들은 그 자체적으로 개별적 특징을 가지고 있으며 동시에 이 하나의 교회에 대한 지역적, 다양한 표현이다. 카톨릭 교회에서는 교회 간에 차이를 두는데 그것은 교회를 계급적으로 (hierachie)로 이해하고, 정교회 역시 비슷하게 이해하다. 그러나 개신교는 하나의 공교회와 지역교회 사이에 어떤 차이를 갖고 있다고 보지 않는다. "지역교회 안에는 하나의 거룩하며 보편적이고 사도적인 교회가 진실로 현존하고 활동한다. 지역교회는 하나님의 교회가 구체적으로 실현되는 장소이다." 개신교 관점에서는 보편교회 또는 공교회는 "지역교회들의 코이노니아"로 이해한다.[7]

"보편적, 전체적, 완전한"의 뜻을 가지고 있는 공교회는 크게 두 가지 의미를 갖는다. 하나는 공교회(catholicity)가 하나는 보편적 교회의 의미인데, 세상의 지역의 특성에 따라 교파와 신학, 전통 예배의식 등에 있어서 다양한 특징들을 갖는다. 이러한 교회의 다양성은 크게 교회의 차이―카톨릭, 정교회, 개신교회의 다양한 교파교회―를 형성해 왔다. 그러므로 공교회의 첫번째 의미는 세상에 존재하는 모든 차이를 넘어서 예

---

[7] 이형기, "에큐메니칼 운동이 말하는 '로컬'의 의미', 공적신학연구소 편/ 책임편집 장신근, 『하나님 나라와 지역교회』(서울: 킹덤북스, 2015), 450-457.

수 그리스도의 몸으로서 삼위일체 하나님을 신앙하는 모든 교회, 즉 보편적 교회를 일컫는다. 두번째로 공교회는 모든 차원을 포함한다. 개인이나 교회 안에서 일어나는 종교적, 신앙적 경험만이 아니라 하나님이 창조하신 모든 세계(oikumene)를 포괄하는 공적 영역에서의 활동과 실천을 의미한다. 공교회는 세계 속에 존재하는 다양한 지역교회들과의 연대를 갖고 또한 지역과 세상에 대한 공적 책임을 실천하는 교회이다. 이런 점에서 볼프강 후버가 표현한 것처럼 모든 교회는 "공적 교회"(oeffentliche Kirche)이다.[8]

서구교회는 국가교회 형태를 갖고 있으며 정교분리를 가진 근대국가 이후에도 그 유산의 흔적이 여전히 남아 있다. 예를 들면, 독일 교회의 경우 지역교회는 문자 그대로 지역에 속한 교인들을 돌보는 지역성을 가진 교회로서 공교회의 보조적 역할을 하는 것으로 보인다. 교회는 세상 속에서 복음을 전하는 선교기관과 봉사와 섬김을 실천하는 디아코니아 기관을 교회의 좌우에 둔다. 선교와 봉사를 담당하는 기관은 교회가 세상 안에서 하나님 나라의 복음을 공적으로 증언하며 실천하는 대표적 기관이다. 지역교회는 주로 교회 내부적 일을 수행하는 장소로서 성도들이 모여 함께 교제하고 예배하고 교육을 받는 예배와 교육, 친교 공동체이다. 교회는 교회 안과 밖의 역할을 통해 세상 안에 거하고, 세상 속에서 활동한다.

서구교회는 또한 세계교회와 연대하고 협력할 수 있는 소통의 구조를 갖고 있다. 지역교회도 공교회와 연결하여 세계교회와 연대하며 사회적 관심과 책임의식이 지역교회에까지 연결된다. 또한 세계가 직면한 문제를 공교회 차원에서 신학적, 선교적 관심을 집중하면서 연구보고서를 통해 교회의 사회적 참여를 위한 정책과 구체적인 실천지침들을 마련하

---

[8] Wolfgang Huber, *Kirche* (Stuttgart, Berlin: Kreuz Verlag, 1979), 142.

고 모든 교회가 동일한 의식을 가지고 참여할 수 있는 연결구조가 있다.[9]
이러한 교회의 구조는 구원의 개인적 차원과 사회적 차원이 균형을 이루
고 있으며 세계교회와 연대하며 세상 안에서 하나님 나라의 공적 책임을
수행하는 것을 당연히 여긴다.

반면에 한국교회는 모든 교회의 기초가 되는 공교회성이 가진 이 두
가지—세계교회와 연대, 공적책임—가 취약하다. 한국교회는 비기독교
사회에서 시작하였기 때문에 처음부터 사회로부터 분리되어 있는 교파
주의 교회와 개교회형태로 출발하였다. 공교회성이 약한 개교회의 강조
는 지역교회의 경험을 절대화하고 보편화하기 때문에 다른 교회와 경쟁
관계에 있으며 연대와 협력을 어렵게 만든다. 세상으로부터 교회 안으로
들어오는 면을 강조한 한국교회는 구원의 방주적 교회론으로 인해 스스
로 세상으로부터 고립시켜 공적 영역과 단절된 상태에 있다. 70년대 이
후에 교회의 급격한 성장을 가져온 교회성장운동은 개교회주의를 더욱
강화시켜 교회 간에 연대나 공적 영역에서의 선교와 봉사의 책임의식을
더욱 약화시켰다.

지역교회가 중심적 역할을 하는 한국교회에 발생하는 문제는 지역의
개교회를 절대화하는 개교회주의다. 교회의 존재와 역할을 바라보는 시
각이 개교회 차원으로 좁혀 있기 때문에 개교회의 이해관계에 따라 교회
를 바라보게 된다. 지역의 교회들이 개교회주의의 바탕에서 일을 진행하
면서 개교회 간의 경쟁관계가 치열하다. 교회가 하는 모든 일을 개교회
차원에서 수행하기 때문에 담당하는 목회자와 성도들의 부담이 지나치
게 큰 것을 부인할 수 없다.

이러한 개교회주의와 내향적 특성을 가진 한국교회는 공교회성을 회
복하여 다른 교회들과의 연대를 통해 공교회의 연결된 지역교회임을 확

---

9 공교회 차원에서 세상을 향한 관심과 책임이 에큐메니칼 신학적 주제와 일치한다. 인터넷 검색
을 참고하라. EKD website, https://www.ekd.de/migrantengemeinden/index.html

인하고, 동시에 세상에 대한 책임을 강화함으로 공적 책임을 수행하는 공교회로서의 위치를 회복해야 한다.[10] 에큐메니칼 운동이 한국교회에서는 지역의 복음화를 위해 지역교회가 협력하는 지역 에큐메니즘의 형태로 구체화되어야 한다.[11]

실천 방식은 다양하다. 지역사회 안에서 개교회들이 연합하는 지역 에큐메니즘 차원에서 공적 책임을 실천하는 방식이 있고, 총회나 세계교회와 연대하면서 보다 넓은 차원에서 하나님 나라의 실현을 위한 협력을 할 수 있다. 또 하나는 개교회 차원에서도 공적 영역에서 성도들이 개인적으로 직업의 전문성을 활용하고 삶의 현장에서 하나님 나라의 가치를 실현하는 방식도 있다.[12]

지역교회가 중심이 된 한국교회는 긍정적인 면에서는 서구교회에서 발견할 수 없는 신앙의 역동성과 성도들의 능동적인 참여를 볼 수 있다. 한국에서는 보편교회가 하는 일을 지역교회 차원에서 모두 수행한다. 내부적으로 교회 안에서 성도들을 목양하는데 필요한 목회적인 일은 물론, 외부적으로 지역사회를 섬기는 국내선교와 봉사활동을 최선을 다해서 실천한다. 뿐만 아니라 거의 모든 개교회들이 세계선교에 직접적으로 참여한다. 이 점은 서구교회 지도자들이 매우 부러워하는 점이다.

지난 2013년 부산에서 개최된 제10차 세계교회협의회에 참석한 외

---

10 지역교회의 강조가 한국교회에서 볼 수 있는 것처럼 개교회주의의 왜곡된 형태로 가는 것을 극복하기 위해서 교회 연합운동이 교단차원만이 아니라 지역사회에 존재하는 지역교회 간에 연대가 있어야 한다. 에큐메니칼 운동과 신학이 지향하는 방향과 문제의식, 세계교회협의회가 연구하고 출판한 자료들을 교단 뿐 아니라 지역교회에 적용할 수 있는 방안을 모색한다면 에큐메니칼 운동은 지역에서 실천되고, 지역교회가 참여하는 보다 활발한 에큐메니칼 운동이 될 것이다. 에큐메니칼 정신과 원리를 실현하는 지역 에큐메니즘은 지역교회들의 연대와 공적 책임의 두 차원으로 요약될 수 있다.

11 『21세기 한국교회의 에큐메니칼 운동』, 대한예수교장로회 총회 에큐메니칼 위원회 엮음(서울: 대한기독교서회, 2008), 71-72; 이홍정, "치유와 화해의 생명망 짜기-에큐메니칼하게 지속 가능한 성장을 위한 선교적 교회의 지향", 손달익 목사 근속 30주년 기념 헌정 논문집, 『함께 한길 함께 갈 길』(서울: 쿰란, 2017), 257-258.

12 수원성 교회는 성도의 직업의 전문성에 따라 "사회선교사" 제도를 만들어 파송하고 후원한다. 이 제도는 지역교회가 성도의 전문성을 통해 사회 안에서 공적 책임을 수행할 수 있는 제도이다.

국 교회지도자들에게 가장 인상적인 프로그램이 한국교회의 역동적인 예배와 활동이라는 보고가 있었다.(중앙위원회 보고) 이렇게 활발한 지역교회의 활동은 국내 복음화는 물론 오늘날 세계선교를 위한 새로운 선교적 역량을 갖추고 있다. 필자는 오랫동안 건강한 지역교회들, 그 중 대부분은 농촌의 작은 교회들을 연구해 왔는데 최근에 이 교회들이 세계 교회들에게 선교적 도전과 모델이 되는 것을 발견하였다.[13] 오늘과 같이 세계 각 지역과 연결이 가능한 지구촌 시대에 한국의 건강한 지역교회가 가진 세계선교적 역량을 새롭게 인식하고 이것을 세계교회들과 나누는 것이 오늘날 새로운 선교 패러다임인 것을 확인하고 있다.[14]

필자는 교회가 가진 문제에도 불구하고 전국에서 그리스도의 진정한 제자로서 묵묵히 교회를 섬길 뿐만 아니라 그 교회로 인하여 지역사회가 새롭게 변화하고 있는 교회들을 볼 수 있었다. 그것은 지역교회들이 세상 안에서 앞장서서 일하고 계신 삼위일체 하나님의 선교에 참여함으로 주어진 결과이다. 농촌의 작은 교회일지라도 자신이 속한 지역사회를 하나님이 주신 선교현장으로 인식하고 성도들과 목회자가 그리스도의 생명의 풍성함을 세상과 나누는 사역을 담당하고 있다.[15]

3. 선교적 교회로서 지역교회에 관한 논의

오늘날 지역교회의 역할에 대한 새로운 각성이 필요하다. 교회의 선

---

13 이 주제에 관한 많은 자료가 있으나 대표서적 두 개만 소개한다. 한경호 엮음, 『생명의 영성이 약동하는 농촌목회현장이야기』(서울: 미션아카데미, 2008), 이 책은 29개의 농어촌 교회를 6가지 유형으로 구분하여 소개한다. 『마을을 섬기는 시골교회』 뉴스앤조이 취재팀(서울: 뉴스앤조이, 2012)

14 2015년에 6명의 독일 지역교회 목회자들과 2017년 말레이지아 복음교단(SIB)의 14명의 교수와 목회자들을 필자가 연구하는 사례 교회를 방문하고 지역교회가 세계교회를 향한 선교적 영향이 있음을 확인한바 있다.

15 필자는 지역사회 속에서 작은 교회들의 섬김과 봉사의 모습을 연구하면서 이런 모습이야 말로 예수님이 말씀하신 "천국의 원리"로서 "좋은 씨앗을 뿌리는 천국의 백성"(마태복음 13:24-30)이라는 확신을 갖게 되었다.

교적 과제와 세상 속에서 요구되는 수 많은 역할을 언급하지만 결국 그 것을 실천하는 일은 지역교회를 통해서 가능하다. 오늘날 지역교회의 역 할을 강조하는 것은 서구교회나 한국교회 모두에게 요구된다. 서구교회 에서는 자발적이며 주체적인 지역교회 역할을 회복하고 그것을 위해 지 역교회를 든든히 세우는 일이 현실적으로 요청되는 과제이며, 한국교회 는 지역과 무관한 개교회 성장으로부터 지역과 함께하며 지역사회의 발 전에 기여하는 지역교회의 회복이 필요하다.[16]

지역교회의 역할의 중요성을 간파한 사람은 에큐메니칼 선교에서 중 요한 역할을 수행한 뉴비긴이다. 그는 일찍이 누구보다 지역교회의 선교 적 역할의 중요성을 강조하였다. 뉴비긴은 다른 서구신학자들처럼 크리 스텐돔의 경험을 가진 유럽교회 배경을 가지고 있었으나 인도에서 35년 간 선교사 사역을 한 후에 돌아온 영국 상황이 완전히 이교도적 세속사 회가 된 것을 보면서 영국상황을 선교현장으로 간주하고 접근하였다. 뉴 비긴은 그가 저술한 많은 책에서 서구교회에 대한 비판적 성찰과 복음의 회복을 위해 학문적으로 씨름한다. 유럽교회에 대한 비판적 성찰을 통해 더 이상 기독교를 국가나 문화, 전통에 의존할 수 없는 상황을 인식하고 이런 상황에서 기독교를 회복할 수 있는 유일한 길은 지역교회를 통해서 가능하다는 사실을 역설한다.[17]

에큐메니칼 선교에 오랫동안 책임자로 활동한 뉴비긴은 에큐메니칼 운동에서 교회를 언급할 때 그것이 지역교회를 지칭하는 것인지가 분명 하지 않음을 지적하면서 그리스도인이 세상의 공적 영역에 영향을 미치 기 위해 우선적으로 고려해야 할 대상은 "지역교회 회중"이라는 사실을

---

16 본 대학교는 지역교회의 역할의 중요성을 인식하고 지역교회의 선교와 목회를 다양한 사례를 중 심으로 연구하는 세미나를 개최하고 자료를 출판한바 있다. 제16회 소망신학포럼. 『지역교회의 선교와 목회의 구체화 및 미래 방향』(서울: 장로회신학대학교 출판부, 2013).

17 L. Newbigin, *The Gospel in a Pluralist Society*, 홍병룡 옮김, 『다원주의사회에서의 복음』(서울: IVP, 1998), 제18장, 411-428, 특히 418-419.

주장한다. 세계교회협의회는 현실에 대한 진단이나 분석, 신앙의 주제나 교회가 수행해야 할 현실적 과제에 대한 내용은 훌륭하나 그것을 어떻게 지역교회를 통해서 실현할 것인가에 대해서는 분명하지 않다.[18]

선교의 실제적 수행자로서 지역교회에 대한 강조는 서구교회 뿐만 아니라 신생교회에서도 중요한 의미를 갖는다. 지역교회가 중심인 신생교회에서는 지역교회들이 참여하지 않는 에큐메니칼 운동은 소수의 신학자나 전문가들만 남고 점차적으로 쇠락해질 수밖에 없다. 공교회적 책임과 그것을 실현하는 지역교회를 건강하게 세우는 신학과 정책을 제시하지 않는다면 그 사회에서 소수자로 존재하는 교회들은 점차로 힘을 잃게 될 것이다. 기독교의 복음이나 주제에 관한 진술이나 선언으로 충분하지 않고 지역의 신앙공동체에 뿌리내리는 신앙적 삶이 중요하다. 그것을 위해 그리스도인들이 세상에서 제사장 역할을 수행하도록 그들을 훈련하고, 지원하고, 양육하는 장소로서 지역교회의 기본적 역할의 중요성이 있다. 교회가 세상에서 선교적 교회로 존재하려면 지역교회로부터 시작해야 하며 거기로부터 하나님 나라의 새 창조의 실체가 세상으로 드러나게 된다.[19]

2013년 제10차 세계교회협의회에서 에큐메니칼 선교문서로 인정된 선교문서(제목)에는 "지역 회중들: 새로운 창의적 주도성"이라는 제목으로 지역교회의 선교적 역할을 언급한다. 이 문서에서는 교회들간 하나의 교회를 위한 일치 운동이 중요하지만 또한 "각 지역 회중(local congre-gation)이 성도들의 상황적 실재들에 응답하기 위해 성령에 의해 인도되

---

18 독일 부페탈에서 선교학 교수로 있는 헤닝 브로게만(Henning Wrogemann)은 그의 선교학 책에서 "지역화와 지역교회"를 구조적 측면에서 논의한다. Henning Wrogemann, *Misisonstheologies der Gegenwart. Globale Entwicklungen, kontextuelle Profile und oekumenische Herausforderung* (Muenchen: Guetersloher Verl.,2013), 385-394; 지역교회 역할에 대한 한국신학자들의 관점은 다음의 자료를 참고하다. 『하나님 나라와 지역교회』, 공적신학연구소 편/ 책임편집 장신근(서울: 킹덤북스, 2015).

19 L. Newbigin, 『다원주의사회에서의 복음』, 428.

는 방법들을 존중하는 것도 중요하다."[20]고 언급한다. "지역 회중들은 선교의 전선들이며 주요 대리자들이다."(local congregations are frontiers and primary agents of mission)라고 선언한다. 또한 지역교회야 말로 성경을 상황에 맞게 읽을 수 있다는 선교해석학적 관점도 반영되어 있다. "지역 회중들이 하나님의 정의와 사랑을 전하는 메신저와 증인이 될 수 있게 하는 중요한 자원이다."[21] 그러므로 "교회는 각 지역의 정치적, 사회적 경제적 맥락 안에서 봉사(diakonia)하도록 부름을 받았다"고 선언한다.[22]

찰스 벤 엥겐은 선교학자로서 90년도에 출판한 박사논문에서 "선교적 교회로서 지역교회의 역할"에 대하여 집중적으로 연구하였다. 어쩌면 교회성장학자 이후에 교회의 선교적 역할을 지역교회 관점에서 전문적으로 연구한 선교학자이다. 그의 박사논문은 지역교회를 세우는 선교적 교회에 초점을 맞추었다. "God's Missionary People: Rethinking the Purpose of the Local church"(하나님의 선교적 교회) 벤 엥겐은 자신의 책에서 전반적으로 선교와 교회에 관한 주장을 지역교회 차원에서 연구하였다. 다시 말하면, 교회에 주어진 선교적 사명은 지역교회에 바탕을 둘 때 가능하다고 주장한다. 그러면서 과거의 선교학적 접근이나 특히 에큐메니칼 선교 패러다임에서 교회론의 약화현상이나 더 나아가 지역교회의 선교적 역할에 대해서 모호하게 언급한 것에 대하여 비판하면서 선교적 교회를 지역교회 차원에서 세우고 실천해야 할 것을 주장한다.[23]

벤 엥겐은 교회의 선교와 관련하여 지역교회의 핵심적 역할에 대해

---

20 "함께 생명을 향하여: 기독교의 지형 변화 속에서 선교와 전도", 『세계교회협의회 신학을 말한다』, 세계교회협의회 제10차 총회 한국준비위원회 편(서울: 한국장로교출판사, 2013), 90.

21 위의 책, 98.

22 위의 책, 99.

23 Charles Van Engen, *God's Missionary People: Rethinking the Purpose of the Local Church*, 임윤택 옮김, 『하나님의 선교적 교회』(서울: CLC, 2014), 195-201.

서 뉴비긴의 말을 인용하면서 다음과 같이 언급한다. "가장 분명한 것은
교회 성도들의 필요를 채우는 지역교회의 역할이다…. 지역교회는 교인
들과 사회구성원들에게 공중예배, 목회적 돌봄, 교육 프로그램 등을 가
시적으로 제공한다."[24]

> 선교적 교회로서 지역교회의 역할을 찰스 벤 엥겐은 다음과 같이 종합
> 적으로 진술한다.
> 내가 교회의 본질에 대해 연구하면 할수록 교회야 말로 시간과 공간
> 속에 예수님의 제자들이 지역 교회로 모여 복음을 생활화한 삶의 모습
> 을 펼쳐 보여주는 하나님의 신기하고 신비로운 창조물이라는 확신을
> 갖게 된다. 나의 선교적 교회론으로 보는 지역교회는 세상을 향한 선
> 교를 위해 세워졌으며 그들은 실로 믿음의 실체인 선교적 교회가 되어
> 야만 한다.[25]

앞에서 언급한 뉴비긴과 벤 엥겐은 서구교회에 속한 학자로서 지역
교회의 선교적 역할의 중요성을 인식하고 강조한 대표적 선교학자이다.
위에서 논의한 과정을 통해서 세상에서 보편적 교회의 사명을 지속적으
로 수행하기 위해서, 에큐메니칼 운동과 신학이 제시하는 세계를 향한
교회의 책임을 온전히 실현하기 위해 선교적 교회로서 지역교회를 든든
히 세우고 활성화하는 것이 중요하다는 사실을 재확인하였다. 이제 본
글의 마지막 부분으로 앞에서 제시한 선교적 교회의 열 가지 특성에 근
거하여 지역교회들이 지역사회의 복음화와 세계선교에 기여할 수 있는
실제적인 역할이 무엇인가를 살펴보고자 한다.

---

[24] 위의 책, 49에서 재인용.
[25] 위의 책, 21-22.

4. 선교적 교회로서 지역교회의 실제적 역할

선교적 교회에 근거한 지역공동체 운동을 하는 교회는 하나님 나라
의 지역화 운동이면서 또한 교회의 건물과 울타리를 넘어 지역 전체를
목회현장으로 인식하며 접근하는 선교적 목회활동이다. 이런 지역교회
역할은 목회자의 목회관(목회신학과 철학)이 매우 중요한 역할을 하지만
실제 과정에서는 성도들의 주체적인 참여가 중요하다. 선교적 목회는 우
리가 직면하고 있는 교회의 침체현상과 공신력이 약화되는 상황을 극복
하며 교회의 활성화를 실현할 대안적 목회방향이다. 아래에서 선교적 교
회로서 지역교회가 할 수 있는 대표적 역할들을 아래의 네 가지 특성으
로 살펴보고자 한다: 지역생태계 형성, 플랫폼(마당)으로서의 교회, 지역
공동체와 마을 만들기, 지역 에큐메니즘

1) 지역 생태계를 형성하는 교회

인간과 자연이 함께 공존하는 생태계 전체가 하나님의 생명으로 가
득 찬 것이며 하나님의 사랑과 정의, 평화가 충만하게 임하는 선교현장
이라는 점에서 오늘의 선교는 세상에 존재하는 모든 것들 과 그리스도
안에서 화해된 사역을 실현하는 활동이다. 생태학적 관점에서 보면 모든
것이 서로 연결되어 있다. "하나님의 백성인 우리의 삶은 상호 연관된 창
조 세계를 화목하게 하시는 하나님의 생태학적 이야기 속에 자리한다."[26]
지역교회가 지역사회에 선교적으로 접근한다는 것은 지역사회를 하나님
나라의 생명이 자라나는 생태계로 만들어간다는 것을 의미한다.

인간의 죄악은 개인적 범주에서 그치지 않고 세상 전체를 병들게 한

---

[26] C. Smith and J. Pattison, *Slow Church*, 김윤희 옮김, 『슬로처치』(서울: 새물결플러스, 2015),
154.

다. 극도의 개인주의와 이기주의는 분절된 사회를 만들고 한계를 모르는 개발을 향한 욕망은 지구촌의 환경파괴로 삶의 기반을 흔들고 있다. 이러한 총체적 생명의 위기를 맞는 상황에서 개인이나 영혼구원 중심의 선교 패러다임은 세계를 살리기에 충분하지 않다. 박성원은 "오늘의 생태 위기에 대해 응답할 수 있는 새로운 변혁적 생명신학 체계가 필요하며, 이를 위한 변혁적 신학 담론과 영성을 중심으로 예배, 선교, 봉사, 기독교 교육 등 기독교 증언 행위의 일체가 재편되는 새로운 변혁적 시도가 필요한 상황"이라고 주장한다.[27] 즉 하나님이 약속하신 생명의 풍성함(요 10:10)을 누리며 사람이 살만 한 세상으로 만들어가는 신학, 교회, 선교가 요구된다.

작지만 영향력 있는 교회로서 새롬교회는 지역사회에 하나님 나라의 생태계를 실현하는 선교적 목회를 실천하고 있다.[28] 30년 동안 한결같이 지역의 주민들과 긴밀한 교제와 협력관계를 가지며 지역을 위한 교회로 자리매김을 하였다. 새롬교회는 본 교단에서 추진하는 생명망 짜기 운동을 지역교회 차원에서 생명목회로 훌륭하게 실현하고 있다. 김은혜 교수는 새롬교회를 "교회와 마을과 지역을 잇는 생태계를 만드는 선교"로 정의하고 복지, 교육, 문화를 포괄하는 그물망을 형성함으로 지역생태계를 조성하는 교회라고 평가한다.[29] 이원돈 목사는 바람직한 목회 생태계를

---

27 『세계교회협의회 신학을 말한다』, 262. 생태계 파괴는 자연세계에만 발생한 것이 아니라 물량주의와 성장주의에 영향을 받은 한국 교회에도 나타나 대형교회들이 등장하면서 지역 교회의 생태계를 파괴하였다.

28 새롬 교회에 대한 연구자료는 다음의 자료를 참고하라. 이원돈, 『마을이 꿈을 꾸면 도시가 춤을 춘다』(서울: 동연, 2011); 이원돈, "한국교회 생태계에서 생명 마을 만들기와 생명망 목회", 『마을 만들기와 생명선교』, 호남신학대학교 2013년 학술발표회 논문 제16집. 해석학 연구소/농어촌선교연구소 엮음(서울 한들출판사,2013), 39-62; 이원돈, "도시 지역사회 선교와 목회 사례연구: 부천 새롬교회 중심", 제16회 소망신학포럼. 『지역교회의 선교와 목회의 구체화 및 미래 방향』(서울: 장로회신학대학교 출판부, 2013), 77-104; 김도일.한국일 공동연구, "다음 세대의 생명을 살리고 번성케 하는 교회교육 모델 탐구", 『다음세대 신학과 목회』(서울:장로회신학대학교출판부, 2016),61-81, 104-111.

29 이원돈, "한국교회 생태계에서 생명 마을 만들기와 생명망 목회", 『마을 만들기와 생명선교』, 호남신학대학교 2013년 학술발표회 논문 제16집, 해석학 연구소/ 농어촌선교연구소 엮음(서울 한들출판사, 2013), 54.

다음과 같이 정의한다.

> 하나님이 만드신 세상은 생태학적 상호의존적 연결망으로 구성되어
> 있다. 하나님은 우리가 사는 세계를 분리된 사물들의 집적으로 만들지
> 않고 근본적으로 상호연결되어 있고, 상호의존적 현상들의 연결망
> (network)으로 만드셨다. 모든 개체가 분리되어 독립적으로만 존재하
> 고 있는 것이 아니라 상호의존적으로 연결된 상태(생태계)를 이루고 있
> 는 것은 생물만의 일이 아니다. 우리가 사는 사회가 그렇고, 교회도 마
> 찬가지다.[30]

교회와 목사는 교인들 만을 위한 존재가 아니라 지역사회와 마을을 위한 교회, 목사가 되어야 하며 지역사회에 선한 관계와 영향력을 가진 교회, 목사가 되어야 한다는 것이 이원돈 목사의 목회철학이다. 지역 에큐메니즘을 바탕으로 하여 지역사회에 크게 세 가지 분야에 생태계를 조성하는 생명망 목회를 한다. 첫째, 지역사회를 섬기는 복지활동을 통한 복지생태계, 둘째, 교회학교와 마을 도서관, 지역 아동센타를 잇는 학습 생태계, 셋째, 교회의 성서교육과 함께 지역의 인문학 교육과 시민교육을 함께하는 문화생태계이다. 새롬교회는 이런 생태계에 기초하여 교인 뿐만 아니라 지역주민을 돌보는 영적 돌봄망을 실천하며 지역을 위한 사회적 중보기도와 사회적 심방을 수행한다.

새롬교회는 대형 교회도 하지 못하는 지역에 대한 깊은 친교와 공감의 토대 위에 선교와 봉사의 공적 실천과 생명 목회, 생명선교를 훌륭하게 수행하고 있다.

---

[30] 위의 책, 56.

2) 플랫폼(마당)으로서의 교회

지역교회가 선교적 교회가 된다는 것은 지역의 다양한 분야와 그에 따라 이해관계가 서로 다르게 나타나지만 그들이 서로 소통하고 함께하고 지역을 아름다운 사회로 만들어갈 수 있도록 플랫폼의 역할을 수행하는 것이다. 플랫폼은 "용도에 따라 다양한 형태로 활용될 수 있는 공간"을 표현하는 단어이다. 요즘은 플랫폼을 인터넷에서 다양한 앱을 사용할 있도록 제공하는 온라인 공간을 가리키는 용어로 사용된다. 플랫폼은 크게 세 가지로 그 기능을 소개한다. 첫째, 연결기능으로 여러 부류의 사람들이 만나는 거점으로서 서로 소통이 이루어지게 하며, 둘째, 상호 성장하는 기능이다. 콘텐츠 공급이 수요의 증가에 따라 콘텐츠의 질이 좋아진다. 셋째, 네트워크 효과를 통해 새로운 생태계를 조성하는 일이다.[31] 플렛폼의 기능은 지역교회로 하여금 지역사회와 다양한 방식에서 관계와 활동을 할 수 있는 가능성을 열어준다.

플랫폼의 역할을 하는 지역교회는 교회를 지역사회에 개방하고 다양한 분야의 주민들이 서로 만나고 협력하면서 아름다운 마을을 만들어가는 일에 자발적으로 섬김과 봉사의 일을 담당하는 것이다. 공교육, 농업, 마을 주민과의 화해, 소외 노인 등 지역사회와 함께하며 필요성에 부응하는 활동들은 다양하다.

70년대 초까지 지역의 교회는 지역의 주민들과 격리되지 않은 동네 교회였다. 교회에 다니지 않는 주민들도 목회자와 성도들이 한 지역의 주민으로서 친밀한 관계를 가졌었다. 청년들은 지역에 있는 탁구장에 모여 운동하였으며 음악을 좋아하는 사람은 교회 안에서 풍금도 배울 수 있었다. 적어도 급격한 산업화와 도시화 현상으로 주거형태가 아파트로

---

31 박승남, 『플랫폼 선교를 통한 중국선교』, 미간행출판석사학위논문. 장로회신학대학교대학원 선교신학 전공(2017), 19-22.

바꾸어지기 전까지는 그러하였다. 좁은 지역에 거주하는 인구가 많아지면서 지역교회는 지역성을 상실하고 지역사회나 주민들과도 관계가 단절되고 오직 교회성장을 위한 전도의 대상으로서 간주하면서 지역교회는 스스로 고립된 상태에 놓이게 되었다. 이제 지역교회를 선교적 교회로 전환하면서 지역사회 안에서 플랫폼 역할을 한다는 것은 지역사회와 함께하는 교회의 지역성을 회복한다는 의미이다.

지역교회가 지역사회 안에서 행하는 플랫폼(마당)의 역할을 세가지 관점에서 찾을 수 있다. 첫째, 지역사회를 향해 열려 있으며 함께 살아가는 존재이다. 둘째, 지역사회와 대화하며 소통하는 관계를 이룬다. 셋째, 지역사회에 다양한 방식으로 참여하며 변화를 기대한다. 지역교회는 지역사회 안에서 화해의 직분을 받아들임으로써 선교의 백성이 된다. 지역사회 안에 존재하는 이해관계로 인한 갈등과 충돌 대립이 발생할 때 중재와 조정, 화해의 사신으로의 역할을 수행함으로 하나님 나라의 샬롬을 구체적으로 실천한다. 그것을 위해 교회는 지역의 주민들이 함께 어울릴 수 있는 화합의 장을 마련하는 것이다. 하나님의 생명의 충만함을 나누고 공유하는 복음의 실천은 이러한 관계와 삶을 통해서 생생하게 증거된다.

근대화, 산업화와 함께 농촌마을의 붕괴를 경험한 시대에 마을 공동체를 회복하고 교회가 지역의 마당이 되어 주민들과 어울리며 축제를 벌이는 보령의 시온교회가 있다.[32] 시온교회는 전형적인 농어촌 지역의 교회로서 여느 교회와 같이 어려운 환경에 있다. 그러나 이런 상황에 실망하지 않고 교회가 중심이 되어 마을 주민들과 함께 어울리는 축제의 마

---

[32] 시온교회 이야기는 다음의 자료를 참고하라. 김영진, "마을을 두드리다", 『마을 만들기와 생명선교』, 호남신학대학교 2013년 학술발표회 논문 제16집. 해석학연구소/ 농어촌선교연구소 엮음(서울: 한들출판사, 2013), 9-38; 동일저자, "농촌 지역사회 선교와 목회 사례연구", 제16회 소망신학포럼. 『지역교회의 선교와 목회의 구체화 및 미래 방향』(서울: 장로회신학대학교출판부, 2013); 105-136; 동일저자, "문화사역의 현장, 들꽃마당 시온교회 이야기", 한경호 엮음, 『생명의 영성이 약동하는 농촌목회현장이야기』(서울: 미션아카데미, 2008), 156-170 .

당을 만들어가며 신명나는 지역교회를 이루어 간다. 시온교회는 농촌에 있는 작은 교회이지만 구성원들이 갖고 있는 감성을 통해 농촌에 깃들어 있는 문화를 이끌어내어 마을의 가치를 살리려는 노력을 지역주민들과 함께하고 있다.

김영진 목사는 일반적으로 농촌에 문화가 사라졌다는 말을 수용하지 않는다. 김영진 목사는 "본래 농촌이 가지고 있는 모습 자체가 훌륭한 문화라는 것을 깨닫는다면 그 가치를 나눌 수 있도록 돕는 것이 농촌선교의 시작이고, 희망의 시작"이라는 확신을 가지고 목회한다. 시온교회는 마을 공동체를 모을 수 있는 공통의 관심사로 마을 주민들과 함께하는 추수감사놀이를 축제로 열었다. 교회가 지역사회를 향해 개방하고 주민들의 흥을 돋을 수 있고 잠재된 문화적 감성을 표현할 수 있도록 마당을 만들어주면 자연스럽게 교인과 주민들이 함께 어울리는 마을 공동체가 형성된다. 처음에 교회의 이런 노력에 주민들이 낯설어 했으나 점차 교회의 진정성을 느끼면서 모이기 시작했다. 교회의 창의적 발상과 마을의 주민, 지도자들이 함께하면서 지역의 축제가 만들어졌다. 가을에는 추수감사절, 봄에는 들꽃 축제를 열고 있다.

학교 살리기 운동에도 교회와 목회자가 적극적으로 참여하면서 폐교 위기에 놓인 학교의 생명을 이어간다. 교회가 마을을 진심으로 사랑하고, 그 진정성이 받아들여지면서 마을의 교회라는 인식이 자리잡았다. 또한 교회가 거룩하고 딱딱한 곳이 아니라 함께 즐기고 재미있는 활동을 하는 곳이라는 사실도 알게 되었다. 이런 과정을 통해 시온교회는 방주 안에 갇힌 교인만을 위한 교회가 아니라 농촌이 간직한 문화적 소양과 다양한 역량을 발휘할 수 있도록 마당을 만들어주고 교회와 함께 마을 축제행사를 진행하면서 "친교와 함께하는 선교"(mission with koinonia) 를 실천한다.

시온교회는 교회의 축제를 교인들만 아니라 지역의 주민들을 함께 초대하여 잔치를 벌이는 하나님 나라의 마당이 된다. 교회가 지역사회의 마당이 되어 마을 목회를 추구하는 것은 지역을 사랑하며, 지역의 주민으로서 더불어 살아가면서 교회에 주신 축복과 은혜를 함께 나누는 교회의 선교적 사명에 일치한다. 시온교회는 지역교회의 정체성을 분명히 갖고 지역주민과의 친교를 회복하여 더불어 살아가는 이웃으로서 선교적 목회를 실천하고 있다.

3) 지역 공동체와 마을 만들기에 참여하는 교회

지역공동체를 회복하고 마을 만들기 운동에 참여하는 선교적 목회 또는 마을 목회는 잃어버린 지역사회와의 관계를 회복하고 그것에 기초하여 교회와 목회의 본질을 회복하는 운동이다. 우리는 과거에 모두 마을에 살고 있었다. 마을은 지역주민의 '마음'을 담고 있는 공동체이며 우리가 터잡고 살아가는 가장 실질적인 삶의 현장이자 소통의 공간이다. 그런데 산업화와 급격한 도시화 과정은 전통적인 마을을 해체하였고, 같은 시대에 교회의 급성장은 지역교회의 정체성을 지역성을 상실한 개교회로 전락시켰다. 이것이 오늘날 우리 사회뿐만 아니라 교회 역시 마을의 회복을 갈망하는 이유이다.

60년대까지 지역교회는 마을의 교회였고 성도는 지역의 주민이었다. 70년대부터 교회가 급성장하면서 교회는 모든 관심과 역량을 교회 안으로 집중하여 교회를 규모와 숫자로 성장시켰지만 결과적으로 교회의 지역성을 상실하고 지역으로부터 고립과 단절을 초래하였다. 한 마디로 교회는 '지역에 전도는 하지만 지역에 관심은 없는 교회'가 되었다. 이제 지역교회는 지역성을 회복하고 주민들과 친교 안에서 하나님 나라를 증거하는 선교 공동체가 되어야 한다.

"나는 한 교회에 담임목회자가 아니라 이 지역의 마을지기로 부임한다.” 이 말은 32세의 젊은 목사로 한남제일교회에 담임목회자로 부임할 때 오창우 목사가 한 말이다.[33] 오 목사는 부임 처음부터 이미 마을 전체를 자신의 목회현장으로 인식하고, 교인만이 아니라 지역주민 전체를 목회하는 선교적 목회로 출발하였다.

한남제일교회는 술집과 유흥가로 가득한 이태원 지역에 있는 교회이다. 이런 어려운 목회환경이지만 이 상황에 선교사가 되겠다고 결심하였다. 선교사의 목회, 즉 지역주민들의 삶의 자리의 필요에 부응하는 선교적 목회로 출발하였다. 그것을 위해 일차적 과제로 지역주민과 좋은 관계형성에 노력하였다. 교회 때문에 지역주민들이 살기 좋은 동네가 되었다는 말을 듣는 희망을 품었다. 오창우 목사는 초대 지역주민자치위원장이 되어 지역의 행정기관과 마을 만들기 운동에 적극적으로 참여한다. 이것은 개교회 담임목사가 아니라 지역의 마을지기로 부임한다는 당시의 생각대로 마을지기로서 목회를 한 것이다.

교회건물도 교회나 교인만을 위한 건물이 아니라 지역주민과 함께하고 소통하는 목적으로 설계하고 건축하였다. 92년 “지역사회의 접촉점으로서의 교회”란 제목으로 목회학 박사논문을 작성하고, 성전이 아닌 그리스도의 몸으로서의 교회관을 정립하였다.

한남제일교회의 복지활동은 분명한 철학을 가지고 실행한다. 복지는 궁극적으로 사회와 정부기관이 담당하게 된다는 이해를 가지고, 사회가 하지 못하고 교회만이 할 수 있는 영역의 복지활동을 지향하였다. 교회는 주민을 구청에서 실시하는 복지와 연결시켜주는 일을 한다는 생각이다. “연결복지” 즉 하드웨어에서 소프트웨어 중심으로 교회의 복지활동이 패러다임의 전환을 해야 한다. 코디네이터 활동에서 교회의 역할을

---

[33] 한남제일교회에 관한 내용은 다음의 자료를 참고하라. 한국일,『세계를 품는 교회. 통전적 선교신학』(서울: 장로회신학대학교 출판부, 2010), 137-149; 김도일 · 한국일 공동연구, “다음세대의 생명을 살리고 번성케 하는 교회교육 모델 탐구”,『다음세대 신학과 목회』(서울: 장로회신학대학교 출판부, 2016), 58-81, 84-95.

찾았다. 이런 방식으로 바이올린 교실, 방과 후 교실을 구청의 주민센타 시설을 활용하여 진행한다. 교회의 복지활동은 과시용, 전시용, 교회 생색내기 활동을 지양하고, 지역의 기관이 행하는 활동에 함께하는 "참여복지"와 뒤에서 섬기는 "숨은 복지"를 지향한다.

한남제일교회가 지역주민과 함께하는 교회를 추구하는 진정성은 교회 안에 카페를 설치하지 않는 것에서 볼 수 있다. 교회 바로 앞에 카페가 있기 때문이다. 교회는 커피집과 계약을 맺어 할인금액으로 교인들이 커피를 마시도록 한다. 마을 만들기 운동은 이런 진정성에서부터 교회의 모든 일이 계획되고 추진된다. 지역주민들을 위한 교회이기 전에 삶을 함께하는 교회가 되기를 원한다. 한남제일교회는 주민들의 목회자와 교회가 되려고 노력하였다.

지역사회를 위한 활동에서 원리는 "지역에, 주민들이 필요한 것이 무엇인가를 아는 것이다" 지역사회의 필요성에 늘 관심을 갖고 있다. 교회의 복지, 문화활동이 지역사회의 업체들과 경쟁하지 않도록 한다. 이러한 활발한 사회적 활동을 하면서도 가장 큰 관심은 교회 다움을 추구하는 것이다. 교회는 세상에 쉼터가 되어야 한다. 즉 영적 쉼터가 되는 것이다. 이 모든 것을 하는 힘은 영성, 신앙에서부터 온다. 한남제일교회는 신앙에서 나오는 힘을 지역주민과 함께하며 행복한 마을, 지역공동체를 만들어가는 교회로 존재한다.

4) 지역 에큐메니즘의 참여

하나님의 선교에 참여하며 교회 연합과 일치를 추구하는 에큐메니칼 운동은 교회의 참여가 배제되거나 약화된 기구중심의 활동 또는 소수의 신학자나 전문가가 전담하는 안타까운 상태에 머물러 있다. 더욱이 한국과 같이 지역교회가 중심인 환경에서 지역교회들의 호응을 얻지 못하는 에큐메니칼 운동은 실제적인 영향력을 갖지 못한다.

한국교회는 아직은 선교를 향한 열정과 친목회적 교회 특성을 갖고 있다. 또한 알려지지 않은 지역교회들의 훌륭한 목회자와 교인들, 성도들이 존재하고 있다. 여기에 연합과 일치, 정의와 평화, 창조세계의 보전과 같은 에큐메니칼 신학과 정신을 실천하는 건강한 교회, 지역 단위의 복음화를 위한 지역교회들의 연합운동, 세상과 함께하며 세상을 변화시키는 선교적 교회 관점에서 마을 목회, 개교회와 그리스도인 개개인의 관점에서 하나님 나라를 증거하고 실천하는 공적 책임과 평신도 신학을 지향하는 지역교회들을 찾아볼 수 있다. 개교회특성을 가진 한국교회는 지역의 복음화라는 포괄적 사역을 수행하기 위해서는 지역의 교회들의 연합을 통해서 지역사회의 문제에 효과적인 선교적 대응을 해야 한다.[34]

예를들면 서울의 후암동 지역의 8개 교회는 지역의 복음화를 위해 긴밀한 협력사역을 한다. 교회 목회자들 간에 정기적인 만남을 통해 친교를 형성하고 그것을 통해 지역의 필요에 선교와 봉사로 실천한다. 이 지역에는 소위 교인들의 수평이동이나 개교회간 경쟁이 발생하지 않는다.[35]

태백 지역의 작은 교회들이 연합하여 지역의 복음화를 위해 협력한다. 특히 그 지역에 소재한 강원랜드의 카지노 게임에 중독되어 노숙인으로 살아가는 사람들을 돕는 활동을 하고 있다. 노숙인을 위한 음식봉사에서부터 정신치료까지 제공한다. 이런 활동은 작은 개교회로서는 불가능하지만 지역의 교회들이 모여 서로 가진 다양한 인적 물적 자원들이 결합되기 때문에 가능한 것이다. 전국적으로 이렇게 지역의 교회들이 연합하여 지역의 복음화와 발전을 위해 협력활동을 하는 사례들을 많이 찾

---

34 한국일, 『선교적 교회의 이론과 실제』(서울: 장로회신학대학교출판부, 2016) 164-168.
35 서울 응암동 지역에 있는 서문교회와 성암교회는 지역의 교회들이 협력하여 학교폭력방지와 교사힐링캠프와 같은 지역의 문제에 공동으로 참여하는 지역 에큐메니즘의 좋은 사례를 보여준다.

아볼 수 있다. 이러한 지역교회 간의 연합활동의 사례는 공적 교회로서 지역교회들이 개교회주의의 파편화를 극복하고 세상 안에서 일하시는 하나님의 선교에 어떻게 다양하며 실제적으로 참여할 수 있는가를 보여주는 좋은 사례가 된다.

결론

오늘날 교회는 현실을 지배하는 세속적 가치를 분별하고 그것에 저항하며 본래의 하나님이 만드신 인간과 자연을 회복하는 운동을 전개해야 한다. 세상을 변화시키는 운동은 이 세상에 하나님의 나라와 통치에 참여하는 선교적 교회의 책임과 별개의 사항이 아니다. 지역교회의 선교적 역할에 대한 강조는 세계선교를 포기하고 대신 지역사회에서의 선교로 선교 중심을 이동하는 것이 아닌가라는 의혹을 받는다. 그러나 필자는 오늘날 건강한 지역교회의 회복은 세계선교와 단절된 것이 아니라 오히려 세계선교를 위한 선교적 역량을 실현하는 교회가 되는 것임을 강조한다. 기존의 선교사 파송 중심의 선교 패러다임에 보완적으로 선교적 교회로서 지역교회 모델이 세계선교에 참여하는 다양한 방식을 찾고 있다.

현재 한국교회는 안팎으로 심각한 문제에 직면하여 있다.[36] 그러나 희망이 없는 것은 아니다. 한국교회가 교파주의와 개교회구조의 특징을 갖고 있기 때문에 한국교회의 전체적인 신뢰를 빠른 시간 내에 전체 사회로부터 회복하는 것이 어려울지 모른다. 그러나 필자가 지역교회 사례

---

[36] 한국교회가 처한 상황을 비판적으로 성찰한 자료로 다음의 책을 참고하라. 최윤식, 『한국교회 미래지도』(서울: 생명의 말씀사, 2013); 양희송, 『다시 프로테스탄트』(서울: 복 있는 사람, 2012).

를 연구하면서 확인하게 된 것은 "지역사회에서 지역교회가 신뢰를 얻는 것은 불가능한 일이 아니라"는 사실이다. 더 나아가 지역사회와 함께하는 선교적 교회를 실현하고 있는 교회는 지역사회의 발전을 이끌고 있으며, 지역사회 역시 교회가 있음으로 행복해하는 현실을 보았다. 여기에 한국의 지역교회를 회복하고 활성화하기 위해 지역교회의 목회자들과 선교학자들의 지속적인 만남과 공동연구가 필요하다.

신학자들과 목회자들은 서로 협력하여 지역교회의 출로를 찾지 못하고 어려움을 겪고 있는 한국교회와 지역교회에 보다 가깝게 접근하여 현실적인 문제를 함께 해결할 수 있는 길을 찾아야 하며, 또한 지역사회와 건강한 관계를 형성하며 협력하고 있는 바람직한 교회들을 신학적으로 해석하고 지원해야 한다. 필자는 그러한 지역교회의 건강한 모델이 한국에서만 가능한 것이 아니라 다른 나라의 지역교회들과 나눌 수 있는 가능성을 모색하고 있다.[37] 이런 점에서 선교적 교회로서 지역교회는 세계선교와 자연스럽게 연결되며 새로운 방식으로 세계선교에 기여할 수 있는 글로컬 선교 패러다임이 된다.

[37] 충북 보은에 자리한 "보나콤 공동체"는 15년간 교회가 없는 오지 마을에 선교공동체로 들어가 지역사회 발전에 기여하는 공동체 활동을 전개하였는데 이런 경험이 현재 아시아 아프리카 지역교회들과 공유하는 활발한 선교활동을 전개하고 있다. 이런 현상을 보면서 필자는 이제 과거에 선교사 중심의 선교 시대를 넘어 한국의 건강한 지역교회의 경험 자체가 선교의 내용이 되어 선교적 영향력을 가지고 다른 나라와 공유하는 시대가 되었음을 보고 있다. 즉 국내교회들의 선교와 목회경험 자체가 세계선교에 참여하고 있다.

제3장

한국적 상황에서 본 선교적 교회론:

지역교회를 중심으로

서론

오늘날 교회가 세상으로부터 분리되어 나타나는 문제를 해결하기 위해 새로운 신학적, 선교학적 시도가 있는데 그 중 한 주제가 "선교적 교회론"이다. 선교적 교회론은 여러가지 관점에서 그 특징을 설명할 수 있겠으나 간단하게 언급한다면, "교회의 존재 이유와 목적은 선교이며 선교는 어떤 활동이나 프로그램 이전에 교회의 본질적 이해로부터 출발한다"고 진술할 수 있다. 여기에서 교회의 모든 활동이 교회 자신을 위한 것이 아니라 세상을 구원하고 회복하는 하나님의 선교와 궁극적 목적인 하나님 나라에 있다고 이해한다. 전통적 해외선교의 관점에서 볼 때 논란이 제기될 수 있으나 선교는 본질적으로 자신이 속한 지역에서부터 출발하여 세계의 모든 지역과 상황을 지향한다고 주장한다. 선교는 더 이상 지리적, 공간적 차원을 기준으로 설명하지 않고 이 세상 전체가 선교현장이며 교회는 먼 해외 지역만이 아니라 자신이 속한 지역을 선교현장으로 인식하고 접근해야 한다. 이런 관점에서 교회는 세계의 다른 지역에서도 지속적으로 선교활동을 해야 하지만 그것을 위해 자신이 속한 지역에서 선교적 교회로 존재하며 활동하는 것이 전제되어야 한다는 사실을 강조한다.

선교적 교회론이 학문적 주제로 등장한 것은 북미학자들의 학문적 연합활동으로 인한 것이지만 그 운동의 흐름은 다양한 출처를 갖는다. 그것은 교회의 본질을 선교로 이해하는 운동의 출처가 다양하기 때문이다. 본 글에서는 먼저 북미학자들의 선교적 교회론의 역사적 배경과 특징을 짧게 살펴본 후 한국교회 관점에서 선교적 교회론의 특징과 의미를 탐구하고자 한다.

북미신학자들이 제시한 선교적 교회론은 북미교회가 처한 상황에 대한 반성으로부터 제기된 것인데 한국학자들이 그대로 답습하고 있는 상태이다. 구더 교수가 이미 언급한 바와 같이 선교적 교회론은 교회가 처한 상황에 따라 다르게 접근해야 하는데 한국에서 연구한 대부분의 선교적 교회론은 북미선교학자들의 입장을 소개하거나 말미에 적용부분에 그치고 있다. 즉 한국교회가 처한 독특한 상황으로부터 제기한 문제의식을 깊이 반영하지 못하고 있다.

한국교회 구조와 특성은 "기독교 사회"(christendom)를 거쳐온 서구 상황이나 교회와 다르게 시작하고 존재한다. 본 글에서는 선교적 교회론의 태동과 이론적 특징을 먼저 살펴보고 서구교회와 다른 상황적 교회적 특성을 가진 한국교회를 진단하고 우리상황에 적합한 선교적 교회론을 위한 신학적 근거가 무엇인가를 살펴보고자 한다.

1. 선교적 교회론의 태동: 서구교회의 자기반성

1) 선교적 교회론 운동의 역사적 배경: 기원과 태동

선교적 교회론이 선교학에 비중있는 테마로 부상하게 된 것은 1980년대 북미 상황에 대한 선교학자들의 반성적 성찰로부터 비롯된 학문적 작업이 출발점이다. 그러나 그들에게 신학적 통찰을 준 사람은 영국의 선교학자인 뉴비긴(L. Newbigin)이다. 인도선교사로 35년간 활동했던 그는 본국에 귀국한 후 영국이 더 이상 기독교사회의 모습을 찾아 볼 수 없는 세속사회가 된 것에 충격을 받고 그의 선교사의 시각으로 영국과 유럽을 선교현장으로 인식하였다. 이것이 계기가 되어 교회자신에 대한 반성과 사회변화에 대한 새로운 이해를 통해 교회와 선교의 관계를 다른 관점에서 보게 되었다. 하나님의 선교, 변한 영국사회의 문화, 이에 대한 복음의 이해가 축이 되어 교회의 선교본질과 과제를 제시하고자 했다.[1]

그러나 선교적 교회는 그 본래적 의미와 관점에서 볼 때 어느 특정 지역이나 학자에게 제한될 필요가 없다. 왜냐하면 교회의 선교적 본질을 회복하는 것을 시대와 상황이 다르고 또 서로 직접적 영향을 받지 않았음에도 각 지역의 중요한 관심사와 선교의 주제로 인식하였기 때문이다. 선교적 교회론의 연구는 서구교회라는 공통적인 배경을 두고 있는 유럽사회와 기독교의 변화에 대한 선교학적 성찰에서 시작하였다. 유럽의 기독교를 형성해 왔던 기독교사회(corpus christianum)의 붕괴를 인정하는 데서 선교적 교회가 선교학자들의 담론의 주제가 되었다. 기독교사회를 지칭하는 크리스텐돔(Christendom)은 313년 로마의 황제 콘스탄티누스가 기독교를 공인하게 되면서 로마정부의 체제의 인정과 보호를 받게 되어 더 이상 박해와 핍박을 받지 않게 되며 동시에 더 이상 복음을 전할 필요가 없게 된 정부와 기독교의 결합상태를 가리킨다. 이 형태의 최고점은 중세였고 종교개혁을 거치면서도 변하지 않았고 18세기 계몽주의 출현 때까지 계속되어 왔다. 여기에서부터 교회와 국가의 공생관계가 시작되었고 이 두 실체의 동반자 관계는 유럽의 사회적 종교적 형태의 혁명적 변화를 가져왔다.

크리스텐돔은 초대교회에서 볼 수 있었던 역동적이며 혁명적이며 사회변혁적 영적 운동을 제도와 전통과 문화의 형태로 고착시키는 형태의 기독교를 형성하였다. 크리스텐돔의 기독교 형태는 외형적으로는 서구사회를 기독교사회로 형성하면서 모든 영역에 기독교적 형태를 갖추어 왔으나 성서의 의미와 가치를 내면에까지 깊은 영향을 미쳤다고 볼 수는

---

1   Craig Van Gelder(ed.), *The Missional Church in Context. Helping Congregations Develop Contextual Ministry* (Grands Rapids, Michigan: W. B. Eerdmanns, 2007), 2-3.

없다. 이런 사회에서 기독교는 복음의 본질적 의미보다는 기독교 가치를 표방하는 문화형태로 전환되었으며, 교회는 선교적 역동성을 상실하고 기독교 체제 유지와 보호에 주된 관심을 기울이게 되었다.

크리스텐돔 형태의 교회에서는 선교는 다른 지역에 살고 있는 "이교도"를 개종하기 위한 활동으로 여겼다. 천년 이상 지탱해 온 크리스텐돔의 형태와 체제는 18세기 출현한 계몽주의와 더불어 붕괴의 조짐을 보이기 시작하였다. 계몽주의로부터 시작한 근대주의는 유럽에 세속주의를 확장시켰으며 20세기 탈식민지 이후에 다종교사회의 현상은 기독교 사회형태를 완전히 붕괴하는 결과를 초래하였다.

20세기 중반에 발생한 유럽사회의 변화를 누구보다 민감하고 분명하게 감지한 사람이 뉴비긴이다. 뉴비긴은 유럽을 떠나 인도에서 35년간 선교사로 활동한 후 귀국하였을 때 유럽이 완전히 세속사회가 되어 있는 것에 충격을 받는다. 기독교는 문화의 형태로 겨우 명맥을 유지하고 교회는 생동감을 잃었으며 선교는 과거 기독교 사회의 잘못된 유산으로 이해하고 있다는 것을 발견한다. 이런 상황에서 뉴비긴은 식민지시대의 과거로 복귀하여 크리스텐돔의 영광을 회복하려는 시도를 한다는 오해를 받으면서도 기독교제국의 부활이 아니라 유럽에서 교회의 본질 회복을 위해 유럽사회를 바라보는 시각에 전환을 가져왔다. 그것이 유럽이 더 이상 기독교사회가 아니라 이교도사회로 바뀌었으며 선교현장은 더 이상 해외 다른 지역이 아니라 바로 영국과 유럽사회자체라는 사실을 강연과 책을 통해서 역설하기 시작했다. 뉴비긴은 무엇보다 과거와 다르게 유럽사회를 지배하는 세속주의 문화를 연구하여 변화된 현대문화 속에서 교회가 이들에게 어떻게 복음을 하나님의 말씀으로 들려줄 수 있는가를 선교학적으로 연구하기 시작했다. 이것은 뉴비긴이 귀국 후 급속도로 세속화된 영국과 유럽의 문화를 선교현장의 문화로 인식하여 연구할 필요성을 깨달은 것이다.[2]

유럽의 교회와는 완전히 같지는 않지만 유사한 기독교 사회를 형성
해 온 북미 교회상황의 심각한 위기의식을 가지고 있던 선교학자들은 뉴
비긴의 선교학적 통찰로부터 영향을 받아 북미 상황에서도 기독교 이후
사회에 어떻게 교회가 선교적으로 접근하며, 교회가 자신이 속한 사회를
향해 선교적 교회로 전환될 수 있을가를 공동으로 연구하기 시작했다.
그 핵심을 크레이그 반 겔더는(Craig Van Gelder)는 세 가지로 요약한다.
첫째, 선교를 위한 삼위일체의 신학적 토대를 세우는 것. 둘째, 선교에서
지역교회의 선교적 본질과 역할, 셋째, 지역교회가 각 교회가 처한 상황
과 문화에 선교적으로 응답하는 것이다.[3]

알란 록스버러(Alan J. Roxburgh)는 "선교적 교회론"의 책으로부터
선교적 교회론 운동이 추구하는 방향을 핵심개념으로 간단하게 요약한
다: 첫째, 교회와 선교의 관계의 역사적 이원론적 분열을 선교학과 교회
론의 연결을 통해 극복한다. 둘째, 삼위일체적 선교학을 추구하는데 이
것은 삼위일체 하나님으로부터 선교하는 하나님 인식으로부터 선교를
이해한다. 셋째, 하나님의 선교를 수용하여 기존의 교회중심적 선교로부
터 하나님의 선교 패러다임으로 전환한다. 넷째, 예수의 메시지로부터
하나님의 통치를 선교의 목표로 삼는다. 다섯째, 하나님은 선교하는 하
나님이며 교회는 이 하나님으로부터 세상으로 보냄을 받은 존재로서 교
회의 선교적 본질을 이해한다. 여섯째, 선교적 해석학의 방법론을 발전
시킨다. 이 방법으로 성경 전체가 선교를 목적으로 기록된 것으로 이해
하여 선교적 관점에서 성경을 읽고 연구하는 데 사용한다.[4]

---

2   George R. Hunsberger, "The Newbigin Gauntlet: Developing a Domestic Missiology for North America", in: George R. Hunsberger. Craig Van Gelder(ed.), *The church between Gospel and Culture. The Emerging Mission in North America* (Grand Rapids, Michigan, 1996), 3-25.

3   Craig Van Gelder(ed.), *The Missional Church in Context*, 9-10.

4   Alan, J. Roxburgh, "Introduction", Craig Van Gelder. Dwight J. Zscheile(ed.), *The Missional Church in Perspective* (Grand Rapids, Michigan: Baker Akademic, 2011), 5-7.

다렐 구더(D.L. Guder)는 선교적 교회론 연구동향을 보고하는 글에서 이 운동이 선교학자들에 의해 함께 연구하고 추구하는 공통적 방향을 여덟 개의 키워드로 설명한다: 선교적 상황(Missionaler Kontext), 선교적 도전(Missionale Herausfoderung), 선교적 소명(Missionale Berufung), 선교적 증인(MIssionales Zeugnis), 선교적 공동체(Missional Gemeinschaft), 선교적 실천(Missional Fuehrung), 선교적 구조(Missional Struktur), 선교적 연합(Missional Verbindung)[5]

선교적 교회론은 교회를 위한 또 다른 전략을 추구하는 것이 아니라 선교와 교회가 분리된 서구교회에서 교회의 본질을 선교로 새롭게 이해하려는 학문적 시도이다. 이것이 1980년대에 북미선교학자들의 공동의 학문활동으로 시작한 선교적 교회론 운동 즉 "The Gospel and Our Culture Network"(GOCN)의 기원으로 계속적으로 선교적 교회론의 주제에 초점을 맞추되 다양한 관점에서 지속적으로 또한 함께 연구하는 시리즈를 출판하고 있다.[6]

필자가 언급하고 싶은, 선교적 교회론에서 간과하고 있는 또 하나의 흐름은 세계교회협의회(WCC)를 중심으로 발전된 과정이다. 이것은 보쉬가 이미 지적한 바와 같이 선교 패러다임의 변화와 함께 진행되었는데 간단히 살펴보면 다음과 같다.

20세기 전반까지 교회중심적 선교 패러다임이 지배적이었으나 1952년 빌링엔 선교대회(IMC)에서 제시한 "하나님의 선교"(missio Dei) 개념의 출현 이후 선교의 주제에 대한 이해에 근본적인 전환이 발생했다. 선교는 교회의 선교 이전에 하나님의 선교로 이해하였다. 즉 선교는

---

5 D.L.Guder, "Missional Church" "Forschungsbericht ueber eine missiologische Debatte in den USA", in: *Theologische Zeitschrift* 66Jg 2010 Heft 2, 188-190.

6 북미학자들의 선교적 교회론(Missional Church) 시리즈 출판물에 관해서는 다음의 자료를 참고하라. Craig Van Gelder, *The Missional Church and Leadership Formation* (Grand Rapids, Michigan: W.B.Eerdmanns, 2009), 5-6.

삼위일체 하나님으로부터 출발한다. 하나님의 선교하는 하나님이다. 아버지는 아들을 세상에 보내고 아들은 또한 교회를 세상에 파송한다. 그러므로 선교는 교회의 선교 이전에 하나님의 선교이다. 그렇다면 선교에서 교회의 위치는 무엇인가?[7]

교회는 이전에는 선교사를 파송하는 주체로 인식하였으나 하나님의 선교에서 교회는 하나님으로부터 파송받은 공동체로 자기이해를 갖게 되었다. 즉 교회는 자신의 선교보다 먼저 일하는 하나님의 선교에 참여하도록 부름받은 것을 자신의 선교적 소명으로 이해한다. 1963년 멕시코에서 개최된 선교대회는 "육 대륙에서의 선교"(Mission in six continents)구호를 제창하였다. 이 표현은 탈식민지 이후 세계선교현장의 변화를 간파한 것인데 과거에 선교현장은 비유럽권 지역으로 제한하였으나 이제는 유럽지역도 선교현장이 되었다는 선언이었다.[8] 선교현장의 변화는 세계선교 구도의 변화를 동반하였다. 이전의 선교는 서구교회에서 비서구교회를 향한 일방통로였으나 "육 대륙에서의 선교" 이후 선교는 세계 모든 지역에서 실현되는 하나님의 선교활동을 인식한다. 그러므로 멕시코 대회 이후 모든 지역에서 모든 교회들이 함께 참여하는 "쌍방통행"방식의 선교를 지향한다.

이러한 선교 패러다임의 변화와 함께 또 하나의 중요한 연구결과로 발표한 보고서가 있다. 1966년 세계교회협의회에 제출한 "선교적 교회(회중)를 위한 구조에 관한 연구"(A Quest for Structures for Missionary congregations, 1966)이다.[9] 세계교회협의회 회원교회로서 서유럽과 북미

---

7 선교에서 교회의 위치에 관하여 필자의 글을 참고하라. 한국일, 『세계를 품는 선교』(서울: 장로회신학대학교, 2004), 제2장 "선교와 교회: 선교에 있어서 교회의 위치와 역할에 관한 연구", 47-86.

8 Rodger C. Bassham, *Mission Theology: 1948-1975 Years of Worldwide Creative Tension Ecumenical, Evangelical, and Roman Chatholic* (Pasadena: William Carey Library, 1979), 64-67.

9 The Church for Others and The Church for The World. A Quest for Structure for Missionary Congregation, 박근원 역, 세계를 위한 교회. 개교회의 선교구조 연구보고서 (서울: 대한기독교출판사, 1991); Rodger C. Bassham, *Mission Theology*, 67-71.

교회가 함께 하고 아시아 교회들이 별도로 연구하여 발표한 이 보고서는 이미 현재 기독교사회(Christendom)에 내재적 특성인 반선교적 교회구조에 대한 근본적인 질문을 제기하면서 변화된 시대와 상황에 선교적으로 접근하기 위해서 현재 교구중심의 서구교회의 구조가 변화되어야 할 것을 강력하게 주장하였다. 이러한 연구과정을 통해 확인한 것은 선교는 하나님에게서 출발한 하나님의 선교이며, 교회는 세상을 향한 하나님의 선교를 위해 부름받은 공동체로서 세상을 향해 파송된 공동체이며 이것을 위해 기존의 교회중심적 패러다임 하나님 - 교회 - 세상을 하나님의 선교 패러다임 하나님 - 교회 - 세상으로 바꾸어야 할 것을 주장하였다. 여기에서 선교는 교회 자신의 선전이나 확장이 아니라 세상 속에서 일하시는 하나님 나라를 실현하는 과정으로 이해하고 있다. 세계교회협의회는 뉴비긴이 지적한 바와 같이 20세기 후반에 나타난 세계선교현장의 변화와 무엇보다 유럽사회가 겪은 문화, 사회적 전환에 대하여 새로운 선교접근을 하였으며 이러한 운동과 선교학적 시도는 그 이후에 뉴비긴과 북미선교학자들의 선교적 교회론의 연구에 직간접적으로 영향을 미친 것을 어렵지 않게 짐작할 수 있다.

2) 서구교회 학자들의 선교적 교회론의 특징

선교적 교회론은 학자들에 따라 다양한 특징을 제시하고 있으나 본 글에서는 공통적 관심사로 부각된 신학적 사고의 전환에 해당하는 몇 가지 주제로 특징을 언급하고자 한다.

a. 교회론의 전환: 지역교회의 선교적 교회 정체성 발견

선교적 교회론은 교회 자신의 이해에 변화를 가져온다. "모든 그리스도인 공동체는 그리스도의 몸의 지역적 표현이다. … 모든 지역교회는 복음전파의 우선적 책임을 지고 있다."[10] 로잔문서에서 발표한 이 내용은 교회론에 전환을 가져오는 진술로 크게 두 가지 의미를 담고 있다. 첫째, 서구상황을 선교현장으로 인식하고 복음증거의 필요성을 강조한다. 둘째, 지역교회의 선교적 본질과 선교활동의 필요성을 강조한다. 지금까지 서구교회는 선교를 해외지역만 적용하고, 선교활동은 선교회나 교단 선교부 중심으로 진행하여 왔다. 지역교회는 선교를 직접적으로 수행하지 않고 교구에 속한 교인들을 목회적 차원에서 돌보며 교회를 유지하는 일을 전담해 왔다. 그렇기 때문에 선교적 교회론에서 지역교회의 선교적 역할을 강조하는 것은 서구교회에서는 혁명적 전환이다.[11]

오랫동안 기독교사회 체제에 익숙해져 온 지역교회는 자연히 교회 내부적인 일을 중심에 둘 수밖에 없었다. 왜냐하면 선교나 디아코니아, 대사회적 활동은 주로 전체 교회를 중심으로 별도로 설치된 기구—선교부, 선교회, 디아코니아 기구—를 통하여 실행하였기 때문이다. 그런 점에서 선교적 교회를 연구하는 학자들이 지역교회가 선교적 교회로 전환해야 할 것을 주장하는 것은 교회론이나 선교론에서도 큰 공헌이라고 평가할 수 있다. 기존의 지역교회가 목회적 차원에 역점을 두는 "오는 교회"구조에 있었다면, 지역교회를 "가는 구조"로 전환함으로서 지역사회에서 선교적 교회로 존재하고 활동할 수 있는 길을 제시한 것이다.

---

10 The Local Chruch in Mission: Becoming A Missional Congregation in the Twenty-First Century Global Context and The Opportunities Offered Through Tentmaking Ministry. Lausanne Occasional Paper No. 39, ch. 2.

11 교회구조면에서 서구교회는 한국교회와 큰 차이를 갖는다. 서구교회에서 교회란 지역교회가 아니라 전체 교회를 지칭하는 공교회 개념이다. 독일의 경우 교회(Kirche)는 전체 교회를 의미하고, 지역교회는 "지역공동체"를 의미하는 Gemeinde란 용어를 사용한다. 독일에서 지역공동체는 주일예배와 성례, 교육, 목회상담, 봉사를 위한 곳이며 교구원칙에 따라 공간적으로 닫혀진 공동체 구역의 제한을 통해서 조직된다. 그 목적은 모든 개신교인들을 골고루 돌보는 것이다, 볼프강 후버, 『교회』(서울: 한국신학연구소, 1990), 45.

b. 선교패러다임의 전환: 교회중심의 선교에서 하나님의 선교

교회중심적 선교 패러다임에서 교회가 선교의 주체였다. 선교에 대한 고전적 이해에 근거하여 교회가 선교사를 파송하고 관리하기 때문에 교회가 선교의 주체라고 생각했다. 그러나 교회의 위기에 직면하면서 역사적 반성과 성서적 연구를 통해 선교는 교회에 앞서 하나님으로부터 시작한다는 사실을 인식하였다.[12] 유럽과 북미사회에서 세속주의 확산으로 인해 교회가 심각한 위기를 직면하면서 해답을 교회 자신이 아니라 하나님으로부터 찾았다. 1952년 빌링엔 선교대회 이후 선교를 위한 신학적 토대를 기독론 중심에서 삼위일체 하나님 관점으로 이동하였다. 하나님은 매 시대마다 불완전한 교회와 함께 하고, 교회를 통하여 자신의 선교를 진행한다는 사실을 새롭게 깨달았다.[13] 이러한 인식의 전환은 교회성장을 위해 실용주의적 접근을 버리고 어떤 상황에서도 일하는 하나님으로부터 교회의 존재회복과 선교적 책임을 확인하고자 했다.[14]

c. 선교의 목표의 전환: 개인구원과 교회개척으로부터 하나님 나라
　구현

선교적 교회론은 선교의 목표를 교회로부터 하나님 나라로 전환한다. 기존의 교회중심적 선교 패러다임은 교회 자체를 선교의 목적으로 삼았다. 선교는 교회 없는 곳에 교회를 개척하고, 교회가 성장하여 교회를 자립시키는 것이 목표였다.[15] 물론 이러한 교회중심적 선교가 20세기 초반까지 교회가 없는 지역에서 중요하고 필요했던 것을 부인할 수 없

12　L. Boff, Gott kommt frueher als der Missionar. Neuevangelisierung fuer eine Kultur des Lebens und der Freiheit (Duesseldorf: Patmos, 1992), 하나님이 선교사보다 앞서 가서 일하신다는 말은 현장에서 일하는 선교사들에게서 자주 들을 수 있는 고백이기도 하다.

13　Craig Van Gelder(ed.), The Missional Church in Context. Helping Congregations Develop Contextual Ministry (Grands Rapids, Michigan: W. B. Eerdmanns, 2007), 9.

14　"하나님의 선교"(missio Dei)는 1952년 독일 빌링엔(Willingen)에서 개최된 에큐메니칼 선교대회로부터 제시되었지만 이제는 모든 교회들과 학자들에 의하여 의미에 있어서 조금씩 차이가 있긴 하지만 당연한 개념으로 수용하고 있다.

다. 그러나 기독교왕국의 유산을 가진 역사 속에서 변질되고 타락한 것을 본 것처럼 교회가 머리인 예수 그리스도보다 더 높은 위치에서 무소불위의 힘을 발휘한 것을 알 수 있다.

또한 교회성장을 목표로 삼았을 때 교회가 현실적으로 성장을 위해 실용주의접근을 함으로써 교회의 본질에 역행한다는 사실도 알게 되었다. 이런 일련의 과정을 거치면서 역사적 성찰과 성서적 연구를 통해 하나님 나라가 모든 신앙과 선교의 궁극적 목표이며 교회는 그것을 위해 이 땅에 세워진 하나님 나라의 도구라는 사실을 확인하였다. 선교의 목적은 교회의 확장이 아니라 하나님 나라의 복음전파와 그 복음이 증거하는 하나님 나라의 가치를 실천하는 것에 있다는 사실을 선교학자들이 강조한다.[16] 하나님 나라의 회복은 그동안 복음을 개인적 차원(개인구원)과 교회적 차원(교회개척, 성장)에 축소해 왔던 왜곡된 이해를 전 세상을 하나님 나라를 위하여 그 의미와 영역을 회복하고 확대하는 결과를 가져왔다.

d. 선교현장인식의 전환: 서구사회를 선교현장으로 인식

선교적 교회론은 세계를 지리적으로 양분한 옛 구도를 극복한다. 서구교회는 선교를 지리적 경계선을 넘어가는 활동으로 이해해왔다. 기독교의 공인 이후 서구지역은 전 사회가 기독교지역이기 때문에 선교의 필요를 느끼지 않았다. 대신 비서구지역만을 선교현장으로 인식하고 18세기부터 선교사를 파송하기 시작했다. 물론 세계선교역사를 볼 때 서구교

---

15 교회중심적 선교패러다임은 독일의 선교학의 아버지인 바르넥(G. Warneck)에 의해 정립되어 20세기 중반 하나님의 선교 개념이 등장하기까지 서구교회 선교를 이끌어온 원리였다. 바르넥은 "기독교선교는 비기독교지역에 교회를 이식하고 조직하는 활동"으로 이해하였다. Th. Sundermeier, "Theologie der Mission", Karl Mueller und Theo Sundermeier(Hg.), Lexikon Missionstheologischer Grundbegriffe (Frankfurt am Main: Dietrich Reimer, 1987), 471.

16 D. L. Guder(ed.), Missional Church. A Vision for the Sending of the Church in North America (Grand Rapids, Michigan: W. B. Eerdmanns, 1998), 3-7.

회의 의한 지리적 경계를 넘어가는 해외선교가 필요하였다. 그러나 서구 교회중심의 지리적 의미의 선교는 20세기 중반에 와서 더 이상 통용되기 어려웠다. 위에서 언급한 바와 같이 세속주의 확산으로 인해 서구사회 자체가 선교현장이 된 것이다. 선교적 교회론을 주장하는 학자들은 해외지역만이 선교현장이 아니라 현대사회에서 비기독교사회와 문화로 변화된 서구사회를 선교현장으로 인식하기 시작했다. 교회를 그 본질로서 선교적 존재로 인식하고 모든 상황을 선교적 상황으로, 모든 그리스도인을 선교적 그리스도인으로 이해는 것이 교회로 하여금 하나님의 선교에 참여하게 하는 것이다. 근대문화에 젖어있는 서구사회에 대한 이해와 분석, 그리고 선교적 접근이 GOCN에 참여하는 선교학자들의 과제가 되었다.[17]

e. 선교적 회중: 평신도 이해의 전환

모든 사람이 하나님의 선교에 동참하도록 파송되었다. 이전의 선교는 소수의 선교사를 해외지역으로 파송하고 나머지 교인들은 후원자로 남아있었다. 그러나 선교적 교회론에서는 파송받은 선교사뿐만 아니라 모든 그리스도인들이 하나님의 선교에 참여하도록 부름받고 파송된 자들로 이해한다. 물론 "모든 그리스도인들이 선교적으로 파송받았다"는 주장은 전통적으로 시행해 온 해외선교 중심의 교회와 관계자들은 문제를 제기한다. 모두가 파송받았다는 선교이해에서 특별히 해외 다른 지역에서의 선교활동이 위축될 수 있기 때문이다. 실제로 복음주의 선교권에서는 이러한 주장으로 하나님의 선교개념을 적극적으로 수용하지 않고 있다.[18]

---

17 Craig Van Gelder(ed.), The Missional Church in Context, 27.

18 복음주의 선교는 "범선교주의"를 경계하고 여전히 복음을 듣지 못한 "미전도종족" 중심의 선교를 강조한다. Siga Arles, "Ecumenical Missiology" Challenges from an "Evangelical Perspectives", in: Lalsangkima Pachuau, Ecumenical Missiology. Contemporary Trends, Issues and Themens (Bangalore: UTC, 2002), 60-62.

그러나 대부분 선교적 교회론을 주장하는 학자들이 복음주의 신학을 표방하고 있다는 점을 고려할 때 세계선교를 무시하거나 약화시키려는 의도가 아닌 것은 분명하다. 이들은 서구교회들의 존폐의 위기상황에 직면하면서 타지역에서 선교활동을 지속해야 하지만 자신의 교회가 속한 지역도 선교현장으로 인정하고 접근해야 할 것을 주장하는 것이다.

선교적 교회론 운동에 참여하는 학자들은 크리스텐돔의 유산인 성직자 중심의 교회 안에 계층구조는 오늘의 상황에 더 이상 적합하지 않다는 사실을 강조한다. 목회자와 평신도는 모두 하나님 나라를 위해 주어진 다양한 은사에 따라 교회 안과 세상 속에서 하나님의 선교에 참여하도록 부름받은 동역자들이다. 그러므로 교회 안에 계층구조를 폐지하고 동등한 관계에서 하나님 나라를 위해 협력할 것을 촉구한다.[19]

위의 내용을 종합하면, 선교적 교회론은 영국의 선교학자 뉴비긴의 유럽사회와 교회에 대한 선교학적 반성과 성찰로부터 시작하여 북미선교학자들에 의하여 지역교회 차원에서 교회의 선교적 본질을 확인하고 회복하려는 학문적 운동으로 발전하여 이제 전 세계로 확산되고 있다. 이 학문적 운동이 갖는 중요한 의미는 서구교회가 직면한 위기상황에서 서구사회를 선교현장으로 보는 것과 지역교회를 선교적 교회로 이해하는 것으로서 전 세계와 동시에 지역사회에서 하나님의 선교에 참여하는 교회의 선교적 본질과 운동을 회복하려는데 있다.

2. 선교적 교회론 관점에서 본 한국교회의 특성과 문제점

한국교회상황은 여러 가지 면에서 서구교회 다른 특성을 가지고 있다. 한국교회는 선교현장에서 출발하였고, 지금은 세계선교에 어느 교회

---

19 "Missional Leadership: Equipping God's People for Mission", in: D. L. Guder(ed.), Missional Church, 183-220.

보다 열정적으로 참여하고 있으며, 교회이해는 공교회 보다 지역교회 중심으로 형성되어 있다. 서구교회와 다른 한국교회의 이런 차이점은 선교적 교회론 관점에서 이해하고 접근할 때 서구선교학자들의 이론이나 주장이 도움이 되지만 그대로 적용하기에는 무리이다. 그렇기 때문에 구더 교수가 이미 언급한 바와 같이 선교적 교회론은 상황에 따라 다르게 접근해야 한다. 모든 교회론은 특수한 문화적 상황 안에서 발전되었기 때문이다.[20] 한국적 상황에 적합한 선교적 교회론을 정립하기 위해 먼저 한국교회의 특성을 살펴보는 것이 필요하다.

1) 선교역사인식: 한국교회 선교의 동인

한국교회를 선교적 관점에서 바라볼 때 몇 가지 주목해야 할 내용이 있다. 첫째, 한국교회는 가장 짧은 교회역사를 가지고 있으며 그렇기 때문에 선교의 중요성과 의미를 기억하고 있다. "선교역사를 기억하고 있는 교회"이다. 이런 점에서 선교의 사건과 역사를 잊고 있는 서구교회와 다르다. 예를들면 미국선교사들이 입국하기 이전 만주에서 성경을 한글로 번역한 존 로스(J. Ross) 선교사가 은퇴 후 고향인 영국 스코틀랜드로 돌아가 출석한 교회가 에딘버러에 있다. 그러나 이 교회는 한국 유학생 목사가 알려줄 때까지 그 사실을 모르고 있었다. 그것은 선교란 유럽교회에는 너무 오래 전 이야기이기 때문이다.[21]

둘째, 한국교회는 다른 신생교회와 다르게 "선교에 대한 좋은 기억"을 가지고 있다. 선교가 서구의 식민지 정책과 함께 하지 않았다. 정치적,

---

20 D. L. Guder, Missional Church, 11.

21 예를들면 에딘버러에 메이필드(Mayfield)교회는 존 로스 목사님이 선교사를 은퇴하고 돌아가 장로로 봉사하던 교회인에 그 교회성도들은 이 사실을 모르고 있었다. 에딘버러에서 유학하며 존 로스목사를 연구하던 한국목회자에 의해 그 사실이 새롭게 인식되었고, 시내 공동묘지에 잊혀져 넘어져 있는 묘비도 한국교회에 의하여 바르게 세워졌다. 이 사건을 통해 메이필드 교회는 선교에 대한 역사인식을 새롭게 가질 수 있었으며 한국교회와 긴밀한 관계에서 협력하고 있다.

경제적, 사회적으로 가장 연약하던 시기에 복음을 받았기 때문에 그 복음의 의미와 교회, 선교의 영향을 역사적으로, 민족적으로, 실존적으로 느끼며 경험하였다. 한국교회 초기 역사를 보면 한국사회와 사람이 얼마나 복음과 같은 소식에 목말라 있었는가를 당시 선교사들의 증언과 기록을 통해서 알 수 있다.[22]

셋째, 한국교회는 국가와 민족적 차원의 고난과 시련뿐만 아니라 개인적 가난과 희망 없는 연약한 상황에서 출발하여 기독교는 민족과 개인에게 위로와 희망이 되었다. 이러한 초기 한국교회의 선교경험은 한국의 근대사 속에서 민족복음화, 사회변혁의 경험을 갖게 하였으며 열정적으로 세계선교에 참여하는 선교하는 교회로의 자기정체성을 가지고 있다.

서구교회는 어떤 점에서 지난 세기에 수행한 선교의 잘못된 유산으로부터 벗어나려는 노력을 하고 있으며 세계선교에 대하여 위축되어 있다. 그러나 한국교회는 세계선교에 본격적으로 참여한 것이 오래되지 않았고 국내의 복음화와 교회성장의 생생한 체험이 그대로 세계선교로 이어지고 있다. 서구교회 선교학자들이 주장하는 선교적 교회론에는 세계선교에 대한 의식이 약화되면서 동시에 지역사회를 선교현장으로 인식하고 교회의 본질을 새롭게 인식하면서 지역교회를 선교적 교회로 전환하려는 의도가 강하게 나타난다. 이것은 서구교회의 회복이 요청되는 상황을 고려할 때 필요한 각성이며 노력이라고 사료된다. 그러나 한국교회는 처음부터 지역사회에서 선교적 교회로 출발하여 민족복음화와 세계선교로 나아가고 있다.

전 세계교회와 선교상황을 관찰할 때 한국교회가 현재 세계선교의 정신을 회복하고 실천해야 할 시대적 사명과 책임을 가지고 있다. 오늘

---

[22] 1910년 에딘버러에서 개최된 세계선교사대회에 참석한 한국에서 사역하는 미국인 선교사 사무엘 마펫의 발표문을 통해 당시 한국교회가 짧은 시간에 얼마나 그리스도의 진리를 갈망했으며 복음화를 위해 헌신하는가를 잘 묘사하고 있다. 사무엘 마펫, "복음화 사역에서 현지 교회가 차지하는 위치", 『선교와 신학』제25집(2010), 323-337.

날 한국교회는 제3세계 뿐만 아니라 1세계, 즉 서구교회를 향해서도 선교적 자원과 열정을 나누어야 할 요청을 받고 있다.[23] 전 세계를 선교현장으로 이해하고 있는 우리 시대에 한국교회는 이러한 부름을 인식하고 세계선교의 부름에 헌신적으로 참여하는 선교정신과 열정을 지속해야 한다.

선교적 교회와 관련하여 한국교회가 가진 첫번째 특성을 정리하면 다음과 같다. 서구교회는 기독교사회가 붕괴되면서 교회의 선교적 본질과 정체성을 회복하면서 교회가 속한 국내지역을 선교현장으로 새롭게 인식하고 접근하는 시도를 하고 있다. 그러나 한국교회는 그 태동부터 선교공동체로 존재해 왔다. 이 점에서 한국에서는 서구교회처럼 교회와 선교가 분리되지 않았다. 그러나 지역교회 중심으로 진행된 선교활동은 교회개척이나 성장을 위하여 사용된 프로그램으로 인식하는 경향이 있다. 선교적 교회 관점에서 볼 때 한국교회의 문제는 선교를 교회를 위해 도구화하는 것이다. 선교보다 교회자체에 대한 관심과 활동이 더 우선적으로 존재하는 것을 부인할 수 없다.

2) 세상관: 교회와 세상을 대립구조로 보는 이원론적 이해

한국교회는 선교초기부터 지금까지 여전히 교회와 세상을 이원론적으로 나누어 서로 대립관계에 세우는 경향이 있다. 이런 현상을 조장하는 배경에는 여러 가지 이유를 찾아볼 수 있다. 종교적으로 샤머니즘의

---

23 필자는 2005년 영국 에딘버러에서 한 학기를 머물면서 영국교회현황을 실제로 경험할 수 있었으며 그 이후 독일교회와 스위스 교회, 호주 교회 등을 방문하면서 유럽교회들의 상황이 얼마나 심각한가를 확인할 수 있었다. 유럽교회상황에 대한 자세한 내용은 다음의 자료를 참고하라. Grace Davie, *Religion in Britain since 1945* (Oxford: Blackwell, 1994), 동일저자, Europe: The Exceptional Case. *Paramenters of Faith in the Modern World* (London: Darton, 2002); Friedemann Walldorf, *Die Neu-Evangelisierung Europas* (Giessen: Brunnen, 2002); 독일교회의 선교적 교회론에 대해서는 다음의 책을 참조하라. Hartmut Baerend, Kirche mit Zukunft. *Impulses fuer eine missionarische Volkskirche* (Giessen: Brunnen, 1999).

탈역사적 세계이해가 무의식적으로 영향을 미치고 있으며, 비기독교 사회에서 선교초기에 신앙을 가지려면 자연히 교회 밖 세상을 하나님의 심판으로 정죄하며 교회를 "구원의 방주"로서 강조하는 신앙구조를 형성하였다. 또한 국가적으로 사회적으로 직면한 암울한 상황에서의 구원의 경험은 종말론적 기대를 강조하는 개인주의적 신앙이었으며, 특히 3·1운동 이후 일본의 더욱 극열해진 박해 속에서 한국교회 신앙은 더욱 탈사회적, 종말론적 특성을 지닌 신앙으로 변해갔다. 최근에 선교와 관련하여 영적 전쟁을 교회와 세상의 대립관계에서 이해하는 선교활동은 교회와 세상의 이중적 대립구도를 더욱 고착시켰다.[24] 이러한 요인들로 인하여 한국교회는 탈세상적, 교회중심적 신앙의 특성을 형성했다. 내세의 천국을 중요시하면서 동시에 이 세상에서의 축복을 강조하는 모순적 현상의 배후에는 기복을 부르는 샤머니즘적 종교성이 크게 작용하고 있을 것이다.[25]

탈세상적 신앙형성의 또 다른 요인은 다종교사회 속에서 기독교 신앙을 갖게 된 배경에 있다. 기독교 신앙을 갖기 전 대부분 기존의 다른 종교를 가지고 있었다. 그런데 기독교에서 강조하는 회심은 기존 종교를 버리고 떠나서 교회로 들어오는 것이다. 그리스도인이 되는 과정은 "떠남과 새로운 소속감을 통해 진행되는 것이기 때문에 기독교신앙을 강조할수록 기존 종교에 대한 비판과 적대감은 그것에 비례하여 강하게 나타난다. 이것이 선교초기부터 한국교회에 자리잡은 반종교적 정서이다. 게다가 신앙생활을 영적 전투로 이해하고 전투의 대상을 타종교로 인식할 때 기독교는 다종교사회에서 다른 종교와 평화로운 공존의 관계를 갖기 어려웠다. 선교에 대하여 열정과 헌신도가 높을수록 타종교에 대하여 적

---

24 영적 전쟁에 관하여 다음의 자료를 참고하라. 박보경, "영적 전쟁(Spiritual Warfare) 이론에 대한 비판적 고찰", 『선교신학』 제28집 Vol. III (2011), 67-96.

25 한국교회와 신앙 안에 스며든 토착종교 영향력에 대한 연구로는 다음의 책을 참고하라. 장남혁, 『한국문화 속의 복음』(서울: 예영 커뮤니케이션, 2010).

대적이거나 공격적 태도를 갖는 경향이 있다. 이와 같은 한국교회 신앙의 특성은 신앙생활을 주로 교회 안에 생활로 간주하면서 교회 밖, 즉 세상 속에서 그리스도인으로 살아가면서 관계를 형성하는 과정에 매우 서툴고 무능한 교인들을 양산하기도 한다. 때문에 지역교회는 지역사회에서 전도는 하지만 지역사회 자체에 관심은 없다고 하는 세상에 무관심한 전도하는 교회의 기이한 현상을 형성하였다.[26]

3) 교회관: 교회중심적 신앙전통

세상에 대하여 대립적 특성을 지닌 교회는 자연히 교회중심적 특성을 갖게 한다. 120여 년의 짧은 역사 속에서 한국교회는 하나님에 대한 사랑과 열정을 교회를 향한 사랑과 열정으로 표현해 왔다. 교회가 하는 모든 일은 대부분 교회중심적 관점에서 수행한 것이다. 여기에서 교회중심적이라는 형태는 교회(지역교회)자체가 선교에 주체가 되고 목적이 되는 형태이다.

교회중심적 신앙패턴은 교회를 섬기는 일에서 잘 나타나 있다. 좋은 교인은 주일 성수하고 교회 안에서 봉사를 잘 하는 신앙인을 지칭한다. 그리스도인들의 삶은 교회를 중심으로 진행되었다. 이것이 한국교회가 가진 특징이다. 다른 신생교회들과 비교할 때 한국교회는 어떤 교회보다 모이는 교회로서의 특징이 뚜렷이 나타난다. 그러나 세상을 향해 파송된 교회의 본질에 비추어볼 때 모이는 교회만으로는 그 의미가 충분하지 않다. 모이는 교회는 지역사회로부터 분리되어 개교회 성장과 강화에 목적을 두고 있기 때문이다.

한국교회는 신앙공동체를 중요시하며 모임을 강조하는 전형적인 모

---

26 나는 이런 교회를 "반선교적 특징과 구조를 가진 선교하는 교회"라고 지칭하고 싶다. 선교를 교회자신을 위한 프로그램으로 이해하는 전형적인 교회형태이다.

이는 교회로서의 신앙특징과 전통을 세웠다. 세계선교역사를 보면 "젊은 교회"(younger church)는 아직 사회 속에 기독교 전통과 문화가 정착되어 있지 않기 때문에 교회를 중심으로 한 원색적인 신앙생활이 특징으로 나타난다. 그럼에도 불구하고 한국교회는 예외적이라고 할 만큼 교회를 중심으로 한 신앙전통을 이어왔다. 주일성수의 전통은 율법적이라고 할 만큼 철저하게 그리스도인의 의무로 지키고 있다. 주일 외에 새벽기도회, 수요기도회, 금요구역예배, 철야기도회, 각 선교회모임, 사경회 및 다양한 성경공부모임 등은 한국교회 성도들이 교회에 모여 신앙훈련을 받기를 즐겨 한다. 교회 성도들의 삶이 지나치게 교회에 매여 있다고 여길 만큼 교회중심적 신앙생활을 하고 있다. 그렇기 때문에 한국기독교에는 교회가 중요하다.

한국교회는 서구교회와 달리 개교회 중심으로 형성해 왔다. 짧은 교회역사로 인해 사회 속에 뿌리내린 기독교 문화나 의식이 부재하며, 교회 내부적으로는 전적으로 지역의 개교회에 의존해 있는 구조를 갖고 있다. 이런 상황은 개교회가 든든하고 강화되어야 노회와 총회가 든든하며 결과적으로 전체 한국교회가 든든해질 수 있다는 의미이다. 오랜 역사와 전통을 가진 서구교회는 탄탄한 전체 교회구조가 지역교회를 유지하고 있다면, 역사가 짧은 한국교회는 지역의 개교회들이 총회와 전체 교회를 유지하고 있는 특징을 갖는다. 그러므로 한국교회 상황에서 지역교회가 중요하며 살아있어야 한다. 교회에 대한 바른 신학적 이해를 가진다면 교회에 대한 사랑과 열심은 한국교회의 미래의 선교활동을 위해 중요한 자원으로 활용하게 될 것이다.

4) 선교관: 해외선교중심과 프로그램 위주의 선교이해

한국교회는 선교에 열심과 헌신을 하는 교회이다. 짧은 기독교 역사에 비하여 세계선교는 경이적이라 할 만큼 발전되어 있다. 한국교회 역시 서구교회처럼 선교는 해외에서의 활동으로 이해한다. 이런 선교이해는 서구교회의 경험을 그대로 우리 상황에 옮겨 놓은 것이다. 왜냐하면 기독교사회를 형성해 온 서구교회는 해외현장만을 선교현장으로 이해하였다. 중세에서 20세기 중반의 근대선교에 이르기까지 공식적으로 선교현장은 언제나 비서구지역인 해외현장만을 의미했다. 한국상황은 서구상황과 다르게 국내현장도 복음을 듣지 못하고 기독교적 영향을 받지 않은 "완전한" 선교현장임에도 불구하고 선교적 관심사에서 배제되었다. 그러므로 선교개념을 아직 지리적 차원에서 규정한다. 전도는 국내에서의 활동이며 선교는 해외활동이라는 이중적 이해를 갖는다.

한국교회 선교는 북미 선교학자인 다렐 구더(D. L. Guder) 교수가 지적한 프로그램 중심의 선교관을 지향하고 있다. 해외선교활동에 사용하는 비용은 천문학 숫자이다. 사실 해외선교를 잘 하기 위해서는 본부에서 해외선교를 지휘하고 감독하는 역할이 중요한데 한국교회는 본부에서 일하는 사람(본부 선교사제도)을 위해서는 지원하지 않는다. 해외에서의 활동만을 선교라고 생각하기 때문이다. 해외선교역사가 짧은 한국교회 상황에서는 이런 현상이 당연한 것으로 간주된다. 앞에서 언급한 바와 같이 선교를 통해 한국교회가 탄생하였고 아직 선교역사를 생생하게 기억하고 있으며 그것이 오늘날 세계선교의 동인과 자원이 되고 있기 때문이다. 활동적 차원에서 한국교회는 "선교적 교회"의 인식 없이 단지 교회의 프로그램 중 하나로서 선교활동을 추구하는 "선교하는 교회"에 머물러 있다.[27]

선교를 지리적 관점에서 이해하는 선교관은 선교를 해외지역에만 적

---

27 독일의 선교학자 겐지헨(H.-W. Gensichen)은 일찍이 선교적 교회(missionarische Gemeinde)와 선교하는 교회(missionierende Gemeinde)를 구분하여 설명한다. H.-W. Gensichen, *Glaube fuer die Welt* (Guetersloher, 1971), 168-185.

용하기 때문에 교회의 존재와 국내의 다양한 활동들을 선교적 관점에서 성찰하고 방향을 제시하지 못한다. 이런 현상은 지역교회가 지역사회에 대하여 폐쇄적인 반선교적 특성과 구조를 가지면서 선교하는 교회를 지향하는 모순된 선교관을 초래한다.

5) 교회구조: 목회자와 평신도의 계층구조

교회중심적 신앙구조는 자연히 교회 안에서의 생활을 강조하게 된다. 그것은 곧 목회자의 위치가 교회에서 가장 중요한 역할과 의미를 갖게 된다는 것이다. 서구교회와 같이 교회체계가 잘 세워진 곳에는 목회자 개인의 영향력의 차이가 크게 작용하지 않는다. 대부분의 교회가 정해진 예전에 따라 같은 본문으로 설교하며 교회의 전통이 교인들의 신앙을 이끌어가기 때문이다. 그러나 한국교회는 예전의 전통이 깊지 못하고 교회의 조직이나 체계가 든든하지 못하기 때문에 목회자의 역할이 강조될 수밖에 없다. 목회자 중심구조는 교인들의 신앙을 목회자에게 의존적 구조를 형성하게 한다. 즉 한국교회 교인은 신앙생활에서 독립적이거나 자율적이 되지 못하고 목회자에게 전적으로 의존하는 유아기적 신앙상태에 머물고 있다.

목회자 중심구조는 교회 안에서 목회자의 영향력이 크게 나타난다. 목회자에 따라서 긍정적인 영향이 교회에 큰 변화를 가져오지만 반대로 목회자의 잘못된 인식이 교회 전체를 어렵게 만들기도 한다. 한국교회의 직분이해는 다분히 유교의 권위주의와 계층구조의 영향을 받고 있다.

목회자 중심구조의 가장 큰 문제는 결과적으로 평신도의 역할을 상대적으로 축소시킨다는 점이다. 목회자와 평신도의 관계를 계층적으로 이해하며, 교회의 직분이해 역시 계층적이다. 한국교회 평신도는 초기교회부터 교회 일에 매우 열정적이며 헌신적이다. 그러나 이 열정과 헌신을 대부분 교회 안에서 발생하는 일에 집중하고 있다. 분리된 교회관에 근거한 교회중심적 신앙관은 평신도의 세상에서의 일상생활 속에서의 신앙적 실천이나 직업적 소명과 같은 개혁교회의 중요한 신앙관을 교회적인 일로 축소시켰다. 따라서 좁게는 교회가 속한 지역사회 안에서, 넓게는 세상 안에서 하나님 나라를 실현하는 소명을 맡은 평신도 그리스도인의 책임과 소명의식을 약화시키는 결과를 초래한다.

비기독교 문화적 배경을 가진 한국사회에서 선교적 교회론을 정립하려는 한국교회는 기독교 사회 전통을 구축해 왔던 서구교회 상황에서 선교적 교회론을 향한 접근 관점과 방식에서 많은 차이점을 가질 수밖에 없다. 위에서 제시한 한국교회 상황과 특성에 따른 앞으로의 방향을 다음과 같이 정리할 수 있다.

첫째, 전 세계적으로 교회가 약화되는 현상에서 경각심을 가져야 한다. 다시 말하면 교회지상주의와 개교회주의를 극복하되 지역교회를 건강하고 바르게 세우는 선교관, 정책을 세워야 한다. 한국교회는 지역교회 바탕에 서 있기 때문에 든든한 공교회 구조체계를 지닌 서구교회와 달리 지역교회를 건강하고 선교적 교회가 되도록 인도하는 신학적, 선교적 지원이 필요하다.

둘째, 한국교회는 서구교회에 비하여 건강한 지역교회의 활성화를 유지하며, 동시에 교회연합과 대사회적 책임을 실현하기 위해 공교회 체제를 강화하는 정책이 총회 차원에서 있어야 한다. 한국교회의 개교회(지역교회)의 역량은 독특하지만 개교회차원에서 전체 사회를 향한 복음의 능력을 드러내는 데는 한계가 있다. 앞으로 총회차원에서 개교회들이 대사회적 목회방향을 인도해야 하며, 지역교회들이 연합하여 지역사회를 건전하게 이끌어갈 수 있도록 연합운동으로 협력체제를 강화해야 한다.

셋째, 한국교회 안에서의 신앙훈련의 가장 큰 약점은 평신도들이 훈련받는 내용이 사회적 영향력을 키우지 못하고 지나치게 영적(종교적)이며 교회중심적이라는 것이다. 교회에서의 훈련은 교인으로 양육하는 것에 목적으로 두고 있기 때문에 세상 속에서 성도들이 직면하고 있는 구체적인 문제들에 대하여 취약하다. 평신도 신앙운동에 사회적 차원이 회복되어야 한다. 실제적으로 교회 안에 그리스도인들이 가진 은사와 역량은 지역사회를 변화시키는데 가장 중요한 자원이다.

넷째, 한국을 비롯한 전 세계가 다종교, 다문화 사회로 전환되어 간다. 점증하는 다종교, 다문화 사회현상에 적합한 그리스도인의 신앙과 삶에 대한 바른 신학적, 선교학적 이해가 요청된다. 기존의 개신교의 이미지는 교회 밖의 사람들에게 일방적이며 공격적으로 비추어졌다. 타종교와 평화로운 공존을 모색하는 선교관을 수립하며 개신교의 공격적 배타적 특성과 이미지를 바꾸어야 한다.

다섯째, 한국교회는 서구교회에 비하여 아직도 목회자의 영향력이 크게 작용한다. 이것은 선교적 관점에서 볼 때 좋은 기회이다. 건전한 목회관은 교인들에게 좋은 영향력을 미치며 그들을 통해 지역사회와 세상을 하나님 나라로 변화시키는데 중요한 계기가 된다.

3. 한국상황에서 선교적 교회론 구축을 위한 선교학적 근거

위에서 언급한 한국교회의 특성과 구조를 통해서 본 한국교회를 진단하고 분석하면 서구교회에서 찾아볼 수 없는 한국교회의 장점들이 많이 있음을 알 수 있다. 그러나 다른 한편 한국교회 신앙관, 교회관, 목회관, 선교관 등을 형성하는 잘못된 신학적 이해로 인한 문제들에 직면해 있음을 부인할 수 없다. 한국교회의 갱신과 회복을 위해 다양한 관점에서 접근하며 대안을 제시할 수 있겠으나 여기에서는 한국교회의 신앙과 선교를 형성하는 신학적 관점에서 올바른 근거를 제시하고자 한다.

1) 선교적 교회론 관점에서 본 구원론 패러다임

선교적 교회는 세상을 구원의 대상으로 이해한다. 선교적 교회론의 관점에서 보면 세상은 편협한 종말론의 주장과 같이 배제하거나 탈출해야 할 애급이 아니라 하나님의 선교현장이며 교회와 그리스도인이 파송받은 선교현장이다. 개인구원은 "하나님이 세상을 사랑하사."(요 3:16)의 세상을 향한 하나님의 사랑의 선언의 틀 안에서만 바르게 이해할 수 있다.

한국교회 신앙의 특징은 구원론을 강조하는데 있다. 특히 종말론 관점에서 개인이 구원받는 사건을 신앙의 가장 중요한 사항으로 여긴다. 교회에서 목회자의 설교에서 강조하는 부분도 개인구원, 좀더 정확하게 표현하면 "개인의 영혼구원"이다. 개인중심의 신앙관은 세상을 향한 하나님의 모든 관심을 개인에게 집중시켜 모든 것, 하나님조차 개인을 위해 존재하는 것처럼 생각한다.[28] 뉴비긴은 개인의 영혼구원이 개신교 선교사상을 지배한 적이 있으며 그것을 배제할 수는 없지만 그것이 신약성경의 중심을 차지한다고 보지는 않는다. 다시 말하면 개개인의 영혼을 멸망에서 구원하는가 아닌가 하는 문제는 선교논리의 중심이 아니라고 하는 것이다.[29] 그렇다면 개인중심적으로 형성된 편협한 구원론을 극복하고, 세상에 대한 올바른 이해와 전 피조세계의 구원을 향한 패러다임의 전환과 그 안에서 개인과 교회의 위치를 어떻게 설정할 것인가를 다루어야 한다. 어떻게 그것이 가능한가?

요한복음 3장 16절이 개인주의를 극복하고 하나님 중심의 새로운 선교 패러다임의 단초를 제시한다. 본문은 하나님의 구원사건을 개인이

---

[28] 하나님을 사람의 이익을 위해 제공하는 도구로 인식하는 기독교의 잘못된 이해에 대하여 바르트와 본훼퍼의 신학적 종교비판을 참고하라. Hans-Joachim Kraus, *Theologische Religionskritik* (Duesseldorf: Neukirchener, 1982), 4-60, 61-112.

[29] 레슬리 뉴비긴, 『다원주의 사회에서의 복음』(서울: IVP, 2007), 237.

아니라 세상으로부터 시작한다. 하나님이 창조하신 모든 피조물에 대한 사랑으로 독생자를 세상에 보내셨다고 증거한다. 세상의 구원은 하나님의 구원사건의 출발점이자 궁극적 목표이다. 성경이 말하는 구원은 온전케 하는 것인데 그리스도 안에서 만물이 창조되었을 때의 모습을 치유하고 회복하는 것을 의미한다.[30] 여기에서 주목해야 할 사실은 개인에게 발생한 구원사건은 그 개인만을 위한 것이 아니라 아들을 통하여 행한 전 피조세계를 향한 하나님의 구원사건에 참여하게 되는 것이다. 하나님이 이미 행하신 구원사건에 "인격적 참여"(personal involvement), 이것이 개인구원사건이다. 여기에서 중요한 것은 하나님의 구원이 개인을 위해서가 아니라 개인의 구원경험이 하나님의 구원사건에 접촉됨으로 발생한다는 사실이다.

신약학자 노태성은 이 사건에 대하여 그의 본문해석을 통해 다음과 같이 설명한다.

인간구원에 대한 성서의 기록은 하나님으로부터 위임받은(창 1:26-28) 세상을 대표하는 것이지 세상을 배제한 인간만을 하나님의 사랑과 구원의 대상으로 간주하는 것이 아니다. 하나님은 세상을 사랑하신다. 그러나 세상은 비인격체이기 때문에 하나님을 믿을 수 없다. 따라서 인간이 하나님의 구원의 궁극적 대상인 세상을 대표하여 하나님 앞에 신앙을 고백한다. 인간은 세상에 속한 존재이며 세상은 인간보다 큰 실체이지만 인간은 세상을 대표하여 하나님의 구원을 이루도록 책임을 수행한다. 여기에 인간이 하나님 앞에 믿음으로 서 있는 의미가 중요한 것이며, 그러나 동시에 인간은 하나님의 구원인 인간만이 아니라 세상 전체임을 언제나 자신의 위임받은 책임성 앞에서 깨어있어야 한다.[31]

---

30 레슬리 뉴비긴, 『회란 무엇인가?』(서울: IVP, 2010).
31 노태성, "시민신학을 위한 신약성서적 기초", 미출판강연문, 1-18.

개인중심에서 하나님 중심의 구원론으로 전환하면 구원받은 개인은 그 관심의 중심이 자신에게 있는 것이 아니라 세상을 사랑하사 구원을 행하신 하나님과 그의 일에 있게 된다. 이러한 관점의 전환으로부터 개인의 세계에 몰입해 있던 사람이 하나님의 세계에 마음이 열리게 되며 그의 관심사가 자신의 관심사가 되어간다. 이것이 신앙으로 인하여 변화된 세계관이다.

선교적 교회론에서 지역사회를 향한 새로운 발견은 한국의 지역교회에도 그대로 적용되어야 할 주제이다. 개인주의적 구원론, 교회중심주의, 탈세상적 종말론 등의 편협하고 왜곡된 신학적 전제를 극복하고 지역사회와 세상을 하나님의 구원과 선교의 목표라는 사실을 수용할 때, 그리고 교회와 그리스도인은 그 사건에 신앙고백으로 이미 참여하며 또한 그 일을 위한 부름을 받았다는 사실을 깨달을 때 구원받은 그리스도인과 신앙공동체인 교회는 세상을 향한 하나님의 구원과 회복사건에 참여하는 것을 선교적 사명으로 알게 될 것이다.

2) 교회론: 세계를 품는 교회

교회는 바울의 표현대로 보배를 담고 있는 질그릇이다. 여기에서 교회의 이중적 특성을 볼 수 있다. 현실적으로 가시적 교회는 문제를 안고 있으나 교회의 머리이며 내용인 그리스도가 교회 자신과 세상에 희망이다. 그러므로 교회는 "경험하는 교회"로부터 "신앙하는 교회"로서 그리스도의 언약에 근거해야 한다.[32]

포코르니(Pokorny')는 에베소서 4장 12절을 주석하면서 그리스도의 몸으로서의 교회에 대한 의미와 특성이 무엇인가를 잘 설명해준다. 포코

---

[32] 볼프강 후버, 『교회』(서울: 한국신학연구소, 1990), 39-42.

르니는 교회는 그리스도가 세상과 관계를 맺을 수 있는 장소이며 또한 전 피조물 안에서 그리스도의 위임을 실현하는 공동체이다. 그러므로 교회의 역할이 전 우주적 배경(im kosmischen Kontext)에서 이해되어야 한다고 설명한다. 교회의 성장의 동기에 있어서 새롭게 제시하는 것은 그리스도의 "충만함"의 역할을 수행하기 위해 성장하는 것이며, 그리스도의 몸의 역할은 전 피조세계 안에서 그리스도를 머리로 나타내기 위한 것에 있다. 포코르니는 이러한 교회의 본질과 관련하여 교회에 주어진 특성을 몇 가지로 종합하면 다음과 같다.

첫째, 교회는 세상과 구별되는 실체이다. 세상이 그리스도의 주권아래 있으나 세상 자체는 그리스도의 몸이 아니다. 교회는 그리스도의 충만함(엡 1:23)으로서 거룩함이 직접적으로 접근할 수 있는 영역이다. 둘째, 교회는 그리스도가 전 피조세계의 머리(주인)인 것을 증거하고 보여주기 위해 파송되었다. 셋째, 교회의 성장과 세상을 향한 파송은 분리할 수 없다. 교회의 성장은 세상을 향한 파송을 목표로 삼아야 하며, 교회 밖을 향한 선교는 교회의 생명력 있는 존재에서만 실현이 가능하다. 넷째, 성령의 은사는 단지 영적 은사가 아니라 하나님의 집에 다양한 역할을 수행하기 위해 주어진 것으로서 구체적인 일상생활 속에 실현된다.[33]

하나님은 세상의 구원과 존재하는 모든 것과의 화해를 위해 교회를 세상에 세우셨다. 그리고 그 교회를 그리스도 안에서 하나님의 충만함을 수여하셨다.(엡 1:23, 골 1:19) 교회와 성도는 세상을 향한 그리스도 안에 주신 풍성함을 세상에 증거하고 나누기 위해 부름받았으며 이 활동이 곧 선교이다. 하나님은 이 풍성함의 비밀을 교회와 그리스도인에게 계시하였다. 바울은 이 비밀의 영광이 이방인 가운데 얼마나 풍성하게 나타나

---

33 Petr Pokorny', *Der Brief des Paulus an die Epheser* (Leipzig: EVA, 1992), 175-179; 김성욱, "효율적 선교사역을 위한 교회 사역론 연구", 1910년 에딘버러 세계선교사대회 100주년 기념 2010 한국대회 논문집 6권 (서울: 한국연합선교회, 2011), 184-188.

는가를 하나님이 교회로 하여금 알게 하신다고 증거한다. 예수 안에 있는 하나님의 풍성함이 곧 교회에 약속된 풍성함(엡1:23)이며 이것이 세상 안에 실현되도록 교회와 그리스도인을 세우고 그 일을 맡긴 것이 세상을 향한 교회의 선교과제이다. 교회와 세상을 이원론적으로 이해하는 "분리된 교회론"을 극복하고 전 세상으로 책임영역을 확장해야 한다. 교회는 본질상 세상을 향한 하나님의 풍성함을 전하는 선교적 존재라는 사실이 자신의 정체성이며 존재목적이다.

교회가 성장 자체에 사로잡혀서 세워진 실용주의적 교회관이 아니라 성경에 기록된 교회의 본질을 왜곡하지 않고 건강하게 성장한다면, 교회가 목회자 개인의 목회적 야망이 아니라 교회를 향한 하나님의 약속에 의해 이끌어간다면, 교회가 자신을 목적으로 삼아 내향적이 아니라 세상을 향한 부르심의 풍성함을 깨닫고 그것에 충실한다면, 교회가 목회자 중심이 아니라 모든 그리스도인들에게 주신 다양한 은사를 발견하여 세상 안에서 하나님 나라를 위한 증거자가 된다면, 세상 속에 하나님과 갈라진 세상과의 화해와 구원의 완성을 위해 하나님이 오늘도 교회를 사용하시고, 개인구원을 평생의 목표로 삼고 가는 것이 아니라 바울의 고백처럼 " 이 복음"을 위해 이 땅에 사는 목적을 그리스도의 남은 고난을 그의 몸된 교회를 위해 기꺼이 내 육체에 채우는 성도들이 훈련된다면, 이 땅에 교회와 그리스도인의 존재가 얼마나 중요하고 필요한 것인가를 세상이 알게 될 것이다. 이것을 위해 교회 자체가 갱신하고 교회다움을 회복하는 대조공동체로서 지역사회에서 존재하는 것 자체가 증인이 된다.

3) 선교론: 세상을 향한 파송(요 20:21)

한국교회에 익숙한 선교관은 교회가 중심이 되어 활동하는 선교이해이다. 그러나 역사적 경험에 대한 성찰과 성서를 통해 새롭게 발견한 것은 선교는 하나님으로부터 시작한다는 것이다. "아버지가 나를 보내신 것같이 나도 너희를 보내노라"(요한복음 20:21)의 본문은 선교의 본질을 가장 바르게 보여주는 내용이다. 보내시는 하나님, 보냄을 받은 아들, 함께 하는 성령의 삼위일체적 하나님의 선교로부터 교회의 선교활동의 근거를 찾는다.[34]

"하나님은 선교사보다 먼저 가신다"는 표현은 단지 책 제목이 아니라 선교현장에서 선교사들의 경험으로부터 나오는 고백적 표현이기도 하다. 교회의 선교는 이 하나님의 선교에 대한 인식과 교회의 본질이 부르심에 참여하는 것이라는 사실을 깨달은 것에 대한 신앙적 응답으로 하는 것이다.

오늘의 선교는 위에서 언급한 바와 같이 지리적 차원의 이해를 넘어선다. 다시 말하면 "전도는 국내활동이며 선교는 해외활동이다."의 구분은 19세기까지 서구교회의 선교상황을 설명해주는 원리였다. 이러한 구분은 선교를 해외활동을 규정하며 교회로 하여금 자신의 선교적 사명을 충분히 수행하기 위해 해외선교에 열정을 가지고 참여하도록 촉진하는 일에 기여하였다. 또한 2000년의 기독교 역사를 통해 세계선교에 참여해 온 선교사들의 헌신과 공헌을 기억하면서 그러한 활동을 선교로 이해하며 교회는 지속적으로 선교활동에 참여하기를 촉구해 왔다. 적어도 기독교가 로마의 국교로 인정된 이래 20세기 중반까지 선교는 이러한 관점에서 이해하고 실천되었다. 그러나 선교를 해외 지역에서의 교회의 활동으로 간주하는 것이 더 이상 적합하지 않다는 사실을 깨닫게 된 것은 선교가 어느 특정 지역에서, 특정 교회에만 주어진 일이 아니라는 사실을 알게 되었기 때문이다.

기독교 선교역사에서 가장 혁명적인 전환점의 하나는 1963년 멕시

---

34   *Lesslie Newbigin Missionary Theologian. A Reader Compiled and introduced by Paul Weston* (Grand Rapids, Michigan, 2006), 82-92.

코 선교대회에서 제시되었던 주제 "육 대륙에서의 선교"(Mission in six continents)였다. 이 주제는 기존의 서구교회와 제 3세계교회, 기성교회와 신생교회, 선교하는 교회와 선교현장의 관계에 대한 기존의 이해와 패러다임에 근본적인 질문을 제기하고 세계선교를 새로운 관점에서 이해하고 접근할 것을 제시한 것이다. 그리스도의 복음을 전하는 전도는 국내뿐만 아니라 세계 어떤 지역에서도 수행되어야 하며, 선교는 해외 지역뿐만 아니라 국내에서 실천하고 있는 교회의 활동들을 하나님의 선교 관점에서 설명하고 인도하기 위해 필요한 개념으로 간주한다. 전 세계가 선교현장이며, 전 교회가 함께 선교에 참여하는 시대에 선교와 전도의 분리는 더 이상 적용하기 어려운 패러다임이다. 선교와 전도의 관계는 존 스토트가 제안한 것처럼 넓은 의미와 좁은 의미의 관계로 새롭게 이해해야 한다.[35]

교회의 선교적 차원은 전도활동 이상의 성격을 지닌다. 한국과 같은 비기독교사회에서는 불신자들에게 하나님의 구원의 복음을 "전파하고 들려주는" 것이 중요하다. 그러나 주목해야 할 사실은 복음을 전하는 말과 함께 말씀을 전하는 사람, 즉 메신저 자신이 곧 메시지가 된다는 점이다. 우리는 그동안 이 사실을 소홀히 한 바 있다. 세상은 우리가 전하는 내용을 들을 뿐 아니라 우리의 삶 자체를 주목하고 보고 있다. 지역사회에 속한 교회의 존재와 매일 이웃과의 관계 속에서 살아가는 그리스도인의 삶 자체가 선교의 내용이 된다. 우리의 삶 자체가 우리가 전하는 내용을 신뢰할 수 있는 증거가 되지 않으면 전하는 내용 또한 신뢰를 받기 어렵다. 복음전도 그 내용에 따른 삶은 분리된 두 가지가 아니라 동일한 전도의 다른 형태이다. 그것을 위해서 교회가 세상으로 파송된 공동체라는 것은 그들을 위해 무엇을 하기 이전에 그들과 함께하는 관계가 선행되어

---

35 데이비드 보쉬, 『세계를 향한 증거』(서울: 두란노, 1993), 30; 전도와 선교의 관계에 대한 다양한 이해를 25-33쪽에 잘 설명하고 있다.

야 한다. "함께하는 것", 그곳이 곧 사랑의 표현이며 교회가 전하는 메시지이기 때문이다.

4) 선교적 그리스도인: 선교적 교회의 평신도론(엡 4:12)

교회의 특성을 여러 가지 관점에서 설명할 수 있는데 그 중 하나는 성도의 공동체로서 교회이다. 이 부분은 교회론에서 많이 언급하지 않고 있다. 바울은 교회론을 제시한 에베소서에서 교회를 그리스도의 몸, 그리고 성도의 공동체로 정의한다. 4장 11절에 교회 안에 다양한 직분을 구분하고 12절에서 그 이유와 목적으로 제시한다. 성도를 준비시켜 봉사의 일을 하게 하며 그리스도의 몸을 세우는 것이다. 교회를 통해서 다양한 방식으로 준비한 성도들이 하는 일이 무엇인가? 크게 두 가지이다. 첫째, 봉사의 일을 하는 것, 둘째, 그리스도의 몸을 세우는 일이다. 그런데 주석가에 따르면 봉사의 일과 그리스도의 몸을 세우는 일은 동일한 일로 기록하고 있다.(출처:) 봉사의 일은 특정인에게만 주어진 것이 아니라 모든 그리스도인에게 해당되는 것인데 그렇다면 13절의 본문은 모든 그리스도인은 교회 안과 밖에서 봉사의 일을 함으로 그리스도의 몸을 세워간다는 의미이다. 다시 말하면, 세상에 그리스도의 몸을 세운다는 의미는 교회건물을 의미하는 것이 아니라 성도 한 사람 한 사람을 그리스도의 몸의 지체로 세워 하나님 나라를 위해 봉사의 일을 하도록 준비시키는 것이다. 여기에서 기존에 교회를 위해 성도들이 봉사하는 것이 아니라 성도를 온전히 준비시키는 일을 위해 교회가 세워지고 이 일이 목회자에게 위임되었다. 그러므로 그리스도의 몸을 세우는 일은 교회 안에 성도의 공동체를 세우는 일일 뿐만 아니라 성도들이 세상으로 흩어져 살아갈 때 일상의 삶 속에서 그리스도의 몸의 지체로 세워지는 것을 함께 의미하고 있다. 목회자는 성도를 단지 교인으로 양육하는 것이 아니라 하나

님 나라의 백성으로 세상 안에 파송하는 선교적 목회리더십을 가져야 한다.[36]

그리스도의 몸을 세운다는 의미 역시 단지 보이는 건물교회나 자신이 속한 가시적 교회를 든든하게 세운다는 의미에 제한되어서는 안된다. 교회를 세운다는 의미는 세상 속에서 성도들의 삶을 통해 보이지 않는 교회를 세워가는 일과 병행되어야 한다. 그렇지 않으면 교회는 보이는 지역교회 건물로 축소될 것이다. 성도들이 교회의 지체로서 모임과 흩어지는 두 차원을 갖는다면 교회 역시 모이는 교회와 흩어지는 교회로 이해해야 한다. 그리스도의 몸으로서의 교회는 지역교회와 함께 세상 속에 흩어져 실천하는 몸의 지체로서의 그리스도인의 삶을 모두 포함하고 있다. 그러므로 에베소서 4:11-12절 본문은 그리스도의 몸으로서 평신도 사역에 대한 확실한 성서적 근거를 제시한다.[37]

성경에 기록된 교회를 향한 모든 약속과 말씀, 명령을 일차적으로 모든 성도를 향한 내용이다. 교회의 직분은 모든 성도들에게 주어진 사명을 효과적으로 수행하기 위해 주어진 제도이다.[38] 종종 현실적으로 교회는 목회자와 평신도를 이분법적으로 구분하고 평신도를 목회의 대상으로 간주하는 경우가 있다. 이런 구분과 이해는 교회의 본질을 벗어나는 것이다. 교회는 성도가 주체가 되어야 하며 목회자는 이러한 성도들 하나님의 백성으로 목양하기 위해 세우진 직책이다. 교회 안에 모든 직분은 기능적으로 세워진 것이며 모든 성도는 하나님 앞에서 주체적 결단과 신앙의 삶을 살아가야 한다. 지금까지 한국교회가 목회자 중심으로 운영

---

36 선교적 목회리더십에 관해서는 다음의 자료를 참고하라. D.L. Guder, *Missional Church*, "Missional Leadership: Equipping God's People for Mission", 183-220.

37 김성욱, "효율적 선교 사역을 위한 교회 사역론 연구", 1910년 에딘버러 세계선교사대회 100주년 기념 2010 한국대회논문집 제6권, 184-188; 선교적 관점에서 에베소서의 연구는 다음 자료를 참고하라. Edwin D. Roels, *God's Mission: The Epistle to Ephesians in Mission Perspective* (Doctoral Dissertation, Free University, 1962).

38 존 스토트, 『살아있는 교회』(서울: IVP, 2010 4판), 83-88.

되어 왔다면 21세기는 평신도와 목회자가 각각 주어진 은사와 사명에 따라 진정한 동역 관계를 이루어가야 한다.

선교현장의 확대는 모든 그리스도인이 속해 있는 삶의 현장, 일상의 삶을 선교적으로 살아갈 것을 요청한다. 다시 말하면 이제 선교는 특정 지역에서 특정시간에 수행하는 어떤 프로그램이 아니라 일상적으로 살아가는 그리스도인의 모든 삶 자체를 하나님의 선교현장으로 인식하고 있다. 선교적 교회론에서는 모든 그리스도인들이 일차적으로 자신의 삶의 현장에서 하나님의 선교의 증인으로 살아갈 것을 촉구한다.

하나님 나라에서는 모든 성도들이 하나님의 선교를 위해 파송된 자로서 계층구조를 극복하고 그리스도의 몸의 다양한 지체로서 인식된다. 교회중심의 패러다임에서는 성도가 교회를 위해 존재해 왔다면, 선교적 교회에서는 그리스도의 몸의 지체로서 성도를 위해 교회가 존재하는 것으로 전환되어야 한다.

위에서 논의한 내용을 종합할 때 한국교회적 상황에 적합한 선교적 교회론을 정립해야 한다. 선교적 교회론은 해외 선교의 특수성과 중요성이 약화되지 않으면서도 국내선교현장의 활동에 대한 관심과 전문성에 대한 필요를 충족시켜야 한다. 서구교회는 선교와 교회의 분리를 극복하는 것이라면, 한국교회는 선교를 교회의 도구화하는 것을 올바른 관계로 세우는 것이다.

또한 국내 교회들의 활동을 선교적 차원에서 이해하고 지원하며, 교회 안에서 일하고 있는 목회자 보다 세상 안에서 활동하는 평신도들이 그들의 삶의 현장을 선교적으로 부름받은 자리임을 깨닫고 실천하도록 인도해야 한다. 이것을 위해 변화된 국내 상황에 맞추어 국내 선교 현장의 필요성에 따라 다양한 선교활동과 방향을 개발해야 한다. 그리고 위에서 언급한 바와 같이 오늘날은 전 세계를 선교현장으로 인식하는 선교의 지평을 넓혀야 할 필요가 있다.

결론

선교적 교회론은 세계상황의 요청에 대한 응답일 뿐 아니라 교회론의 회복을 가져오는 학문적 활동이다. 전 세계적으로 교회가 약화되는 상황을 고려할 때 교회의 본질과 의미를 근본적으로 탐구하는 선교적 교회론의 연구는 중요하다. 오랫동안 서구교회를 지배해 왔던 선교와 교회의 분리 현상을 극복하는 결과를 가져왔다는 점에서 선교적 교회론 연구는 선교학적으로 중요한 의미가 있다.

위에서 언급한 바와 같이 서구교회와 한국교회는 형성의 역사적 배경과 구조 및 특징에서 서로 큰 차이점을 가지고 있다. 그렇기 때문에 서구교회의 역사와 전통 현실을 배경으로 태동된 선교적 교회론은 한국상황에 그대로 적용할 수 없다. 물론 선교와 교회의 상관관계에 대한 근본적인 연구를 통해 한국교회가 배울점이 많은 것은 사실이다.

하지만 한국교회상황에서 지역교회를 말할 때 앞에서 언급한 바와 같이 지역교회가 중심이 되는 교회구조를 주목해야 한다. 한국교회는 성장 그 자체가 목적이 아니지만 건강하게 성장하는 교회를 주목할 필요가 있다. 한국교회는 위로부터 지역교회를 지탱하는 서구교회와는 다르게 아래로부터 지역교회가 노회와 총회를 지원하는 체제이다. 그렇기 때문에 지역교회의 중요성은 아무리 강조해조 지나치지 않는다. 그런 점에서 서구교회가 교회유지와 보전의 내향적 구조를 탈피하기 위해 "가는 구조"로 전환할 것을 역설하였지만 한국교회는"가는 구조"(go-structure)는 "오는 구조"(come-structure)와 균형을 이루어야 한다.

한국교회 상황에서 "와보라" 초대교회의 선교적 구호도 아직은 필요한 시점이다. 교회 밖에서는 기독교 영향을 받을 수 있는 곳이 서구교회 다르게 부재하기 때문이다. 한국교회의 이런 특성으로 인해 북미 선교학자들이 주장하는 바와 같이 단순히 흩어지는 교회, 가는 구조만을 주장할 것이 아니라 모이고 든든히 서가는 교회가 파송받는 교회의 전제가된다는 사실을 잊지 말아야 한다. 현실적으로 한국교회는 지역교회 중심의 구조적 특징, 강점을 살려 지역복음화를 위한 연합과 네트웍은 복음능력의 시너지를 나타내며 우리 사회를 변화시키며 하나님 나라를 실현하는 중요한 역할을 할 것이다.

제4장

마을만들기와 지역교회 역할:

선교적 교회 관점에서

서론

한국 개신교는 신앙과 전도활동에서 가장 열정적이며 적극성을 보이고 있으며, 교회도 많이 성장하였지만, 최근에 와서 다른 종교나 가톨릭보다 사회적 신뢰를 가장 적게 받고 있다. 부정적으로 표현하면, 최근에 개신교는 사회적 공신력을 얻지 못하고 도리어 심각한 비판과 모멸에 찬 부정적 평가를 받고 있다. 그 원인은 어디에서 찾을 수 있을까?

최근에 출판한 한국교회에 대한 평가보고서, "한국교회 미래 리포트"를 보면 어느 정도 원인을 짐작할 수 있는 자료를 보게 된다. 한미준이 발표한 이 보고서에 따르면, 개신교인은 기독교의 그 어떤 종파보다, 그리고 다른 종교보다 예배 참석률이 높으며, 전도와 교회 활동에 대한 참여율도 높게 나타나 있다. 교회 내부적으로는 목회자에 대한 교인의 만족도 비율도 높게 나타나 있다. 그런데 외부평가는 이러한 교회 안의 교인을 중심으로 한 내부평가와는 달리 완전히 다른 결과를 보여준다. 비 종교인들이 평가하는 개신교의 가장 심각한 문제는 신도들의 영적 수준과 종교 지도자의 자질이라고 지적한다. 교회 안과 밖의 평가의 차이는 무엇을 의미하는가?

물론 외부의 평가가 모두 옳다고 말할 수는 없다. 그러나 현대 한국교회는 외부에 비치는 교회의 이미지와 평가에 대하여 닫혀 있으면서 우리의 관심과 생각이 교회 내부에 갇혀 있는 것은 아닌가? 외부에 비친 교회의 이미지를 간략하게 요약하면, 개신교는 진리를 추구하기 보다는 교세확장에 더 관심이 있다는 보고가 가톨릭이나 불교에 비하여 개신교가 가장 높은 것으로 나와 있다.[1] 또한 불신자나 다른 종교를 가진 사람들에 대해서도 가장 배타적인 태도를 가진 것으로 나타나 있다. 개신교는 내부적으로는 가장 출석률이 높고 전도활동에서도 가장 큰 열정을 가지고 있지만, 외부에서 보는 시각은 부정적이다. 개신교의 이미지는 교세확장, 성장주의, 개교회주의, 배타적 태도 등으로 묘사된다.[2] 개신교는 지금 막다른 골목에 도달해 있는 상황이다. 사회적 공신력이 매우 낮고, 전도의 결과도 미미하다. 개신교 자체에 대한 사회의 부정적 반응도 만만치 않다.[3] 지역교회 모습을 자가 진단할 때 "지역사회에 전도는 하지만 지역사회에 관심은 없다"는 말로 압축하여 표현된다.(오창우) 사회에 비추어진 개신교는 이기적이며 자기중심적이고, 지역사회에 무관심하면서도 주민들을 단지 전도의 대상으로만 여긴다는 평가를 받는다. 그러나 개신교의 가장 큰 문제는 외부의 비판적 시각에 대하여 둔감하며 내부적 관심에만 집중하여 있다는 것이다. 한마디로 "그들만의 잔치"에 몰입하여 있다. 개신교는 지역에 존재하지만 지역성을 상실한 단체가 되었다.

개신교의 출구를 찾아야 한다. 복음의 진정성을 회복하고, 이기적이며 자기중심적 집단의 모습을 벗어나야 한다. 지역주민을 전도의 대상으로 여기기 전에 먼저 더불어 함께 살아가는 이웃으로 인식해야 한다. 무신론자, 타종교인에 대해서도 관용과 사랑으로 대하여야 한다. 이것을 위해서 개신교는 좀더 넓고 유연한 신앙관을 형성할 필요가 있다. 한국교회는 이제 사회로부터 신뢰를 회복하는 운동은 전개해야 하며, 그것을 위해 지역사회와 소통하면서 더불어 사는 법을 배워야 한다. 한국교회가

---

1   이원규, 『종교사회학적 관점에서 본 한국교회 위기와 희망』(서울: kmc, 2010), 180.
2   이원규, 『한국교회 위기와 희망』, 113-115.
3   노영상, "21세기 한국 교회의 대(對)사회 이미지 실추 원인에 대한 분석과 이미지 제고(提高) 및 교회의 임파워먼트(empowerment)에 대한 방안", 제10회 소망신학포럼 하나님 나라와 교회의 현실참여 2(서울: 장로회신학대학교출판부, 2010) 노영상교수는 본 논문에서 기독교의 부정적 이미지를 몇 가지로 요약하여 표현한다. 광신도 이미지, 십자군 이미지, 초딩 이미지, 개독교 이미지, 작퉁 이미지.

전 사회적으로 신뢰를 회복하는 일은 시간이 걸리는 일이다. 그러나 지역교회가 지역사회에서 신뢰를 회복하는 것은 불가능한 일이 아니다. 그런 점에서 지역교회가 선교적 교회관점에서 마을 만들기에 참여하는 것은 선교적으로도 매우 중요한 일이다. 본 글에서 지역교회에 초점을 맞추어 마을 만들기에 대한 이론적 기초와 선교적 접근방식으로 선교적 교회를 다루고, 이 둘이 어떻게 조율하게 되는가를 사례중심으로 논하고자 한다.

1. 지역사회와 함께하는 교회

우리가 잃어버린 가치의 복원을 바라며

지난 17대 대선을 지켜보면서 아직도 한국사람들은 참 배가 많이 고프구나 하는 생각을 했다. 후보들도 하나같이 "경제, 살리겠습니다". "부자로 만들어 드리겠습니다". "경제 대통령" 등의 표어를 내세웠다. 모두 '부자 되기, 경제 살리기'에 올인 했던 것이다.

사실 우리가 지금 가난해서 불행하거나 힘든 것은 아니다. 오히려 우리의 마음이 가난한 탓에 불행하고 힘든 것이 아닐까? 이미 국민 1인당 GNP가 2만 달러에 가깝고 우리 주변에 굶어 죽는 사람은 거의 없다. 누구나 세 끼 밥은 챙겨 먹게 되었고 TV나 세탁기, 자동차 없는 집을 찾아보기 힘들게 되었다. 동남아나 아프리카에 한번 가보면 우리가 얼마나 잘사는지 더욱 절실하게 느끼게 된다. 그런데 왜 우리는 계속 불행하고 힘들다고 느낄까?

그것은 결국 삶의 가치를 외형과 물질에 두기 때문이다. 물질과 상품은 우리를 행복하게 만들 수 없다. 그것은 행복으로 가기 위한 하나의 요소일 수는 있지만 필요충분조건은 아니다. 로또나 복권으로 갑자기

일확천금을 얻은 사람이 정작 과거보다 훨씬 불행하게 된 사례가 대부분이지 않은가. 부모로부터 큰 부를 상속받은 형제들이 서로 싸우다가 결국 재산을 다 날리는 사례가 우리 주변에 너무 흔하지 않은가?

따져 보면 우리는 그 동안 우리가, 우리 사회가, 우리 공동체가 지녀왔던 많은 가치들을 잃어버렸다. "잘 살아 보세"라는 구호 아래 물질적 풍요만을 위해 질주해 왔다. 그러면서 정작 잘 사는 것이 무엇인지, 방향감각을 잃어버린 것이다. 그러면서 우리에게 소중했던 가치들, 나눔과 배려, 콩 한쪽도 열 명이 나누어 먹는 마음, 따뜻한 이웃 간의 정, 형제애, 부모에 대한 공경과 존경, 공동체 정신, 농부들이 정성 들여 키워 열매를 맺은 쌀 한 톨과 배추 한 잎까지도 귀하게 생각하는 그런 마음들을 다 잃어버렸다. 또한 자기를 희생해서 사회와 공동체를 위하는 헌신, 세상에 바른 목소리를 내고 기꺼이 좋은 사회를 위해 자신을 내던지는 용기도 사라졌다. 젊은이들 사이에서는 편하고 든든한 직장이라고 공무원과 교사가 인기라고 한다. 이런 생각을 가진 젊은이들이 많은 사회가 희망이 있겠는가."[4]

잃어버린 가치의 회복을 염원하는 위의 이야기는 마치 설교문에 한 부분같이 생각되지만 현재 서울 시장 박원순 씨가 행복제작소와 함께 전국의 마을을 찾아 다니며 우리 사회에 희망의 씨앗이 되는 사례들을 모아 편집한 책의 서문에 실린 내용이다. 교회가 추구해야 할 가치와 공동체는 교회 안에서는 오히려 찾아보기 힘들고 교회 밖의 단체들을 통해 추구해야 할 목표와 가치로 제시되고 있다. 성장과 확장, 그것을 위해 끊임없이 내닫는 경쟁관계, 이것은 사회가 아니라 현재 한국교회가 보여주는 현주소의 한 모습이다.

---

4 박원순, 『아름다운 세상의 조건』(서울: 한겨레출판, 2010), 5-6.

지역사회는 교회가 등을 돌리거나 대적해야 할 대상이 아니다. 지역은 하나님이 사랑하신 세상이며(요 3:16), 예수님이 복음전파와 하나님 나라의 실현을 위해 제자들을 파송한 선교현장이다. 그 동안 한국교회는 지역사회에 속한 지역교회였지만 의식에 있어서는 지역교회보다는 개교회 의식을 가지고 활동해 왔다. 보수적 신학과 이원론적 세계관에 영향을 받아 부정적인 세상관, 교회중심적 신앙관과 목회, 선교 패러다임, 지나친 개교회 성장주의를 지향해 오는 동안에 지역사회는 지역교회로부터 소외되어 있었다. 신앙은 교회생활로 동일시하고, 교인들은 교인끼리의 닫혀진 교제활동을 하였다. 이러한 형태의 교회의 모습은 오늘날 지역주민들로부터 교회가 신뢰를 상실하고, 교회만을 위한 교회로 존재하게 된 원인이기도 하다. 오늘날 한국교회가 전체 한국사회로부터 신뢰를 회복하는 것은 어려울지 모른다. 그러나 지역교회가 지역사회로부터 신뢰를 회복하는 것은 어려운 일은 아니다. 지역교회가 지역사회를 어떻게 인식하고 대하는가에 따라 관계회복의 희망을 가질 수 있다. 앞으로 지역사회에 속한 개교회들은 "지역교회"로서 자기 정체성을 회복해야 한다. 하나님 나라의 실현을 위한 지역교회의 사명은 우선적으로 자신이 속한 지역사회에서 시작되어야 한다는 사실을 주목해야 한다.

2. 마을 만들기 운동

마을 만들기 운동은 지방자치제가 실시됨에 따라 주민자치시대가 열리면서 주민들이 지역사회의 주체가 되어 마을의 발전을 추구하는 운동이다. 마을에 대하여 김영순 교수는 다음과 같이 정의한다. "마을은 우리의 '마음'을 담고 있는 공동체이다. 우리가 터잡고 살아가는 가장 실질적인 일상생활의 둘레이다. 이 땅에 살아가는 모든 이들은 특정한 마을 안에 둥지를 틀고 그 마을의 문화적 전통에 의존하여 일상의 삶을 누리게 된다."5 그러므로 마을은 그 안에 거주하는 사람들의 중요한 삶의 현장이자 소통공간이다. 마을 만들기 운동은 주민들의 자발적 동기부여와 참여를 통하여 지역을 사랑하는 마음을 회복하고, 아파트 문화가 초래한 이웃관계의 단절을 극복하고 지역 공동체를 다시 세우려는 운동으로 전개되고 있다. 마을 만들기 운동은 그 성격으로 보아 크게 세 가지 차원에서 설명할 수 있다: 지역공동체운동, 지역사회발전운동, 지역사회 전통의 재발견과 문화활동.

1) 지역공동체운동

현대사회가 초래한 도시화 현상의 극치는 개인화에 의한 분열현상이다. 현대사회는 수천 년 동안 함께 살아온 지역사회의 공동체성을 상실했다. 현대사회 특징은 모두 개별적이며 개인적이다. 서로 열린 공간에서 땅을 공유하며 살아온 지역주민들의 공동체의 모습은 현대화와 함께 찾아온 주거양식의 급격한 변화로 형성된 아파트 문화로 대신하게 되었다. 지역의 개념은 주민보다 토지의 개념으로 이해되고 있다.

한국사회도 예외가 아니다. 한국사회는 현대화 과정을 겪으면서 산업화와 도시화 과정이 급격하게 진행되었다. 그로 인한 이동인구의 급증과 함께 나타난 주거환경의 변화는 전통적인 지역공동체의 붕괴를 초래하였다. 업적주의, 경쟁주의, 성공주의, 이기주의와 같은 근대주의적 가치관은 기존의 공동체 질서를 무너뜨리고 지역을 기반으로 한 사회적 연대감을 약화시켰다. 지역사회 안에서 인간관계는 이웃으로서의 친밀감이 사라지고 관계가 단절되고 소통이 이루어지지 않는 이해가 지배하는 비인격적 관계로 전락하였다. 이러한 상황가운데 도시와 농촌지역에서

5　김영순, 『지역문화 콘텐츠와 스토리텔링. 검단의 기억과 이야기』(서울: 북코리아, 2011), 5.

함께 거주하지만 함께 살지는 않는 개별화된 지역사회에서 공동체를 회복하려는 운동이 일어나고 있는 것은 매우 바람직한 현상이다.[6]

지역마다 주민들의 자발적인 운동형태의 조직과 기구들이 만들어지고, 지역발전을 위해 협력하는 움직임이 전국적으로 매우 활발하게 전개되고 있다. 이런 운동들이 지역사회 안에 거주하는 차원을 넘어 사람들이 서로 만나고 소통하고 더불어 살아가는 마을 만들기 운동을 전개하고 있는 것이다. 비인격적이며 개별화된 도시형태의 거주문화에 저항하여 인간의 따뜻한 정을 느끼며 지역사회 안에서 서로 도움을 주고받는 공동체의 회복이 마을 만들기 운동의 핵심으로 자리하고 있다.

마을 만들기를 이루어가는 지역공동체를 형성하기 위해서는 몇 가지 요소들이 필요하다. 첫째는 공동의 장이 형성되어야 한다. 지역구성원들이 자발적으로 참여할 수 있는 지역의 축제나 행사와 같은 가시적인 장도 필요하지만, 지역을 사랑하고 함께 살아가는 데 공유할 수 있는 공동체 의식이나 규칙 같은 것도 공동의 장의 역할을 한다. 둘째는 공동체 운동은 지역의 발전을 위해 지역주민들이 합의하에 함께 선정한 목표가 있어야 한다.[7] 지역을 위해 주민들이 마음과 힘을 모아 어떤 과제를 공동으로 실현하였을 때 지역주민들은 서로 신뢰하며 돈독한 관계를 갖게 될 것이다. 셋째는 지역공동체를 형성하기 위해 결과보다 중요한 것은 과정이다. 진정한 공동체를 형성하기 위해서 지역의 가장 약하고 힘없는 사람들도 동등한 자격으로 함께 참여할 수 있는 서로에 대한 배려와 관심이 있어야 한다.

교회는 이웃사랑의 관점에서 지역사회공동체 형성에 기여해야 한다.

---

6 인터넷에서 마을 만들기를 검색하면 전국의 거의 모든 지역에 속한 마을 만들기의 홈페이지를 발견하게 된다.

7 충북 보은의 보나콤 공동체는 마을 위에 저수지를 만들어 지역이 수몰될 위기에 놓여있었을 때 교회와 지역주민들이 힘을 합쳐 계획을 무산시키며 마을을 지키는 과정에서 주민들과 교회가 서로 공동체가 된 것을 경험하였고, 그것이 계기가 되어 교회와 지역주민들이 힘을 모아 지역발전의 큰 진보를 가져오게 한 사례가 있다.

무엇보다 교회 안에 실현되어 있고, 핵심가치로 추구하는 공동체의 경험이 교회 밖의 지역사회에서도 실현될 수 있도록 해야 한다. 교회가 가진 도덕성은 개인주의, 이기주의를 극복할 수 있는 힘이 되며, 교인들의 자발적 헌신과 봉사는 지역공동체를 촉진시키는데 매우 중요한 역할을 할 수 있다.

2) 지역사회 발전

지역사회 발전을 다양한 형태로 나타난다. 마을 만들기 운동을 추진하는 사람들의 목표 중 하나는 마을의 경제적 수준을 향상하는 것이다. 이러한 목적으로 마을의 주민들이 단합하여 마을의 지역적 특성을 살려 지역주민들의 경제활동의 활성화와 실제 소득수준을 높이기 위한 여러 가지 프로그램들을 실행하고 있다.[8] 마을 만들기 운동을 누구보다 앞장서서 연구하고 촉진하는 박원순 서울시장이 순례한 전국의 모범적인 마을을 소개하는 내용을 보면, 지역의 특성을 살려 다양한 프로그램들을 운영하면서 지역주민들의 실제소득을 향상하고 마을의 공동발전을 기획하고 있다.[9]

지역사회발전의 두 번째 형태는 지역주민들의 의식수준의 향상이다. 경제수준의 향상만으로는 진정한 지역발전이나 아름다운 마을 만들기 운동을 성공했다고 볼 수 없다. 지방자치제의 부작용에서 나타나는 것처럼 지역발전을 경제발전에 집중하게 되면 지역이기주의에 빠지거나 무차별한 지역개발로 인해 오히려 지역환경이나 생태계 파괴를 초래할 수

---

8 지역개발의 대표적인 사례로 강원도 태백지역에 광산이 문을 닫게 되자 지역주민들이 자발적으로 결집하여 지역의 발전을 기획하면서 독일과 스위스의 지역개발현상을 방문하여 그들의 경험과 노하우를 배우고자 하였다. 『독일-스위스 지역개발현장을 찾아서 - 휴양지 및 폐광지역 개발을 중심으로』, 책임편집 원응호 (태백시발전민간기획단 광산지역사회연구소, 1996).

9 박원순, 『마을에서 희망을 만나다』(서울: 검둥소, 2011, 6쇄); 박원순, 『마을, 생태가 답이다』(서울: 검둥소, 2011).

도 있다.[10] 또한 지역적 차원에서 소득을 주민들에게 분배하는 과정에서 갈등이 발생할 수 있다. 지역발전의 진정한 차원은 주민들이 지역공동체의 일원으로서 서로 존중하고 협력하여 함께 살아가는 아름다운 마을을 형성하는데 있다. 지역사회에서의 공존은 주민들만의 공존이 아니라 지역의 환경과 생태계를 아름답게 보존하고 가꾸면서 자연과 더불어 살아가는 생태적 삶의 양식을 추구해야 한다.[11]

지역발전의 세 번째 형태는 지역단위의 복지활동을 확대하는 것이다. 한국사회는 사회복지의 욕구와 필요성이 증가하고 있는 반면에 아직 전반적으로 사회복지수준이 높지 않은 편이다.[12] 유아교육, 맞벌이 부부를 위한 어린이 집, 이혼에 따른 조손 가정의 증가, 고령화 사회에서 노인복지, 다문화가정을 위한 돌봄 등 다양한 요구가 증가하는데 비하여 국가적 차원에서 복지활동이 미쳐 따라가지 못하고 있는 실정이다. 그렇기 때문에 지역의 기관과 교회, 다른 유관기관들의 협력이 절실히 필요한 상황이다. 특히 지역사회 안에서 교회나 종교기관이 운영하는 복지활동은 지역사회 복지부분에서 큰 비중을 차지한다.

지역에서 교회는 다양한 은사와 전문능력을 갖춘 사람들의 인적자원과 물적 자원이 집중되어 있는 곳이다. 뿐만 아니라 신앙에 기초한 자발적 헌신과 봉사는 지역사회의 발전이나 복지활동을 위해 지역에서 가장 훌륭한 자원을 갖추고 있다. 하나님 나라를 위한 교회의 공적 책임은 지역사회발전으로 자연스럽게 연결된다.

10　경기도 지역은 골프장 난립과 무차별한 택지개발로 인해 지역의 아름다운 환경이 파괴되고 있다.

11　박원순,『마을, 생태가 답이다』(서울: 검둥소, 2011) 이 책에서 박원순 서울시장은 전국에서 지역의 경제성장과 발전을 추구하면서도 마을의 생태환경을 아름답게 보전하고 가꾸어 가는 모범적인 생태마을의 사례들을 소개하고 있다.

12　우리 나라의 사회복지 수준은 매우 낙후되어 있다. 2000년도 보건복지부 예산은 전체 예산의 6%에 불과하다. 1995년 총 GDP 대비 사회복지 지출 비율을 다른 나라들과 비교해보면 스웨덴 33.4%, 덴마크 32.6%, 프랑스 30.1%, 독일 29.6%, 미국 16.3%, 일본 14.1%에 비해 한국은 5.2%에 불과하다. 이원규,『한국사회문제와 교회공동체』(서울: 대한기독교서회, 2002), 111.

3) 지역사회 전통의 재발견과 문화활동

지역사회가 마을이 되기 위해서는 지역주민의 정체성 형성에 기초가 되는 지역문화에 대한 새로운 관심이 유발되고 있다. 지역문화는 지역과 지역주민들의 정체성 형성뿐만 아니라 주민들의 정서적 연대를 만들어 간다. 최근에 각 지역의 마을 만들기 운동으로 지역의 잊혀진 문화와 전통, 의미들을 회복하려는 노력들을 하고 있다.

지역문화는 지역이라는 공간과 역사라는 시간적 요소로 구성되어 있다. 그리고 지역문화는 이러한 공간과 시간에 대한 가치를 부여하는 사람들에 의해 형성되며 사람들은 이야기를 통하여 지역문화와 상호작용한다. 최근에 지역문화를 형성하는 방법으로 "스토리 텔링"을 사용하고 있다. "스토리 텔링"은 크게 이야기 창작과 이야기 활용의 두 가지 성격으로 구분된다. 이 방법을 통해서 지역주민들과 지역을 방문하는 사람들에게 지역에 내재된 문화를 경험하고 학습할 수 있는 기회를 제공하며 또한 지역의 이미지를 형성하여 인간과 지역문화와의 공간의 소통을 열어주는 역할을 한다.[13]

지역교회는 지역사회에 속해 있기 때문에 지역문화와 직접적 영향을 주고받은 관계에 있다. 지역교회가 지역사회와의 원활한 소통을 위해서는 지역문화적 접근이 필수적이다. 종종 농촌이나 도시에서 목회자들이 지역적 특성을 간과하거나 무시하기 때문에 교회 안에 교인들과의 관계뿐만 아니라 지역의 주민들과 문화적 충돌을 겪을 때가 있다. 지역교회는 자신이 속한 지역의 문화적 특성과 전통, 주민들의 의식구조 등을 먼저 연구할 필요가 있다. 이것은 마치 선교사가 타 문화권 선교를 시작할 때 현지 문화를 연구하고 탐색하는 일이 우선적인 것처럼 지역교회도 지

---

13 김영순, 『지역문화 콘텐츠와 스토리텔링. 검단의 기억과 이야기』(서울: 북코리아, 2011), 19-20.

역사회에 대하여 동일한 관점을 가져야 한다.

지역사회 발전을 위해 가장 좋은 자원을 가지고 있는 곳이 교회이다. 교회 안에는 각 분야의 풍부한 경험이나 전문적 소양을 가진 사람들이 많이 있다. 교회 안에 인재들이 지역사회의 지도자들과 협력하여 자신의 재능이나 은사를 활용하여 지역의 문화적 발전에 참여한다면 그 과정 자체가 선교적으로 매우 중요한 의미를 갖게 될 것이다.

3. 선교적 교회론[14]

한국교회는 교회를 사랑하는 전통으로 시작하였다. 구원의 확신을 강조하고 교회에 모이는 것을 중요하게 여겼다. 그러나 한국교회는 구원을 너무 강조한 나머지 구원론에 있어서 개인주의적 이해(개인구원)와 교회론에 있어서 세상과 단절된 방주적 교회관을 형성해 왔다. 이런 신앙관은 하나님과 예수 그리스도, 복음, 선교에 대한 이해를 개인적, 교회적 관점으로 축소하는 역기능을 낳았다. 한국교회의 신학과 구조적 특징은 "세상으로부터 분리된 교회관"을 지향하고 있다는 점이다. 70-80년대까지 한국교회는 이러한 지역사회로부터 "분리된 교회관"에 근거하여 상대적으로 교회를 강조함으로 개교회가 성장할 수 있었지만 이제는 그 때의 지역사회로부터 받았던 교회의 신뢰와 사회적 공신력이 심히 약화된 상태에서 여전히 교회중심적 패러다임은 극복되어야 할 옛 패러다임이 되었다.

오늘날 교회가 세상으로부터 분리되어 나타나는 문제를 해결하기 위해 새로운 신학적, 선교학적 시도가 있는데 그 중 한 주제가 "선교적 교회론"이다. 선교적 교회론은 교회의 존재 이유와 목적은 선교이며 선교

---

14 선교적 교회론에 관한 이론적 기초는 필자의 다른 논문을 참고하시오. "한국적 상황에서 본 선교적 교회: 지역교회를 중심으로", 『선교와 신학』 가을호 30집 (2012), 75-116.

는 어떤 활동이나 프로그램 이전에 교회의 본질적 이해로부터 출발한다. 여기에서 교회의 모든 활동은 교회 자신을 위한 것이 아니라 세상을 구원하고 회복하는 하나님의 선교와 궁극적 목적인 하나님 나라에 있다고 이해한다. 선교는 본질적으로 자신이 속한 지역에서부터 출발하여 세계의 모든 지역과 상황에서 출발한다. 선교는 더 이상 지리적, 공간적 차원을 기준으로 설명하지 않고 이 세상 전체가 선교현장이며 교회는 자신이 속한 지역사회를 선교현장으로 인식하고 접근한다. 이런 관점에서 교회는 세계의 다른 지역에서도 지속적으로 선교활동을 해야 하지만 그것을 위해 자신이 속한 지역에서 선교적 교회로 존재하며 활동하는 것이 전제되어야 한다는 사실을 강조한다. 아래에서 선교적 교회운동이 추구하는 몇 가지 특징들을 제시하고 한다.

1) 선교관의 전환: 지역사회를 선교현장으로, 지역교회를 선교적 교회로

선교적 교회운동은 그 동안 해외 중심의 선교에서 지역사회를 선교현장으로 새롭게 인식하고 접근하는 선교운동이다. 기독교 사회 전통을 가진 서구교회는 오랫동안 선교현장을 다른 지역에만 적용해 왔으나 20세기 후반부터 세속화 현상이 급격히 확산되고, 상대적으로 교회가 축소되면서 지역사회를 선교적 관점에서 새롭게 이해하기 시작했다. 이러한 인식의 전환은 교회론의 변화를 가져왔다. 기존의 서구교회 선교는 선교부 중심의 선교로서 지역교회들은 선교에서 제외되어 있었다.[15] 즉 선교는 교회의 선교부나 선교단체의 소수의 전문가들에게 위탁되었고 지역교회는 실제적으로 선교에서 배제되어 있었다. 그러나 지역사회를 선교

---

[15] 서구교회의 이런 구조는 한국교회와 정 반대현상이다. 한국교회는 처음부터 교회의 선교로 시작하였다. 특히 지역교회가 선교의 중심에 있다.

현장으로 새롭게 인식하게 되면서 지역교회의 선교적 사명에 대하여 눈을 뜨기 시작했다. 이제 선교는 지역사회 속에 존재하는 지역교회는 전적으로 선교적으로 부름 받았다는 사실을 깨닫게 되었다. 이러한 인식의 전환으로부터 지역교회는 지역사회에서 선교적 교회로서 참여하고 활동하기 시작한 것이다.[16]

한국교회의 상황은 서구교회와 정반대의 길을 걸어왔다. 짧은 교회역사 속에서 한국교회는 처음부터 지역교회 중심으로 지역사회 속에서 선교적 교회로 존재하고 활동해 왔다. 그러나 서구선교사들로부터 선교관은 해외중심의 선교이해였다. 한국교회는 국내에서 이미 지역교회들이 지역사회와 한국사회 전체에서 다양한 선교활동을 수행하고 있었음에도 불구하고 그것을 선교학적으로 해석하지 못하였다. 왜냐하면 서구교회와 같이 선교는 해외지역에서의 활동으로만 생각했기 때문이다. 그러나 한국교회의 강점은 모든 지역교회들이 지역사회에서 선교적 교회로 존재하고 활동해 왔다는 점이다. 이제 이러한 현상을 선교적 교회론 관점에서 새롭게 이해하고 이론적으로 뒷받침을 제공해야 한다.

이런 점에서 교회가 선교활동을 지향하는 "선교하는 교회"와 교회자신을 세상으로 파송된 공동체의 의식을 가지고 있는 "선교적 교회" 사이의 차이점을 올바로 인식할 필요가 있다. 전자가 활동으로 선교를 이해한다면, 후자는 교회 자체가 선교적이라는 자기인식을 가지고 있다. 그러므로 선교하는 교회가 되기 위해서는 먼저 교회가 선교적 교회의 자기인식을 가져야 한다. 왜냐하면 선교는 단지 교회의 프로그램이 아니라 하나님으로부터 세상으로 파송된 "선교적 교회"로부터 나오는 활동이기 때문이다. 선교적 교회는 지역사회로부터 사람들을 교회로 인도하는 오

---

16 서구교회의 선교적 교회에 대한 새로운 각성에 대해서는 다음의 자료를 참고하라. D. LGuder(ed) *Missional Church. A Vision for the Sending of the Church in North America* (Grand Rapids, Michigan: W.B. Eerdmanns, 1998).

는 구조(come-structure)와 함께 지역사회를 향하여 나아가는 "가는 구
조"(go-structure)가 균형을 이루어야 한다.

교회가 세상으로 파송된 공동체라는 것은 그들을 위해 무엇을 하기
이전에 그들과 함께하는 관계가 선행되어야 한다. 이 세상은 단지 하나
님의 피조물만은 아니다. 그것은 또한 하나님의 선교의 영역이다. 하나
님은 온 세상을 사랑하셨기 때문에 교회는 세상의 어느 부분이라도 소홀
히 할 수 없다. 교회의 선교적 과제는 이와 같이 그리스도 안에서 행하시
는 만물을 새롭게 하는 하나님의 새 창조 사역에 참여하는 것이다.

선교전략적 차원에서 이해할 때 전체 교회의 선교는 세상으로부터
공신력을 얻고 있을 때 가능하다. 이런 점에서 교회의 사회적 공신력은
선교의 인프라이다. 교회의 공신력은 복음의 교회와 그리스도인이 복음
의 본질에 충실함에서 나온다. 교회의 선교활동이 사람들에게 좋은 영향
을 주는 것은 지역사회에서의 교회가 긍정적인 이미지를 가질 때이며 사
회적 공신력을 얻을 때이다. 지역사회에서 교회의 선교적 차원이 복음증
거와 사회적 책임을 함께 수행하게 될 때 선교의 효력을 얻게 되는 것이
다.[17]

2) 지역사회와 함께하는 교회

일반적으로 한국교회는 교회와 세상의 관계를 대립적 구도에서 이해
하고 있다. 하나님의 사랑은 교회 안에만 집중된 것처럼 생각한다. 이것
은 교회를 "구원의 방주"라는 편협한 교회관에 기초하기 때문이다. 그러
나 이것을 잘못된 생각이다. 하나님은 이 세상을 사랑하신다(요 3:16) 세

---

[17] 복음전도와 교회의 공적책임의 관계에 대해서는 필자의 다음의 논문을 참고하시오. 한국일,
"복음전도와 교회의 공적책임", 이형기 외 공저, 『공적신학과 공적교회』(서울: 킹덤북스, 2010),
167-222.

상에 자신의 사랑을 알리기 위해서 교회를 선택하시고 자기 백성을 부르셨다. 교회는 도피처가 아니라 세상에 대한 하나님의 사랑을 말로 행위로 증거하도록 먼저 부름 받은 증인 공동체이다.

교회는 바울의 표현처럼 "질그릇 안에 보배"의 이중성을 가지고 있기 때문에 그리스도의 몸으로서 거룩성을 가지고 있으나 동시에 인간의 이기적 성향을 함께 내포하고 있다. 특히 교회성장을 목표로 한 교회중심주의는 교회 자체를 목적으로 삼는 잘못된 교회인식을 갖고 있다. 이 경우에 교회는 지역사회 안에 거하면서도 지역사회와 단절되어 있고, 선교를 교회자신의 목적으로 왜곡하게 된다. 이때 지역사회는 단지 지역교회의 선교대상으로만 존재할 뿐이다. "지역교회는 지역사회에 전도는 하지만 지역사회 자체에는 관심이 없다"는 오명을 벗어야 한다.

선교는 교회와 그리스도인의 본질이며 존재방식이다. 선교는 교회와 그리스도인이 세상을 향해 자신의 신앙을 고백하고 전달하는 행위이기 때문에 근본적으로 세상을 향한 열린 마음과 소통의 관계가 형성되어야 한다. 다시 말해서 선교는 세상에서 교회와 그리스도인의 소통을 실현하는 방식이다. 하나님을 향한 절대적 신앙과 고백을 일상적인 삶 속에서 어떻게 담아내고 표현하는가 하는 것이 특히 오늘날 세상과의 소통을 추구하는 교회가 해결해야 할 과제이다. 그러므로 우리가 전하는 복음의 핵심이 사랑이라면 모든 사람들과 존중하는 관계에서 서로 소통하고 사랑하며 화목하게 살아가는 것이 선교를 실천하는 배경이 되어야 한다.

따라서 가까운 이웃으로 더불어 살아가는 지역사회에서 교회의 선교적 차원은 전도활동 이상의 성격을 지닌다. 한국과 같은 비기독교사회에서는 불신자들에게 하나님의 구원의 복음을 "전파하고 들려주는" 것이 중요하지만, 동시에 주목해야 할 사실은 복음을 전하는 말과 함께 말씀을 전하는 사람, 즉 메신저 자신이 곧 메시지가 된다는 점이다. 우리는 그동안 이 사실을 소홀히 한 바 있다. 세상은 우리가 전하는 내용을 들을 뿐 아니라 우리의 삶 자체를 주목하고 보고 있다. 지역사회에 속한 교회의 존재와 매일 이웃과의 관계 속에서 살아가는 그리스도인의 삶 자체가 선교의 내용이 된다. 우리의 삶 자체가 우리가 전하는 내용을 신뢰할 수 있는 증거가 되지 않으면 전하는 내용 또한 신뢰를 받기 어렵다. 전도를 향한 우리의 열심은 진실함과 정직함에 바탕을 두어야 하며, 말뿐이 아니라 세상에서 정의를 실현하며 가난하고 소외된 자들을 돌보는 행위를 통하여 지역의 필요에 구체적으로 응답하는 실천력을 갖춘 선교활동이 필요하다.[18]

3) 평신도의 선교적 역할: 교회 제직을 지역사회의 리더로

한국교회의 강점은 교회를 중요하게 여기며 교회를 중심으로 활동하는 신앙에 있다. 이러한 특성은 한국교회의 경이적인 성장을 가져왔으며 한국교회의 특성이 되었다. 그러나 이러한 강점 이면에 교회 자기 중심주의라는 어두운 그늘이 있다. 교회중심적 신앙은 교회를 성장시키지만 동시에 교회 자체를 목적으로 삼는 왜곡된 선민의식에 머물게 한다. 한국교회는 성전 중심의 신앙을 강조하면서 주일 성수와 기도와 성경을 강조하지만 반면 세상 속에서의 그리스도인의 책임과 사명에 대하여는 소홀히 하고 있다. 예수님은 제자들을 향해 "너희는 세상의 소금이며 빛"이라고 말씀하셨다. 그리스도인의 삶은 교회 안에서 행하는 종교적 행위로만 규정될 수 있는 것이 아니라 세상 안에서 그들의 일상생활 속에서 어떻게 살아가는 가에 의해 실현된다.

한국교회의 선교적 과제는 교회의 존재이유를 바르게 인식하고 실현

---

18 경기도 부천의 원미동에 있는 새롬교회(이원돈 목사)는 가난한 사람들이 모여 살고 있는 지역에서 교회가 지역주민들과 함께 이웃으로 살아가면서 주민들을 위한 활동하는 마을의 교회로서의 모습을 잘 보여주고 있다. 이원돈, 『마을을 꿈을 꾸면 도시가 춤을 춘다』(서울: 동연, 2011).

하는 것이다. 교회가 직면하는 가장 큰 유혹은 성도들로 하여금 세상으로부터 교회 안으로 도피하게 하는 것이다. 그렇기 때문에 오늘의 한국교회의 가장 중요한 선교적 과제는 성직자들의 목회에 집중되어 있는 교회의 내부적 활동을 넘어서 이 세상 안에서 성도들이 어떻게 그들의 삶을 선교적으로 진지하게 살아가게 하는가에 있다.

기존의 선교는 개인과 교회적 차원에 집중되어 있었다. 그러한 선교는 교회와 사회를 분리시켰다. 이원론적 신앙관이 사회적 역사적 책임의식을 약화시켰다. 그러나 한국의 초대교회에는 1% 미만의 교인들로서 사회를 변화시키며 선도하는 역할을 수행하였다. 개인적 신앙의 확신은 공적이며 사회적 책임의 실천의 열매로 나타났다. 앞으로 한국교회는 자기 중심성을 가진 집단주의적 속성을 극복하고 그리스도인들과 교회가 탈 중심화 하여 사회에서 발생하는 문제들을 신앙의 문제로 인식하고 기도하며 구체적인 선교활동으로 참여해야 한다. 이러한 선교전략은 다양한 방식으로 실천할 수 있다. 국내 교회들과 마찬가지로 해외선교에서도 선교는 그 지역의 필요한 하나님 나라 일군을 길러내는 일에 역점을 두어야 한다.

한국교회가 자랑할 만한 것 중에 하나는 성도들이다. 한국교회는 평신도들의 헌신과 자발적 봉사로 인하여 성장하였다. 지금까지 평신도들의 헌신과 봉사, 섬김이 교회를 든든하게 세우고 성장시키는 일에 집중되었다면, 이제부터는 지역사회와 세상 속에 하나님 나라를 실현하는 일에 초점을 맞추어야 한다. 교회는 평신도들이 그들의 사회 속에서 선교적 역량을 고취하고 격려하며 그들의 일상적인 삶이 선교적이 되도록 해야 한다. 하나님의 선교 관점에서 보면, 모든 삶의 현장이 곧 선교현장이다. 가정, 이웃관계, 직장이 곧 선교현장이며 그곳에서 하나님의 부르심과 해야 할 일이 무엇인가를 구체적으로 깨달아야 한다. 세상을 변화시키는 것은 세상을 선교의 장으로 부름 받은 평신도의 역할과 책임이다.

평신도는 교회와 세상 사이에 다리를 놓은 역할을 한다. 교회가 세상을 하나님 나라로 변화시키는 누룩이라면 그것은 평신도들의 역할을 통해 실현된다. 평신도는 자신의 삶을 선교적 소명으로 인식해야 한다. 그러므로 교회 안에서의 평신도 교육은 그들을 교회 안에 작은 목사로 만드는 것이 아니라 세상 속에서 영향력 있는 그리스도인의 삶을 살도록 인도해야 한다. 세상 속에서의 영향력은 평신도를 통해서 나타나는 것이다. 21세기 선교방향은 목회자와 평신도가 각각의 부름의 장에서 하나님 나라를 위하여 동역 하는 선교 모형으로 나가야 한다.

4) 선교적 교회구조형성: 교회 조직과 구조를 선교적으로 전환하기

선교적 교회가 되기 위해 교회 자신의 구조가 선교적인가를 살펴보아야 한다. 교회 구조가 반 선교적인 내향적 구조의 성향을 가질 수 있기 때문이다. 1968년 웁살라 총회에 어떻게 교회를 선교적 구조를 갖춘 교회로 전환할 것인가를 다룬 보고서를 제출한바 있다. 그 보고서에서 교회가 구조적으로 선교의 장애가 되는 구조적 특성을 가지고 있다고 언급하였다. 무엇보다 기독교 사회의 유산을 물려받은 서구교회의 교구제도나 교회 자체를 보전하고 유지하는 일에 집중할 수밖에 없는 교회의 모습은 교회의 선교의 장애가 되는 반선교적 구조라고 진단하였다.[19]

한국교회는 어떠한가? 외형적으로 한국교회는 선교하는 교회로 알려져 있으나, 내면적으로는 교회자신을 절대화하거나 목적으로 삼는 서구교회는 다른 형태의 반선교적 구조를 가지고 있다. 한국교회 형태를 지배하는 개교회주의가 그 원인으로 작용한다. 교회의 모든 관심과 활동을 개교회 자체에 집중하는 개교회주의는 활동이나 프로그램으로는 선

---

19 『세계를 위한 교회. 개교회의 선교구조 연구보고서』, 세계교회협의회 편, 박근원 역 (서울: 대한기독교출판사, 1991), 36-65.

교하는 교회로 보이지만, 사실상 지역사회로부터 단절되어 있는 개교회 구조에 갇혀 있는 교회가 대부분이다. 활동으로는 선교하는 교회이지만 본성적으로는 선교적이지 않은 교회가 개교회주의에 서 있는 한국교회의 현주소이다.

선교적 교회는 세상과의 관계에서 자신의 존재이유와 목적을 찾는다. 구원의 방주와 같은 좁은 의미의 교회관을 넘어 세상을 품는 교회에서 자신의 정체성을 인식한다. 예수님이 말씀하신 "교회는 세상의 소금이며 빛"으로 존재하고 활동한다. 교회는 언제나 탈 중심적이어야 한다. 교회의 중요성은 세상을 위한 증인으로 세우신 하나님의 부르심에서 찾는다. 교회는 만물 안에서 만물을 충만하게 하는 그리스도의 충만함이다.(엡 1:23) 교회는 자신의 관심과 구조가 내향적이지 않은가를 살펴야 한다. 내향적이며 반선교적 구조를 지닌 교회들은 대부분의 교회가 가진 인적 물적 자원과 시간, 관심을 교회 자신을 위해 활용한다. 교인들의 열심과 봉사 역시 모두 개교회를 위한 것에 집중되어 있다.

선교적 교회를 실현하기 위해서는 교회 조직이나 기구를 선교적 교회를 실천하기에 적합한 구조로 변경해야 한다. 대부분의 교회조직이나 기구가 교회의 내부적 일을 위해 형성되어 있는데 지역교회가 지역사회와 소통하며 활동하기 위해서는 내향적 중심으로 짜여 있는 조직과 기구를 지역사회를 위해 활동하는 것으로 개편해야 한다. 전남 무안에 소재한 용학교회는 목회자가 하나님의 선교를 공부한 후에 자신이 목회하는 교회조직이 전형적으로 교회중심적 성격으로 형성되어 있는 것을 깨닫고 지역사회를 위해 존재하는 선교적 교회에 적합한 구조로 개편하였다. 선교적 교회로 활동하기 위해서는 지역사회의 필요성에 따라 선교적으로 접근할 수 있는 교회구조의 변화가 필요하다.

4. 마을 만들기와 지역교회 역할: 사례중심

선교적 교회의 최종 목표는 하나님 나라의 실현이다. 그 과정에서 지역사회를 건강하고 사랑과 생명력이 넘치는 마을로 만들어가는 것은 지역교회에 주어진 선교적 과제이다. 즉 선교적 교회를 추구하는 지역교회는 마을 만들기와 교회가 만나는 현장이 된다. 복음의 가치를 지역 사회 안에서 실현하려는 지역교회와 마을을 아름답게 발전시키려는 지역사회의 의도가 함께 조율하여 아름다운 마을, 서로 존중하고 사랑하고 협력하는 지역사회를 만드는 것이 선교적 교회에 주어진 중요한 활동이다. 위에서 제시한 선교적 교회론에 입각하여 교회가 지역사회에서 어떻게 마을을 아름답게 만들어가는데 중요한 역할을 하였는지, 지역교회가 지역사회와 함께 하며 지역사회의 발전과 복지에 적극적으로 참여할 뿐만 아니라 지역사회의 문화적 수준을 높이며 풍요로운 삶을 지역주민들과 나누는 모범적인 교회를 소개하고자 한다.

성암교회: 마을 주민들과 눈높이를 같이 하며 소통을 이루는 "동네교회"[20]

서울 은평구 녹번동에 자리하고 있는 성암교회는 장년 650명, 교회학교 220명이 출석하는 중소형교회로서 서울의 재개발 이전 지역의 전통적인 서울지역에 속한 교회이다. 지역은 아파트가 아니라 대부분 빌라 형태의 주거환경을 이루고 있는 주거밀집지역이다. 교회는 동네 안쪽에 위치하고 있어 교회가 동네의 한 구성원이라는 느낌을 갖게 한다. 교인

---

20 "성암교회의 사회봉사 프로그램: 동네교회", 『선교와 신학』 가을호, 30집 (2012), 161-198.

은 대부분 지역주민들이며 교회가 속한 환경이 지역교회의 특성을 갖고 있다. 이것은 곧 지역의 관심이 교회의 관심이며 지역의 일이 교회의 일이 된다는 선교환경을 제공한다.

성암교회의 특징은 전문 컨설팅 기관으로부터 교회전반에 관하여 1년여 동안 진단받아 지역사회와 함께하며 특히 복지활동에 중점을 두는 교회로 목회와 선교패러다임을 변화시켜 갔다는 점에 있다. 이 과정에서도 목회자나 당회원 중심이 아니라 전체 교우들이 변화의 필요성을 공감하고 함께 참여하는 방식으로 컨설팅이 진행되었다. 이러한 과정을 통해 교회는 지역사회를 단지 선교의 대상이 아니라 진정으로 함께하는 이웃으로서 지역을 이해하고 섬기는 교회가 되려고 노력하였다. 그 결과 4층 건물을 건축하여 비전센타로 명명하고 지역사회와의 만남과 소통이 이루어지는 공간으로 활용하기 시작했다.

제일 먼저 지역에 찻집 하나 없는 것을 확인하고 카페를 만들었다. 바오밥 나무란 카페의 이름도 지역주민과 함께 의논하여 붙였다. 이 카페를 매개로 하여 지역주민 인문학 아카데미, 시낭송회, 작은 음악회 등 지역주민과의 만남과 지역운동을 전개하고 있다. 교회는 카페를 설립할 때 교회가 중심이 아니라 지역을 중심으로 운영한다는 세 가지 원칙을 세웠다. 첫째, 교회의 필요에 따라 다르게 사용하거나 문을 닫지 않는다. 둘째, 교회의 홍보나 전도의 도구로 사용하지 않는다. 셋째, 교인들의 기득권을 인정하지 않는다. 이러한 원칙으로 교회는 건물 자체를 지역사회를 향해 열린 선교적 공간으로 만들어가면서 기득권을 포기하고 철저하게 지역주민과 함께하는 만남의 장으로서 카페를 운영한다. 카페와 연결되어 있는 다섯 콩 작은 도서관이 있다. 여기에는 약 7천 권의 책이 있으며(어린이 70%, 성인 30%) 지역의 젊은 엄마들이 어린이를 데리고 카페에 와서 대화의 시간을 가지면서 아이들은 편안하게 마련된 도서관에서 책을 읽고 놀 수 있는 환경을 마련하였다. 이 도서관은 지역도서관으로 자리를 잡고 있어 이것을 매개로 문화운동을 전개하며 지역의 아동과 부모의 필요에 따른 다양한 프로그램을 개발하여 운영한다. 그 외에도 독거노인들에게 도시락을 제공하며 지역사회의 다양한 필요에 맞춘 복지활동을 수행하고 있다.

지역사회와 진정성을 가지고 함께하는 교회로서 교회 안에 생긴 변화는 교인들이 교회만이 아니라 지역사회에 자연스러운 관심을 가지면서 교회 및 신앙에 자부심을 갖게 되고, 교회 전체가 지역사회를 위해 활발하게 움직이는 교회가 되어가고 있는 점이다. 교회는 지역주민들이 친근하게 접근하고 찾아올 수 있는 "동네 교회"가 되었고 목회자는 "동네 아저씨"로 인정을 받고 있다. 카페를 찾는 주민 중에 자연스럽게 교회와 가까워지고 교회가 하는 일을 알게 되면서 교인으로 등록하는 사람들도 생기기 시작했다. 성암교회는 진정성을 가지고 지역사회와 주민들과 함께하는 교회로서 선교적 교회로 존재하며 열매를 거두는 교회가 되어가고 있다.

한남제일교회: 서울지역에서 구청기관과 협력하여 지역공동체를 형성하는 교회

한남제일교회는 이태원, 한남동과 같은 유흥가 지역에 자리하고 있다. 지역의 특성상 목회가 힘든 상황이다. 이런 지역의 현실을 접하면서 28년 전 오창우 목사는 이런 상황에 선교사가 되겠다는 결심을 가지고 부임하였고, 교회만의 목사가 아니라 지역의 "마을지기로" 목회하겠다는 "선교적 목회철학"으로 목회활동을 전개하였다. 목회자의 이러한 선교적 목회 리더십으로 교회가 가진 자원과 역량을 지역사회 속에 실현하고자 했다. 교회의 일차적 과제는 지역주민들과 좋은 관계를 형성하고 교회 때문에 지역주민들이 살기 좋은 동네가 되었다는 말을 들을 수 있는 교회가 되려고 노력하는 것이었다. 그의 이러한 선교적 목회는 지역사회를 전도의 대상으로 간주하기 전에 교회가 함께 살아가는 이웃으로서의 지역주민과 사회의 인식으로 지역사회를 바라보았다.

교회 건물도 교회 자체만을 위한 것이 아니라 지역사회를 위한 공간이 되어야 한다는 것이 오목사의 선교적 교회론에 들어있다. 한남제일교회는 지역의 필요성에 따라 복지와 문화활동을 통해 지역주민과 함께하며 소통하는 교회로서 많은 활동을 지역주민, 기관과 함께 진행하고 있다. 복지는 교회가 주도하지 않고 용산구청의 협력자로 활동하였으며, 지역사회의 봉사도 교회가 실질적 역할을 하지만 겉으로는 지역주민들을 내세웠다. 즉 교회가 생색을 내는 복지활동이 아니라 숨어서 하는 복지활동형태를 추구하였다. 오목사는 초대지역주민위원회 위원장 역할을 맡아 적극적으로 지역사회발전에 앞장섰으며 용산구지역주민 대상도 수상한바 있다. 유행처럼 확산되고 있는 교회 안에 카페를 만드는 대신 교회 앞 주민이 운영하는 카페와 협력하여 사용한다. 이런 관점은 대부분의 교회들이 교회우선주의를 지향하고 있는 반면, 한남제일교회는 지역사회와 진심으로 함께하며 배려하는 태도를 갖고 있음을 보여준다. 한남제일교회와 오창우 목사는 지역사회를 목회의 장으로, 지역주민의 목사로, 지역사회와 함께하는 교회로 주민들의 신뢰를 받아 지역사회를 이끌어가는 지도자로, 교회를 지역의 센터역할을 수행하는 곳으로, 그리고 한남제일 교회는 교회에 출석하지 않은 사람들로부터 인정받는 마을과 함께하는 교회가 되었다.[21]

---

21 「목회와 신학」(2013), 3월호, 76-79.

송악교회: 송악마을을 농업, 교육 등으로 발전시킨 교회[22]

농어촌 지역에 위치한 송악교회는 100여명의 교인이 출석하는 전형적인 농촌교회이다. 한국농촌의 열악한 환경조건에서도 지역사회와 연대적 관계에서 농업과 문화, 복지와 교육에 있어서 중심적 역할을 수행하고 있다. 농촌교회의 정체성을 확고히 하면서 교인을 중심으로 지역에서 친환경 유기농업을 주도하여 전체가 잘 알려진 유기농업지역이 되었다. 처음에 유기농업에 대하여 아무도 동의하거나 참여하지 않았지만 교회에 농업에 종사하는 교인들로 시작된 유기농업이 이제 전 지역으로 확대되었을 뿐 아니라 전국에서 유명한 유기농단지가 되었다.[23]

이종명 목사는 농사를 짓는 심정으로 목회활동을 하면서 "지역농촌과 더불어 사는 교회", "농촌지역과 조화를 이루는 교회"를 목회철학을 삼고 있다. 농사의 의미는 농산물 생산차원을 넘어서 정서적 가치를 창조하며 이로서 문학, 예술과 같은 활동을 발전시킨다고 보았다. 이런 관점에서 교회는 농촌의 자연환경을 보전하며, 교육과 문화의 장으로 활용하면서 하나님의 창조신학에 근거를 둔 녹색영성, 녹색목회를 지향한다. 오늘의 시대와 지역사회가 요청하는 문제와 필요에 부응하면서 어린이집, 노인복지, 대안교육, 도농사회의 연대, 지역학교의 발전, 생태교육, 장애인 복지, 지역공동체 사업과 같은 다양한 활동들을 교회가 지역주민들과 함께 운영하고 있다. 송악교회는 "농촌을 하나님 나라로", "교회의 제직을 지역사회의 리더로"란 슬로건을 가지고 교회와 교인들이 교회 내부적 활동만 아니라 지역사회 문제에 주민으로서 적극적으로 참여하며

---

22 "마을을 섬기는 시골교회. 마을이 살아야 교회가 산다" 뉴스앤조이 취재팀(서울: 도서출판뉴스앤조이, 2012);『송악마을들 사람사는 이야기 네번째 이야기』푸른아산21실천협의회(푸른아산21실천협의회: 2011), "송악교회와 송악지역의 마을 만들기: 지역사회와 함께 하는 선교사업",「선교와 신학」(2012)가을호 30집, 148-160;「목회와 신학」(2013), 3월호, 83-85.

23 『마을을 섬기는 시골교회. 마을이 살아야 교회가 산다』(서울: 뉴스앤조이, 2012), 130.

지역사회와 함께하며 이끌어가는 지역사회의 교회로 활동한다. 송악교회가 지역사회를 사람살기 좋은 마을로 만들면서 지역에 얼마나 많은 영향을 미쳤는가를 교회 밖의 시각으로 평가한 다음의 글에서 확인하게 된다.

> 송악교회는 교회를 위한 교회나 목사를 위한, 또는 신자들만을 위한 교회가 아니다. 생명을 보듬고 지역사회를 아우르는 교회를 추구해왔다. (…) 송악교회 신도들과 이종명 목사님은 그 밖에도 여러 가지 지역사회 일에 헌신해 왔다. 거산 초등학교를 살리는 일, 지역학교의 친환경 급식, 송악 반딧불이 지역아동센터 운영, 송남초등학교 솔향글누리 도서관 개관, 독거노인 돕기 등 일일이 열거하기 어려운 많은 일을 주도하거나 직간접적으로 참여하였다. 송악면 지역사회에서 참으로 소중한 소금이 되는 교회이다.[24]

국수교회: 양평의 문화적 수준을 고양시킨 교회

김일현 목사는 1983년 경기도 양평군 국수리에 위치한 국수교회에 부임한다. 창립 60년이 넘은 교회에 현재 김일현 담임목사는 24년째 목회하고 있다. 김목사가 부임할 당시 국수교회는 완전히 농촌지역의 특성을 가지고 있었다. 처음에 다양한 목회 프로그램을 실행하였으나 뜻대로 되지 않고 실패하였다. 그 이유는 도시교회에 적용 가능한 프로그램을 농촌지역교회에 그대로 시도했기 때문이다. 그 이후 목회활동에 문화적 차이에 대한 이해가 중요한 사실을 깨닫고 농촌문화를 연구하기 시작했다.

---

24 『송악마을들 사람사는 이야기 네번째 이야기』(아산: 푸른아산21실천협의회, 2011), 88-89.

농촌교회의 어려움은 농촌사회, 문화적 특징과 연결되어 있다. 집단적 문화 때문에 주민들이 개인적으로 선택하여 교회에 나오기 힘들다. 기독교는 농촌문화에 이질적 집단으로 비추어져 있고, 접촉점을 찾기 힘들다. 농촌사회의 이러한 문화적 차이를 극복하는 것이 농촌목회의 관건이다. 또한 목회자의 짧은 주기가 농촌교회 어려움을 가중시킨다. 자립의 어려움, 농촌교회 목회자의 패배의식, 도시교회에 의존적 구조, 농촌목회자의 역할은 도시교회에 재정적 어려움을 호소하고 지원을 요청하는 일이 큰 비중을 차지한다. 농촌교회의 가장 심각한 문제는 교인들의 패배의식이다. 이러한 문제에 대한 해결안은 농촌교회 안으로부터의 의식의 전환에 있다.

김일현 목사는 농촌교회의 이러한 특성에 대하여 역 발상으로 접근했다. 어렵기 때문에 교회가 해야 하는 것이 아닌가? 그리고 신앙으로 접근했다. 안되니까 예수님을 믿는 것이 아닌가? 다르게 생각하는 법을 가르쳤다. 교회만이 할 수 있는 것이 있다는 확신을 가지고 믿음의 시도를 권면했다. 그 동안 머리로만 믿었던 신앙으로 삶으로 실천해 볼 수 있는 계기를 마련하였다.

첫 시도는 학교에서 일찍 돌아와 놀고 있는 아이들을 대상으로 시작한 공부방이었다. 누구보다 부모들이 좋아하였다. 한 명의 학생이 열심히 공부하여 대학에 입학하자 지역 학교에서도 교회의 공부방을 인정하기 시작했다. "지역사회의 필요성에 부응하면 지역사회 흐름이 달라진다."는 사실을 확인하였다. 이것을 통해 농촌지역의 약점과 문제가 교회 사역에 기회가 된다는 사실을 알게 되었다. 이어서 징검다리 프로그램을 실시하였다. 즉 지역사회의 필요성을 파악하여 접촉점을 만들어 접근하는 것이다. 두 번째 프로그램으로 주부 음악단을 모집하여 네 명의 앙상블을 시작하였다. 이 모임이 아이들의 음악공부와 활동으로 발전하였고 그 부모들이 교회에 출석하기 시작했다. 지역오케스트라를 결성하여 본격적인 학생 음악활동을 전개하였고, 이러한 활동을 통해 교회는 지역에 문화수준을 높이는 프로그램을 운영하였다. 교회건물을 신축할 때 음악회를 개최할 수 있는 용도로 건축하였고, 지금은 연 30회가 넘는 전문 연주회를 개최함으로 양평군과 서울에도 알려진 문화활동을 하는 교회로 알려졌다.

김일현 목사의 목회관의 두 가지 키워드는 "누룩과 문화"이다. 기존의 전도방식은 교회 밖의 사람들을 데려다가 교회의 자리를 채우는 것이었으나 국수교회는 지역사회와 주민의 필요를 찾아낸다. 교회 안으로 모이는 것을 강조하기 보다 교인이 지역사회 안으로 들어가 그들과 함께하면서 지역이 교회가 되게 한다. 지역전체를 하나님의 선교현장으로 인식한다. 그래서 교회 주변의 6개 리 지역을 국수교회로 선포했다. 교회 영역을 확대하고, 이후 교회의 모든 정책은 교인을 위한 것이 아니라 이 지역의 주민들을 위한 것에 초점을 두기 시작했다. 교회는 스스로 우리 안으로 울타리를 친 것을 풀어 전 지역으로 확대하였다. 그러자 교회와 관련된 지역이 점점 확대되었다. 지역사회를 넘어 전국으로 확대되었고, 이제는 해외 방문자들로 찾아오는 교회가 되었다. 국수교회는 목회현장을 전 세계로 확장하는 세계를 품는 교회가 되고 있다. 이 교회는 이러한 확장된 교회론에 근거하여 문화적 영향력으로 하나님이 세상에 주시는 메시지를 문화활동과 작품을 통해 전하고자 노력하고 있다.[25]

위의 사례를 통해서 나타난 교회들의 특징들을 종합해보자

1) 지역사회를 전도의 대상으로 생각하기 전에 먼저 하나님의 사랑의 대상이며, 함께 더불어 살아가는 이웃으로 생각하고 관계를 갖는

---

[25] 2012-1학기 장로회신학대학교 연합강좌, 선교적교회론: 지역교회사례중심 강의 요약.

다.(프로그램 이전에 존재와 관계론에 집중)

2) 선교현장으로서 지역사회의 상황과 다양한 특성들을 진단하고 분석하여 그들의 필요성을 파악함으로 교회와 지역사회의 접촉점을 찾는다. 교회만이 아니라 지역사회가 보여야 한다.(지역사회 존중과 필요성의 원칙)

3) 교회의 지역사회 선교는 지역사회와 신뢰관계를 형성하고, 지역주민과 지역공동체의 발전에 기여한다.(지역을 하나님 나라로)

4) 교회에 주신 선교적 자원을 발견한다. 교회는 지역사회에서 가장 많은 자원을 갖추고 있는 곳이기 때문에 그것을 교회 안에서만 아니라 지역사회 발전을 위해 사용하고 봉사한다.(교회의 은사와 자원)

5) 이것을 위해 교회의 조직과 구조를 지역사회를 위한 선교적 구조로 전환한다. 교회 내부를 위한 조직과 지역사회를 위한 활동조직의 두 차원으로 교회의 조직을 구성한다.(지역교회의 선교적 구조)

6) 목회자는 성도들이 가진 자원과 은사를 발견하여 그것을 지역사회를 위한 선교에 참여하도록 준비, 향상 시키도록 돕는다.(성도의 은사)

7) 목회자와 성도는 하나님의 선교를 위한 동역자로 부름받았음을 깨닫고 성도들이 지역교회와 지역사회를 연결하는 다리 역할을 수행하도록 돕는다.(목회자와 성도의 관계)

8) 성도들을 세계선교에 대한 사명과 책임의식을 고취시킨다.(세계선교 사명의식)

9) 목회자의 리더십이 교회 안에 갇힌 목회리더십이 아니라 지역사회를 향해 열려 있고 소통하는 선교적 목회리더십을 지향한다.(선교적 목회 리더십)

결론

한국사회는 점점 세속화되며 교회는 더 이상 성장하지 않을 뿐 아니라 감소현상을 보이고 있다. 교회는 사회로부터 신뢰를 잃어가는 반면 반전할 대안을 찾기가 어려워 보인다. 한국교회의 명맥을 이어갈 다음 세대는 눈에 띄게 줄어간다. 청년 대학부 층의 전도는 어떤 방법도 통하지 않는 것처럼 보인다. 이것이 전반적으로 한국교회 현주소이다. 과연 한국교회는 사그라지는 불꽃처럼 이대로 주저앉을 것인가?

그럼에도 불구하고 교회를 향한 희망을 가질 수 있는 근거는 교회를 향한 하나님의 약속이 있기 때문이다. 교회는 이 약속 위에 세워졌다. 또한 우리 사회 속에서 칠천 명의 남은자와 같이 지역사회 속에 누룩처럼 스며들어가며 복음을 실천하며 하나님 나라를 꽃피우는 교회들이 있다. 필자는 교회사례들을 연구하면서 이런 교회들은 교인들을 행복하게 할 뿐만 아니라 지역사회에 함께 살아가는 주민들까지 행복하게 만들어가는 교회임을 알게 되었다. 예수의 생명으로부터 주어진 풍성한 삶을 지역사회에서 실현하고 있는 교회, 만물 안에서 만물을 충만하게 하는 그리스도의 충만함(엡 1:23)을 실천하는 교회 이런 교회야말로 시대를 일깨우고, 사랑과 정이 오고 가는 진정한 마을을 만들어가는 우리 시대에 희망이 된다는 사실을 교회현장을 연구하면서 발견할 수 있었다.

제5장

선교적 교회의 실천적 모델과 원리:

한국교회 현장으로부터 배우는

선교적 교회

서론

1980년대 북미에서 시작한 선교적 교회론에 대한 학문적 연구가 주로 선교학자들에 의하여 활발하게 진행되어 왔고, 국내에서는 2003년 한국 선교학자에 의해 첫 논문이 발표된 이래 10년 동안 여러 논문이나 저서들이 출발되어 주제를 발전시켜 갔다.[1] 이미 선교적 교회론이 무엇인가에 대한 소개와 이해를 돕는 논문들이 충분히 나왔다고 생각된다. 한국교회에서 활발하게 진행되고 있는 선교적 교회론의 담론은 기존의 활발하게 수행하고 있는 해외 선교를 대체하거나 대안으로 제시하는 것이 아니라 세계선교의 차원을 소홀히 하지 않으면서 기존의 선교에서 소홀히 한 지역사회를 지역교회의 선교현장으로 깨닫는 것에서 출발한다. 선교적 교회론의 주제가 한국 선교학계에 소개된 것이 오래되지는 않았지만 현재 다양한 관점에서 활발한 논의가 진행 중이며 선교적 교회를 좀더 구체적인 각론 차원에서 발전시키는 논문들이 등장한다.[2] 선교적 교회론이 단지 학자들의 연구 대상이나 주제에 머물지 않고 막다른 골목에 처한 것과 같은 한국교회, 특히 지역교회에서 사역하는 목회자들에게

---

[1] 한국선교학자들이 연구한 선교적 교회론에 관한 논문 목록을 이후천 박사와 남정우 박사가 정리하였다. 이후천, "한국에서 선교적 교회의 사례와 기 기준지표에 대한 고찰", 『선교신학』 제34집 Vol. iii / 2013, 각주 2번, 142; 남정우, "평신도 은사 개발에 기초한 한국적인 선교적 교회론", 『선교신학』 제27집 Vol. II / 2011, 174-175, 각주 30.

[2] 최동규, "GOCN의 선교적 교회론과 교회성장학적 평가", 『선교신학』 제25집 Vol. IV / 2010, 231-262; 해석학적 관점에서, 강아람, "선교적 교회론의 성경적 근거", 『선교신학』 제34집 Vol. iii / 2013, 11-46; 이후천, "한국에서 선교적 교회의 사례와 그 기준지표에 대한 고찰", 『선교신학』 제34집 Vol. iii / 2013, 141-165; 한국일, "마을 만들기를 위한 지역교회의 역할", 해석학연구소/농어촌선교연구소 엮음, 『마을 만들기와 생명선교』(호남신학대학교출판부. 한들출판사, 2013), 93-122.

도 큰 관심으로 나타나고 있다.

선교적 교회론은 우리사회가 직면한 문제들을 해결하면서 다양한 방향에서 대안을 찾고자 하는 노력과 연계하여 연구주제들이 확장되어 간다.[3] 결국 선교적 교회론에 관한 논의는 이 모든 학문적 노력을 통하여 오늘날 한국교회가 직면한 문제들을 해결할 길을 제시할 뿐만 아니라 우리 사회가 처한 문제들을 해결하는데 교회가 적극적으로 참여할 수 있는 구체적인 방안을 모색하게 될 것이다. 사례연구를 통해서 지역교회가 지역사회로부터 신뢰를 회복하고 인정을 받을 뿐만 아니라 지역사회 변화에 긍정적인 영향을 미치고 있는 가능성을 발견한 것은 큰 수확이었다.

이러한 이유로 본 글의 초점은 한국상황에서 현장에서 발견하는 실천적 모델을 통해 선교적 교회의 다양한 유형들을 찾아보고 국내 지역교회의 목회자들과 소통하며 적용할 수 있는 실제적인 선교적 교회의 원리들을 정리하고자 한다. 이것은 선교적 교회 실현의 방법일 수도 있겠지만 실천원리라고 하는 것이 더 정확할 것 같다. 실천원리는 필자가 오랫동안 국내의 교회들을 연구한 결과로부터 도출해낸 것이다. 이미 교회성장론에서 지적한 바와 같이 기존의 사례연구가 가진 위험성은 특정 교회만이 가진 다양하고 특별한 요인들이 존재하는데 그 경험을 너무 쉽게 일반화하여 모델로 제시하는 잘못을 행하였다.[4] 그렇기 때문에 필자가 제시하는 실천원리는 현장의 사례연구로부터 최소한의 공통적 요소들로 구성되었다.[5] 물론 이 원리들이 절대적이 아니기 때문에 비판과 보완이 필요할 것이다. 그러한 발전적 과정을 전망하면서 본 글의 주된 내용으로 제시하고자 한다.

---

3 마을 만들기 운동에 관한 논문. 이원돈, "한국교회 생태계에서 생명마을 만들기와 생명망 목회", 39-62; 정재영, "생명공동체를 추구하는 마을 만들기", 67-90. 위의 두 논문은 마을 만들기와 생명선교 안에 수록되어 있다; 정재영.조성돈, 『더불어 사는 지역공동체 세우기』(서울: 예영, 2010).

4 홍영기, "선교와 교회성장", 『선교학 개론』, 한국선교신학회 엮음 (서울: 대한기독교서회, 2001), 179-193.

1. 한국 상황에서 선교적 교회 논의가 갖는 의의

선교적 교회에 대한 논의는 여러 가지 면에서 현재 한국교회에 필요하다고 사료되며 필자가 선교적 교회론을 이론과 현장의 사례탐구를 통해서 연구하면서 도달한 생각들을 제시하고자 한다.

첫째, 한국교회는 서구교회와 달리 지역교회가 전체 교회의 중심을 이루고 있으며 선교활동이나 지역사회에 영향을 미치고 있기 때문에 건강하고 활발한 지역교회 존재와 활동이 중요하다. 70-80년대 대부분의 한국교회 부흥과 성장과정에 전도와 교회성장학이론이 큰 영향을 끼쳤지만 90년대 이후에 교회성장이론이 더 이상 한국교회의 견인력을 갖지 못한다.[6] 교회성장 이후 한국교회를 견인할 수 있는 의미있는 다른 선교이론이 나타나지 못하였다. 이런 상황에 선교적 교회는 현재 한국교회가 직면하고 있는 문제들을 극복하고 새로운 방향을 모색할 수 있는 길을 제시할 것이다. 물론 선교적 교회론이 교회성장이론의 한계를 극복하는 대체이론은 아니다.

둘째, 한국의 지역교회는 성장기간에 지역사회와 적절한 관계를 갖지 않으면서 성장하였다. 이른바 "영혼 구원"과 "모이는 교회" 중심의 목회와 선교를 추구하였기 때문에 지역사회보다 지역의 개교회를 강조하

5　선교적 교회론을 연구하는 과정에 사례연구방법론이 중요하다. 이 사례연구를 학문적으로 정당화하기 위해서는 방법론적 논의가 필요하다. 필자는 이미 선교적 교회론의 한국상황에서의 연구 과정에서 현장의 사례를 텍스트라고 지칭한 바 있다. 그것은 선교학의 이론을 책에서 뿐만 아니라 교회와 선교의 현장에서 배울 수 있기 때문이다. 현장에서 신학적 의도나 사전 지식을 가지고 있지 않지만 선교적 교회론에서 주장하거나 제시하는 이론을 이미 그들의 지역교회선교에서 실천하고 있는 교회들을 선교학자들이 신학적으로 해석하고 지원해야 할 필요가 있다. 또한 선교학은 현장의 목회자들이 직면한 문제들을 학문적으로 성찰하면서 직면한 문제들을 분석, 진단하여 막힌 길을 열어주어 할 사명과 책임이 있다. 상황이 가진 해석학적 원리가 유용한 방법이 될 수 있다. 이런 점에서 선교적 교회론을 연구하는 학문적 방법론으로 에큐메니칼 해석학이나 실천적 해석학과 같은 해석학적 방법론이 필요하다. 방법론에 관한 논의를 보다 깊고 실제적으로 전개하기 위하여 선교학자와 현장의 공동의 연구가 필요하나 본 글에서는 지면상의 이유로 다루지 않는다.

6　이광순, "한국 교회의 성장과 저성장", 『한국교회의 성장과 저성장』(서울: 미션아카데미, 2005), 11-44.

는 전도방식이었다. 이러한 교회를 어떤 목회자는 "한국의 지역교회는 지역사회에 전도는 하지만 지역사회에 관심은 없다."라는 표현으로 지역교회의 문제를 명쾌하게 지적하였다.[7] 선교적 교회는 지역사회와 단절되고 고립된 상태에 있는 한국교회의 새로운 출구를 열어줄 것이다.

셋째, 현재 한국교회는 사회의 신뢰관계 조사에 따르면 천주교와 불교에 이어 세번째 위치를 차지한다.[8] 교회를 향한 불신현상은 전도가 힘들 뿐 아니라 교회를 반대하거나 심지어 모독하는 집단적 세력이 증가한다.[9] 이런 상황에서 지역사회와 함께하며 지역사회를 전도의 대상으로 보기 전에 함께 거주하는 이웃의 관계를 강조하고 교회존재 자체를 선교적으로 이해하는 선교적 교회론은 의미가 있다.

넷째, 기존의 선교는 19세기 서구교회의 배경에서 형성된 것으로 지리적 개념으로 이해하여 왔다. 해외 지역에 파송하는 선교사 중심의 선교관은 국내 지역교회의 선교활동을 적절하게 설명하는 이론을 제시하지 못하였다. 선교는 파송받은 선교사가 특정 지역에서 특정한 기간과 활동이나 프로그램에 참여하는 것으로 간주하였으며 그 외 교회 활동은 선교와 무관한 것으로 생각하는 협소한 선교론에 기초하였다. 선교적 교회론은 20세기 이후에 발생한 선교지형 변화에 적합한 선교이해를 제공한다.[10]

다섯째, 한국의 개교회주의는 국내의 지역선교 뿐만 아니라 해외 선

---

7   오창우 목사(한남제일교회 담임)와의 대화 중.

8   2013년 한국교회의 사회적 신뢰도 여론조사 결과 발표 세미나, (사)기독교윤리실천운동, 2014.

9   한국교회의 공신력 상실의 원인 분석에 대해서는 다음의 책을 참고하라. 양희송, 『다시 프로테스탄트』(서울: 복 있는 사람, 2012); 노영상교수는 그의 논문에서 안티 기독교 사이트 단체와 인터넷 주소를 모아놓았다. 노영상, "21세기 한국 교회의 대(對)사회 이미지 실추 원인에 대한 분석과 이미지 제고(提高) 및 교회의 임파워먼트(empowerment)에 대한 방안", 『하나님 나라와 교회의 현실참여』 2. 제10회 소망신학포럼(서울: 장로회신학대학교 연구지원처, 2010), 183, 각주 22.

10   20세기 중반 이후 세계선교지형에 가장 큰 변화는 세계 모든 지역이 선교현장이 되었다는 것이다. 이러한 인식으로부터 북미선교학자들은 자신들이 속한 지역을 선교현장으로 간주하고 새롭게 접근하는 선교운동으로 선교적 교회 운동을 시작하였다.

교에서도 그 병폐가 그대로 나타난다. 앞으로 국내와 선교에서 개교회주의를 극복할 수 있는 대안을 모색해야 하는데 선교적 교회의 한 유형을 개교회 성장으로부터 지역복음화를 목표로 지역의 교회들이 교파를 초월하여 연합과 협력모형에서 찾을 수 있다.

여섯째, 지역교회들이 지역사회에서 포괄적이며 다양한 방식으로 전개하고 있는 선교활동을 학문적으로 해석하고 설명할 수 있는 선교학적 이론이 필요하다. 기존의 해외중심의 선교론이나 전도이론으로는 충분하지 않다. 여기에 선교적 교회론이 추구하는 폭넓은 선교이론을 통해 지역교회들의 활동을 설명하고 지원할 수 있다.

일곱째, 현재 교회중심의 선교 패러다임은 자연히 목회자 중심 구조와 패러다임을 벗어날 수 없다. 실제적으로 지역사회에서 교회의 다양하고 폭넓은 선교활동은 성도들이 중심이 되어 참여하게 된다. 성도들이 지역교회와 지역사회를 연결하는 다리 역할을 하게 된다. 이것을 위해 목회자 중심의 사고를 넘어서 성도의 세상(지역사회)에서의 활동을 지원하는 평신도(성도) 신학이 필요한데 선교적 교회론은 이런 주장을 수용할 수 있는 신학적 공간이 있다.

여덟째, 한국의 지역교회는 선교활동에서 목회자 역할이 결정적이라고 할 만큼 영향력이 있다. 목회자 중심의 구조가 갖는 부정적인 면도 적지 않으나 선교적 교회론에서는 긍정적인 면을 강화함으로 교회발전에 기여할 수 있다. 기존의 교회중심적 패러다임에서는 목회는 주로 교회 내부적 일에 제한되어 있으나 지역사회에 문을 열과 활발하게 교류하며 활동하는 교회가 되기 위해서 목회자의 영성과 리더십이 선교적으로 전환되어야 한다. 즉 선교적 목회 리더십으로 바뀌어야 하는데 선교적 교회론의 한 분야로 선교적 리더십이 이 부분에 기여할 것이다.[11]

아홉째, 건강한 지역교회를 세우고 운영하기 위해서는 규모와 상관없이 지역교회가 활성화되는 길을 찾아야 한다. 더 이상 교회성장이 되지 않는 상황에서 건강하고 활발한 교회의 기준은 성장이 아니라 활성화이다. 지역사회와 함께하고 소통하며 참여와 변화에 영향을 주는 교회는 규모와 상관없이 생명력 있는 교회가 될 것이다. 선교적 교회는 지역사회와 활발한 교류를 통해 선교에 참여하는 교회로 안내하는 길잡이 역할을 하게 된다.

열째, 지역사회 발전(마을 만들기 운동)과 깊은 연관을 갖고 있는 선교적 교회 운동은 통일 후 북한 지역에 필요한 선교모델이 될 수 있다. 한기총에서 계획한 북한교회재건운동은 지역사회와 단절된 개교회 중심이거나 교회건물을 세우는 것에 집중할 가능성이 높다. 통일 이전에 남한 지역에서 선교적 교회의 다양한 사례를 연구한다면 통일 후 북한지역을 복음화하며 지역사회발전에 기여하는 교회의 역할을 미리 준비할 수 있다.

2. 선교적 교회의 실천적 모델과 원리를 위한 교회론적 논의

선교적 교회는 다양한 신학적, 선교학적 이론들을 필요로 한다. 선교를 향한 열정과 교회를 중요시하는 복음주의 신학과 모든 세상을 선교현장으로 인식하고 적극적으로 참여하는 에큐메니칼 신학, 하나님의 선교와 함께 세상 속에서 그리스도인의 존재와 행동 자체가 선교적 소명의 삶을 해석하고 강조하는 일상의 신학, 공적 신학 등이 선교적 교회론을 구축하는데 중요한 기여를 하게 된다. 여기에서 기존의 교회론에 대한 새로운 신학적 성찰이 요구된다. 선교적 교회운동이 교회성장론의 또 다

---

11 북미선교학자들이 출판한 선교적 교회론을 구축하기 위한 리더십에 관한 자료를 참고하라. Craig, van Gelder, *The Ministry of the missional Church. A Community led by the Spirit* (Grand Rapid, Mi; BakerBooks, 2007); Will Mancini, *Church Unique. How Missional Leaders cast Vision*, Capture (San Francisco: Jossey-Bass, 2008); Craig Van Gelder(ed.), *The Missional Church and Leadership Formation* (Grand Rapids, Mi.: William B. Eerdamans, 2009).

른 형태가 아니라 교회의 본질을 회복하고 지역사회와 올바른 관계를 형성하며 지역사회에 하나님 나라를 실현하는 목표를 가지고 하나님의 선교에 지역교회가 참여하는 선교이해와 패러다임을 추구하고 있다. 그런 점에서 선교적 교회를 충실하게 연구하고 실천하기 위해서는 이러한 신학적, 선교학적 내용에 대한 충분한 연구와 토론이 필요하다. 본 글에서는 교회가 속한 지역사회에서 선교적 함의를 충분히 실현하고 있는 지역교회들의 실천적 사례 연구를 바탕으로 선교적 교회를 실현하는 원리들을 제시하려고 하기 때문에 이론적 토대를 구축하기 위한 논의 대상을 교회론에 한정하고자 한다.

1) 선교적 교회의 기초: 그리스도의 언약

교회는 역사 속에서 인류에게 희망을 줄 때도 있지만 반대로 절망을 갖게 하는 사건의 주역이 된 적도 적지 않다. 교회의 이러한 양면성은 역사 속에서 뿐만 아니라 현재 우리 사회에서도 동일하게 발생한다. 그럼에도 세상에 교회가 세워져야 할 이유와 교회가 세상에 희망이라는 사실을 어떻게 주장할 수 있는가? 근거는 무엇인가? 그것은 독일의 신학자 볼프강 후버(W. Huber)가 주장한 바와 같이 경험하는 교회가 아니라 "신앙하는 교회"로부터 찾아야 한다.[12] 현실에서 경험하는 교회는 세상으로부터 비난과 조롱의 대상이 되기도 하지만 교회를 향한 하나님의 약속을 신앙하는 교회로부터 하나님 나라의 실현과 세상의 변혁적 능력을 희망할 수 있다. 바울은 이 교회의 양면성을 "질그릇 안에 담긴 보배"라는 말로 표현하였다.(고후 4:7) 질그릇은 교회를 겸손하게 하며 보배는 그럼에도 희망의 근거가 된다. 교회를 향한 하나님의 약속, 이것을 놓치지 않을

---

12 볼프강 후버, 이신건 옮김, 『교회』(서울: 한국신학연구소, 1993), 41-42.

때 희망을 갖게 될 것이다.

몰트만은 그의 희망의 신학 출간 50주년을 맞이하는 강연에서 그가 표현한 희망의 신학의 핵심사상을 세 가지를 언급하면서 첫번째로 하나님의 약속개념을 제시한 바 있다.[13] 그는 구약성서에서 이 사상의 기초를 발견하였는데 무엇보다 창세기 12장에서 아브라함을 불러 세운 언약과 출애굽 과정에서 이스라엘과 맺은 계약이야 말로 불투명한 상황과 혼돈의 시간 속에서 "희망"을 꿈꿀 수 있는 확실한 근거가 된다는 사실을 강조한다. 우리가 세상에서 희망을 가질 수 있는 것은 희망의 실현 가능한 현실의 징조를 보고 있기 때문이 아니라 전혀 반대의 상황 속에서 오직 역사의 주인인 하나님의 약속과 그것을 지키시는 그의 신실하심을 믿기 때문이다. 몰트만은 아브라함의 예를들어 하나님의 약속에 대한 그의 신앙을 강조하면서 히브리서 11장 1절을 제시한다.

"믿음은 희망하는 것에 대한 분명한 확신이요 보이지 않는 것을 의심하지 않는 것이다.(히 11:1) 미지의 세계를 향하여 떠날 수 있는 아브라함의 용기, 미래가 보장되지 않은 광야를 거쳐 젖과 꿀이 흐르는 가나안에 들어가려는 용기를 히브리서 기자는 "신앙"이라고 부른다.[14] 하나님의 자기 백성을 향한 약속과 그 약속을 실현하는 하나님의 신실성에 대한 믿음이 이 세상에서 희망을 갖게 하며 새로운 역사를 만들어 간다. 이것이 구약에서 증거하는 이스라엘의 원리이자 신약성서에서 기록된 교회의 원리이다. 나는 하나님의 약속과 그것을 이루는 하나님의 신실하심에 대한 믿음에서만 교회를 신뢰하고 그것을 통해서 세상에서 하나님의 희망을 볼 수 있다고 확신한다. 바울은 그의 교회론의 중심을 기록한 에베소서에서 교회를 향한 하나님의 약속을 이렇게 표현한다.

---

13 몰트만 교수는 희망의 신학의 세 가지 핵심을 다음과 같이 언급한다. 1) 하나님의 약속의 개념 2) 새 생명 안으로의 그리스도의 부활 이해 3) 선교로서 인간역사 이해. 자료집: 위르겐 몰트만 교수 초청 특별강연회. 2014.5.12. 장로회신학대학교 한경직기념예배당, 58.

14 몰트만 교수 강연자료집, 60.

"교회는 그의 몸이니 만물 안에서 만물을 충만하게 하시는 이의 충만함이니라"(엡 1:23)

바울은 교회를 하나님의 백성의 공동체로 이해하면서 그리스도와 세상(만물)과의 관계에서 본질을 설명한다.[15] 교회는 그리스도의 생명을 얻은 공동체로서 그 생명으로 인하여 세상을 충만하게 하는 약속의 공동체이다. 교회와 세상은 그 특성 상 구분되지만 세상의 통치자이며 교회의 머리인 그리스도로 인해 선교적 관계를 갖게 된다. 이 관계를 좀더 구체적으로 설명하면, 교회는 하나님의 백성의 공동체로서 적어도 세 가지 차원으로 구성되어 있다. 첫째, 세상 안에 거하면서 세상을 향하여 열린 관계를 갖는다. 교회가 세상으로부터 구별된 존재라는 것이 세상으로부터 등을 돌린다는 의미가 아니라 오히려 세상을 향해 파송받은 공동체로서 그리스도의 충만함을 나누고 실천하는 열린 공동체이다. 둘째, 교회는 소통과 대화의 관계를 갖는다. 그리스도의 몸의 지체와 세상을 충만하게 하는 그리스도의 충만함은 교회가 적극적으로 세상을 향해 먼저 소통의 문을 열고 대화를 진행하는 것이다. 이것은 교회가 세상을 판단하기 이전에 먼저 해야 할 일이다. 셋째, 그리스도의 몸으로서 교회는 실천적 의지와 행동을 의미한다. 그리스도의 충만함은 교회 자체를 위한 것이 아니라 세상 안에서 세상을 충만하게 하는 충만이기 때문에 존재론적으로 이미 "세상을 향한 운동성"이 그 안에 내포되어 있을 뿐 아니라 적극적으로 참여하여 하나님 나라를 향한 변화를 추구한다. 우리는 이러한 교회의 특성을 선교적 교회로서 존재하는 지역교회에 적용할 수 있다. 교회를 향한 하나님의 약속에 선교적 교회의 기초를 둔다면 "죽은 자와 같은 한 사람"으로부터 하늘의 별과 바다의 모래와 같은 수 많은 자손이

---

15 이 본문에 대한 탁월한 주석으로 다음을 참고하라. Petr Pokorny', Der Brief des Paulus an die Epheser. Theologischer Handkommentar zum Neuen Testament 10/II (Leipzig: Evangelische Verlagsanstalt, 1992), 87-95.

배출된 것같이, 약속에 대한 믿음을 가진 지역교회로부터 한국교회의 회복을 희망할 수 있는 것이 지나친 기대인가?

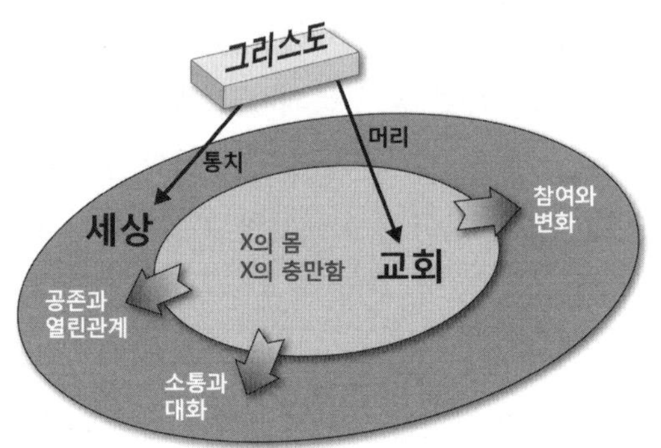

2) "선교적 교회"와 "선교하는 교회"의 구분과 바른 이해

선교적 교회는 교회의 본질이 선교라는 명제에서 출발한다. 기존의 선교는 주로 해외지역에서 활동을 중심으로 이해하였다면, 그러한 활동을 진정으로 가능하게 하는 것은 교회가 선교를 위해 세워졌다는 이해에 토대를 두어야 한다는 것이다. "선교적 교회"와 "선교하는 교회" 사이의 차이점과 올바른 관계설정이 선교적 교회를 바르게 이해하고 실천하는데 중요하다.[16] 기존의 선교는 선교사 중심으로 이해하였다. 즉 선교란 교회가 선교사를 파송하고 그를 위해 기도하며 후원하는 활동이다. 선교에 직접 참여하는 사람은 오직 파송된 선교사 뿐이며 나머지는 선교 후

---

16 H.-W. Gensichen, Glaube fuer die Welt (Guetersloh, 1971), 168-187 Gensichen은 이미 70년대 교회의 본질이 선교라는 점을 강조하는 "missionarische Gemeinde"와 실제적으로 다양한 선교활동에 참여하는 교회와 선교단체를 "missionierende Gemeinde"라는 다른 용어로 구분하여 설명한다.

원자에 머물게 된다. 물론 이런 선교관은 18세기 케리(W. Carey)를 비롯한 근대 선교상황에 기인한 것이다.[17] 당시 서구교회는 기독교 국가로서 자국 내에서 선교의 필요성을 느끼지 않았고 오직 비서구 지역만을 선교 현장으로 이해하였기 때문에 선교를 위해서는 지리적으로 바다건너(oversea mission) 타문화권으로 가야만 했다. 그러나 19세기 까지 세계 선교를 이끌었던 지리적 개념 중심의 선교이해는 선교적 교회론을 주장한 유럽과 북미 선교학자들에 의하여 더 이상 적합하지 않음을 깨달았다.[18] 만일 선교를 여전히 지리적 개념으로만 이해하면서 특별한 활동이나 프로그램 중심으로 접근한다면 그 활동을 제외한 시간과 삶에서는 선교와 무관하게 살아갈 수 밖에 없다.

선교를 해외지역에서 특별한 활동으로만 생각할 때 선교이해에 심각한 문제를 초래한다. 그것은 선교는 언제나 활동(doing mission)으로만 이해하고 평상시에 교회와 그리스도인의 존재론적 이해(being mission), 즉 그리스도인의 일상적 삶이 세상을 향해 선교적으로 부름 받았고 파송된 삶이라는 인식을 하지 않는다는 것이다. 선교와 무관한 삶, 즉 교회가 선교사 파송이나 단기 선교 활동 외에 지역사회를 향한 인식과 태도나, 그리스도인의 일상적 삶의 현장에서 선교와 무관한 인식은 결국 존재와 행동의 분리를 가져오고 이런 현상은 세상으로부터 교회와 그리스도인을 향한 불신의 원인이 된다. 세상에서 사람들을 섬기는 삶이 동반되지 않고 타지역에서 특별한 활동으로만 진행되는 선교는 그 진정성이 의심되기 때문이다.

기존의 선교의 성서적 기초로서 선교의 대위임령(마 28:16-20)을 강조하였다면, 선교적 교회론의 성서적 기초로 "세상의 빛과 소금"(마

---

17 변창욱 변역. 『주해, 윌리엄 캐리 이교도 선교 방법론』(서울: 미션아카데미, 2008).

18 대릴 구더 편저, 정승현 옮김, 『선교적 교회. 북미 교회의 파송을 위한 비전』(인천: 주안대학원대학교출판부, 2013), 31-33.

5:13-16)이 되라는 본문을 주목한다. 앞의 본문은 세상의 모든 민족에게 "가라"는 단어에 주목하였다면 뒤의 본문은 교회와 그리스도인의 존재 자체가 세상을 비추는 빛과 소금이라는 내용이다. 그러나 이 두 본문이 서로 상충되는 것은 아니다. 세계 선교 차원에서 서로 보완되어야 한다. 에큐메니칼 선교 문서는 선교의 두 차원을 "선포로서의 선교"(mission as proclamation)과 "현존으로서의 선교"(mission as presence)로 표현한다.[19]

또한 선교의 성서적 기초로 자주 사용하는 사도행전 1장 8절은 "땅 끝까지 이르러 내 증인이 되리라"는 본문에서 "땅끝까지"를 강조하였지만 "증인"이라는 표현을 주목하지 못하였다. 증인은 선교활동이나 행동이 아니라 그것을 하는 "사람" 자체를 가리킨다.[20] 선교의 진정한 의미는 전하는 내용이나 활동 이전에 그것을 행하는 메신저가 메시지가 된다는 뜻이다.

교회의 존재와 활동을 선교적 관점에서 이해하면 교회의 존재(being mission)를 선교적으로 인식하는 것에서부터 교회의 선교하는 활동(doing mission)이 나와야 한다.[21] 교회 자체가 본질적으로 선교라면 그리스도인이 선교적으로 부름받았다면(요20: 21; 17:18) 선교는 더 이상 특정한 시간과 공간적 차원에만 제한되지 않고 교회와 성도 자체가 세상으로 파송된 선교적 존재이기 때문에 그가 속한 지역과 삶의 현장에서 언제나 선교적 소명을 가지고 존재하고 살아가야 한다는 이해를 갖는다. 교회가 본질적으로 선교라는 선교적 교회론의 주장은 결코 선교하는 교회를 무시하고 선교적 교회만을 주장하는 것이 아니며, 더구나 기존의 해외 선교를 강조해 온 교회나 선교단체의 우려한 것처럼 해외선교가 약화되는

---

19 H. J. Margull, Zur Frage von Praesenz und Proklamation, in: EMS 25, 1968, 75-76.
20 이사야 43장 10, 12절에 하나님은 이스라엘을 향해 "너는 나의 증인"이라고 말씀한다.
21 최동규, "선교적 교회, 무엇이 다른가?", 「목회와 신학」 3월호 (2013), 52.

결과를 초래하지도 않는다. 오히려 선교적 교회론의 주장은 그동안 선교를 활동으로만 이해하고 일상적인 그의 삶의 현장과 존재에서 선교와 무관하게 살아온 분리된 선교이해를 하나로 통합하며 보완하려는 의도가 강하다. 선교적 교회론의 이론으로 기존의 선교관을 보완해야 "지역교회가 지역사회에 전도는 하지만 지역사회에 관심은 없다"는 반선교적 선교관이나[22] 선교실천이나, 단기선교에는 열심히 참석하지만 활동 이후에는 선교와 무관한 일상적인 모습으로 돌아가는 모순되고 기형적인 선교이해를 해결하게 될 것이다. "모든 그리스도인이 선교사가 될 필요는 없지만 모든 그리스도인은 증인의 삶, 즉 '선교적'으로 살아가야 한다."는 주장이 선교적 교회론의 핵심사상이기도 하다.

3) 선교적 교회론의 교회론적 기초로서 "성도 교회론"

교회란 무엇인가라는 질문은 신학적으로 너무 광범위한 질문이기 때문에 단순하게 답변하기가 어렵다.[23] 신약성서 학자들은 신약성서를 통틀어 공통된 교회론을 제시하기 보다 신약의 각 책의 내용과 관점에 따라 다양한 교회론을 언급하며 종합하여 통일된 교회론을 말하지 않는다.[24] 신약 성서 안에 기록된 교회에 대한 본문이나 교회론에 대한 학자들의 주장 역시 현장에서 제기되는 문제들을 인식하고 그것을 해결하기 위해 교회의 한 특징을 강조하는 내용을 담고 있다. 이런 관점에서 필자

---

22   필자는 선교가 세상을 향한 교회의 소통방식이기 때문에 평소에 지역사회에 관심은 없고 단지 전도만을 위해 세상으로 나가는 행위에 대하여 "반선교적 선교"라는 표현을 사용하였다. 활동은 선교이지만 태도는 선교적이 아니기 때문이다.

23   교회의 다양한 이해가 교회사에서 발전되어 왔다 : 교회는 하나님이 제정하신 조직체, 그리스도의 몸, 하나님의 백성, 이 세상 속에서의 그리스도인의 일, 회중으로서의 교회, 그리스도인 공동체 등이다. 케빈 길레스, 홍성희 역, 『신약성경의 교회론』(서울: 기독교문서선교회, 1999), 20-40.

24   케빈 길레스, 『신약성경의 교회론』, 24-40; 한국신약학회 편, 『신약성서의 교회론』, 신약논단 제7권(서울: 한들출판사, 2000). 이 책에서도 교회론은 통일된 견해보다 신약성서의 다양한 책에서 나온 주제 중심으로 교회론을 기술하고 있다.

는 한국교회 현장과 관련하여 이 질문을 좁혀서 접근하자면, 기존의 한국교회가 관습적으로 인식해 온 성전(聖殿)이나 조직 또는 건물 중심의 교회론과 비교하면 보다 적어도 현재 한국교회를 지배하고 있는 잘못된 교회론을 극복할 수 있는 길을 찾을 수 있다. 무엇보다 한국교회는 교회를 건물 중심으로 이해하는 경향이 크다. 그것은 교회를 구약적 배경의 성전 이해가 아직도 한국교회에 지배적인 이유도 있겠지만 초기교회 역사로부터 교회 건축을 중요하게 여겨온 전통 때문이라고 사료된다. 그러나 교회건축의 긍정적인 면 외에 건물 자체를 교회로 여기는 왜곡된 교회관과 그것이 한국교회에 미치는 부정적 현상을 외면할 수 없다. "부동산 목회", "부동산 선교"라고 부를 정도로 한국교회는 땅을 사고 건물을 세우는데 공들 들였으며 그것으로 선교나 목회를 평가하는 기준이 되기도 한다.

실례를 들면, 해외선교활동도 교회건축지향적 선교 형태에 집중하고 있으며 통일 후 실행할 북한선교를 위한 중요한 선교정책으로 한기총에 의하여 "북한교회 재건론"을 주장하고 있다. 최근에 무리한 교회건축으로 부도사태가 줄이어 발생하고 있는데 이러한 배경에는 교회건물을 교회로 간주하는 피상적이며 편협하고 왜곡된 교회론이 자리하고 있기 때문이다. 특히 이런 현상은 70-80년대 교회가 급격하게 성장하는 시기에 발생한 두드러진 것으로서 교회를 향한 한국교회의 신앙과 열정과 헌신을 교회 건물을 세우는데 집중하였다. 선교적 교회운동은 이러한 관습적 교회이해에 문제를 제기하고 올바른 교회론을 정립할 필요가 있다.

교회는 건물이나 조직, 프로그램으로 이해할 수 없다. 교회는 하나님의 백성, 구원받은 사람, 믿음의 공동체, 즉 성도를 가리킨다. 그러므로 교회의 진정한 성장은 교회의 건물의 규모나 성도의 숫자에 있는 것이 아니라 성도에게 기준을 두어야 한다. 그러나 교회성장을 강조하거나 건물을 중요시 여기는 교회일수록 성도들은 그 과정에서 소외될 가능성이 높다. 선교적 교회론을 이론적으로 정립하며 현장에서 그 의미를 실현하기 위해서는 이런 편협한 교회론의 문제를 해결하면서 적합한 교회론을 제시해야 하는데 그 한 대안을 필자는 "성도 교회론"이란 명칭으로 논의하고자 한다.

폴 스티브스(P. Stevens)는 실천신학자로서 평신도 신학을 현장으로부터 정립하는데 많은 노력을 해왔다. 그가 제시한 평신도 이해는 선교적 교회론 형성에 유익한 통찰을 제공한다.[25] 스티브스는 에베소서를 바탕으로 특히 4장 11-12절을 연구하면서 목회자와 평신도의 관계를 평신도 신학의 관점에서 이해하였다. 그에 따르면 목회자의 가장 중요한 목표는 성도를 준비시키는 것이다.[26] 준비의 궁극적 목표는 그리스도의 몸을 세우는 것이다. 여기에서 그리스도의 몸을 세우는 것이 무엇인가를 명확히 해야 한다. 특히 바울 서신에서 교회를 그리스도의 몸이라고 비유하였을 때 그 이미지가 뜻하는 바를 일치시키기가 어려우나 종합적으로 해석하면, 성도는 그리스도와 하나이며, 성도끼리도 서로 하나이고, 지상의 교회는 이 세상에 그리스도의 임재를 표현한다.[27] 세계교회협의회의가 "교회의 본질과 선교" 문서에서 그리스도의 몸의 비유를 교회 안의 다양한 지체들과 주어진 다양한 은사가 그리스도의 몸 안에서 통일을 이루는 것으로 이해한다.[28] 이런 해석들은 바울 서신 중 로마서, 고린도전서 그리고 에베소서에서 교회를 언급한 그리스도의 몸의 이미지를 주

---

25 폴 스티브스의 다음의 책을 참고하라. 『참으로 해방된 평신도』(서울: IVP, 1992); 『평신도가 사라진 교회』(서울: IVP, 1995); 『현대인을 위한 생활 영성』(서울: IVP, 1996); 『21세기를 위한 평신도 신학』(서울: IVP, 2001) .

26 폴 스티브스, 『참으로 해방된 평신도』, 36-55, 67.

27 케빈 길레스, 홍성희 역, 『신약성경의 교회론』(서울: 기독교문서선교회, 1999), 160-163.

28 "교회의 본질과 선교"(The nature and mission of the church), 신앙과 직제와 삶과 봉사의 합류. 이형기. 송인설 공역. 한국기독교협의회 신앙과 직제위원회 편(서울: 한국기독교협의회, 2009), 357-358; 그리스도의 몸으로서 교회를 설명한 논문은 다음의 자료를 참고하라. 김지철, "바울의 교회 이해에 대한 성령론적 반성. 변화된 세계에서의 교회의 자리 찾기, 『신약성서의 교회론』. 신약논단 제7권 한국신약학회 편(서울: 한들, 2000), 33-40; Micahael Welker, *Kirche im Pluralismus* (Guetersloh: Chr. Kaiser, 1995), 104-127.

로 다양성 안에 일치를 강조하는 의미에 초점을 둔다. 그러나 폴 스티븐스는 에베소서 4장 12절의 본문 해석에서 평신도 신학과 목회자의 역할과 관련하여 성도를 준비시키고 바르게 세우는 것을 강조한다. 여기에서 그리스도의 몸을 세운다는 것은 성도와 성도의 공동체를 세우는 것으로 이해한다. 다시 말하면 그리스도의 몸으로서 교회는 건물을 의미하는 것이 아니라 성도와 성도의 공동체를 가리키고 있다. 그러므로 이 본문에서 목회자의 역할은 성도를 잘 준비시켜 봉사의 일을 하게 함으로 궁극적으로 그리스도의 몸을 세우는 것으로 묘사하고 있다.

선교적 교회론의 교회론적 기초로서 그리스도의 몸이 주는 의미는 무엇인가? 선교적 교회는 일차적으로 지역교회가 지역사회를 섬기며 하나님 나라의 증인으로 살아가며 활동하는 것이다. 그러나 선교적 교회의 실천은 개교회 단위를 통해서 실현되지만 더 나아가 성도 개인을 통해 그들의 삶의 현장에서도 실천되어야 한다. 그런 점에서 성도의 삶의 현장은 곧 그들에게 주어진 선교 현장이다. 에큐메니칼 문서는 이 사실을 매우 강조하고 있다.[29] 성도는 교회를 구성함과 동시에 교회를 지역사회와 세상에서 실현하는 믿음의 공동체이다. 교회가 선교적이 된다는 의미는 지역 교회가 공동체적으로 지역사회 속에서 하나님 나라의 증인으로 존재하며 활동하는 것이며 동시에 성도 개인적으로 세상 속에서 증인이 되는 것이다. 그러므로 지역교회가 선교적 교회를 실현하는 방식은 지역교회 차원과 지역교회들의 연합을 통해서 뿐만 아니라 지역교회에 속한 성도들이 그들의 삶의 현장에서 선교적으로 살아가는 것이다. 지역교회는 성도들의 삶과 그들의 직업적 소명이 선교적 소명으로 나타날 때 교회의 선교적 영향력이 지역사회 안에서 뿐만 아니라 그들의 삶의 현장인 세상의 모든 영역—정치, 경제, 사회, 문화, 교육 등—으로 확장된다.

---

[29] 세계교회협의회 엮음, 이형기 옮김, 『세계교회협의회 역대총회종합보고서』(서울: 한국장로교출판사, 1993), 162-176.

3. 선교적 교회의 실천적 모델과 원리들: 여섯 가지 유형

교회가 실천하는 내용은 지역사회의 특성이나 교회가 가진 자원에 따라 다르게 나타나지만 지역사회와 함께하며 지역사회공동체 형성과 발전에 기여하는 지역교회들의 최소한의 공통적인 특징들이 있다. 그런 지표를 충족하는 교회들의 사례를 연구하면서 발견한 최소한의 공통적 요인들을 실천적 원리로 제시하고자 한다.

아래에서는 선교적 교회의 실천적 유형으로서 지역사회가 요구하는 다양한 특성에 따라 접근하는 여섯개의 지역교회의 모델을 소개한다.[30]

1) 도시빈민선교를 지향하는 부천 새롬교회
2) 생명선교를 목표로 녹색교회를 지향하는 송악교회
3) 다종교사회에 평화로운 공존과 협력을 실천하는 덕수교회
4) 지역에큐메니즘을 실현하는 영주교회
5) 지역사회를 향해 문을 여는 선교적 구조를 갖춘 용학교회
6) 다문화사회에 이주민 교회를 지향하는 안산 국경없는 마을

부천새롬교회[31]: 도시빈민선교를 수행하는 교회

부천새롬교회는 경기도 원미구 약대동에 위치한 교회이며, "누구든

---

30 사례로 소개하는 교회의 내용은 2013년 부산에서 개최한 WCC 제10차 총회에 한국의 지역교회를 전시하는 코너에 NCCK 선교훈련원과 필자가 협력하여 제작한 것으로 이재용간사, 이요한 조교의 도움을 받아 협력하여 작성한 것이다. 여섯 교회의 내용은 필자가 방문하고 연구한 결과를 토대로 작성하였다. "지역사회와 함께하는 교회와 에큐메니칼 신학교육", 한국기독교교회협의회 교육훈련원.

31 이원돈, 『마을이 꿈을 꾸면 도시가 춤을 춘다』(서울: 동연출판사, 2011); "도시 지역사회 선교와 목회 사례연구: 부천 새롬교회 중심", 제16회 소망신학포럼 『지역교회의 선교와 목회의 구체화 및 미래 방향』(서울: 장로회신학대학교 연구지원처, 2013), 77-103.

지 그리스도를 믿으면 새 사람이 됩니다(고후 5:17)라는 말씀을 모토로 1986년도에 세워진 교회이다. 이 지역은 상대적으로 도시의 빈민과 약자들이 거주하는 지역이다. 도시에서 사회적으로 소외된 이들이 많은 이 지역에서 적자생존의 원리가 지배하는 경쟁적이고 고립적인 교회모습을 지양하고 지역사회와 마을 공동체에 초점을 맞추고 생명목회를 지향하는 도시빈민목회를 추구하는 교회이다.

1) 이원돈 목사의 교회론과 리더쉽

이원돈 목사는 "교회는 철저하게 마을과 함께 해야 한다"고 말하며 마을공동체에 스며드는 교회, 여기엔 주민들의 성숙한 공동체 의식이 곧 기독교 정신과 통한다는 인식을 가지고 있다. 이원돈목사는 마을의 필요를 충족하지 못하는 교회는 반쪽짜리 교회라는 신념을 가지고 교회가 어떻게 지역과 함께 해야 하는지 고민하고 있다.

이원돈 목사는 미래교회는 교회 중심이 아니라 마을 중심이어야 하고, 성장 중심이 아니라 봉사중심으로 작지만 영향력 있는 교회가 되어야 한다고 생각한다. 또한 목사가 교인과 교회만을 위한 목사가 아니라 지역사회와 마을 단위의 교회의 목사가 되어야 한다고 이야기한다. 또한 이원돈 목사는 하나님이 만든 모든 세상은 생태학적 상호의존적 연결망으로 연결되어 있음을 강조하며 교회 또한 그 지역사회와 생명적 생태계를 형성하고 있는지가 중요하다고 이해한다.그러므로 지역 에큐메니즘(local ecumenism)에 기초하여 지역과 마을의 생명망(Web of life)을 짜고 생명을 살리는 생명교회와 생명망 목회를 하는 것이 사명이라고 주장한다.

2) 생명망을 위한 새로운 복지 생태계 형성

부천새롬교회는 새로운 복지 생태계를 형성하는 것에 초점을 맞추고 있다. 새로운 복지 생태계란 지역사회의 돌봄 노동과 복지동맹에 참여하는 복지 마을 만들기의 생태계에 참여하는 것이다. 지역 어린이들을 위해 어린이집과 공부방을 운영하고 있으며, 지역사회를 철저하게 분석하여 부천시로부터 정책적인 지원을 받아 주민자치센터형 복지관 시설을 지원하고 있다.

3) 생명망을 위한 새로운 학습 생태계 형성

부천새롬교회는 새로운 학습 생태계 형성에 초점을 맞추고 있다. 기존의 교회는 주일학교 중심의 교회학교로 폐쇄된 교회교육이지만 이 교회는 지역사회 중심으로 형성되는 마을의 지역아동센터 도서관과 지역사회 방과 후 학교 등과 함께 학습 생태계를 이루는 새로운 교육 학습 생태계를 추구하고 있다.

4) 생명망을 위한 새로운 문화 생태계 형성

부천새롬교회는 새로운 문화 생태계를 적극 추구하고 있다. 미래의 일자리는 제조업보다 문화에서 만들어질 확률이 높다고 생각하면서 마을교회와 마을 공동체의 미래를 문화를 통해서 논의하고 있다. 어두운 빈민가 골목에서 벽화를 그리고 축제를 개최하며, 마을의 놀이터와 생태 공원을 조성하여 주민들이 다양한 꿈을 꾸며 행복해 하도록 노력하였다. 그리고 도서관 활성화는 주민들의 삶의 질을 풍요롭게 하였다. 또한 이 교회는 인문학 카페를 개설하여 교회가 지역 주민과 소통할 수 있는 접촉점 역할을 하며 자연스럽게 비그리스도인들에게 기독교를 소개하는 좋은 기회가 되었다.

5) 생명망을 위한 새로운 사회경제 생태계 형성

부천새롬교회는 새로운 사회경제 생태계 형성에 힘을 다하고 있다. 대기업이나 대형교회 중심의 약육강식과 무한경쟁과 승자 독식의 생태계가 아닌 사회적 기업, 협동조합 마을 만들기 등 지나치게 경쟁 시장화된 경제에 대해 공동체적인 사회적 자본과 생명자본의 생명망을 짜는 사회경제생태계를 추구하고 있다.

송악교회[32]: 지역에서 생명목회를 실현하는 교회

송악교회는 충청남도 아산시 송악면 외암리에 위치하고 있다. 송악면은 인구가 약 2,500명 정도이며, 광덕산에 둘러싸인 산골마을로 개발의 손길이 미치지 않은 청정지역이다. 다른 농촌들과 마찬가지로

거주하는 주민들이 대부분 농업에 종사하는 노인들이다. 이러한 환경 속에서 송악교회는 지역사회 함께하면서 농촌교회의 정체성을 가지고 특별히 지역 특성을 살린 녹색생명의 의식을 가지고 지역을 섬기고 있다.

---

[32] 푸른아산21실천협의회, 『송악마을들 사람사는 이야기. 네번째 이야기』(아산: 푸른아산실천협의회, 2011, 87-89; 이종명, 송악교회와 송악 마을이야기, 한경호 엮음 『생명의 영성이 약동하는 농촌목회이야기』(서울: 미션아카데미, 2008), 302-312.

1) 녹색생명목회

송악교회 이종명 목사는 "농촌지역과 조화를 이루는 교회"를 목회철학으로 삼고 있다. 교회는 농촌의 자연환경을 보전하며, 교육과 문화의 장으로 활용하면서 하나님의 창조신학에 근거를 둔 녹색영성, 녹색목회를 지향한다. 송악교회는 오늘의 시대와 지역사회가 요청하는 문제와 필요에 부응하면서 녹색생명과 함께 하는 다양한 활동들을 지역공동체와 함께 해나가고 있다.

2) 지역의 농업을 친환경 유기농업으로

송악교회는 지역에 적합한 선교형태를 찾다가 지역의 필요성에 의해 결성한 환경농업을 제안하였다. 송악면 일대의 청정한 지역적인 특성과 하나님의 창조세계의 보전을 생각하면서 친환경 유기농법을 제시했다. 그러나 처음에는 주민들의 반응이 미미하여 교회의 출석하는 교인들로부터 시작한 유기농업이었지만 후에는 송악면 전 지역으로 확대되었고, 국내에서 유명한 대안농업지역으로 알려지게 되었다.

3) 폐교위기의 학교를 환경교육시범학교로

농촌사회의 계속되는 이농현상으로 폐교의 위기에 처해진 '거산초등학교'를 발상의 전환으로 농촌의 친환경적인 자원을 교육적 장점으로 활용할 것을 구상하였다. 송악교회는 생명교육의 관점에서 참교육을 지향하는 학교를 꿈꾸는 운동을 전개하였고, 이 운동의 결과로 폐교의 위기에서 벗어나 현재는 입학을 위해 자리를 기다릴 정도의 생명교육을 실천하는 학교로 변화되었다.

4) 지역과 함께하는 교회

송악교회는 송악면 내에 공동체 문화를 조성하는데 큰 기여를 하고 있다. 송악교회의 문화부 '풍물패' 활동을 통해서 지역내의 친환경 농사와 관계된 큰 행사들을 주관하고 있고, 도시민들과 농촌주민, 이웃과 이웃이 더불어 살아가는 공동체 문화를 살리는 일에 앞장서고 있다. 송악교회는 지역의 특수성을 고려하여 노인문제에 복지적 차원에서 활동하고 있으며, 교회의 사회봉사부의 '오병이어 사업'을 통해 독거노인들을 섬기고 있다. 또한 후원비를 모아서 지역에 중소규모 노인복지시설을 마련하는 계획에 있다. 그리고 어린이들을 위한 복지 활동도 실시한다. 교회학교 부설인 '사랑선교원'을 통해 생명교육을 진행하고 있으며, 여러 지역에 인정하는 생명교육모범 유아기관으로 인정받게 되었다. 또한 교인들과 지역주민들이 협력하여 지역아동센터를 시작하여 아동들을 위한 복지도 계속 진행 중에 있다.

5) 교회 제직을 지역사회의 리더로

많은 교회들이 교회 제직은 교회만을 위해 일하고 있는 현실에 반하여 송악교회 교인들은 지역사회 활동에 적극적으로 참여하며 주도적인 역할을 수행한다. "농촌을 하나님 나라로", "교회의 제직을 지역사회의 리더로"란 슬로건을 가지고 교회와 교인들이 교회 내부적 활동만 아니라 지역사회 문제에 주민으로서 적극적으로 참여하며 지역사회와 함께하며 이끌어가는 지역사회의 교회로 활동한다.

덕수교회[33] : 다종교사회에서 지역의 화해자와 조정자가 된 교회

덕수교회는 올해로 창립 67년째를 맞이한 서울의 중형교회이다. 현재는 서울시 성북구에 위치해있지만, 본래는 덕수궁 옆의 정동에서 시작한 교회였다. 그러나 성북동으로 이전하게 되면서 교회를 향한 긴장감이 지역사회에 형성되어 있었다. 성북동은 서울의 최고급 주거지구와 60·70년대재개발사업으로 이주한 경제적으로 가장 어려운 계층이 공존하고 있는 지역이었다. 이러한 긴장감을 해소할 수 있는 목회적 대안은 지역사회의 필요에 맞는 섬기는 사회봉사였다. 그래서 면밀한 지역조사 끝에 각 세대에 맞는 섬김사역을 시작하였고, 지역사회로부터 꼭 필요한 이웃이라는 인식을 심어 주게 되었다.

1) 교회는 하나님의 나라를 보여주는 곳

덕수교회의 선교는 영혼의 구원만을 보여주지 않는다. 덕수교회가 지향하는 선교는 하나님의 나라와 통치를 세상가운데 보여주는 것이다. 덕수교회는 성북동이라는 지역 사회에 교회를 보내셨을 때에는 교회를 통해 하나님이 원하시는 복음의 열매가 있음을 확신하고 그 지역에 맞는 교회의 존재양식이 표현되어져야 함을 인식하였다. 특별히 창립초기부터 '하나님은 우리와 함께, 우리는 이웃과 함께'라는 표어를 현재까지 이어오고 있다.

---

33 은준관 외 7명,『하나님 날 백성 공동체를 세우는 오색목회』(서울: 대한기독교서회, 2011); 손인웅 지음,『오색목회설교』(서울: 한들출판사), 2012

2) 지역의 화해자와 조정자가 된 교회

덕수교회가 속한 성북동 지역의 특징은 빈부 차이가 많은 주택지이다. 이곳에는 부유층과 저소득주민들이 공존하는 지역이다. 이를 위해서 덕수교회는 성북동 지역 상황을 면밀히 조사하였다. 그결과 교회가 경제적, 사회적, 지리적 여건 등 모든 면에서 중간적인 위치에서 화해하고 중보하는 사명을 감당하는 '조정자' 역할을 해야 할 위치에 있음을 파악하게 되었다. 이런 차원에서 교회는 섬김과 나눔을 통한 선교라는 교회의 방향을 설정하고 이를 추진해 나가기 시작하였다. 덕수교회는 교회 안에서 모든 교인들이 겸손과 봉사와 친교를 강화하여 하나된 공동체를 추구하였는데, 이를 위하여 교회의 모든 조직을 활성화시켜서 봉사하는 조직으로 바꾸어 지역사회를 섬기는 교회로 나아가고 있다.

3) 지역주민을 위한 복지공간

덕수교회는 개인 신앙과 개교회 성장에만 힘을 쏟지 않고 교회의 사회적 책임을 절실히 느끼며 지역사회 봉사에 큰주안점을 두었다. 이 같은 방향 전환은 목회자가 시대를 읽어내는 신학적 방향설정과 이에 대한 당회와 교인들의 적극적인 지지와 동참이 있기 때문에 가능하였다. 특별히 교회의 건물들을 지역주민을 위한 공간으로 개방하였다. 교회는 울타리 안에서 교인들에게 한정된 건물이 아니라, 지역주민들이 함께 소통할 수 있는 있는 공간이다. 이곳에서 지역주민들은 교육, 복지 프로그램을 목적으로 다양한 교육, 복지 교육 프로그램을 제공받았고, 지역주민들의 입에서 성북동에서 덕수교회는 꼭 필요하다는 고백들이 나오게 되었다.

4) 다종교 사회 속에서도 빛나는 교회

덕수교회는 다종교인 한국사회에서 그리스도와 복음의 정체성을 지키면서 타종교에 대해서 배타적인 태도가 아닌 사랑으로 지역에서 함께 살아가려는 노력이 있다. 덕수교회는 1991년부터 '알뜰시장 바자회'를 통해서 지역사회내의 어려운 학생들에게 장학금을 전달하기 위한 목적으로 개최하였다. 그러나 2008년에 덕수교회는 성북동에 위치한 길상사와 성북동 성당과 함께하는 연합바자회를 제안하였다. 그 결과로 〈종교인 연합 사랑나눔 바자회〉라는 이름 아래에 다원화된 사회속에서 종교인들이 '사랑의 실천'이라는 공동의 선(善)을 이루는 일에 뜻을 같이 함으로 종교인들이 지역사회를 섬기는 존재들임을 알렸다. 덕수교회는 그리스도의 복음을 지키면서도 타종교에 대해서 배타주의적인 관점을 극복하고 있으며, 다종교 사회에서 지역교회의 바람직한 선교의 모습을 보여주고 있다.

영주교회: 지역에큐메니즘을 실현하는 교회

영주교회는 서울의 심장부인 남산을 배경으로 서울역과 용산 미군기지 사이의 후암동에 자리를 잡고 있다. 위치로는 서울 중심에 있는 지역이지만, 지역주민의 수준이나 정서로 볼 때 교회의 부흥이 매우 어려운 곳 중에 하나이다. 후암동은 낙후된 지역이며, 개발의 속도가 더딘 지역이다. 후암동 지역의 교회는 대부분 6.25 전쟁 이후로 세워졌고, 9개 교회가 있으나 그 이후에는 새롭게 개척된 교회가 하나 없을 정도로 열악한 조건을 가지고 있는 지역이다. 이러한 상황가운데에서 영주교회는 후암동의 다른 교회들과 연합하여 "후암동 교동협의회"를 구성하고 선교, 교육, 봉사활동을 지역교회들과 연합하여 수행하면서 지역사회의 차원에서 에큐메니즘을 실천하는 새로운 패러다임으로 선교하는 교회이다.

1) 개교회 확장이 아니라 '하나님의 선교를 위한 교회

후암동에 있는 교회들은 대부분 골목 하나를 사이에 두고 맞붙어 있다. 이전에는 개교회의 부흥을 위하여 다른 교파의 교회에 대하여 좋은 않은 소문을 내기도 한 지역이었다. 목회자들 역시 경쟁의식을 갖고, 눈치를 보면 보이지 않는 전쟁을 하는 처지였다. 그러나 영주교회 목회자와 후암동 교회들은 그런 태도와 모습이 옳지 않음을 인식하고 지역정서와 복음적인 토양을 가꾸기 위해서 교회들의 협력이 절실하다는 것을 느끼게 되었다. 물론 교파와 교리 신학적인 내용에서 차이가 있는 것은 사실이지만 다른 교파의 교회도 하나님께서 하나님의 나라의 확장을 위해서 세우신 교회임을 인식하고 하나님의 선교에 서로 협력하여 동참하는 파트너라는 인식이 자리 잡았다.

2) 후암동 교동협의회를 통한 에큐메니칼 협력선교

영주교회는 개교회 성장을 위한 선교를 지양하고, 지역교회들과 연합하여 선교사역을 수행한다. 영주교회를 포함한 8개 교회는 후암동 교동협의회를 조직하여 지역사회에서 선교를 함께하고 있다. 개교회 확장과 교인 쟁탈전의 지역선교 아니라 공동전도지를 제작하여 지역에서 함께 사용하고 있으며, 또한 8개 교회가 연합하여 해외선교사를 파송하고 있다. 뿐만 아니라 지역 가운데 사회적 책임을 감당하기 위한 일에도 협력한다. 교동협의회가 함께 바자회를 기획하여 불우한 이웃을 돕기도 하며, 지역의 복지관과 협정을 맺고서 복지관의 사역에 교동협의회가 적극 협력하고 있다. 또한 지역의 소년소녀가장이나 독거노인들을 돌보는 사역 등을 함께 협력하여 진행하고 있다.

3) 후암동 교동협의회를 통한 교회교육의 다양화

후암동 교동협의회에 소속된 교회들은 연합하여 예배하면서 몸된 교회들의 하나됨을 경험하고 있다. 또한 체육대회와 친교행사를 함께하면서 교제하며, 교회규모가 작고 재정적으로 힘이 들어서 할 수 없었던 교회교육 프로그램을 함께 기획하여 진행함으로 성숙한 그리스도인으로 성장하는데 기여를 하고 있다.

4) 기독교에 대한 인식 변화와 신뢰도 회복

현재 기독교는 사회에서 지탄의 대상이 되고 있는 현실 앞에 서있다. 그렇지만 영주교회와 후암동 교동협의회는 지역사회를 돕고 후암동 지역을 사람이 살만한 사회로 만들기 위해서 노력하다 보니 기독교에 대한 인식이 달라지기 시작하였다. 인구가 줄어들고 낙후된 지역임에도 각 교회가 조금씩 성장하고 있는 것을 볼 수 있으며, 적어도 후암동 주민들은 교회가 지역사회에서 훌륭한 일을 감당하고 있다고 칭찬하며 신뢰할 수 있는 곳이라고 이야기한다. 기독교의 신뢰가 땅에 떨어지고 있는 지금의 현실에서 기독교에 대한 인식을 바꿀 수 있는 좋은 모델이 될 수 있다.

용학교회: 교회의 구조를 선교적 교회로 전환하여 지역사회와 함께 하는 교회

용학교회는 전남 무안군 해제면 해제리에 위치한 한국기독교장로회 소속 교회이다. 교회가 위치한 마을은 약 200호 가구가 거주하는 소규모 지역이다. 용학교회는 83년의 역사를 지닌 전형적인 농촌교회이며, 160여명(세례교인)의 교인 중 70%가 70세 이상인 고령자이다. 이 교회를 선교와 교회의 공적 책임을 실천하는 모범 사례로 소개하는 이유는 목회자가 가진 목회철학과 지역사회에 미치는 교회의 영향력 때문이다.

1) 목회자의 교회관

용학교회 담임목사는 세상에 대한 교회의 목적과 역할을 "하나님의 선교" 관점에서 이해하고 있다. 박석종 담임목사는 교회가 세상으로부터 비판받는 이유는 교회가 세상을 섬기지 못하고 있기 때문이며 여기에는 목회자들의 교회론의 부재가 원인이라고 지적한다. 그래서 박 목사는 자신의 교회를 철저하게 하나님의 선교(Missio Dei)에 기초하여 기존의 교회론에 획기적인 변화를 가져왔다고 말한다. 하나님의 선교에서 보면 선교의 주체는 교회가 아니라 하나님 자신이며 교회는 하나님의 선교의 도구이다. 박목사도 중요한 것은 교회가 아니라 선교라고 말한다. 따라 교회는 선교 중심적인 교회가 되어야 한다고 주장한다.

2) 선교적 교회를 위한 교회구조 개편

용학교회는 선교적 교회를 실현하기 위하여 교회구조를 개편하였다. 하나님의 선교에 기초한 선교적 교회로 활동하기 위해 기존의 교회 모습이나 틀에는 한계가 있음을 깨닫고 선교적 교회를 지향하는 교회가 되기 위해 기존의 교회 내부적 활동을 위한 조직 외에 지역사회 속에서 선교 활동을 효율적으로 수행할 수 있는 교회 조직의 개편을 시도하였다.

3) 지역사회의 문제와 필요성에 구체적으로 응답하는 선교활동

용학교회는 지역사회가 직면한 문제에 대한 구체적인 응답으로 선교 활동이다. 농업활동에서 발생하는 문제 대부분 교인들이 농민이라는 점을 생각하여 농업활동에서 친환경활동을 주도하고 건전한 먹거리를 생산하기 위해 교회가 먼저 노력하고 있다. 환경파괴와 생태계 오염 문제를 심각하게 인식하여 교회차원에서 교인들로부터 친환경적 삶을 습관화하고자 한다.

4) 지역의 고령화의 문제

용학교회는 노인복지에 관련된 봉사활동에 집중하고 있으며 주요활동으로 노인대학, 독거노인을 위한 밑반찬 배달, 무안 노인복지센타, 노인건강증진서비스 활동으로 구분된다. 노인들의 삶의 질을 향상하고 지역사회의 사회적인 필요성에 대하여 대하여 교회가 적극적으로 응답하고 있다.

5) 지역사회의 문화활동 개발

모든 지역주민들이 함께 교제할 수 있는 장을 조성하며, 농촌지역의 삶을 건전하게 이끌어가는 공동체 문화개발에 노력하고 있다. 지역 축제를 개최하고, 사물놀이패와 농한기 주민을 위한 게이트볼을 제공하고 있다.

6) 삶의 현장에서 잘 훈련된 평신도

삶의 현장에서 그리스도인과 시민으로서 올바를 실현하도록 인도한다. 창조질서 회복운동을 목표로 하여 용학교회 10대 환경수칙과 66가지 창조세계보존수칙을 만들어 친환경적 생태적 생활을 지향하고 있으며 생활화하는 것을 노력하고 있다.

7) 지역주민과 함께하며 다른 기관과 협력하는 사역

용학교회는 교회가 일방적으로 혼자하는 사역이 아니라 지역주민과 다른 기관과 협력하는 것을 지향한다. 지역사회에서는 교회의 활동이 고립적이거나 일방적 방식이 아니라 지역사회가 함께 존재하고 함께 활동하는 교회로 인식되기 위한 노력이다.

국경없는 마을: 다문화시대의 더불어 살기를 지향하는 운동기관

국경없는 마을과 (사)안산이주민센터(이사장 민경설, 대표 박천응)는 1994년 서울서남노회에서 설립한 기관이다. 2014년이 바로 설립 20주년을 맞이한다. 초대 이사장으로는 류철랑 목사(부천동광교회 원로), 2대 이사장은 고 훈 목사(안산제일교회)를 거쳐 현재는 3대로 민경설 목사(광진교회)가 이사장으로 수고한다. 지난 20여 년을 본 기관의 대표로서 지금까지 수고하고 있는 대표 박천응 목사는 국내 다문화 박사(Ph.D) 1호로서 이론과 실천을 겸비한 다문화 전문가로서 다문화 선교 현장의 개척과 다문화 선교 후진 양성에 힘쓰고 있다. (사)안산이주민센터는 지난 20여 년 동안 이주노동자들과 결혼 이주여성, 그리고 그들의 자녀들의 인권을 지키는 역할을 해왔다.

1) 안산이주민센터의 사역과 활동

(사)안산이주민센터의 활동 목표는 성경이 가르치신 말씀대로 이주민의 권익인 인권과 노동권, 시민적 권리를 사회적으로 실천한다. 이주민과 함께 낮은 자리에서 작은 자를 섬기는 대표적인 다문화 이주민 선교기관으로서 본 기관은 복음을 통한 "행복한 세상 만들기"를 추진하고 있다. 이주노동자는 사업장 내에서 언어적 차별 78.2%, 문화적 차별은 43.9%에 이른다. 그렇기에 안산이주민센터와 같이 어두운 세상에 등대지기 사명을 감당할 기관이 필요한 것이다. 안산이주민센터는 이주민들을 대상으로 노동, 출입국, 의료, 법률구조, 생활 등에 대한 상담과 교육, 의료와 복지, 문화와 축제 등의 다양한 사역을 감당하고 있다.

2) 차별받는 아이들의 방패막이 : 코시안의 집

안산이주민센터에서는 부설 기관으로 코시안의 집을 운영한다. 코시안(Kosian)은 Korean+Asian의 합성어이다. 혼혈인, 튀기라는 차별적 용어를 피하기 위하여 만든 신조어이다. 코시안의 의미는 크게 4가지로 사용되는데, (1) 국제결혼 2세, (2) 이주아동, (3) 코시안 다문화 가족, (4) 다문화 가정이 모여 사는 동네를 말한다. 지금까지 이곳을 거쳐 간 아이들은 대략 100명 정도이다. 대개 3-4년을 지내는 것이 보통이고 길게는 7년까지 이곳에서 생활한 아이도 있다. 취학연령이 되면 이곳을 떠나 역시 안산이주민센터가 운영하는 다문화학교에서 방과 후 수업을 듣는다.

4) 정다운 이웃 이주민 : 국경 없는 마을 운동

'국경 없는 마을'은 이주노동자와 한국인 그리고 이주민 자신들이 지역사회 내에서 국적, 언어, 피부색, 종교, 경제와 문화적 차이를 극복하고 '공동체적으로 더불어 살기를 지향하는 운동'이다. 국경 없는 마을은 인간과 사회구조 변화를 통한 공동체 마을 만들기를 전제로 한다. 국경 없는 마을운동은 삶터 가꾸기를 내용으로 한다. 즉 국경 없는 마을은 삶터(생활환경)를 주민들(시민, 이용자)이 스스로 나서서 가꾸는 일이다. 국경 없는 마을 운동은 공동체(주민조직) 이루기를 내용으로 한다. 공유공간에서 벌어지는 공동의 문제를 함께 해결하고, 개선하며, 새롭게 만들어 가는 과정을 통해 단절된 이웃과의 관계를 회복하고, 의사소통의 경로와 활동체계를 만들며, 주민공동체를 이루어 가는 일이다. 국경 없는 마을 운동은 공동체 인간형성을 내용으로 한다. 국경 없는 마을은 책임감 있고 자격 있는 건강한 마을 사람(주민, 시민)을 기르는 일이다. 현재 국경 없는 마을 운동은 한국 사회의 다문화 운동의 지표가 되고 있다. 지역사회 다문화 운동을 통하여 하나님 나라운동을 새로운 방식으로 접근하고 있는 것이다. 이주민은 외국인이 아니라 우리의 정다운 이웃인 것이다.

5) '교육이 희망'이라는 믿음 : 한국다문화 학교(대안학교)

다문화가정 자녀의 희망은 교육이다. 중도입국 자녀의 47.3%가 학교에 다니지 못한다. 이주 아동의 학교 탈락률은 40.4%이다. 다문화 가정 아동의 37%가 왕따를 당한다. 한국다문화학교는 미래형 대안교육으로 다문화시대의 미래 가치를 창출해나가는 새로운 교육운동이다.

4. 사례를 통해서 본 선교적 교회의 실천 원리

여기에서 제시하는 원리들은 지역교회들이 선교적 교회의 특징들을 실현하고 있는 사례로부터 최소한의 공통적 특징들을 살펴본 것이다.[34] 필자는 위의 자료들을 참고하면서 직접 현장에서 지역교회들을 연구하면서 선교적 교회에서 제시하는 이론이나 관점을 충족하고 실현하고 있다고 사료되는 교회들의 여덟 가지 공통적인 특징들을 모아 보았다.

신학적 기초: "신학적으로 삼위일체 하나님의 선교에 근거하여 복음적이며 에큐메니칼적 신학의 통합과 균형을 이룬다."

폴 히버트(P. Hiebert)가 "모든 사람은 자신의 문화적 안경을 통해서 세상을 본다."[35] 는 말로 인식의 해석학적 기능을 언급한 것 같이 지역교회의 선교적 자의식과 활동은 선교관의 인식의 지평에 제한된다. 선교적 교회를 실현하는 지역교회는 개인구원과 복음전도라는 좁은 선교의 지평을 넘어 한나님의 선교를 선교의 인식론적 기초로 삼을 때 하나님 나라를 지향하는 선교활동이 가능해진다.

20세기의 주도적인 선교 패러다임은 하나님의 선교이다. 기존의 선교가 주로 기독론 중심의 토대에서 교회를 선교의 주체로 여겼으나 20세기 중반 이후에 하나님의 선교(mission Dei, mission of God)가 지배적인 선교 패러다임이 되었다. 하나님의 선교는 기존의 선교가 기독론 중

---

34 지표는 "방향이나 목적 기준을 나타내는 표지를 의미하는데, 이후천 박사는 "한국에서 선교적 교회의 사례와 그 기준지표에 대한 고찰"의 논문에서 한국교회의 선교적 교회 특징으로서 12가지 지표를 제시한다. 선교신학 제34집, 159-160. 북미 선교학자들이 제시한 선교적 교회의 지표는 그들이 선교적 교회론을 이론적으로 구축하면서 최소한 지향해야 할 방향설정에 치중하였다면, 이후천 박사는 한국상황의 사례연구를 분석 평가하면서 지역교회를 선교적 교회로 세우기 위해 충족되어야 할 특징들로 제시한다.

35 폴 히버트, 김동화 외 3인 공역, 『선교와 문화인류학』(서울: 죠이선교회출판부, 1996), 42-43.

심의 개념을 가졌던 것을 삼위일체 하나님의 선교 활동으로 인식의 확장을 가져왔다. 세상에서의 선교는 교회가 시작하기 전에 삼위일체 하나님으로부터 시작하는 것으로 이해한다. 아들 예수가 아버지로부터 세상으로 파송을 받고(요 17:18; 20:21), 성령이 아버지와 아들에게서 파송을 받아, 세상에서 예수의 증거와 사역을 계속 한다. 이러한 삼위일체 하나님의 선교로부터 교회의 선교가 나오는 것이다. "그리스도의 몸"으로서, "성령의 전"으로서 교회는 세상-정치, 경제, 사회, 문화, 창조세계 영역에서 일어나는 모든 일- 안에서 일하시는 삼위일체 하나님의 선교에 참여함으로 자신의 선교적 책임을 수행한다.[36]

창조세계의 보전과 녹색교회를 지향하면서 생명선교를 실천하고 있는 송악교회, 구체적인 친환경 지침을 만들어 모든 교인들의 실천을 인도하는 용학교회, 새롬교회 등의 사례연구를 통해서 만난 교회들은 세상의 모든 영역을 교회의 선교적 책임으로 인식하고 참여하고 있다. 이들의 선교자의식과 활동이 기반하고 있는 신학은 선교에 열정을 품은 전통적인 복음주의 신학과 하나님 나라, 하나님의 선교를 강조하는 에큐메니칼 신학이 균형을 이루고 잘 통합되어 있는 것을 볼 수 있다.

지역사회와 관계: "지역사회를 전도의 대상으로 생각하기 전에 먼저 함께 더불어 살아가는 이웃으로 인식하고 관계를 맺는다."

기존의 선교 개념 안에는 교회 밖의 사람들을 대상화하며 타자화하는데 익숙해져 있다.그런점에서 지역주민을 이웃으로 보기 보다는 교회의 전도 대상으로 여기는 관행을 가져왔다. 순더마이어 교수가 지적한 바와 같이 선교에서 이웃과 진정으로 함께 하지 않으면서 위하는 행위는

---

[36] "교회의 본질과 선교", 341-342.

그들을 시혜자와 수혜자 관계에서 보는 것이며 교회 목적을 위해 도구화하는 잘못을 범한다.[37] 지역사회와 함께하는 교회가 되기 위해서는 성육신적 모델을 따라야 한다. 지역교회가 지역사회와 무엇을 하기 전에 먼저 지역주민의, 지역주민을 위한 교회가 되기 위해서는 교회 안에 존재하는 장애요인을 극복해야 한다. 첫째, 선교에 있어서 가시적 결과를 기대하고 교회가 하는 일을 투자개념으로 생각하는 것이다. 둘째, 지역주민을 선교의 대상으로 인식하면서 교회가 그들과 함께하기 전에 그들을 변화시키려고 하거나 교회로 인도하려는 강한 의도를 갖는 것이다. 성육신 사건은 하나님이 인간을 위해 활동하기 위해 먼저 우리에게 오시고, 우리와 함께하시며 우리와 같이 되셨다. 이 세가지 원리를 지역사회에 적용한다면 교회는 지역주민과 함께하며, 지역주민에게 먼저 다가가야 하며, 일상의 차원에서 지역주민과 같이 되는 과정이 필요하다. 이 과정은 시간과 인내하며 기다림이 필요하다. 총동원 전도와 같이 주민을 초청하는 전도방식은 교회가 주민에게 다가가기 보다 주민이 교회에 오도록 하는 방식이다. 하나님이 세상을 이처럼 사랑하신 것같이 교회도 지역사회를 사랑하는 마음으로 먼저 다가가서 인내한다면 반드시 좋은 결과를 얻게 된다.

필자가 방문한 한 교회가 교회건물을 아름답게 잘 지어놓은 교회를 보면서 교회 앞 뜰에 의자를 놓고 지역주민들의 쉼터를 만들어 교회와 친근함을 갖게 하라는 말에 장로님들은 주민들이 교회 안으로 들어와 건물을 사용할 까봐 염려한다는 말을 들었다. 이 교회도 지역에 전도를 열심히 하고 교회성장을 기대하며, 해외선교에 열정으로 참여할 것이다. 그러나 지역사회로부터 스스로 고립시키는 교회로 존재하고 있다.

반대 사례도 있다. 강원도 홍천의 오지 마을의 하나인 도심리에 들어

---

[37] 순더마이어, 채수을 엮어옮김, 『선교신학의 유형과 과제』(서울: 대한기독교서회, 1999), 53, 68-78.

가 처음에는 주민들의 배타적인 태도로 어려움을 겪었지만 주민들 속으로 들어가 그들과 함께 삶을 나누는 과정에서 신뢰를 얻고 반대하던 주민에 의해 교회까지 세워져 현재 지역사회 발전에 목회자와 교인들이 중심이 되어 활동하고 있는 것도 좋은 사례라고 할 수 있다.[38]

> **필요성의 원칙:** "지역교회는 지역사회의 필요성을 발견하고 그것을 접촉점으로 삼아 지역사회 안에 선교적 교회를 실현하게 된다."

선교적 교회 관점에서 지역교회 현장을 연구하면서 발견한 것은 작은 규모에 비하여 지역사회와 함께 매우 다양하고 많은 활동들을 하고 있다는 사실이다. 그러나 이런 교회들은 프로그램이나 활동으로 교회를 이끌어가지 않는다. 지역교회가 사회와 관계를 만들어가는 초기에는 매우 소박하고 단순한 내용으로 시작하였다. 시간이 지나고 교회와 사회의 관계가 긴밀해지면서 점차적으로 교회가 하는 활동의 종류가 많아졌다. 지역교회가 지역사회, 주민들과 함께하고 그들을 이해하면서 진정성 있는 만남을 이루게 하는 원리를 지역사회의 필요성에서 찾았다.

지역교회가 지역사회와 접촉하려면 두 가지 접근방법이 필요하다. 이 둘은 사례연구에 따르면 지역사회의 필요성이 매개가 되는데 이것은 다음의 두 가지 방법으로 진행된다. 첫째는 지역교회가 지역주민을 대하는 태도에서 진실함을 보유한 진정성이 있어야 하며 둘째는 지역사회를 사회학적 방법으로 진단하고 분석하여 필요성을 파악하는 것이다. 첫번째 태도가 중요한 것은 통계적으로 한국 개신교가 사회복지활동에서 종교별 대비율이 적지 않지만[39] 현실적으로는 활동한 만큼 인정을 받지 못

---

38 장로회신학대학교 홈페이지에서 주간예배설교(2014. 4. 3) 홍동완 목사, "나의 비천한 선교 이론"을 참고하라.

39 손병덕, 『기독교 사회복지』(서울: 대한예수교장로회총회, 2005), 103-141.

하는 이유 중 하나는 봉사활동을 선교의 전략이나 방법으로 사용하고 있기 때문이라는 지적이 있다. 그렇기 때문에 지역교회가 선교하는 교회가 아니라 선교적 교회가 되려면 근본적으로 지역사회와 주민에 대한 진정성을 가진 사랑의 태도가 필요하다. 지역사회의 문제를 체계적으로 분석하지 않아도 지역사회를 향한 관심과 사랑으로 대하면 "지역이 보이며 지역사회가 무엇을 필요로 하는지를 알게 된다"[40] 다시 말하면 지역교회가 지역사회 속에 거할지라도 지역과 무관하게 지낸다면 지역사회의 필요성이 보이지 않는다. 그러나 지역사회를 향한 교회의 진정성 있는 태도로 바라볼 때 교회가 지역과 관계를 맺을 수 있는 지역사회의 필요성이 보이게 되고 그것이 교회와 지역을 연결하는 중요한 매개역할을 하게 되는 것을 사례를 통해 확인하였다.[41]

두번째는 지역사회 연구 방법론을 사용하여 지역사회의 상황을 체계적으로 분석하여 자료를 사용하여 교회가 접근할 수 있는 내용과 방법을 찾는다. 이 방법은 교회가 자체적으로 할 수도 있고 외부 전문기관을 통해 도움을 얻을 수 있다.[42] 지역교회가 지역사회와 관계를 형성할 뿐만 아니라 관계를 깊고 든든하게 만들어가는 것은 진행하는 활동이 지역사회 발전에 필요하고 적합한 것인가에 달려 있는데 처음에는 대부분 소박하고 작은 일에서 시작하였지만 진행되면서 점차적으로 활동의 영역이 확장되고 내용의 수준도 높아지면서 교회와 지역사회 모두에게 중요하고 의미있는 내용으로 정착하게 된다.

---

40 이종명, 송악교회 소개 동영상 CTS 제작 프로그램.

41 송악교회, 국수교회, 한남제일교회, 율현 교회 등 필자가 연구한 대부분의 교회들은 현재 지역사회와 연계된 많은 선교활동을 실천하고 있는데 그 내용은 모두 지역사회의 필요성에 응답하는 과정에서 형성된 것이었음을 확인하였다. 김일현, "은사 따라 섬기는 목회", 『농촌과 목회』 2008년 겨울호, 76-83.

42 예를들면, 서울 은평구에 위치한 성암교회(대한예수교장로회 통합소속)나 인천 만석교회(기독교감리회 소속)는 교회와 사회복지연구소의 컨설팅을 받아 교회를 선교적 교회로 전환한 사례이다.

지역교회의 목표: "지역을 하나님 나라로"

선교적 교회를 추구하는 지역교회의 궁극적 목표는 무엇인가? 이 질문에 대하여 한국교회의 가장 익숙한 답변은 전도를 통한 영혼구원이며 교회성장일 것이다. 그러나 이 과정은 궁극적 목표를 향해 가는 과정의 중간적 목표이지 궁극적 목표가 될 수 없다. 선교의 궁극적 목표는 하나님 나라의 실현이다.

하나님 나라는 복음서에 기록한 바와 같이 예수님의 공생애 활동이 지향하는 것이기도 하다. 공생애 첫 일성은 하나님 나라의 복음 선포였으며 그의 전 삶과 사역은 선포한 하나님 나라를 보여주고 실현하는 것이었다. 교회의 사명은 말씀을 선포하는 일뿐만 아니라, 성령의 능력 안에서 사랑으로 역사하는 믿음으로 사회 안에서 봉사함으로서 하나님 나라를 세상 사람들에게 보여주는 일이다. 그러므로 교회의 사명은 하나님 나라와 세상과의 관계에서만 바르게 이해할 수 있다.[43] 온 세상이 예수 그리스도의 주권이 실현되는 하나님 나라의 영역이라면 지역사회는 그 세상의 구체적인 부분이기 때문이다.

선교적 교회를 지향하는 지역교회는 지역사회 속에서 복음전도와 사회봉사를 통해 하나님 나라를 구체적으로 실천하고 보여주어야 한다. 선교는 예수 그리스도의 죽음과 부활하심을 통해 이미 역사 안으로 침투해 온 하나님 나라를 지역교회의 존재와 행동으로 증거하는 것이다. 따라서 교회의 존재 자체와 교회가 선포하는 메시지는 지역의 주민과 사회에 하나님 나라의 실재를 보여준다.

아산의 송악교회는 "지역사회를 하나님 나라로"라는 표어를 세우고 지역사회의 다양한 영역에 생명의 복음을 포괄적이며 총체적으로 증거

---

43 르네 빠딜리 지음, 이문장 옮김, 『복음에 대한 새로운 이해』, 개정증보판 (서울: 대장간, 2012), 265.

하는 일에 힘쓰고 있다. 녹색교회를 지향하는 송악교회는 농어촌의 작은 교회이지만 하나님 나라의 생명의 풍성함을 친환경 생명농업, 현 교육제도 안에서 대안교육, 장애인 자립활동, 이주민 선교 등 지역사회가 안고 있는 문제들에 전체적으로 접근하면서 교회 안에서 이미 맛보는 하나님 나라의 복음을 지역의 주민들과 함께 나누고 있다.

선교적 교회의 동력: "교회는 지역사회에서 가장 많은 자원을 갖추고 있는 곳이다."

바울은 교회를 한 마디로 "그리스도의 충만함"(엡 1:23)으로 표현하였다. 교회를 향한 이 약속은 비록 현실적으로 교회가 질그릇의 연약함을 가지고 있다고 할지라도 세상에서 일하시는 하나님의 선교를 실현할 수 있는 자원을 주심을 말하고 있다. 어떤 교회든지 처음에는 매우 미약한 것으로 시작하였으나 점차적으로 처음에는 상상도 할 수 없는 일들을 지역사회 안에서 실천하는 교회들을 보면서 바울이 기록한 교회를 향한 하나님의 약속이 그대로 이루어지는 것을 보았다.

실제적으로 교회는 지역사회에서 가장 많은 자원을 갖추고 있는 곳이다. 교회는 지역사회 발전을 위한 풍부한 인적 자원과 물적 자원을 가지고 있다. 또한 교육적 차원에서 보면 제도적 교육 이외에 성인을 대상으로 하는 사회교육의 장으로서도 교회는 매우 훌륭한 잠재적 가치를 지니고 있다. 교인들이 정기적으로 드리는 예배와 다양한 성경공부, 강의와 실천 프로그램 등은 지역에서 다른 어떤 기관이나 단체에서 볼 수 없는 영향력을 갖고 있다. 교회가 이런 자원을 지역의 변화, 즉 지역을 하나님 나라로 변화시키는 선교적 일에 활용한다면 놀라운 결과를 가져올 것이다.

선교적 교회구조: "교회조직을 교회 안에 일을 행하는 내부적 구조 뿐만 아니라 지역사회와 함께하는 선교적 구조로 전환한다."

선교와 교회의 구조는 매우 긴밀한 관련을 갖고 있다. 선교적 교회가 되기 위해 교회 자신의 구조가 선교적인가를 살펴보아야 한다. 교회 구조가 선교에 장애가 되는 경우가 있기 때문이다. 선교적 교회를 실현하기 위해서는 교회는 자신의 관심과 구조가 내향적이지 않은가를 살펴야 한다. 내향적이며 반선교적 구조를 지닌 교회들은 대부분의 교회가 가진 인적 물적 자원과 시간, 관심을 교회 자신을 위해 활용한다. 교인들의 열심과 봉사 역시 모두 개교회를 위한 것에 집중하여 있다.

선교적 교회를 실현하기 위해서는 교회 조직이나 기구를 선교적 교회를 실천하기에 적합한 구조로 변경해야 한다. 지역교회가 지역사회와 소통하며 활동하기 위해서는 내향적 중심으로 짜여져 있는 조직과 기구를 지역사회를 위해 활동하는 것으로 개편해야 한다. 전남 무안에 소재한 용학교회는 목회자가 하나님의 선교를 공부한 후에 자신이 목회하는 교회조직이 전형적으로 교회중심적 성격으로 형성되어 있는 것을 깨닫고 지역사회를 위해 존재하는 선교적 교회에 적합한 구조로 개편하였다. 선교적 교회로 활동하기 위해서는 지역사회의 필요성에 따라 선교적으로 접근할 수 있는 교회구조의 변화가 필요하다.[44]

평신도 신학: "성도가 지역교회와 사회를 연결하는 다리의 역할을 수행할 수 있도록 준비시키며 파송한다."

한국교회가 자랑할 만한 것 중에 하나는 성도들이다. 한국교회는 평

---

[44] 박석종, "하나님 나라 도구, 용학교회 이야기", 『농촌과 목회』 2009년 여름호, 80-90, 특히 82.

신도들의 헌신과 봉사로 인하여 성장하였다. 선교적 교회 운동은 평신도들의 헌신과 봉사, 섬김이 교회를 든든하게 세우고 성장시키는 일에 집중되었다면, 이제부터는 지역사회와 세상 속에 하나님 나라를 실현하는 일에 초점을 맞추는 것이다. 성도들의 삶과 활동이 지역사회 속에서 선교적 역량을 나타내도록 격려하며 그들의 일상적인 삶이 선교적 이 되도록 인도한다. 하나님의 선교 관점에서 보면, 모든 삶의 현장이 곧 선교현장이다. 가정, 이웃관계, 직장이 곧 선교현장이며 그곳에서 하나님의 부르심과 해야 할 일이 무엇인가를 구체적으로 깨달아야 한다.[45]

세상을 변화시키는 것은 세상을 선교의 장으로 부름받은 평신도의 역할과 책임이다. 평신도는 교회와 세상 사이에 다리를 놓은 역할을 한다. 교회가 세상을 하나님 나라로 변화시키는 누룩이라면 그것은 평신도들의 역할을 통해 실현된다. 평신도는 자신의 삶을 선교적 소명으로 인식해야 한다. 그러므로 교회 안에서의 평신도 교육은 그들을 교회 안에 작은 목사로 만드는 것이 아니라 세상 속에서 영향력 있는 그리스도인의 삶을 살도록 하는 것이다. 지역사회에서의 교회의 역할은 교회의 제직을 지역사회의 리더로 살도록 준비시키는 것이다. 지역사회의 모든 영역에서 하나님 나라가 구체화되는데 성도의 삶이 중요한 역할을 하게 된다. 21세기 선교방향은 목회자와 평신도가 각각의 부름의 장에서 하나님 나라를 위하여 동역하는 선교 모형으로 나가야 한다.

목회자 리더십: 목회자의 선교적 목회 리더십

한국교회와 같이 교회의 조직이나 체계가 확립되어 있지 않고 또한

---

[45] 대한예수교장로회 통합 교단은 2011년 평신도 지도 지침서를 출판하였다. 『총회 평신도 지도 지침서』, 대한예수교장로회총회 평신도지도위원회편(서울: 한국장로교출판사, 2011), 그 안에 필자의 글을 참고하라. 한국일, "평신도지도를 위한 신학적 이해, 8-23.

성도들이 목회자에 의해 영향을 받고 있는 구조에서 목회자의 리더십과 영향력은 가히 절대적이라 할 수 있다. 물론 이러한 목회자 중심의 구조가 초래하는 부정적 현상을 우리 교회현실에서 목도하고 있는 것도 사실이다. 그러나 선교적 교회 운동 차원에서 보면 현재 지역교회에서 목회자의 리더십과 영향력을 긍정적으로 인도하는 것이 매우 중요한 과제 중 하나이다. 그것을 위해 목회자는 건강하고 열린 선교적 리더십을 갖추어야 한다.

첫째, 목회자의 선교관, 교회관 등 목회사역을 뒷받침하는 신학이 중요하다. 지역교회 담임으로 부임할 때 단지 개교회 담임이 아니라 교회가 속한 지역사회를 포함하는 목회자 의식을 가진 목회자가 필요하다. "이 교회 담임목사가 아닌 이 지역의 마을지기로 부임한다.", "나의 목회 영역은 교회만이 아니라 지역사회 전체이다."라는 선교적 목회관으로 지역교회 목회자의 정체성을 넓혀야 한다.[46] 이런 목회자는 교회 안에서뿐만 아니라 지역사회에서 존경받고 인정받는 목회자로 활동한다.

선교적 교회의 사례를 연구하는 중에 이러한 선교적 목회 리더십을 갖춘 목회자를 적지 않게 만날 수 있었다. 그들은 개교회 담임목회자만이 아니라 지역사회의 "주민자치위원회 위원장"으로, 반장으로, 지역문화활동기관의 중요한 책임자로 지역사회 발전에 적극적으로 참여하고 있었다. 물론 목회자는 개교회의 담임 목회자로 주어진 역할에 충실해야 하지만, 그의 교회관이 세상을 향해 열린, 그리스도의 충만함을 실현하는 선교적 교회관을 가지고 있다면 목회자의 리더십도 교회 안에서 행하는 일뿐 아니라 교회와 성도들이 지역사회 안에서 선교적으로 존재하고 활동할 수 있도록 길을 열어가는 선교적 목회리더십을 갖추어야 한다.[47]

---

[46] 전자는 한남제일교회 오창우 목사, 후자는 신양교회 이만규 목사의 사례.

[47] 덕수교회 손인웅목사는 다종교사회에 기독교가 타종교와 지역사회에 평화로운 관계를 형성하기 위해 매년 길상사, 천주교와 함께 지역주민을 위한 바자회를 개최하며 다종교사회에 적합한 선교적 교회를 실천하고 있다.

결론

　　현재 한국교회는 안팎으로 심각한 문제에 직면하여 있다.[48] 그러나 희망이 없는 것은 아니다. 한국교회가 교파주의와 개교회구조의 특징을 갖고 있기 때문에 한국교회의 전체적인 신뢰를 전체 사회로부터 회복하는 것이 어려울지 모른다. 아마도 교회의 신뢰도는 더 낮아질 것이다. 그러나 필자가 지역교회 사례를 연구하면서 확인하게 된 것은 "지역사회에서 지역교회가 신뢰를 얻는 것은 불가능한 일이 아니라"는 사실이다. 더 나아가 지역사회와 함께하는 선교적 교회를 실현하고 있는 교회는 지역사회의 발전을 이끌고 있으며, 지역사회 역시 교회가 있음으로 행복해하는 현실을 보았다. 여기에 한국의 지역교회를 회복하고 활성화하기 위해 지역교회의 목회자들과 선교학자들의 지속적인 만남과 공동연구가 필요하다. 선교학자들은 지역교회의 출로를 찾지 못하고 어려움을 겪고 있는 한국교회와 지역교회에 보다 가깝게 접근하여 현실적인 문제를 함께 해결할 수 있는 길을 찾아야 하며 또한 지역사회와 건강한 관계를 형성하며 협력하고 있는 바람직한 교회들을 선교학적으로 그 역할을 해석하고 지원해야 한다. 필자는 그러한 지역교회의 건강한 모델이 한국에서만 가능한 것이 아니라 다른 나라의 지역의 교회들과 나눌 수 있는 가능성을 모색하고 있다.[49] 선교는 이제 지역선교와 해외선교를 이중적으로 구분하는 옛 패러다임을 넘어가야 한다. 이런 점에서 세계선교차원에서 한국

---

[48] 한국교회가 처한 상황을 비판적으로 성찰한 자료로 다음의 책을 참고하라. 최윤식, 『한국교회 미래지도』(서울: 생명의 말씀사, 2013); 양희송, 『다시 프로테스탄트』(서울: 복 있는 사람, 2012).

[49] 충북 보은에 자리한 "보나콤 공동체"는 15년간 교회가 없는 오지 마을에 선교공동체로 들어가 지역사회 발전에 기여하는 공동체 활동을 전개하였는데 이런 경험이 현재 아시아 아프리카 지역 교회들과 공유하는 활발한 선교활동을 전개하고 있다. 이런 현상을 보면서 필자는 이제 과거에 선교사 중심의 선교 시대를 넘어 한국의 건강한 지역교회의 경험 자체가 선교의 내용이 되어 선교적 영향력을 가지고 다른 나라와 공유하는 시대가 되었음을 보고 있다. 즉 국내교회들의 선교와 목회경험 자체가 세계선교에 참여하고 있다.

의 지역교회를 선교적 교회로 전환하며 세계선교와 연결하는 일을 활발하게 연구해야 할 것이다.

제6장

선교(mission)와 목회(ministry)의 만남:

선교적 교회와 세계선교

서론

21세기 세계선교는 교회 대 교회의 협력뿐 아니라 지역교회 차원에서 서로의 경험을 교류하는 협력관계도 중요한 의미를 갖는다. 기독교 사회(Christendom) 전통과 유산을 가진 서구교회는 선교와 디아코니아를 특별한 기구를 통해 전문적으로 수행하였고 지역교회는 예배와 교구에 속한 교인들을 돌보는 일반적 목회 일을 담당하였다.[1] 즉 선교와 봉사는 지역교회 사역으로부터 분리되어 공교회 차원에서 실행해 온 것이다. 반면에 한국교회와 같은 신생교회는 선교와 봉사활동을 모두 지역교회가 담당한다. 물론 총회 차원에서 정책을 세우지만 실제적으로 사역의 대부분을 지역교회들이 수행한다.

이제 21세기 지역교회가 갖는 선교적 의미를 새롭게 발견해야 한다. 그 이유는 서구교회는 공교회 차원은 아직 건실하지만 지역교회가 매우 약화되어 지역교회를 회복하는 목회적 차원이 강화되어야 하며, 한국교회와 같은 신생교회들은 지역교회가 전체 교회를 세워주는 기초이기 때문에 여전히 지역교회가 든든해야 전체 교회가 바르게 세워질 수 있기 때문이다. 다시 말하면 21세기 선교 신학의 중요한 과제 중 하나는 전 세계 지역의 차원에서 건강한 지역교회를 세우고, 지역교회의 선교적 역량을 개발하는 선교 패러다임을 연구하는 일이라는 사실이다.[2]

---

1 크리스텐돔에 속한 서구교회의 문제를 지적한 자료로 다음 부분을 참고하라. 마이클 프로스트, 앨런 허쉬, 지성근 옮김, 『새로운 교회가 온다』(서울: IVP, 2009), 26-38; 43-51.

2 지역교회의 목회와 선교에 관한 훌륭한 연구자료로 다음의 책을 참고하라. 『지역교회의 선교와 목회의 구체화 및 미래 방향』, 제16회 소망신학포럼(서울: 장로회신학대학교 연구지원처, 2013).

필자는 지난 10년 이상 한국의 건강한 지역교회 사례들을 연구하면서 우리시대에 세계선교에 도전이 되는 새로운 사실을 발견하였다. 그것은 과거에는 목회는 국내교회의 활동이며 해외 선교는 선교사를 중심으로 수행하고 있다고 생각해 왔다. 그러나 지리적으로 목회와 선교가 서로 분리되는 구도는 오늘의 선교상황에 더 이상 적합하지 않음을 알게 되었다. 국내에서의 목회가 그 자체로 세계선교를 위한 선교적 역량을 가지고 있음을 보았고, 세계선교 역시 선교사 개인을 중심으로 한 활동이나 개척사역으로부터 현지 교회와 목회자를 세워주는 사역, 즉 현지 교회의 목회를 지원하는 것으로 전환하는 것이 오늘의 시대에 바람직한 선교 패러다임으로 평가된다. 국내의 건강한 지역교회의 다양한 경험들을 신학화하여 공유하는 것이 세계선교를 위해 중요한 내용이 된다. 이것을 위해 국내 다양한 지역교회의 목회와 선교 경험들을 연구하고 선교적 관점에서 신학화 하며 이 경험을 상황이 다른 해외지역교회들과 공유하기 위해 상황화의 노력이 요구된다. 상황화의 주된 테마는 이전에는 주로 종교와 문화적 전통에 국한되었지만 지역교회 차원에서 목회와 선교의 경험을 연구하는 것이 필요하다.[3]

선교와 목회가 만나는 새로운 선교 패러다임을 위해 선교사들은 자신들의 정체성과 역할을 새롭게 정의할 필요가 있다. 기존의 선교는 교회가 없는 지역에 교회를 개척하는 일에 주력하였고 파송하는 교회 역시 교회개척을 가장 선호하였으나[4] 앞으로는 이미 모든 지역에 교회가 세워

---

[3] 선교적 교회 관점에서 한국 지역교회의 사례들을 모아 놓은 자료들은 본 글에서 주장하고자 하는 지역교회의 선교적 역할을 제시하는데 중요한 원자료가 된다. 한국 지역교회의 다양한 사례들을 모아놓은 다음의 자료들을 참고하라. 농촌교회사례. 한경호 엮음, 『생명의 영성이 약동하는 농촌목회현장이야기』(서울: 미션아카데미, 2008), 뉴스앤조이 취재팀, 『마을을 섬기는 시골교회』(서울: 뉴스앤조이, 2012), 도시교회자료. 주재일 지음, 『이웃과 함께하는 도시교회』(서울: 뉴스앤조이, 2013); 뉴스앤조이 편집국, 『이웃과 함께하는 도시교회 2』(서울: 뉴스앤조이, 2015).

[4] 최근의 한국 선교의 유형을 정리한 내용을 보면, 교회개척과 제자훈련이 여전히 우선순위에 있으며 이 분야에 집중되어 있는 것을 알 수 있다. 송영석, "한국의 세계선교 현황", 『WCC 제10차 부산총회 마당 워크샵. 한국교회와 세계선교』(서울: 케노시스, 2014), 55.

진 범세계교회시대에는 현지 교회들이 바르게 세워지도록 그 동안의 한 국교회의 경험을 공유하는 것이 세계선교에 중요한 내용이 될 것이다.

본 글에서는 서구교회 중심의 선교역사에서 선교와 교회의 관계의 변화를 탐구하고, 오늘의 상황에 적합한 선교적 교회의 토대 위에 그 진의를 실현하는 선교적 목회를 우리 시대에 적합한 선교 패러다임으로 제시하고자 한다. 이 주제에 대한 연구를 통하여 국내 교회들이 직면한 정체와 불신의 문제와 세계선교상황의 변화에 대응하는 방안을 함께 모색하고자 한다.

1. 21세기 세계선교현장의 변화와 선교 패러다임

1) 기존의 선교이해에 대한 문제제기와 논의

20세기 중반까지 선교는 교회와 분리된 특별한 활동으로 이해하고 실행되어 왔다. 엄밀히 말하면 초대교회부터 콘스탄틴 대제가 기독교를 공인하기 까지는 선교와 교회가 분리되지 않았다. 예수의 가르침을 믿고 따르는 초대 공동체는 교회가 세워지기 전에 이미 복음 전도 활동을 시작하였으며 교회는 그러한 활동의 결과로 세워졌다. 교회는 세워질 때부터 선교적 공동체의 자의식을 가지고 있었다.[5] 그러나 중세 기독교 시대 (Christendom)가 시작하면서 교회는 선교의 운동성을 상실하고 교회 체제와 문화, 전통을 형성하며 지상에서의 교회의 권세를 유지, 강화하는데 주력하였다. 그러한 현상유지의 교회의 노력은 교회의 부패와 타락을 초래하였고 결과적으로 종교개혁 운동을 발생시켰다.

근대 선교는 기독교 국가의 안주를 벗어나 이방인에게 복음을 전하

5 　스캇 선퀴스트 지음, 이용원. 정승현 옮김, 『기독교 선교의 이해. 고난과 영광에의 참여』(인천: 주안대학원대학교, 2015), 80-82.

고자 하는 선교적 열망으로부터 시작하였다. 경건주의 운동에서 개신교 근대선교가 시작된 것은 서구 기독교 안에서 생명을 잃은 형식주의적, 사변적 기독교와 명목상의 교인의 신앙을 회복하려는 교회 안에서의 선교운동이 지리적 경계선을 넘어 다른 지역, 이방인들을 회심시키고 그리스도에게 인도하려는 선교 소원을 갖게 하였다.[6]

이러한 개신교의 근대선교는 영국의 윌리암 케리에 의해 본격적으로 시작되었다. 근대선교의 아버지로 호칭되는 케리는 본격적으로 이방인 선교를 계획하고 당시 영국 교회의 선교적 소명을 일깨우고자 하였으나 전형적인 기독교 국가체제에 머물러 있었던 교회와 목회자들은 선교에 대한 관심을 갖지 않았다.[7] 선교는 특별한 소명을 가진 선교사에게 전담하였으며, 선교사 역시 교회보다는 교회 밖의 선교회나 초교파 선교기관과 협력하여 선교활동을 수행하였다.[8]

19세기의 선교는 어떤 면에서 "이 시대에 세계를 복음화 하자"라는 표어를 제시하며 마치 종말을 앞당길 수 있는 것처럼 시간을 다투는 긴급한 행위로 묘사되곤 하였다. 비서구지역의 이방인들의 잃어버린 영혼을 구원하는 것을 기독교의 가장 중요한 사명이라고 생각하여 복음을 듣지 못한 이방인들에게 선교사를 파송하여 영혼구원을 목적으로 삼고 활동하였다.[9] 그러나 현지 교회와 그리스도인 입장에서 볼 때 선교는 인간이 속한 사회와 관계된 모든 삶을 포괄하는 일상적이며 통전적인 성격을

---

6 마틴 브레히트, "선교: 진젠도르프와 헤른후트 형제단공동체", 『선교와 신학』 제12집 (2003), 258-281.

7 변창욱 번역 주해, 윌리엄 캐리. 『이교도 선교 방법론』(서울: 미션아카데미, 2008); 진기영 박사는 윌리엄 캐리의 선교전략에 대하여 비판적으로 연구하였다. 진기영, 『인도 선교의 이해』(서울: CLS, 2015), 185-197.

8 A. F. Walls, *The Cross-Cultural Process in Christian History* (Maryknoll, Newyork: Orbis Books, 2002), 16-18.

9 로잔 언약 아홉번째 항목은 "복음 전도의 긴박성"이란 제목을 붙여 선교의 긴급성을 강조하고 있다. 로잔 언약, 변창욱 편역, 『아시아 복음화를 위한 새마음』(서울: 미션아카데미, 2007), 159-171, 165.

가지고 있다는 사실을 진지하게 고려하지 못하였다. 복음을 듣고 믿음을 갖는 것이 중요하지만 그것은 복음을 접하는 그리스도인의 첫 출발이지 도달해야 할 최종 목표가 아니기 때문이다.

외국인으로서 타문화권에서 활동하는 선교사 입장에서 선교는 특별한 활동—전도와 개인구원, 교회개척—에 속하지만, 현지 교회 입장에서는 선교는 하나님 나라를 자신이 속한 사회 속에 실현하는 포괄적 성격의 활동이다. 그러므로 선교현장의 교회 입장에서 보면 복음과 신앙을 전하는 선교는 긴급활동을 넘어 한 생명이 온전한 삶을 살아가는 것을 목표로 해야 한다. 선교사 입장에서는 선교는 일상적인 목회와 구별된 특별한 다른 활동이지만 현지 교회 입장에서는 지역과 사회적 책임을 수행하며 하나님 나라를 자신의 국가와 사회 안에 실현하고 정착하는 일상적 차원의 선교와 목회적 책임과 분리할 수 없다.[10]

그런데 외국인으로서 선교활동을 하는 선교사 입장에서는 보다 많은 사람들에게 복음을 전해야 하며 그런 긴급활동적 신학을 무의식 중에 현지 교회와 그리스도인의 신앙의 토대를 삼게 하였기 때문에 현지 교회에서도 사회에 뿌리내리지 못하고 긴급활동적 특성에 머무르게 한다. 선교역사를 보면, 선교사를 파송한 (서구)교회 중심의 이러한 선교방식에 대하여 젊은 교회들이 문제를 제기하였다.[11] 그들이 많은 활동을 하였지만 친구가 되지 못한 것은 바로 종말론적 신앙에 토대를 두고 긴급한 활동으로 선교를 이해하였기 때문이다. 이제 모든 지역에 교회가 세워진 우리 시대에 선교는 더 이상 선교사나 그를 파송한 교회 중심으로 급하

---

10 예를 들면, 일제시대에 복음을 받은 한국교회는 당시 일제의 억압으로부터 독립하여 국가의 주권을 회복하는 것이 한국교회와 그리스도인에게 중요한 신앙적 과제였다. 출애굽 사건이 한국에서 실현되기를 간절히 기도하였다. 그러나 외국인으로서 한국에서 활동하던 선교사들은 당연히 활동에 제약을 받을 수밖에 없었다. 여기에서 중요한 것은 그들이 가진 제약이 선교의 주제나 개념, 선교 활동을 제한해서는 안된다는 것이다.

11 Karsten Nissen, *"Mission and Unity. A Look at the Integration of the International Missionary Council and the World Council of Churches"*, in: IRM Vol. 63. 1974, 541.

게 진행하는 활동이 되어서는 안된다. 이런 점에서 선교사에 의한 특별
한 활동으로서의 선교가 현지 교회를 주도하던 19세기와는 완전히 다른
21세기 상황에서는 현지의 일상적 차원의 교회와 목회를 지원하는 관계
와 체제에로의 요청에 따른 선교 패러다임의 전환이 불가피 하다. 21세
기에 적합한 세계선교 패러다임은 타문화권 선교에서 글로컬 선교로 전
환되어야 한다.

2) 세계선교상황

20세기 중반의 세계상황의 변화는 세계역사 뿐만 아니라 기독교 선
교 역사에도 중요한 영향을 미쳤다. 서구 국가들의 식민지 지배시대가
종식된 것은 곧 기독교 국가의 선교와도 무관하지 않다. 대부분의 선교
사들은 식민지 지배국의 여권을 가지고 피식민지 지역에서 활동하였기
때문에 식민지 시대가 종식된 후에 선교현장을 떠나야 했다. 피식민지의
국민으로서 그리스도인은 자신의 국가에서는 소수 무리에 속한 자로서
대부분의 식민지배국이 기독교국가였다는 사실로 인하여 자신의 정체성
에 혼란을 겪었다. 탈식민지 시대에 선교는 초대교회에서 중세로 넘어가
는 전환기에 비견할 바는 아니지만 근대선교가 활동하던 선교현장과 선
교개념에서 근본적인 변화를 가져온 것은 부인할 수 없는 사실이다. 세
가지 관점에서 세계선교현장의 변화가 가진 특징들을 살펴보자

첫째, 선교현장은 특정한 지역—아시아, 아프리카, 남미대륙—으로
부터 전 세계로 확장되었다. 1963년 멕시코에서 개최된 세계교회협의회
의 선교대회(CWME)는 "육 대륙에서의 선교"를 주제로 정하였다.[12] 이 표
어가 의미하는 바는 분명하였다. 그것은 근대선교를 이끌어 온 선교현장

---

12 *Witness in six Continents. Records of the Meeting of the CWME of the WCC.* Ed. By Ronald K.
Orchard (London. Edinburgh: 1964).

의 개념, 즉 서구교회를 기준으로 전 세계를 지리적으로 양분하여 비서구지역 만을 선교현장으로 인식해 온 세계선교구도가 더 이상 오늘의 선교상황에 유효하지 않음을 선언한 것이다. 보쉬는 그의 책 "세계를 향한 증거"에서 이 주제를 다루면서 전통적 선교 패러다임에서 바라보는 우려의 시각이 있음을 언급한다. 멕시코 대회는 선교현장을 전 세계로 확장시킴으로 전 세계에서 84%를 차지하는 비기독교인을 잊고 있다는 복음주의 진영의 비판을 인용한다.[13] 보쉬가 이 책을 저술할 때만 해도 이런 비판이 타당했을 것이다. 그러나 멕시코 대회의 구호는 20세기 후반과 21세기에 들어오면서 세계선교현장에 정확히 일치하였다. 서구교회의 세속화 현상이 더욱 확산되고[14] 반면에 비서구지역의 교회들이 부흥하면서 오히려 서구지역이 이제는 재복음화를 선교적 과제로 요청하고 있는 선교현장임을 인정하고 있다.[15]

둘째, 오늘의 세계는 모든 지역에 교회가 세워져 있는 "범세계교회시대"에 돌입하였다. 위에서 진술한 "육 대륙에서의 선교" 상황은 세계교회 상황이 가져온 변화를 반영한 것이라 볼 수 있다. 선교의 세기였던 19세기는 다소 과거에 선교가 진행되었다고 하더라도(중국 등) 교회가 없는 지역과 있는 지역으로 구분되었지만 20세기를 지나 21세기에는 전 세계 모든 지역에 교회가 존재하는 범 세계교회시대가 되었다.[16] 중국은 가정교회를 포함하여 거의 1억명에 가까운 신자들이 존재하고 있으며, 공산

---

13 데이비드 보쉬, 전재옥 옮김, 『세계를 향한 증거』(서울: 두란노, 1993), 223; Siga Arles, "*Ecumenical Missiology: Challenges from an 'Evangelical Perspective*", 51-71, 복음주의 입장에서 에큐메니칼 선교에 대한 대표적 비판 내용은 60-61.

14 Grace Davie, "*Believing Without Belonging: Variations on the Theme*" IRM, No. 364 (Jan 2003).

15 Michael Herbst, "*Mission kehrt zurueck: Internationale Gemeinden in Deutschland*" in: theologische Beitraege 41 Jg. (2010); Friedemann Walldorf, *Die Neuevangelisilierung Europas. Missionstheolgies im europaeischen Kontext* (Geissen. Basel: Brunnen, 2002).

16 세계기독교 현황에 대한 방대하면서 자세한 자료로는 2010년에 개최된 에딘버러 선교대회 100주년을 기념하여 제작한 다음의 자료를 참고하라. Ed. By Todd M. Johnson & Kenneth R. Ross, *Atlas of Global Christianity* (Edinburgh, 2009).

국가인 베트남이나 쿠바, 그리고 북한에도 교회가 존재하고 있는 현실은 지난 세기와는 완전히 다른 상황을 이루고 있음을 보여준다. 세계 모든 지역에 교회가 존재하고 있는 상황은 필수적으로 선교 패러다임의 변화를 가져온다.

셋째, 범세계교회시대에 적합한 선교는 모든 교회가 서로 연합하고 협력하는 방식으로 선교를 수행해야 할 것을 의미한다. 오늘의 시대는 협력선교의 시대이다. 선교는 더 이상 선교사를 파송하는 교회나 선교사 중심으로 진행할 수 없으며 현지 교회와의 협력관계에 기초한 선교방식을 지향해야 한다. 변화된 교회상황은 전통적 선교현장지역—아시아, 아프리카—에서는 많은 현지 목회자들이 배출되기 때문에 외국인 선교사가 현지 교회를 직접 목회하기 보다는 그들의 교회와 목회사역을 지원하는 세워주는 역할이 필요하며, 오히려 서구교회에 목회자들이 감소하여 지역교회 목회자가 필요한 상황이 되었기 때문에 지역교회를 수행하는 목회자를 요청하고 있다. 이러한 세계선교현장의 변화에 비추어 볼 때 오늘의 세계선교는 "모든 지역에서 모든 지역으로"와 일방통로가 아닌 "쌍방통로"의 방식으로 함께 배우고 도움을 주고받는 상호성에 기초한 선교방식을 지향해야 한다.

3) 협력선교를 위한 에큐메니칼 운동의 새로운 차원: 지역교회 차원의 에큐메니즘

지역교회의 선교적 의미와 역할을 에큐메니칼 협력선교 차원에서 제시하기 위해서는 에큐메니칼 운동과 신학적 토대가 필요하다. 이것을 위해 현재 에큐메니칼 운동과 선교 패러다임이 교단적 차원이나 혹은 지역교회의 대중적 호응을 얻지 못하고 소수 전문가들에게 제한되어 있는 문제를 해결해야 한다. 세계교회 차원에서 연합과 협력을 도모하고 우리

시대가 직면하고 있는 사회적 이슈에 대한 신학적 성찰과 대안을 모색하려는 운동이 지역교회의 선교운동에까지 연결되어야 한다. 특히 아시아, 아프리카의 신생교회에는 건강한 선교적 교회를 세우는 일에 기여해야 한다.

근대 에큐메니칼 운동이 선교현장의 요청에 의해 시작된 것은 주지의 사실이다. 1910년 에딘버러에서 개최된 세계선교대회에서 선교에 종사하는 관계자들이 모여 경쟁적인 선교와 중복투자를 지양하고 선교회와 기관들이 협력하여 세계복음화를 실천하고자 하는 운동이었다. 한국교회는 이러한 에큐메니칼 선교운동이 70년대 소개되면서 독재정권에 저항하며 민주주의 실현, 정의와 평화, 사회적 약자들을 위한 운동으로 정치 사회적 차원에서 받아들였다. 그렇기 때문에 보수교회에서는 지금도 에큐메니칼 운동은 반선교적이며 정치적 운동으로 비판한다. 에큐메니칼 운동과 정신은 서구교회에서는 신학자나 운동가들의 특정 집단에 제한되지 않고 모든 지역교회들에게까지 스며들어 있다. 그렇기 때문에 세계교회의 관심사는 지역교회 관심사로 연결되어 있다. 그러나 한국과 같은 신생교회들은 에큐메니칼 운동은 주로 전문적 기구 중심으로 받아들여지고 있다. 예를들면 한국교회협의회(KNCC)나 다양한 에큐메니칼 기구를 중심으로 주로 정치 사회적 의제를 다루어 왔기 때문에 지역교회들과는 거리가 있었다.

에큐메니칼 운동에서 발전시켜 온 다양한 신학적 주제들은 보편적인 하나님의 말씀을 시대적, 상황적 특성의 요청과 필요에 맞추어 적용하는 내용들이 많기 때문에 잘 읽어보면 지역교회의 목회에 유익한 통찰을 제공한다.[17] 에큐메니칼 운동과 신학에 대한 바른 공부는 지역교회를 세계교회적 차원을 눈을 열어주며, 또한 세계교회의 의제들을 지역교회를 통

---

[17] 세계교회협의회 엮음, 이형기 옮김, 『세계교회협의회 역대총회 종합보고서』(서울: 한국장로교출판사, 1993).

해 구체화하기 때문에 세계교회와 지역교회를 연결해주는 좋은 자료가
된다. 그럼에도 불구하고 에큐메니칼 운동은 지역교회 차원에서는 호응
을 얻지 못했을 뿐만 아니라 안타깝게도 전문가에게 속한 특별한 활동으
로 인식되어 왔다. 지역교회에 뿌리내리지 못하는 에큐메니칼 운동은 현
실에서는 힘이 없다. 앞으로 한국교회와 신생교회에서는 소수의 신학자
나 전문인 중심으로 전개되는 운동이 아니라 지역교회를 세워주고 활성
화하며 세계교회와 선교에 참여하고 협력할 수 있는 방향을 제시해주는
지역 에큐메니즘으로 전환되어야 한다.

금세기 에큐메니칼 운동의 뛰어난 이론가 중 한 사람인 콘라드 라이
저(Konrad Raiser)는 "전환기의 에큐메니즘. 에큐메니칼 운동에서 패러
다임 전환"이라는 책에서 탈식민지 시대에 에큐메니칼 운동과 신학이 갖
춰야 할 패러다임의 전환에 대하여 다양한 주제를 가지고 언급하고 있
다. 그 중에 교회에 대한 주제도 포함되었는데 내용으로는 교회의 연합
이 주된 관심사였다. 교회들의 연합을 통해 우리 시대가 직면한 세계의
문제들을 어떻게 극복하는가가 그의 주 관심사로 제시된다.[18] 공교회 차
원에서의 연합운동과 사회적 실천, 이것이 전형적인 에큐메니칼 신학이
교회에 관하여 논의해오는 내용이다. 그러나 이러한 주장은 공교회 뿐
아니라 지역교회들이 탄탄한 기반을 갖고 있는 서구교회를 전제로 한다.
지역교회들의 연합을 통해 에큐메니칼 운동과 사회적 책임을 수행해야
하는 신생교회나, 지역교회들의 급격한 약화현상으로 인해 위기의식을
갖고 있는 현재 서구교회의 문제는 반영되지 못하거나 신학적, 선교학적
으로 진지하게 성찰하지 못하였다.

21세기에는 이전과 다른 상황에 적합한 탈기구적이며 탈전문가적으
로 보편성과 대중성을 지녀 모든 지역교회가 참여할 수 있는 새로운 에

---

18 Konrad Raiser, *Oekumene im Uebergang. Paradigmwechsel in der oekumenischen Bewegung* (Muenchen: Kaiser, 1989), 45-47, 72, 172-177.

큐메니칼 운동의 패러다임을 제시해야 한다. 그것은 지역 차원에서 에큐
메니즘을 한국교회 안에 정착하고 확산하는 지역 에큐메니즘 운동이다.
이미 에큐메니칼 정신과 원리를 현장에 실현하고 있는 지역교회들이 있
다. 도시 지역의 대부분 교회들은 개교회주의를 지향하고 있지만 농어촌
의 교회들은 마을 공동체를 형성하며 지역의 복음화를 위해 작은 교회들
이 연대하며 선교적 교회와 목회를 실현하고 있다.[19]

에큐메니칼 운동이 추구하는 공동의 증언과 사회적 증언은 지역교회
의 선교적 연대와 활동의 범위를 확장시켜주는 관점을 갖게 한다. 공동
의 증언은 국가 차원에서의 교회간 협력 뿐만 아니라 지역의 작은 교회
들의 연합을 실현하는 과정에서도 필요하다. 임희모 교수는 생명봉사적
통전선교 관점에서 지역교회의 선교적 활동과 협력선교에 대한 신학적,
선교학적 근거를 제시한다.[20] 작은 교회들은 개교회의 시각에서는 지역
사회의 문제들이 보이지 않지만 연대적 차원에서는 얼마든지 지역사회
에 문제에 공동으로 접근하고 실천할 수 있다.[21]

예를들면, 태백의 있는 교회들은 큰 교회는 아니지만 서로 연합하여
개교회로서는 할 수 없는 많은 일을 실천하고 있다.[22] 만일 교회들이 연
합하지 않았다면 그 문제가 보이지도 않았을 것이다. 그런 점에서 앞으
로 지역교회들이 지역 복음화를 위해 함께 협력하는 것이 국내 뿐만 아
니라 우리와 비슷한 배경을 가진 아시아와 아프리카의 교회들에게 도전
과 희망이 될 수 있다.

<hr>

19　한국일, "에큐메니칼 선교의 모델로서 농어촌 교회에 관한 고찰", 한국일, 『세계를 품는 교회. 통
　　전적 선교신학』(서울: 장로회신학대학교 출판부, 2010), 215-238.

20　임희모, "지역사회를 섬기는 생명봉사적 통전선교", 『지역교회의 선교와 목회의 구체화 및 미래
　　방향』, 제16회 소망신학포럼(서울: 장로회신학대학교 연구지원처, 2013), 15-48.

21　지역교회 차원에서 지역에큐메니즘을 훌륭하게 실현하고 있는 교회로서 부천의 새롬교회, 이원
　　돈 목사의 사례를 들 수 있다. 이원돈, "도시 지역사회 선교와 목회 사례 연구: 부천 새롬교회 중
　　심", 『지역교회의 선교와 목회의 구체화 및 미래 방향』, 제16회 소망신학포럼, 77-104.

22　2015년 9월 24일 장로회신학대학교 신대원 연합강좌 "다양한 목회유형"의 강의 중.

세계교회상황을 고려할 때, 그리고 교회에 기반을 둔 에큐메니칼 운동의 미래를 전망할 때 에큐메니칼 신학은 앞으로 신학적으로 보수 진보의 구분을 넘어서야 하며, 지역교회가 지역사회의 다양한 요구와 필요를 선교적 차원에서 인식하고 참여하도록 공적 책임을 인식하고 수행하는 역할을 지원해야 한다. 지역교회는 에큐메니칼 운동과 신학의 지원을 받아 지역사회가 함께하여 마을을 변화시키는 지역의 교회가 될 수 있다. 이러한 지역교회 중심의 활동은 그동안 소원했던 지역사회와 교회를 연결하며 더 나아가 이러한 지역 에큐메니즘을 전국적으로 확산하여 우리 사회가 하나님 나라의 복음과 생명을 실현하는 폭 넓은 신앙과 선교운동으로 나아가야 한다.

2. 지역교회의 선교적 역할의 발견: 선교적 교회 운동

지역교회의 선교적 책임을 회복하기 위해 먼저 교회가 처한 상황과 각 지역의 교회역사와 배경에 따른 문화와 전통, 체제의 차이에 따라 다르게 이해하고 접근하는 것이 필요하다. 크리스텐돔의 배경을 가진 서구 교회의 배경에서 그동안 선교는 선교회와 같은 전문 기구를 통해 실천해 왔으며 지역교회는 배제되어 있었다. 지역교회는 지역에 세워진 교회건물을 의미하였고, 지역교회에 등록한 교인들을 목회적으로 돌보는 철저한 교회적 일에 치중해 왔다. 이런 형태는 교회로 오는 구조에는 익숙해 있으나 교회 건물 밖으로 나가는 구조는 갖추지 못하였다. 웁살라 총회에 제출된 보고서 『세계를 위한 교회. 개교회의 선교구조 연구보고서』는 바로 전통교회가 가진 반 선교적 구조의 문제를 해결하기 위한 새로운 시도를 한 것이다.[23] 지역교회 차원에서 교회가 선교적 교회가 되기 위해

---

23 세계교회협의회 편, 박근원 역, 『세계를 위한 교회. 개교회의 선교구조 연구보고서』(서울: 대한기독교출판사, 1991)

서는 선교적 구조로의 전환이 필요하다는 주장이 이미 60년대 후반에 제시되었으나 현실적 차원에서는 아직도 교구 중심의 옛 패러다임에 머물러 있다.

뉴비긴이 제시한 선교적 교회 운동이 북미 상황에서 활발한 논의를 전개하고 운동을 일으킨 것도 유럽과는 다른 형태이긴 하지만 큰 틀에서 기독교 사회 전통을 가진 북미 교회들도 지역교회 차원에서 선교적 책임과 역할에 대한 각성을 경험했기 때문이다. 북미 상황이 더 이상 기독교적이 아니라는 인식과 함께 선교현장은 해외 지역만이 아니라 자신이 속한 지역도 포함된다는 사실과 그렇기 때문에 오늘의 선교는 자신이 속한 지역교회로부터 출발하는 것이라는 깨달음은 지역교회 차원에서 선교운동을 전개하는 선교적 교회운동을 촉구하게 된 것이다.

선교적 교회로서의 지역교회의 각성으로 북미에서 전개되는 선교적 운동은 몇 가지 특징을 갖는다. 첫째, 소수의 해외지역으로 파송된 사람들만 선교사로 정의하면서 교회의 선교적 책임을 그들에게만 전가하던 것으로부터 모든 그리스도인이 선교적 부름을 받은 것으로 인식한다. 둘째, 지리적으로 선교현장은 해외 타문화권의 특정지역으로 이해하던 것을 멕시코 대회에서 선언한 바와 같이 모든 지역으로 확대한다. 선교현장은 세계 다른 지역이면서 동시에 우리 교회가 속한 지역도 선교현장으로 인식한다. 셋째, 선교는 선교회나 선교 단체와 같은 전문기구에만 전담하지 않고 모든 교회가 하나님의 선교의 부름을 받았음을 깨닫고 참여한다. 이런 점에서 오늘의 선교는 선교를 전담하는 연합기구나 전문기관을 통한 활동을 지속하지만 동시에 모든 지역교회가 자신이 속한 현장에서 시작하여 세계선교에 참여하는 패러다임을 지향해야 한다는 점에 의견이 일치한다.[24]

24 대럴 구더, 정승현 옮김, 『선교적 교회』(인천: 주안대학원대학교출판부, 2013), 28-38.

로잔 운동의 신학연구모임은 2004년 태국 파타야에서 "지역교회의 선교적 역할"에 관한 특별연구모임을 가졌다. 이 연구모임에서 21세기 글로벌 상황에 적합한 선교적 교회가 되기 위해 필요한 신학적, 선교학적 관점을 제시하였다.[25] 이 연구문서는 모든 교회가 선교적 교회로 부름 받았다는 사실에서 출발한다. 선교는 특정한 교회나 사람에게만 주어진 것이 아니라 모든 교회가 참여하는 것이다. 그러므로 교회는 자기 중심적 게토로부터 나와서 세계를 향해 나아가는 존재임을 강조한다. 무엇보다 "모든 그리스도인 공동체는 그리스도의 몸의 지역적 표현이며 동일한 의무를 갖는다. … 지역교회야말로 복음 전도의 가장 우선적 책임을 지고 있음"을 확신한다. (문서, 2) 모든 지역교회는 선교에 참여함으로 세상을 섬길 때 그리스도의 몸의 진정한 대리자가 된다."

세계교회협의회도 지역교회 차원에서의 선교적 역할과 책임을 최근의 선교문서에서 강조하였다. 2013년 부산에서 개최된 10차 총회에서 승인한 공식적인 선교 문서 『함께 생명을 향하여: 기독교의 지형 변화 속에서 선교와 전도』에서 긴 분량은 아니지만 지역교회가 하나님의 선교에서 어떤 선교적 역할을 해야 하는가를 분명하게 언급하였다.[26] "오늘날 변화된 세계는 지역 회중들이 새로운 주도권을 발휘하도록 요청하고 있다."(97) 그것은 "지역 회중들은 선교의 전선들이며 주요 대리자들이"기 때문이다. 선교 문서는 지역교회 차원에서 연합과 협력활동에 대하여도 언급하고 있다. "지역 회중들은 또한 과거에는 결코 불가능했던 글로벌 연결 관계를 발전시킬 수 있다. 지리적으로 서로 멀리 떨어져 있고 매우 다른 상황들에 놓여 있는 교회들 사이에 영감 있고 변혁적인 연결들이

---

25 *"The Local Church in Mission: Becoming a missional Congregation in the Twenty-First Century Global Context and The Opportunities offered through Tentmaking Ministry"*, Lausanne Occasional Paper No. 39.

26 세계교회협의회 제10차 총회 한국준비위원회, 『세계교회협의회 신학을 말한다. 세계교회협의회(WCC) 주요문서 및 해설집』(서울: 한국장로교출판사, 2013).

많이 이루어지고 있다."(98) 지역교회와 회중들이 세상에 하나님의 정의와 사랑을 전하고 실천하는 일에 중요한 자원임을 알아야 하며, 이런 점에서 "교회는 각 지역적 정치적, 사회경제적 맥락 안에서 봉사하도록 부름을 받았다."(99)

지역교회의 선교적 역할에 관한 논의를 좀더 발전시키기 위해서는 기독교사회의 전통을 가진 서구교회와 비서구교회의 특징과 차이가 어떻게 다르게 작용하였는가를 살피는 것이 필요하다. 서구의 기독교 사회에서 교회가 크리스텐돔의 유산으로 유럽의 "종교적이고 문화적인 삶을 규정"하는 것으로부터 하나님의 선교에 참여하는 지역교회의 선교적 각성이 21세기 세계선교에 중요한 전기를 마련하였다면, 한국과 같은 신생교회는 반대의 과정을 경험하고 있다. 한국교회는 선교사에 의해 세워진 교회로서 초기부터 선교적 교회로 시작하였다. 특정인에게만 선교를 전담하는 전통적 선교이해가 아닌 모든 사람들이 불신자를 향한 전도와 선교활동에 참여하는 것을 그리스도인의 당연한 특권과 의무로 생각했다. 그러나 한국교회에서도 선교가 전문화되고, 교회 밖의 선교기관, 선교회가 조직되어 그들을 통해 세계선교가 촉진되면서 서구교회와 같은 선교이해와 구조를 갖게 되었다. 현실적으로 모든 지역교회가 활발하게 전도와 선교에 참여하지만 의식적으로 선교는 선교사 중심으로 이해하였다. 이런 현상은 교회역사에서 발견되는 것과 유사한 성격을 갖는다.

초대교회에 모든 성도가 복음전도에 참여하였지만 교회가 공인시대를 거치면서 성직자 중심으로 전환되면서 성도들은 선교에 수동적, 소극적 위치에 머물게 된 것과 같은 현상이다. 한국교회는 선교는 열심히 하지만 여전히 특별한 지역의 활동으로 이해하면서 선교의 일상성을 상실하고 교회의 한 프로그램으로 전락하게 된 것이다. 이런 형태가 한국교회를 선교하는 교회이지만 교회의 존재의식에 있어서 선교적 의식이 결여된 문제를 안고 있다. 따라서 오늘날은 오래된 교회, 신생교회 모두 지역교회들이 그들이 속한 지역사회에서 선교적 의식을 가지고 선교적 책임을 수행하며 이런 경험들이 세계선교에까지 확장되는 선교적 교회를 이루는 것이 교회가 나아가야 할 방향이다. 더 나아가 선교적 교회는 지역교회의 목회가 지역사회와 세계선교를 위한 선교적 역량을 갖추는 선교적 목회로 연결되어야 한다.

기존의 선교이해에 따르면 선교는 해외선교현장에서의 활동이며 목회는 국내 교회에서의 활동이라는 이분법적 도식으로 구분하였다. 선교사는 목회경험이나 지식이 부족하여도 해외에서의 개척사역에 비중을 두고 있기 때문에 별 문제가 되지 않았다. 이런 점에서 선교는 목회와는 다른 특수한 영역에서의 활동이라는 이미지를 갖고 있었다. 그러나 위에서 살펴본 바와 같이 오늘날은 전 세계가 선교현장이며, 범세계교회시대에 적합한 선교는 목회와 무관한 특별활동의 이미지로는 충분하지 않다. 왜냐하면 선교사를 받아들이는 현지 교회와 목회자들에게 선교사의 활동은 현지 교회에서 바른 목회가 중요한 이슈가 되고 있기 때문이다. 교회간 협력관계를 통한 선교가 지향해 할 방향은 그동안 기구중심이나 사회적 이슈 중심으로 실행해 왔지만 교회상황이 점점 어려워지는 오늘의 세계교회상황을 보면 현지 교회를 어떻게 바르고 든든하게 세우 것이 매우 중요한 과제인 것을 알게 된다. 그러므로 무엇보다 든든한 목회에 토대를 두고 있는 한국교회의 선교는 건강한 지역교회의 경험을 현지 교회들과 공유하고 현지인 목회자를 지원하는 것에 선교의 강조점을 두어야 한다.

선교적 목회는 선교적 교회로부터 한걸음 더 나아간 형태이다. 선교적 교회가 지역을 선교현장으로 인식하고 지역의 교회가 어떻게 선교적으로 관계하고 활동할 것인가에 초점을 두는 것이라면, 선교적 목회는 지역교회의 목회활동이 교회 울타리를 넘어서 지역사회에 선교적 역량을 발휘하며,[27] 그러한 경험을 신학화하여 타문화권 지역의 교회와 목회를 세우는데까지 확장된 역할을 가리킨다. 교회를 자기 중심적이며 세상으로부터 닫혀 있는 개념으로서의 구원의 방주를 벗어나 세계를 지향하고 관계하는 세계를 품는 교회의 관점에서 보면, 지역교회의 목회 활동 역시 선교적 특성을 갖고 있다. 국내의 지역교회가 세계선교를 위한 선교적 역량을 갖는 것은 21세기 선교 상황은 국내 현장과 세계현장이 세계선교의 관계를 갖고 긴밀한 소통의 영향을 경험하는 것을 의미한다. 그런 점에서 파송된 선교사만을 통해 활동하던 세계선교는 국내교회와 세계교회가 긴밀한 협력관계에서 다양한 경로를 통해 서로 영향을 주고 받는 관계가 된 것을 의미한다. 오늘의 세계선교는 타문화권 선교에서 글로컬 선교 패러다임으로 전환하고 있음을 가리킨다.

글로컬 선교의 특징을 보여주는 사례를 소개하면, 필자는 작년(2014년) 9월에 독일의 지역교회 목회자 6명이 한국을 방문하였을 때 그들을 한국의 9개의 지역교회를 소개하고 함께 동행한 적이 있었다. 교회역사나 전통, 풍부한 경험의 측면에서 볼 때 한국의 교회는 독일교회로부터 배울 것이 많이 있다. 그럼에도 불구하고 독일 지역교회 목사들에게 한국의 다양한 지역교회를 소개하고 경험을 공유하려고 시도했던 것은 한국의 지역교회들이 가진 개척정신과 헌신, 지역사회의 요구와 필요성에 응답하고 있는 선교적 노력과 활동 등이 공교회는 강하지만 지역교회는 약한 독일교회에 도움이 될 것이라고 생각하였기 때문이다.

물론 이런 과정은 일방적인 배움의 과정은 아니다. 독일 교회 목사에게 한국의 지역교회 목회자와 교인들의 헌신적인 신앙생활과 지역을 위한 선교활동이 진솔하게 소개되었고, 그러한 애기를 듣고 현장을 방문한 독일 교회의 목회자들은 그들의 지역교회에서 전혀 경험해보지 못한 새로운 도전과 의지, 통찰을 얻을 수 있었다. 이러한 두 나라의 지역교회의

---

27 한 지역교회 목사는 담임목사로 부임할 때 자신은 한 교회의 담임이 아니라 그 지역의 마을지기로 부임한다고 말한바 있다. 이런 관점에서의 목회를 선교적 목회라고 부를 수 있다.

목회자들의 만남을 통해 필자는 우리 시대에 요청하는 새로운 선교 패러다임을 확인할 수 있었다. 그것은 오늘의 선교는 교단 대 교단의 협력관계 뿐만 아니라 지역교회 경험이 세계선교를 위한 중요한 자원으로 활용될 수 있다는 사실과, 선교와 교회 뿐 아니라 선교와 지역교회의 목회활동의 만남이 세계선교의 중요한 자원으로 작용하고 있음을 보게 된 것이다.

3. 21세기 선교상황에서 선교사의 정체성과 역할

선교사의 이미지와 역할은 선교역사에서 다양하게 변해왔다. 근대선교의 초기에 선교사는 개척자, 교사[28], 부모, 문명의 전달자였다. 20세기 중반 이후에 에큐메니칼 운동과 함께 동역자의 역할이 등장한다. 그러나 선교현장에서는 초기부터 친구로서의 선교사를 원하였다. 21세기에 선교현장이 요청하는 선교사는 동역자, 코디네이터, 동행자의 역할을 요구한다. 선교는 더 이상 선교사 중심으로 진행하는 것이 아니라 현장의 교회, 지도자들과 동등한 위치와 친근한 관계에서 상호 교류와 배움의 과정으로 실천되는 것이다.

1) 선교사는 교단 차원에서 에큐메니칼 선교 동역자

오늘의 선교상황이 19세기와 다르게 전 세계 지역에 교회가 세워져 있는 범세계교회시대라면 선교는 교회간의 협력관계를 전제로 할 수밖에 없다. 선퀴스트 교수는 오늘의 글로벌 상황의 특성으로 인해 세 가지

---

28 북미 인디언 선교를 하는 안맹호 선교사에 의하면 선교사는 언제나 그들에게 교사와 같은 이미지를 보여준다는 것이다. 교사는 현지 문화와 전통, 지혜에 대한 배우려는 생각이 없이 언제나 일방적으로 가르치는 위치에 있는 자의 이미지를 갖는다.

면에서 선교는 동반자 관계에서 진행되어야 할 것을 제시한다: 운송수단의 유용성과 신속함이 전에 없는 그리스도인과 교회를 연결해 주는 테크놀로지의 발달, 기독교의 다변화, 기독교공동체들의 전 세계적인 확산.[29] 첫번째는, 운송수단의 유용성과 신속함이 세계의 교회와 그리스도인의 전에 없는 연결을 가능하게 하여 지역의 지역교회들 사이에도 협력이 가능하게 되었으며, 두번째, 기독교의 다변화는 탈식민지시대에 기존의 선교회, 교회, 교회협의회 뿐만 아니라 다양한 교회와 기구들이 등장하여 전 세계교회와 기구들의 연합을 가능하게 하였으며, 셋째, 글로벌 기독교의 급속한 재편성은 모든 지역에서 교회와 그리스도인을 만날 수 있는 상황을 만들었다. 세가지는 오늘의 선교를 더 이상 선교사를 파송한 교회나 선교사 중심의 일방적 방식으로 진행할 수 없음을 확인하는 것이다. 사실 독일의 선교학자 프라이탁(W. Freytag)은 이미 오래 전에 선교는 더 이상 "일방통로가 아니다"라는 사실을 선언하였으며, 은퇴 후 케냐에서 선교사역을 한 이장식 교수 역시 오늘의 선교는 "쌍방통로로 진행되어야 한다"는 사실을 그의 경험을 통해 한국교회에 전하고 있다.

기독교 선교 역사에서 볼 때 제2차세계대전이 종식된 20세기 중반에 서구교회의 선교는 중대한 위기에 직면하였다. 카톨릭은 물론이고 근대 개신교 선교 역시 서구 식민지 시대로부터 자유로울 수 없는 상태에서 선교가 중단될 위기에 처해 있을 때 두 개의 선교대회가 선교를 지속할 수 있는 새로운 선교 패러다임을 제시하였다. 그 하나는 제2차 대전 직후 1947년 캐나다 온타리오의 휘트비에서 모인 선교대회에서 제시한 "순종하는 동반자 관계"(Partnership in Obedience)라는 주제였다. 이때 서구교회는 2차세계대전과 식민지 종식 이후 급격한 교회의 쇄락과 기독교 국가들이 식민지 종주국이었다는 사실은 세계선교를 계속할 수 있

29　스캇 선퀴스트 지음, 이용원 · 정승현 옮김. 『기독교 선교의 이해. 고난과 영광에의 참여』(인천: 주안대학원대학교출판부, 2015), 691-694.

는 정당한 근거를 뒤흔들어 놓았다. 이러한 시점에 세계교회는 이제는 선교를 주객의 관계나, 선교사를 파송하고 후원하는 교회 중심의 일방통로 방식으로 진행해 온 기존의 선교 방식에 대한 철저한 반성과 함께 모두가 선교의 주인인 하나님에게 순종하는 관점에서 평등한 동반자 관계에서 수행해야 할 것을 분명하게 선언하였다. 이 시점부터 선교를 동반자, 또는 동역자의 개념으로 이해하기 시작하였다.[30]

다른 하나는 1952년 독일 빌링엔(Willingen)에서 개최된 에큐메니칼 선교대회에서 등장한 "하나님의 선교"(mission Dei)개념이다. 기존의 파송교회와 선교사 중심으로 진행된 선교가 더 이상 진행하기 어려웠을 때 교회의 연약성에 대한 반성과 선교의 주체를 교회자신이 아닌 하나님으로부터 새롭게 발견하면서 선교는 또 한번 위기를 극복할 수 있었다. 하나님의 선교는 선교의 주체가 더 이상 교회가 아니라 하나님이며, 교회자신도 하나님으로부터 파송된 공동체임을 깨닫게 되었다. 그러므로 하나님의 선교에서 교회는 더 이상 자기경험이나 신학으로 선교를 주도하지 못하고 교회의 연약함 중에도 파송하시는 하나님의 선교에 참여함으로 교회의 선교적 사명을 실천하는 새로운 선교 패러다임을 수행하게 된 것이다.[31] 식민지 시대 종식 이후에 기존의 선교 방식과 패러다임이 위기에 직면하였을 때 새로운 관점에서 선교를 이해함으로 교회에 주어진 선교적 사명을 지속할 수 있었다. 이 두 가지 선교 패러다임은 모든 교회가 하나님의 선교에 동등한 협력자이며 동반자임을 자각하게 하였으며, 오늘의 선교는 세계의 모든 교회가 각 자에 주어진 자원을 함께 공유하고

---

30 프라이탁(W. Freytag)은 독일 선교학자로서 2차대전 종식 후 개최된 휘트비 선교대회 주제, "순종하는 동반자 관계"에 대하여 선교적 의미를 잘 표현하였다. Walter Freytag, "Whitby 1947", in: *Reden und Aufsaetze. Erster Teil.* herg. Von J. Hermelink und H. J. Margull (Muenchen: Kaiser, 1961), 81-95, 90-91.

31 D. J. Bosch, *Transforming Mission. Paradigm Shifts in Theology of Mission* (Marknoll, New York: Orbis, 1992), 389-399. "Mission Dei" 개념이해와 다양한 관점에서 연구한 내용으로 다음의 자료를 참고하라. *Missiology: An International Review* Vol. XXXVII. No. 1, Jan. 2009.

나눔으로 선교적 사명을 수행하는 것으로 이해하고 진행한다. 따라서 오늘의 선교사 개념은 엄밀한 의미에서 선교 동역자의 개념으로 이해해야 하며, 아직도 19세기의 선교방식과 선교사 개념을 가진 한국교회는 여전히 자기 중심적인 선교관으로부터 선교 동역자의 개념으로 전환되어야 한다.

2) 선교사는 서로의 다양한 경험을 공유하고 상호 배움을 경험하도록 연결시키는 코디네이터

코디네이터로서의 선교사는 다른 표현으로 두 개 이상의 교회들을 서로 연결하여 협력선교를 가능하게 하는 역할이다. 위에서 언급한 선교 동역을 좀더 실제적으로 수행하는 역할이다. 코디네이터로서 선교사역을 잘 수행하기 위해서는 자신이 속한 교회와 일하는 현장의 교회와 상황, 필요를 모두 잘 알고 있어야 한다. 선교현장으로서 모든 교회는 각각 그 나름대로의 자원이 있다. 재정뿐만 아니라 인적자원, 선교경험의 자원, 또는 어려운 현실 자체도 하나님의 선교현장을 보여주는 자원이 된다. 코디네이터로서의 선교사는 이러한 자원을 현장에 적절하게 연결시켜주는 역할을 하는 것이다. 예를 들면, 한아봉사회의 코디네이터로서 베트남에서 오랫동안 선교사역을 수행하는 선교사는 가난한 지역에 가장 필요한 것이 집을 지어주는 것임을 알고 자신을 후원하는 한아봉사회와 연결하여 1000채 이상의 집을 지어 현지인에게 전달하는 사역을 수행하였다. 이 과정에서 선교사는 베트남 지역주민과 심지어 공산당 기구의 책임자들의 신뢰를 받았으며, 정식으로 선교사역이 허락되지 않은 지역이지만 봉사와 사랑의 실천을 통해 하나님의 사랑을 보여주는 사역을 해오고 있다.[32]

동남아 지역의 여러 나라들과 연결하여 선교활동을 하는 한 선교사

도 역시 그 지역의 필요를 잘 알고 있으며 그것에 도움을 줄 수 있는 한
국교회들을 연결하여 순회하면서 현지 사회와 교회를 위해 많은 일을 하
고 있다. 이런 선교사역은 한 지역에 정착하여 활동하는 선교사와는 다
르게 여러 나라의 교회 지도자들과 긴밀한 관계와 협력 하에 한국교회의
지역교회들과 연결하여 선교사를 통해 지역교회들이 선교사역에 직접
참여할 수 있도록 하는 방식이다. 서로 다른 지역의 교회들을 연결시켜
주는 선교사역을 통해 한국의 작은 교회들도 현지 교회의 입장에서 보면
중요한 필요를 채워주는 선교사역에 참여할 수 있게 되었다.[33]

코디네이터로서 선교사의 역할이 필요한 것은 선교사 자신이 할 수
있는 역량을 넘어서는 다양하고 풍부한 선교활동이 가능하기 때문이다.
선교사 개인적으로는 특정한 분야에 제한되어 있다. 그러나 현장에서 필
요한 내용이나 활동은 매우 다양하고 종류도 많다. 만일 선교사가 자기
분야의 활동 내용에만 한정되어 있으면 현지의 필요한 사항을 파악할 수
없을 뿐 아니라 눈에 보이지 않는다. 그렇기 때문에 선교영역을 모든 분
야로 열어놓고 현지상황을 살펴보는 것이 필요하며, 그에 따라 현지 선
교에 참여할 수 있는 다양한 한국의 지역교회가 가진 다양하고 풍부한
자원을 연결시켜 준다면 선교사 개인이 가진 한계를 넘어서는 선교활동
을 할 수 있다.[34]

<hr>

[32] 사단법인 한아봉사회 연말에 발행하는 정기총회 보고서를 참고하라.

[33] 인도차이나 지역에서 활동하고 있는 허춘중 선교사는 그의 최근 보고서(2015년 9월)를 통해서
이 지역의 신학교육과 인재양성, 교회와 학교 건축, 의료활동지원 등 다양한 방면에서 활동하고
있음을 보고하고 있다. 이 모든 일이 가능한 것은 한국의 교회들이 허춘중 선교사의 현지 상황과
교회에 필요한 내용이 무엇인가를 알려주면 그와 협력관계에 있는 한국의 지역교회들이 인적,
물적 지원을 통해 선교에 참여하고 있다.

[34] 안교성 박사는 대한예수교장로회(통합) 총회 세계선교부 총무로 재직할 때 이미 "가교선교"를
주창한바 있다. 가교선교는 코디네이터와 용어는 다르지만 의미는 두 개 이상의 교회를 서로 연
결하는 역할은 비슷하다. "한국장로교 선교의 전략", 『선교와 신학』 제8집(2001), 190-191.

3) 선교사는 현지 교회와 목회자를 세우는 일에 동행하는 자

현지 교회와 동행하는 자로서 선교사의 새로운 정체성은 선교의 본질을 잘 보여주는 역할이다. 선교는 활동으로만 보면 돕는 자의 역할에 그칠 수 있으나 현지인과의 동행이 실현되지 않으면 진정한 선교의 정신을 실천했다고 볼 수 없다. 이 주제에 관해서는 이미 순더마이어 교수가 백인으로서 남아프리카 공화국의 선교사 경험을 통해 성찰한 결과로 제시한 "콘비벤츠"(Konvivenz) 개념을 통해서 잘 설명하고 있다.[35] 순더마이어 교수는 기존의 서구교회의 선교가 어떻게 현지와의 차별성을 그대로 유지하고 우월한 자의 위치에서 단지 현지의 필요를 충족시켜주며 도움을 행하는 선교활동을 행할 수 있는가를 비판적으로 언급한다.[36] 그러나 이런 선교는 현지인과 함께하지 않으면서 단지 현지 교회에 도움을 주는 활동에 그치게 된다. 진정한 선교는 도움을 주기 전에 그들과 함께하는 선교관계를 형성하는 것이다.

순더마이어 교수는 이러한 기존의 선교와 대비하여 동행을 진정한 선교사의 정체성으로제시한다. 동행으로서 선교사의 모습을 잘 보여주는 성경의 사례로 사도행전에 나오는 빌립을 언급한다. 그는 성령의 인도로 광야로 나갈 때 에디오피아에서 예루살렘에 예배를 드리고 돌아가는 왕의 관리인 내시를 만난다. 그 때 내시는 마차에서 이사야서를 읽고 있었는데 마침 53장의 예수에 대한 예언의 본문을 일고 있었다. 빌립이 다가가서 "읽는 것을 깨닫느냐?"고 질문하자 "지도해주는 사람이 없으니 어찌 깨달을 수 있느냐"라고 하면서 빌립을 청하여 수레에 같이 앉아 성

---

35 Theo Sundermeier, "Konvivenz als Grundstruktur oekumenischer Existenz heute", in: *Konvivenz und Differenz* (Erlangen: Ev-Luth. Mission, 1995), 43-75, 45-46.

36 순더마이어 교수는 남아공의 뷰렌 개혁교회가 흑인교회를 위해 어떻게 일하고 있는가를 보면서 그들은 백인의 우월성을 가지고 흑인과의 차별을 넘어서지 않으면서 일하고 있는 모습을 비판적으로 성찰하고 있다.

경을 함께 읽는다. 환관인 빌립이 본문이 그리스도를 가리키는 내용이라고 설명하지 믿음이 생기고 가던 길을 중단하고 물에서 세례를 받는다. 그리고 내시는 기쁜 마음으로 돌아간다고 성경은 기록한다. 순더마이어는 이 본문에서 빌립이 한 역할을 주목한다. 에디오피아 관리인이 "인도해 주는 사람"이 없는데의 헬라어 본문에서 "hodogesei me"는 독일어로 "auf dem Wege zu begleiten"(동행하다)로 표현한다.[37]

이 본문을 동행의 관점에서 좀더 깊이 묵상해보자. 빌립이 에디오피아 왕의 관리인의 마차에 동승하여 성경본문에서 예수에 관한 내용을 설명해주지만 전혀 준비되지 않는 곳에서 출발하지 않는다. 내시는 경건한 사람으로 에디오피아에서 예루살렘까지 예배하러 온 하나님을 경외하는 사람이다. 그리고 성경을 읽고 그 뜻을 깨달으려고 노력하고 있다. 여기에 빌립이 성령의 인도를 받아 성경을 주체적으로 읽고 있는 환관을 만나게 된다. 빌립의 사역은 개척사역이 아니다. 이미 성경을 읽고 있는 현지인과 함께하여 그가 알지 못하는 뜻을 깨우치도록 하는 일을 하였다. 이런 의미에서 동행은 결코 일방적 지도나 선생과 같은 의미가 아니다. 동행은 그와 함께하며 자신이 먼저 경험하고 깨달은 바를 전하는 행위이다. 오늘의 선교는 현지교회를 주도하는 것이 아니라 그들과 함께하면서 그들의 주체성을 존중하고 전하는 행위이다.

이러한 선교사의 정체성은 변해진 선교상황에 적합한 선교 패러다임에 적합하게 응답하는 활동에서 형성된 것이다. 물론 위에서 언급한 선교사의 세가지 정체성은 각각 분리되지 않고 서로 연결되어 나타난다. 근본적으로 선교사가 주도하는 시대를 넘어 현지교회와 협력하는 동역자의 선교와 서로의 자원들을 공유하고 나눔으로 상호 배움과 필요를 채워주는 활동으로서의 코디네이터의 선교, 그리고 구체적으로 지역교회

---

37 Theo Sundermeier, *Mission-Geschenk der Freiheit. Baustein fuer eine Theologie der Mission* (Frankfurt am Main: Lembeck, 2005), 103-104.

의 목회자와 함께하면서 교회와 목회를 세워주고 안내하는 동행으로서의 선교사, 이 세 유형은 상호 보완적 관계를 통해 우리 시대에 선교를 더욱 풍성하게 만들어 줄 것이다.

위에서 언급한 선교사의 새로운 정체성과 역할이 가능한 것은 선퀴스트 교수가 밝힌 바와 같이 교통과 운송수단의 발전과 전 세계에 기독교의 확산과 협력선교의 요청이 있기 때문이다. 과거의 선교는 선교사에게 모든 짐을 맡기고 교회는 후원자의 위치에 머물러 있었지만 오늘과 같이 세계 모든 지역이 마을로 가까워진 지구촌 시대에는 각 지역의 교회들이 가진 풍부한 자원들을 선교사들을 통해 공유하거나 전달하는 것이 필요하다. 이런 점에서 선교사는 위에서 언급한 바와 같이 에큐메니칼 동역자, 코디네이터, 현지 목회자를 세워주고 함께 가는 동행자로서 새로운 정체성이 필요하다.

결론

선교는 하나님 나라의 복음전파와 실천을 향한 열망이 필요하지만 동시에 우리가 살고 있는 선교현장으로서의 세계현실에 대한 바른 이해가 요구된다. 19세기에는 한 지역의 교회가 다른 지역의 교회에 선교사를 파송함으로 두 국가 사이에서 선교를 수행하였다면, 오늘날은 전 세계지역과 교회가 함께 만나는 다방면의 연합과 협력활동으로서 세계선교를 생각해야 한다. 오늘의 선교는 그런 점에서 "세계를 경영하는 하나님의 마음과 눈"이 필요하다고 말할 수 있다. 선교에 참여하는 교회나 선교사는 이런 마음과 눈을 가져야 한다.

세계교회는 지금 건강한 지역교회와 목회가 필요하다. 크리스텐돔을 거쳐온 서구교회도 이 필요성이 절실하며 전통적 선교현장인 아시아와 아프리카, 남미의 교회들도 건강한 목회를 실현하는 선교활동이 요청된다. 그렇기 때문에 선교는 해외사역이며 목회는 국내 사역이라는 이분법적 도식은 선교와 목회를 국내와 해외라는 지역의 특성에 따른 분리는 더 이상 적합하지 않다. 한 지역의 교회와 목회 경험도 세계선교의 유익한 자원으로 활용될 수 있다. 모든 지역의 교회의 경험이 곧 선교 자원이 될 수 있다는 사실을 국내 교회현장을 연구하면서 확인하였다. 물론 상술한 바와 같이 과거에는 선교와 교회를 분리하여 선교를 특별한 활동으로, 교회는 일반적 목회사역으로 이해하여 온 역사적 이유가 있다.[38] 그러나 이제 선교와 교회가 만나 "선교적 교회"를 지향하고, 선교와 목회가 만나 "선교적 목회"를 실현하는 것이 우리 시대에 요청되는 선교 패러다임이라는 사실을 주목해야 한다.

선교와 목회가 만나고 국내 목회가 세계선교를 위한 선교적 역량을 갖는다고 해서 선교사의 무용론을 주장하는 것이 아니다. 선교상황과 패러다임의 변화에 따른 선교사의 정체성과 역할에 변화가 있을 뿐 선교와 교회를 연결하는 선교사의 역할이 오히려 더 중요해졌다고 할 수 있다. 즉 선교적 목회 관점에서 세계선교에 참여하는 선교사가 필요하다. 오늘의 선교사는 이러한 선교적 역량을 갖추어 현지 교회를 활성화하고 세워주는 역할을 하는 사람이다. 오늘의 선교는 지역교회의 선교적 역할과 의미를 회복하고 그것을 세계교회와 나누며 서로 세워주고 보완하는 상보적 관계의 선교활동을 지향하는 선교가 되어야 할 것이다.

---

[38] 선교와 교회의 통합에 관한 자료로 다음의 논문을 참고하라. *"Report of the joint Committee of the WCC and IMC-A Draft Plan of Intergration"*, in: Ecumenical Review, Bol. 10. No. 1, 1957-10-01, 72-81; Karsten Nissen, *"Mission and Unity. A Look at the Integration of the International Missionary Council and the World Council of Churches"*, in: IRM Vol. 63. 1974; 교회의 선교적 본질과 과제에 관한 에큐메니칼 선교대회를 중심으로 정리한 자료로 다음의 책을 참고하라. Mission und Oekumene. *Neudrucke und Berichte aus dem 20. Jahrhundert 18. Zur Sendung der Kirche* (Muenchen: Kaiser, 1963), 309-334.

제7장

복음전도와 공적 책임:

선교적 교회의 실천을 위한 신학

서론

대한예수교장로회(통합) 제 93회 총회는 "예장 300만 성도운동"을 전개하기로 결의하였다. "300만 성도운동"은 멈추어진 교회성장과 위축된 교세를 극복하는 새로운 전기가 필요하다는 인식과 교회에 대한 사회적 신뢰가 흔들리고 교회의 대 사회적 책임의식이 약화되었다는 현실인식에서 출발한다고 언급한다. 이 운동의 정신과 특징은 교회성장의 정체, 부흥동력의 약화, 사회적 신뢰도의 추락 등의 문제의식으로부터 출발하여 전 교회와 교인들이 회개하고 새로운 힘을 얻어 증거와 섬김의 활동으로 교회를 새롭게 하고 성장하도록 전 교회를 동력화하는 신앙운동으로 나타난다.[1]

자명한 사실이지만 한국교회는 복음전도를 통해서 형성되었다. 이 말은 서구교회와 비교할 때 한국교회는 교회역사가 짧은 신생교회에 속한 교회로써 복음전도의 필요성과 그 영향력을 생생하게 경험하고 기억하고 있다는 것이다. 70-80년대 한국교회가 급성장하였는데 그 배경에는 다양한 요인들이 작용하였으나 그 중에 적극적이며 활발한 전도활동이 매우 중요한 요인으로 작용하였음을 부인하지 못할 것이다. 복음전도는 선교초기부터 진행된 한국교회의 매우 특징적인 전통이었으며 이것이 오늘의 한국교회를 형성하는데 큰 기여를 하였다. 그러나 90년대 이후 한국교회는 피부적으로 느낄 만큼 전도활동이 약화되고 있다. 캠퍼스

---

1   "예장 300만 성도운동을 위한 총회장 담화문", 2008년 11월 8일 대한예수교장로회 총회 총회장 김삼환.

에서의 선교활동 역시 이전과 비교할 때 현저하게 축소되었다. 이것은 교회의 복음전도를 향한 노력이 전에 비하여 줄어들었지만 선교환경 역시 크게 변화되었다는 사실을 지적해야 한다.[2]

한국 초기선교역사를 보면 사회적 신뢰와 복음전도가 서로 긴밀한 상관성을 갖고 있다는 사실을 알게 된다. 이만열 교수에 따르면 기독교인이 한국인구의 1%가 되지 않은 소수자 종교 시대에 교회가 어떤 사회적 공신력을 얻었는가를 사례를 통해서 확인된다. 한국교회는 초기부터 복음전도에 열심이었고 동시에 그리스도인 개인이나 교회가 한국사회의 바람직한 변혁을 선도하였으며 신앙을 갖지 않은 사람들에게도 신뢰를 받았다.[3] 다시 말하면 한국교회 초기 역사는 복음전도에 열심이었을 뿐만 아니라 사회적 차원에서 그리스도인의 투철한 책임의식과 실천이 함께 있었다. 이것은 복음전도와 교회의 공적 책임은 언제나 함께 가야 하며 두 활동은 서로 긴밀한 영향을 주고받는 관계라는 사실을 입증하고 있다.

2000년 전 초대교회는 박해와 다종교 상황에서 소수자의 종교이었음에도 당시 사회로부터 신뢰를 받고 있었다. 사도행전의 저자인 누가는 초대교회가 활발한 전도와 그 결과 많은 사람들이 그리스도에게 인도된 사실을 기록하고 있다. 그 과정을 보면, "성도들이 온 백성에게 칭송을 받으니 주께서 구원받는 사람을 날마다 더 하게 하시니라"(사도행전 2:47)고 기록하고 있다. 복음전도는 사회적으로 칭찬받는 행위와 함께 진행할 때 많은 열매를 맺는다는 사실을 성경과 역사적 경험을 통해 확인하게 된다. 오늘 한국교회, 특히 개신교에 대한 비판적 현실 앞에서 본 교단(예장 통합)이 추진하고 있는 "300만 성도운동"이 바람직한 선교운동으로 전

---

2   이광순, 『한국교회의 성장과 저성장』(서울: 미션아카데미, 2005), 31-43; 이원규, 한국 교회의 사회학적 이해 (서울: 성서연구사, 1996), 233-245.
3   이만열, "한국기독교 사회운동: 역사적 고찰", 이원규 편저, 『한국교회와 사회』(서울: 도서출판 나단, 1996), 158-172.

개되기 위해서는 이러한 사실에 비추어 살펴보고 진행해야 할 것이다. 본 글에서는 이러한 문제의식으로부터 출발하여 복음전도의 이해와 필요성을 밝히고 동시에 전도활동에서 발견하는 문제점을 다루고자 한다. 그리고 복음전도와 교회의 공적 책임이 어떻게 상호 연관성을 갖게 되는지 그 신학적 근거와 또한 그 토대 위에 두 활동을 함께 전개해야 하는 통전적 입장에 대하여 논의하고자 한다.

1. 현대사회의 도전과 복음전도의 문제점

근대 서구사회를 형성하는 두 가지 특징은 세속주의와 다원주의이다. 세속주의는 17세기 계몽주의 운동으로부터 기원하여 근대화 형성의 주된 요인으로 작용하였으며, 다원주의는 세속사회로부터 파생되어 민주사회의 기틀을 이루고, 탈식민지 시대 이후에 종교다원사회로 전환을 가져오는 사회적 요인으로 자리하고 있다. 이러한 현상은 21세기를 살고 있는 오늘의 상황에 더 이상 서구사회에서만 찾아볼 수 있는 현상은 아니다. 근대화를 경험하고 있는 비서구 사회, 즉 아시아, 아프리카, 남미에서도 경험하고 있으며, 특히 근대사회의 교육을 받은 세대나 지성사회에서 확산되고 있다. 본 장에서는 계몽주의로부터 기인한 세속주의와 다원주의가 복음전도와 공적 책임 수행에 미치는 문제점을 언급하고, 선교활동 내부에서도 복음전도와 교회의 공적 책임을 이분법적으로 분리하는 개인중심적 선교와 교회중심적 선교 패러다임의 문제점을 언급하고자 한다.

1) 세속사회와 세속주의

계몽주의 운동은 종교개혁 이후 17세기 초 유럽에서 발생한 30년 전쟁이 종식되면서 그 자취를 드러내기 시작한다. 계몽주의 운동은 서구 사회를 천년 이상 지배해온 기독교 세계관에 대한 의문을 제기하고 하나님 중심에서 인간 중심의 세계관으로 전환시켰다. 30년 전쟁으로 유럽사회가 겪은 비인간적 경험으로부터 서로 다른 종교나 가치관에 대한 관용이 사회의 중요한 지배원리가 되었다.[4]

세속주의가 서구교회에 미친 치명적 영향력을 가장 잘 인식한 사람은 인도 선교사 출신인 영국 스코틀랜드 국교회 목사인 레슬리 뉴비긴(L. Newbigin)이다. 그는 인도에서 35년의 선교사로 활동한 후 자신의 고국이 얼마나 세속주의에 영향을 깊이 받아 무신론 사회가 되어가고 있는가를 실감하게 되었다. 뉴비긴에 따르면, 세속사회란 "공식적으로 승인된 신념 혹은 행위의 유형이 없는 사회를 일컷는 말"[5]로서 이런 세속사회에서 살아가는 서구인들이 의식 안에 이상한 틈새가 발생하는 것을 보았는데 그것은 "공적 세계와 사적 세계의 이분화" 현상이었다. 여기에서 '사실'이라고 불리우는 것과 '가치'라고 불리우는 것 사이에 회복할 수 없는 간극이 존재한다. 사실(fact)을 추구하는 자연과학적 인식만이 객관적이고 보편 타당한 진리를 말하는 유일한 방식이 되며, 종교나 도덕과 같은 영역은 가치(value)의 세계로 분리하여 개인적이고 주관적이기 때문에 누구에게나 타당한 것으로 인정하지 못하게 되었다. 피터 버거(P. Burger)가 언급한 바와 같이 기존 사회의 진리인식의 기초가 되는 기독교 전통이 제공한 "타당성 구조"(plausibility structure)가 더 이상 효력을 가질 수 없었다.[6] 따라서 세속사회에서 종교의 자리, 즉 기독교 신앙은 사회의 공

---

4 Karen Armstrong, A. *History of God* (London: Vintage, 1999), 337-396; D. J. Bosch, Transforming Mission. *Paradigm Shift in Theology of Mission* (Maryknoll, New York: Orbis Books, 1991), 262-274.

5 L. Newbigin, *Gospel in a pluralist society*, 홍병룡, 『다원주의 사회에서의 복음』(서울: IVP, 2007), 15.

6 타당성 구조는 "그 사회에서 일반적으로 수용하는 신념과 행위의 유형으로서, 어떤 신념이 그럴 듯하고 또 어떤 것이 그렇지 않은지를 결정하는 기준이다." 위의 책, 28.

적 영역으로부터 추방되어 사적 영역에 머물게 되었다. 기독교 진리는 교회 다니는 사람들 사이에만 통용되고 수용되는 진리이다. 이러한 사고 방식은 무엇보다 세속사회에서 공교육을 통해 모든 사람들에게 확산되어 서구인들은 종교적 확신을 공적 차원에서 언급하거나 다른 사람에게 전파하고 믿음으로 초청하는 것은 불가한 것으로 간주되었다.[7] 세속주의 자들의 이념에 따르면 세속사회는 "공적인 사안들이 모든 '계몽된' 사람들의 공통된 신념에 의해 결정되고, 개인들과 개개인으로 구성된 자발적 단체들에게 자신의 신앙이나 비종교적 신념을 고백하고 실천할 자유가 주어지는 사회"라고 말한다.[8]

계몽주의 사회는 자연현상이나 인간의 삶에 대하여 어떤 목적을 말하는 것 대신 모든 현상을 인과관계에서 설명하였다. 모든 현상은 원인과 결과로 연결되기 때문에 어떤 문제라도 원인을 파악하면 해결할 수 있다는 확신을 갖게 되었다. 이러한 확신은 인간 자신을 신뢰하며 세계의 어떤 문제라도 해결할 수 있는 낙관주의적 세계관을 형성하였다. 이제 세계의 주인은 하나님으로부터 인간으로 옮겨갔으며 하나님에 대한 믿음은 인간 이성에 대한 신뢰로 바뀌었다. 종교가 사적 영역으로 축소된 사회에서 공개적인 활동으로서의 복음전도는 세속사회 안에서 용납하기 어려워졌다. 세속사회에서 종교는 개인의 선택사항이며 선호도의 문제가 되었다. 세속사회가 중시하는 가치관은 초월적 존재의 부정이나 불가지론, 개인주의적 가치관, 종교와 사회의 엄격한 분리, 과학 기술문명에 대한 절대적 신뢰, 다른 신념이나 가치에 대한 관용 등이다. 이러한 세계관과 가치관에 근거한 세속주의는 기독교의 입지와 선교적 의지를 약화시켰고 그 결과 기독교의 공적 영향력이 사회 속에서 점차적으로 작

---

7 L. Newbigin, *Foolishness to the Greeks*, 홍병룡, 『헬라인에게는 미련한 것이요』(서울: IVP, 2005), 9-58.

8 L. Newbigin, *Gospel in a pluralist society*, 홍병룡, 『다원주의 사회에서의 복음』(서울: IVP, 2007), 397.

아지고 있다.

2) 다종교사회와 종교다원주의

다원주의는 세속주의로부터 파생된 사조이다. 다원주의는 크게 문화적 다원주의와 종교적 다원주의로 구분된다. 문화적 다원주의는 "한 사회 안에 있는 다양한 문화와 생활 방식을 환영하고 그것이 인간의 삶을 풍요롭게 한다는 믿는 태도"이다.[9] 문화적 다원주의는 다양한 가치와 문화의 발전을 도모하며 긍정적인 현상으로 받아들인다. 그러나 종교다원주의는 "종교간의 차이가 진리와 거짓의 문제가 아니라 동일한 진리에 대한 인식의 차이에 있다고 믿는 신념이다"[10] 여기에서 종교적 믿음은 사적인 문제로 간주한다. 다원주의 사회에서는 어떤 특정 종교입장의 궁극적 신념이나 진리를 언급하는 것은 무식하고, 교만하고, 독단적인 것으로 치부하는 경향이 있다. 그러한 행위는 과거 기독교 사회에서나 가능하며 다양한 가치와 종교가 공존하고 어떤 것이 지배적인 영향을 발휘하는 것을 허용하지 않는 다원사회에서는 종교적 진술을 공적 차원에서 전개하는 것이 불가능해진다.

종교다원주의는 실제로 종교상대주의를 표방하고 있기 때문에 종교를 선택하는 것은 개인적인 문제이지만 그것을 타인에게 전하거나 종교를 바꾸기를 원하는 것은 근대사회의 특성에 반(反)하는 것으로 여긴다. 종교적 신앙은 이제 개인적 믿음 안에서만 자리하며 모든 사람에게 보편타당한 객관적 진리로 전하는 것을 금기시 하고 있다. 더구나 탈식민지 시대 이후에 서구사회는 다양한 종교인들이 함께 공존하는 종교다원사회가 되고 있으며 여기에서 기독교 신앙을 전하는 것은 과거의 기독교

---

9 위의 책, 39.
10 위의 책, 40.

제국주의에로의 회귀로 인식되고 있다. 종교다원주의는 소수이기는 하지만 기독교 신학자 내부에서도 주장하고 있다. 대표적 학자로 존 힉(J. Hick), 폴 니터(P. Knitter), 윌프렛 캔트웰 스미스(W.C. Smith) 등이다. 이들은 예수 그리스도가 그리스도인들에게는 구세주이지만 모든 인류에게 동일하게 적용할 수 없다고 말한다.[11] 모든 종교는 결국 하나의 초월적 존재를 경험한 사건으로부터 출발하기 때문에 다양한 종교는 한 실재에 대한 변형된 형태라고 말한다.[12] 종교다원주의자들은 오늘의 세계현실이 직면하고 있는 종교간 갈등과 충돌을 극복하고 모든 인류가 평화롭게 살아가기 위한 길을 찾아야 할 것을 강조하며 종교간 공통점을 발견하고 차이점은 서로를 풍요롭게 만들어 가는 요소라고 주장한다. 그렇기 때문에 타종교인들에게 회심이나 개종을 목적으로 복음을 전하는 것은 불필요한 것이며 다만 대화를 통해 서로가 자신의 종교에 더 충실하며 결과적으로 모두가 더 풍요로운 종교생활을 목표로 하고 있다. 종교다원주의는 복음전도와 선교를 불필요한 것으로, 오늘의 세계 현실에 부적합한 행위로 간주된다.

기독교 사회에서 다종교사회에로 변화를 경험하는 서구사회와 달리 한국사회는 다종교사회로 존재해 왔다. 불교와 유교가 전래된 이래 근대화와 함께 기독교가 전파되어 다양한 종교인들이 더불어 사는 사회를 형성하였다. 서구사회가 종교간 전쟁을 경험한 것에 반하여 한국은 서로 다른 종교들이 평화롭게 공존해왔다. 이런 상황에서 기독교는 제일 늦게 수용한 종교이지만 배타적 구원론과 적극적 선교활동을 통해서 비기독교 국가 중 가장 활발하게 성장한 기독교가 되었다. 선교 초기에 국가로부터 박해를 받았으나 다른 종교에 의한 어려움은 없었다. 그러나 최근

11　참고: John Hick and Paul F. Knitter(ed.), *The Myth of Christian Uniqeness* (Maryknoll, New York: Orbis Books, 1987).

12　위의 책, 300.

에 기독교의 적극적 선교활동에 대한 다종교사회에서 직면하는 징후 군이 사회 곳곳에 나타나고 있다. 기독교 학교에서 예배참석을 강요하는 현상에 대하여 이의를 제기하고 법정에 고소하는 일이 발생했다.

경주의 한 초등학교에서 기독교인 교사가 자신이 담임으로 있는 반 학생들을 주일예배에 참석시키려는 행위에 대하여 학부모들 반발하여 집단시위와 학생 등교를 거부하는 일도 있었다. 성시화 운동이나 공직을 통해 간접적으로 선교활동을 하는 일들에 대하여 다른 종교와 사회 일각에서 강하게 비판하는 일들이 잦아졌고 기독교의 일방적 선교활동에 대한 비판이 사회적 공감을 얻고 있다. 이런 현상은 한국교회도 이제 다종교사회에서 일방적으로 선교하는 것에 제동이 걸렸으며 지금까지의 선교방식과 패러다임의 전환이 요구되고 있음을 알게 된다.

2. 선교 패러다임에 나타난 복음전도의 문제점

19세기 선교는 개인중심적 선교와 교회중심적 선교 패러다임에서 이루어졌다. 당시의 선교관은 경건주의와 각성운동으로부터 영향을 받았기 때문에 잃어버린 영혼구원과 교회가 없는 지역에 교회를 개척하는 것을 선교의 목표로 삼았다. 한국교회는 이 두 선교모형에 가장 많은 영향을 받고 있으며 현재 한국교회 선교관을 주도하고 있다. 여기에 교회 성장을 매우 중시하는 경향으로 인해 복음전도는 거의 교회활동으로 전개되고 있다. 두 선교 패러다임이 어떻게 복음전도와 교회의 공적 책임 수행의 통합의 장애가 되었는가를 살펴보고자 한다.

1) 개인중심적 선교 패러다임

네델란드 선교학자인 벨카일(J. Verkuyl)은 개인중심적 선교 패러다임의 기원을 경건주의 선교에서 찾는다. 경건주의는 정통주의의 형식적인 냉랭하고 지성주의적 신앙에서 회개, 중생, 성화와 같은 체험적인 신앙을 강조하기 시작하였다. 당시 정통주의는 국가교회 형태에서 적어도 지역에 거주하는 모든 사람들은 명목상으로 그리스도인으로 간주하였다. 경건주의자들은 이것과 결별하고 개인의 신앙체험과 결단을 강조하였다. 벨카일에 따르면 초기 경건주의자들은 개인의 영혼구원에만 관심을 갖지는 않았다.

1705년 처음으로 인도에 파송한 두 선교사, 지겐발크와 풀뤼차우는 선교현장에서 개인의 영혼구원만을 선교의 유일한 목표로 삼는 것이 옳지 않음을 깨달았다. 그들은 복음전파와 함께 현지인들의 교육과 복지에 힘썼으며 이를 위해 교회와 함께 자선기관, 학교 등을 설립하였다. 그러나 후기 경건주의에 와서 통합적인 선교이해에 변화가 발생하였다. 교회와 세상이 분리되고, 일반적인 영역과 종교적 영역이 구분되기 시작했다. 사람들을 그들이 속한 불신의 사회로부터 기독교 신앙으로 이끌어내기 위해서 회심과 같은 개인적 결단이 강조되었다. 회심의 경험은 경건주의 신앙과 선교에서 매우 중요시하는 부분이다. 근대 선교의 아버지라고 불리우는 윌리암 케리(W. Carey)도 개인 영혼의 구원을 강조하였다. 물론 교회를 설립하고 사회개선을 위한 활동도 하였지만 선교의 일차적 목표는 "개인의 영혼을 구원"하는 일이었다. 개인영혼구원의 신앙적 전통은 19세기와 20세기에 발생한 제 1. 2차 각성운동과 학생자원운동을 통해서 계속되어왔다. 서구교회 내에서의 회개와 부흥운동으로 시작한 각성운동은 그것으로부터 파생되어 설립된 많은 선교단체들이 있었는데, 그들 역시 해외선교에서 우선적 목표로 개인영혼구원을 추구하였다.[13]

---

13 J. Verkuyl, *Contemporary Missiology An Introduction*, 최정만 역, 『현대선교신학 개론』(서울: 기독교문서선교회, 1991), 273-281.

경건주의와 직접적인 관련을 갖지 않은 한국교회는 미국의 각성운동을 통하여 이러한 선교관에 영향을 받았다. 대부분의 한국교회는 선교의 목표를 영혼구원에 두고 있다. 구원론에 있어서도 "개인의 영혼구원"이라는 표현을 선호한다. 이런 구원관에 기초한 복음전도는 개인적 차원을 강조하고 주로 개인 대 개인의 관계에서 이루어진다. 개인주의적 관점의 복음전도 이면에는 하나님과 나 자신의 관계를 가장 중시하는 신앙적 특징이 자리하고 있으며 여기에 샤머니즘에 영향을 받은 기복신앙적 특징이 개인구원을 더 강화시켰다고 추측할 수 있다. 개인주의적 신앙과 구원관에는 세상 속에서 하나님을 위해 일할 수 있는 공적 영역을 발견하기가 힘들다. 세상과 모든 것이 나를 향해 있기 때문이다. 개인주의적 구원관을 지향하는 복음전도에는 공적 책임과 활동을 기대하기가 어렵다.[14]

2) 교회중심적 선교 패러다임

1950년대 하나님의 선교(mission Dei) 개념이 등장하기 이전까지 선교는 교회중심적 패러다임으로 수행되었다. 선교는 교회가 있는 지역으로부터 교회가 없는 지역에 복음을 전하고 교회를 설립하고 성장하여 자립을 목표로 진행되었다. 물론 선교는 교육, 의료봉사활동 등 다양한 사회적 봉사활동을 포함하고 있었지만 이 모든 것은 교회를 중심으로 실천되었으며 선교활동의 중심에는 언제나 교회가 있었다. 선교가 활발하게 전개되던 19세기와 20세기 초까지 세계선교상황이 교회가 있는 서구지역과 교회가 없는 비서구 지역의 선교현장으로 지리적으로 분명하게 구분되었기 때문에 교회중심적 선교는 시대적 요청이었다고 볼 수 있다.

---

14 위의 책, 273-280.

교회가 없는 지역에서 교회는 하나님의 은혜의 유일한 통로로 인식되었기 때문에 모든 선교활동이 교회를 중심으로 이루어졌다. 여기에서 선교는 선교하는 교회로부터 선교현장에 "교회를 이식으로서의 활동"(plantatio ecclesiae)로 이해하였다.

카톨릭 교회는 뮌스터 학파와 루뱅 학파의 선교이론에 근거하여 교회설립을 선교의 목표로 설정하였을 뿐만 아니라, 개신교 선교 19세기 중반에 영국의 헨리 벤(H. Venn)과 미국의 루프스 앤더슨(R. Anderson)에 의하여 발의된 삼자원리를 통해서 교회중심의 선교정책을 발전시켜 나갔다. 20세기 후반에 와서 미국의 교회성장학파를 통해서 다시 한번 교회중심의 선교가 강조되었다. 삼자원리가 교회의 자립을 선교의 성패를 결정하는 기준이 되었다면, 교회성장운동에서는 교회성장이 선교의 성공을 평가하는 기준으로 삼았다. 교회중심적 선교는 교회가 없는 곳에 교회를 설립하는 것과 성장을 위한 동기부여의 긍정적인 측면이 있으나 문제점은 교회와 하나님 나라를 동일시 하거나 교회 자체를 목적으로 삼아 선교활동을 주로 교회와의 연관성에서만 이해하는 편협함을 초래하였다. 교회중심적 선교는 교회와 세상을 대립적 구도에서 이해하는 교회에서 진행하는 예전과 사람들을 교회로 모이게 하는 성장론에 초점을 맞춤으로 인해 세상 전체를 포괄하는 하나님 나라를 교회 안으로 축소하는 결과를 가져왔다. 여기에서 선교는 주로 교회적 차원에서 이해하고자 했다.[15]

교회와 세상의 분리는 예수 그리스도를 교회의 머리로 고백하지만 세상의 주관자라는 사실을 종종 잊고 있는 것처럼 보인다. 그렇기 때문에 예수님은 교회 안에서만 관계하고 세상은 사탄에게 속한 것처럼 여기는 이원론적 세계관이 신앙을 지배하고 있다. 교회와 성전개념의 혼돈

---

15 한국일, 『세계를 품는 선교』(서울: 장로회신학대학교, 2004), 57-69.

역시 교회중심적 신앙구조를 고착화시킨다. 예배 중심의 신앙은 한국교회의 장점이기도 하지만 동시에 그 역기능이 세상 안에서의 신앙적 참여와 실천이 상대적으로 약하거나 소홀해지는 현상으로 나타난다.

교회중심적 신앙관은 한국교회의 고유한 특징이며 장점이다. 한국은 다른 아시아 교회들과 같이 비기독교 사회 속에서 형성되었지만 차별성을 갖고 있다. 다른 지역은 타종교가 여전히 우세한데 반하여 아시아에서 기독교는 소수자의 종교(기독교 인구 평균비율 5%)에 머물러 있으나 한국에서는 20%를 넘고 선도적 역할을 수행하여왔다.[16] 한국사회에서 그리스도인이 되는 것은 복음을 듣고 불신앙으로부터 신앙으로 전환하기 위해 기존의 종교로부터 나와서 기독교 신앙을 새롭게 수용해야 하며 그것을 위한 결단이 촉구되기 때문에 자연히 강력한 신앙의 특성을 형성할 수밖에 없었다. 이 과정에서 세상은 옛 사람이 관계하던 옛 종교가 속한 사회이기 때문에 그것과 강력한 단절을 고하지 않으면 새로운 종교, 즉 기독교 신앙에서 생활하기가 어려웠으며 더욱이 기독교 신앙을 박해하고 핍박하는 분위기에서 신앙을 가졌기 때문에 자연히 개인적 차원을 강조하였다. 이와 같이 한국교회 신앙에서 개인적 차원과 교회적 차원이 강조될 수밖에 없는 사회적, 문화적 요인이 작용하였다.

한국교회는 초기부터 교회중심적 신앙관을 가졌으며 교회 밖에는 신앙을 위협하거나 유혹하는 세력과 요인들이 많았기 때문에 교회 안으로 모이는 차원을 강조함에 따라 결국 신앙은 교회 안의 활동으로 강조되었다. 교회중심적 신앙관에 근거한 선교는 하나님 나라를 교회로 축소하였으며 세상은 교회와 대립적 관계로 머물렀다. 이러한 선교관에 근거한 복음전도는 교회지향적 활동이 되었다. 선교의 본래적 의미인 세상을 향한 파송보다 세상으로부터 교회로 들어오는 차원이 강조되었다. 교회가

---

16 이문장, 앤드류 월즈 외, 『기독교의 미래』(서울: 청림출판, 2006), 62. 이문장 교수는 대부분의 아시아 국가 기독교 인구는 1-2%며 평균 아시아 기독교 인구 비율이 5%로 추산한다.

세상을 위해 존재하기 보다 교회 그 자체가 목적이 되었다. 전도는 활발하게 전개되었으나 그 모든 것은 교회를 위한 활동이며 프로그램이었다. 여기에 개교회주의와 교파주의에 근거한 교회성장지향적 선교관이 교회 중심적 선교관을 더욱 고착화시켰다. 선교를 교회성장에 집중하였기 때문에 세상 속에서 하나님 선교의 다양성과 넓은 영역을 교회 안으로 축소하고 교회 성장을 하나님 나라의 확장과 동일시 하는 결과를 가져왔다. 한국에서 선교를 성공적으로 전개할 수 있었던 삼자원리 역시 외형적으로는 교회성장에 큰 기여를 하였으나 개교회주의라는 부작용을 초래한 것으로 평가한다.[17]

이 두 모형은 한국교회에서 복음전도활동을 개인과 교회적 차원에 국한시킨 결과를 가져왔으며 교회와 세상을 대립적 시각에서 이해하고 있기 때문에 전도와 교회의 공적 책임은 서로 분리될 수밖에 없었다. 전도를 통한 개인의 회심과 교회성장은 주로 대부분의 교회가 속한 보수적 복음주의 교회를 통해서, 공적 차원에서의 사회적 실천은 소수의 진보적 성향의 교회를 통해서 진행되어 왔다.

3. 복음전도에 대한 신학적 이해

복음전도는 예수님이 교회에 주신 명령이다. 하나님 나라의 복음은 세상에 살고 있는 모든 사람들에게 전파되어야 한다. 그 이유는 모든 사람들이 복음을 듣고 구원에 이르는 지식을 얻게 하는 것이 하나님의 뜻이기 때문이다.(딤전 2:4) 교회는 처음부터 복음을 전하는 일에 충실하였다. 공개적인 복음전도가 금지되고 생명이 위협받는 박해상황에서도 교회와 그리스도인들은 복음전파에 충실하였다. 그것은 복음도가 교회의

---

17 노치준, "한국교회의 개교회주의", 이원규 편저, 『한국교회와 사회』(서울: 도서출판 나단, 1996), 39-74.

본질이며 생명임을 확신하였기 때문이다.

과거 선교 역사속에서 복음전도가 종종 힘의 논리로 왜곡되거나 잘 못된 이데올로기와 혼돈한 적이 있었다. 타문화권 선교에서 복음전도는 미개한 자나 문화적으로 열등한 자에 대한 우월주의자들의 행동으로 왜 곡되었다. 또한 선교는 일각에서 타문화, 타종교에 대하여 승리주의, 또 는 정복주의와 같은 공격적 태도로 진행한 것도 사실이다. 그러나 역사 적 과오를 범했다고 해서 복음전도가 위축되거나 약화되어서는 안될 것 이다. 오히려 과거 잘못에 대한 반성과 함께 올바른 복음전도에 대한 이 해를 갖추어야 한다.

로잔 언약(Lausanne Covenant, 1974)은 복음전도의 본질을 다음과 같이 정의한다. "예수 그리스도께서 성경대로 우리 죄를 위하여 죽으셨 고 성경대로 죽은 자 가운데서 다시 살아나셨으며 지금은 통치하시는 주 님으로서 회개하고 믿는 사람들에게 죄 사함과 성령의 자유케 하시는 선 물을 주신다는 기쁜 소식을 전파하는 것이다."(로잔 4장) "복음전도는 각 사람이 하나님과 화목하도록 설득(persuading)하기 위해 역사적. 성경적 그리스도를 구주와 주님으로 선포(proclamation)하는 일이다" 그러므로 교회가 해야 할 일 중에 가장 중요하며 우선적인 과업이 복음전도라고 선언한다. 특히 로잔 언약은 인류의 3분의 2에 해당하는 27억(1974년 현 재)이상의 인구가 아직도 복음을 듣지 못하였다는 사실을 강조하면서 이 들에 대한 복음전도에 전 세계 교회가 협력하여 기도하고 노력해야 할 것을 촉구한다.

언약의 특별한 의미는 5장에서 그리스도인의 의무를 규정하는 내용 이다. 이제까지 선교에 대한 편협한 이해를 교정하고 있다. "전도와 사회 참여가 서로 상반된 것으로 잘못 생각한 데 대하여 참회하며 …. 복음전 도와 사회·정치적 참여(social-political involvement)가 기독교인의 의무 의 두부분이라는 것을 주장한다." 그리스도인은 불의한 세상 속에서 하나님 나라의 의를 나타낼 뿐만 아니라 전파하기에 힘써야 한다. 구원은 개인적 책임과 사회적 책임을 총체적으로 수행하도록 우리를 변화시키는 것이어야 한다.(로잔언약 5장)

에큐메니칼 선교문서(Mission and Evangelism: an ecumenical affirmation, 1982)는 전도를 교회에 주어진 소명의 핵심으로 표현한다. 교회는 예수 그리스도의 십자가의 죽음과 부활과 함께 그의 삶을 전파해야 한다. 복음전도의 출발점은 십자가에 달린 그리스도이다. 모든 인간을 향한 하나님의 은혜가 그리스도 안에 나타났기 때문이다. 복음전도는 사람들로 하여금 예수를 바라보도록 하며 그가 주인이신 왕국으로 초청하는 행위이다. 이 문서는 복음을 전하며 그리스도의 주권을 개인적(인격적)인 결단으로 인식하고 받아들이도록 초대하는 행위까지 포함하고 있다.

에큐메니칼 문서에서 복음전도는 선포와 결단을 강조하지만 로잔 언약의 내용보다는 포괄적으로 묘사되어 있다. 그러나 이 문서는 전도와 선교의 관계를 명확하게 정의하지 않았다. 2000년에 발표한 문서 "일치를 통한 오늘날의 선교와 전도"(Mission and Evangelism in unity today)에서 전도와 선교의 정의, 두 관계에 대한 설명을 시도하였다. 이 문서는 선교(mission)를 통전적 의미를 가지고 있으며, 말씀(kerygma), 봉사(diakonia), 기도와 예배(leiturgia), 증거(martyria)를 포함하고 있는 포괄적인 행위를 가리킨다. 이에 반하여 전도(evangelism)는 선교의 다른 측면을 배제하지 않으면서 개인을 그리스도 안에서 새로운 삶과 제자직으로 초대하는 행위를 포함한 명확하고 의도적인 복음전파(explicity and intentional voicing of the gospel)에 초점을 맞춘다. 선교는 보다 넓은 범위의 교회활동을 의미하며, 전도는 그 활동 중에 복음을 선포하는 활동에 초점을 맞추고 있는 것으로 보인다.[18]

로잔 언약을 기초한 존 스토트(J.R.W.Stott)는 전도의 중요성을 강조하면서도 전도를 결과나 개종과 결부시켜 이해하는 것을 반대하며 전도나 개종 숫자나 교회성장을 목표로 하는 전도활동을 비판한다. 제임스 패커 박사의 글을 인용하면서 전도는 "성령의 능력 안에서 그리스도 예수를 소개함으로써, 사람들이 그를 통하여 하나님을 신뢰하도록 하는 것"이라고 단언한다. 전도에서 중요한 것은 전하는 자의 신실함과 성실성이며 결과에 대해서는 인간의 소원이나 의도에 의존하지 않고 하나님에게 의존해야 한다고 말한다.[19]

복음전도에 대한 신학적 이해를 제시할 때 본 글의 주제와 관련하여 중요한 것은 선교에 있어 우선 순위에 관한 것이다. 선교를 포괄적으로 전도와 사회적 책임으로 이해한다면 그 중에 우선성이 있는가? 있다면 무엇인가? 이러한 주제와 관련하여 존 스토트는 로잔 언약에 근거하여 복음전도가 우선적이라고 언급한다. 복음주의 선교관은 로잔 언약 이후에 선교의 편협한 이해를 탈피하려고 시도하면서도 그 강조점을 여전히 복음전도에 두고 있다. 반면에 에큐메니칼 선교는 전도를 명시적으로 강조하면서 우선순위에 대해서는 언급하지 않는다. 에큐메니칼 입장에서는 복음전도와 사회적 참여가 함께 진행되어야 하며 굳이 우선순위를 말하자면 상황에 따라 달라질 수 있다는 입장을 견지하는 것으로 보인다.

4. 복음전도와 교회의 공적 책임을 통전적으로 이해하는 신학적 근거

복음전도와 교회의 공적 책임은 각각 서로에게 함몰되지 않는다. 두 활동은 선교의 개념에 포함되지만 강조점이 다르게 나타난다. 서구교회는 후자가 강하다면 한국교회는 전자가 강조된다. 이 현상은 동시에 각각의 약점이 보완되어야 함을 의미한다. 복음전도가 교회의 공적 책임과

---

18 존 스토트는 그의 책, "현대의 기독교 선교"에서 선교를 "하나님이 그의 백성을 세상에 보내시어 하게 하신 모든 것을 포함한다"고 교회의 폭 넓은 활동으로 이해한다. J. R. W. Stott, *Christian Mission in the Modern World*, 서정운 역, 『현대의 기독교 선교』(서울: 대한기독교사회, 1982), 48.

19 위의 책, 52-55.

분리되지 않고, 또한 공적 책임이 그 활동의 토대를 잃지 않으려면 두 활동이 통전적으로 이해되어야 한다. 그것을 위한 신학적 근거와 세속사회와 다종교사회에서 실천을 위한 방향을 모색하고자 한다.

1) 교회와 세상을 포괄하는 복음과 예수 그리스도의 주권

복음전도가 개인과 교회적 차원에 국한된 활동이 아니라 세상을 향한 파송으로서 하나님 나라 복음의 선포와 실천이라면 교회와 세상을 연결하는 신학적 이해가 요청된다. 환언하면, 교회의 선교적 사명을 개인과 교회를 세상으로부터 분리시키는 편협한 선교 패러다임을 극복하기 위해 무엇보다 복음전파의 내용이 복음에 대한 올바른 이해가 필요하다. 남미의 대표적인 복음주의자 르네 빠딜라(C. Rene Padilla)는 이 주제를 분명하게 설명한다.

빠딜라는 복음이 개인이 각자 부름을 받아 믿음으로 결단하고 응답하고 있기 때문에 개인적 내용을 지니고 있다고 할 수 있으나 동시에 복음은 온 세계를 포함하는 하나님의 섭리를 전하고 있기 때문에 전 우주적인 내용을 지니고 있다고 말한다. 복음이 존재 자체로서 개인을 대상으로 하는 것이나, 교회를 넘어선 세상적 차원을 가지고 있는 것을 무시하는 것은 복음을 왜곡하는 것이다. "구원이란 오직 한 개인과 하나님과의 관계에서만 이루어지는 것이 아니다."[20] 우리는 세상에 대한 올바른 이해를 통해서 복음이 가진 우주적 차원을 바르게 충분히 이해해야 한다. "예수 그리스도 안에서 하나님이 하신 일은 단순하게 한 개인과의 관계가 아닌 전체로서의 세계와 직접적인 관계를 맺고 있다."[21] 세상 자체는 하나님과 대립적 관계에 있으나 여전히 하나님의 사랑의 대상이다.(요

---

20 C. R. Padilla, *Mission Integral*, 홍인식 옮김, 『통전적 선교』(서울: 나눔사, 1994), 22.
21 위의 책, 23.

3:16) 따라서 예수 그리스도 안에서의 "모든 만물의 회복"을 향한 구원만
이 진정한 의미에서의 구원이다. 복음의 우주성으로부터 교회 선교의 우
주성이 선포된다.

죄에 대한 바른 이해 역시 복음의 사회적 차원을 이해하는데 중요한
열쇠가 된다.[22] 성서에서 언급하는 죄는 단순한 개인적 또는 종교적 차원
의 문제로 제한되지 않는다. 죄는 사회적이며 우주적 차원을 갖는다. 만
일 구원 개념을 개인적 차원에서만 생각한다면 죄는 인간 마음에만 존재
하고 세상에 있는 것들과 연관되어 있는 사실을 무시하는 것이 된다. 죄
에 대한 이해는 회개와 그에 따른 변화의 영향력과 긴밀한 관계가 있다.
만일 죄를 영적으로만 간주하면 회개 역시 영적 차원에 국한되며, 죄를
교회적 차원에서 이해하면 회복된 영역 역시 교회적 차원을 넘어가지 못
한다.

그러나 우리는 사람이 범한 죄가 단지 개인적, 내면적, 교회적 차원
에만 관계하는 것이 아니라 우리가 속한 사회와 시대가 제공하는 모든
영역, 즉 물질, 정치, 경제, 철학과 이념, 사회계급, 인종, 국가, 문화 등 모
든 영역과 관계된 것을 알 수 있다. 그러므로 복음에서 선포하는 회개로
의 부름은 이러한 사회적 관계에 대한 구체적인 변화를 의미한다. 기독
교의 회개는 추상적 의미에서의 죄인이 아니라 "구체적인 사회적 상황
속에서 죄의 노예가 된 인간을 향한 부름이다. 회개는 역사 안에서 구체
화되는 사고방식의 전환이(며)"[23] 세상과의 연관성에서 형성되어 있는 삶
을 근본적으로 재조명하는 것이다. 그러므로 "세상의 문제를 진지하게
대하는 구원론에서 만이 복음선포에 대해서 말할 수 있을 것이다"라고
빠딜라는 말한다.[24]

---

22 Vinay Samuel, Chris Sugden, "Evangelism and Social Responsibility - A Biblical Study on Prior-
ities", in: In Word and Deed. Evangelium and Social Responsibility, Bruce Nicholls(ed.) (Exeter:
Paternoster Press, 1985), 199-202.

23 C. R. Padilla, *Mission Integral*, 홍인식 옮김, 『통전적 선교』, 42.

복음전도와 사회적 차원이 통합되는 신학적 근거에 대한 교회론적 관점 역시 중요하다. 교회에 대하여 여러가지 면은 언급할 수 있지만 교회와 세상이 분리되는 문제에 접근하기 위해서는 그리스도 안에서 어떻게 교회와 세상이 연결되는가에 대한 논의가 필요하다. 그리스도 안에서는 교회와 만물이 접촉점을 가지고 연결된다. 바울이 증언한 바와 같이 그리스도는 만물의 주관자이며 동시에 교회의 머리이기 때문이다.(엡 1:21-23) 모든 창조세계가 그리스도를 향하여 있으며 그 안에서 통일을 이룬다. "교회는 그리스도의 몸이며 동시에 만물 안에서 만물을 충만하게 하는 이(그리스도)의 충만함이다."(엡 1:23) 그리스도가 만물의 중심이라는 사실은 교회의 선포에 중심내용이다.

이 주제—만물에 대한 그리스도의 통치와 주권—와 관련하여 네델란드의 칼빈주의를 대표하는 학자이자 목회자며 정치가인 아브라함 카이퍼(A.Kuyper)의 사상과 비전 그리고 그의 구체적인 실천노력이 본 글의 주제에 필요한 통찰을 제공한다고 생각한다. 그는 자신의 신학사상뿐만 아니라 자신의 삶의 여정 자체가 그리스도인으로서 개인과 교회의 목회자와 사회의 정치인을 그리스도에 대한 신앙에서 통합적으로 살아간 사람이다.[25]

카이퍼 박사는 이미 계몽주의 운동으로부터 비롯된 근대 세속주의 사상이 유럽사회에 깊숙히 침투하여 세속사회를 형성하면서 기독교를 모든 공적 위치로부터 사적 공간으로 추방하고 있는 상황에 기독교 관점에서 사회를 통합적으로 이해하려고 했을 뿐만 아니라 실제 정치에서 그러한 사상과 비전을 실천하려고 시도했다. 카이퍼 박사는 개혁교회의 신앙에 근거하여 세상의 모든 영역에서의 그리스도의 주권을 강조하였다.

---

24 위의 책, 48.

25 A. Kuyper, *Lectures on Calvinism*, 김기찬 옮김, 『칼빈주의 강연』(서울: 크리스챤 다이제스트, 1996), 17-54.

그에 의해 만들어진 "주권 영역"은 세상에 대한 칼빈주의 사상을 대표하는 개념이 되었다. 그는 기독교를 "삶의 체계"(Christianity as a life system)로 이해하였으며 성경은 사람들의 모든 삶을 위해 주어진 것으로 받아들였다.

카이퍼 박사는 삶의 모든 영역이 그리스도의 주권에 속해 있음을 강조한다. 기독교 신앙을 교회적인 일로만 국한 시키고 세상의 일을 인간의 이성으로 이해하고 해결하려는 세속주의자들을 비판하면서 사회적인 문제에 대하여 성경에 근거한 기독교적 시각을 가지고 성찰하며 구체적인 해결책을 제시하고자 노력하였다. 그는 당시의 사회적 문제들—빈곤, 혁명—에 대하여 성경적 관점에서 구체적인 대안을 모색하였으며 후에 정치에 참여하고 수상으로 활동한 것 역시 신앙은 개인적 차원만이 아니라 모든 영역에 주인이신 그리스도의 뜻을 실현하려는 그의 신앙과 신학적 비전에 의한 것이었다. 카이퍼 박사에게는 세상의 모든 영역은 그리스도의 주권에 속한 것이며 따라서 교회가 참여해야 할 영역이었다.

그는 "가난의 문제"(The Problem of Porverty)에 대한 강연에서 신앙은 개인적 차원에만 적용하고 사회의 공식적 생활에서는 세속주의를 따르는 이원론적 신앙에 대하여 비판하면서 기독교인은 진실한 믿음과 삶을 통하여 문화, 경제, 정치, 교육, 과학, 예술 등 모든 삶의 분야에 공헌할 수 있어야 한다는 점을 강조하였다.[26] 아브라함 카이퍼 박사가 제시한 칼빈주의의 교회와 세상의 통합적 이해와 비전은 그것이 서구 기독교 전통을 가진 사회에서 실현한 모델이라는 점에서 다종교사회인 한국사회와 거리가 있으나 세상에 대한 그리스도의 주권에 근거한 근본원리는 오늘날 한국교회에서 복음전도와 교회의 공적 책임 수행을 통합적으로 이해하는데 매우 유익한 신학적 통찰을 제공하고 있다.

---

[26] A. Kuyper, *The Problem of Porverty*, 조계광 옮김, 『기독교와 사회문제』(서울: 생명의 말씀사, 2005), 5-22; 70-87.

2) 세속사회에서의 복음전도와 공적 책임

위에서 살펴본 바와 같이 세속사회에서의 기독교의 복음전도는 매우 어려운 요인들을 직면해 있다. 개인주의와 종교적 관용, 무신론적 경향 등은 복음전도를 꺼리게 하며 교회를 약화시키는 세력들이다. 그럼에도 불구하고 서구교회는 오랜 기독교 역사와 전통을 배경으로 하여 사회 안에서 매우 비판적이며 선도하는 공적 책임의 영향력을 발휘하고 있다.

뉴비긴은 세속사회에서 기독교 진리를 사적 차원으로 축소시키며 또한 상대화 시키는 경향에 대하여 "복음의 공적 진리"(Gospel as a public truth)를 주장함으로 세속주의와 정면으로 맞선다.[27] 뉴비긴 역시 카이퍼와 마찬가지로 "교회는 모든 나라를 향해 하나님의 나라와 그분의 통치와 주권을 선포하는 복음의 담지와 같다"라는 고백에서 출발한다. 사적 영역과 공적 영역을 분리하고 종교를 사적 영역에 국한시키려는 세속사회에 대하여 서구문화와의 선교적 대면을 강조한다. 그것은 어떤 사회도 객관적이며 중립적이 될 수 없다고 주장한다. 즉 어떤 종교나 이념으로부터 완전히 해방된 공적 세계는 존재하지 않는다는 것이다. 근대세계가 종교를 추방하고 인간 이성을 중심으로 합리적 세계를 추구하고 있으나 그 이면에는 이미 특정 세계관이 영향을 미치고 있음을 부인할 수 없다.

뉴비긴은 마이클 폴라니(M. Polany)의 이론에 의지하여 세속사회가 초월적 존재를 인간의식으로부터 추방하고 순수하게 인간의 이성에 의해 사고하고 실천하려는 합리주의적 사고에 대하여 그 허점을 지적한다.[28] 계몽주의 이래 가장 객관적이며 중립적인 지식만 참 지식이며 따라서 종교적 체험에 근거한 지식은 개인적이며 주관적이기 때문에 개인이

---

27 "Evangelism in the Context of Secularization"(1990), Lesslie Newbigin, Missionary Theologian. A Reader, Paul Weston(ed.) (London: SPCK, 2006), 229-236.

28 참고. M. Polanyi, *Personal Knowledgy: Toward a Post-Critical Philosophy*, 표재명 · 김봉미 옮김, 『개인적 지식』 후기비판적 철학을 향하여 (서울: 아카넷, 2001).

나 동종 집단(교회와 같은)에서는 통용될 수 있으나 사회의 공적 영역에서는 수용할 수 없다는 주장을 정면으로 반박한다. 그것은 어떤 지식도 순수하게 객관적이며 중립적이 될 수 없다는 사실에서 비롯된다. 모든 사람은 항상 불가피하게 자신이 속한 또는 선호하는 문화와 세계관에 영향을 받고 있으며 사고와 행위에서 그것을 벗어날 수 없다. 그렇기 때문에 현재 사회를 지배하고 있는 이면의 세계관의 실체를 밝혀야 하며 그것에 의해 사회가 나아가고 있는 방향과 목표를 살펴보는 것이 필요하다. 이런 점에서 사적 세계와 공적 세계를 분리하는 이분법적 사고는 계몽주의 이래 무신론적 인간중심적 이데올로기의 반영에 불과한 것이다.[29]

뉴비긴은 현대사회의 특징인 세속사회와 다종교 사회에서 궁극적인 진리 주장들이 서로 갈등을 불러일으키는 가운데 진행될 수밖에 없다는 점을 인정하는 것 외에 다른 길이 없다고 말한다.[30] 어떤 주장이 중립적일 수 있다는 생각은 착각에 불과한 것이라는 말이다. 그렇다면 중립적이며 객관적 진리만이 공적 세계에서 통용될 수 있다는 생각 역시 착각에 불과하다. 이런 점에서 교회는 사회를 지배하고 영향을 미치는 신념이나 이념 혹은 종교적 확신이 어떤 내용과 목표를 추구하고 있는가를 엄밀하게 분별해야 하는 공적 책임이 있다는 사실을 인식해야 한다.

교회의 공적 책임은 오늘과 같은 다원화된 세속사회 속에서 평신도의 역할을 통해 잘 이루어질 수 있다. 그것을 위해 탈성직화된 평신도 신학의 발전이 요청된다. 세상에서의 평신도의 역할을 축소시킨 것에는 여러가지 원인들이 있겠으나 뉴비긴은 종교개혁들이 성직자의 전유물인 성경을 다시 평신도에게 돌려주었으나 근대에 와서 신학자의 전유물로 만들었다고 지적한다.[31] 그리스도인의 삶을 안내하는 성경이 성직자나

---

29 L. Newbigin, *Foolishness to the Greeks*, 홍병룡, 『헬라인에게는 미련한 것이요』(서울: IVP, 2005), 170.

30 위의 책, 179.

신학자의 손에 귀속되면서 평신도는 세상에서 신앙적 삶에 대하여 주체
적 인식과 판단을 포기하고 성직자에게 의존적이 되었다. 이것은 세상
속에서 그리스도인의 주체적인 삶을 실천하는데 가장 큰 장애 요인으로
작용한다.

평신도야말로 성직자와 다르게 그들의 일상생활은 사회 속에서 영위
하는 사람들이다. 성직자들이 교회 안에 갇혀 주로 종교적 차원에 머물
러 있는 반면, 평신도들은 사회에서 발생하는 모든 영역을 일상의 삶에
서 직접 대면하고 경험한다. 그렇기 때문에 평신도의 삶과 그들의 관심
사, 직면하고 있는 문제들을 생각한다면 평신도 신학이 발전할 수 있는
터전이 훨씬 더 넓어질 수 있다.[32]

교회가 사회적 이슈들—정치, 사회, 경제, 윤리, 문화 등—과 관련하
여 기독교적 입장을 표명할 때 평신도들이 믿음에 근거하여 공적 삶의
이슈들을 붙잡고 씨름하여 나온 신학의 도움을 받을 수 있도록 평신도
신학을 발전시킬 필요가 있다. 신학자와 목회자는 교회의 공적 책임을
위해서 무엇보다 평신도들이 직업 현장에서 경험하는 내용들을 나누고
그 세속적인 일을 복음에 비추어 의미를 발견하도록 도와야 한다. 평신
도의 올바른 직업관은 교회가 세상 안에서 공적 책임을 수행하는 가장
중요한 통로와 방식이다. 이런 과정을 통해서 세속 사회가 분리해 놓은
공적 영역과 사적 영역을 다시 하나로 연결할 수 있다. 교회가 사회적 이
슈에 대한 공식적 입장을 선언하며 행동할 수 있지만 더 중요한 것은 "교
회에 속한 모든 평신도들을 잘 교육하고 훈련하여 신앙과 세상 일 사이
의 관계를 제대로 이해하게 하는 것이다. 바로 이 지점에서 진정한 선교
적 만남이 일어나기 때문이다."[33]

31 위의 책, 181-182.
32 평신도 신학에 대한 참고서적: 폴 스티븐스, 『21세기를 위한 평신도 신학』(서울: IVP, 2001).
33 L. Newbigin, *Foolishness to the Greeks*, 홍병룡, 『헬라인에게는 미련한 것이요』, 182.

3) 다종교사회에서의 복음전도와 공적 책임

종교다원사회에서 선교활동은 세속사회와는 또 다른 예민한 문제들을 안고 있다. 탈식민지 시대에는 소위 세계 종교들이 거의 활발한 선교활동을 전개하고 있다. 이슬람은 중동지역의 한계를 벗어나 유럽의 이주를 통해, 그리고 탈식민지 시대 서구기독교의 위축된 상황의 틈새를 파고들어 자신의 입지를 굳히고 활발한 선교활동을 전개한다.[34] 기독교 만이 아니라 다른 세계종교들이 각각 선교하는 종교로 활동하는 오늘의 세계에 선교는 어떤 방식으로 전개하는 것이 적합한 것인가?

종교다원사회에서의 선교와 관련하여 리처드 마우(Richard J. Mouw)의 테제를 생각해 볼 필요가 있다. 그는 "다원주의 사회를 사는 그리스도인의 시민교양"에 관해 저술한 자신의 책, 『무례한 기독교』(*Uncommon Decency*)에서 "자신이 속한 종교에 대한 확고한 믿음을 유지하면서 동시에 다른 종교나 신념을 가진 사람에 대한 예절 바른 태도의 양립이 불가능한가?"라는 질문을 제기한다. 이 질문이야 말로 오늘날 다양한 종교적 신념과 가치관을 가지고 함께 살아가는 사회에서 진지하게 고려해야 할 주제이다. 리처드 마우 박사는 다원주의 사회에서 제기될 수 있는 실제적인 문제문제 다룰 때 종교상대주의에 빠지지 않으면서도 타인에게 예절 바른 태도로 자신의 믿음을 전할 수 있는 길을 모색하고 있다.[35]

다종교사회에서는 기독교 만이 아니라 이슬람이나 불교 같은 세계종교들 모두가 선교하는 종교로 활동한다. 오늘날 타종교들은 그 어느 때보다 전 세계 지역에서 활발한 선교활동을 전개한다. 여기에서 중요한 것은 선교가 다른 종교의 정복이나 공격적 행위가 아니라는 점을 주목해

---

[34] 불교 역시 아시아 지역을 벗어나 서구사회에서 자리를 잡아가고 있다. 여기에 한국 불교가 큰 역할을 하고 있다. 대표적으로 유명한 숭산은 그의 생전에 전세계 30여 개국에 120개의 선원을 설립하여 불교를 포교하였다.

[35] Richard J. Mouw, *Uncommon Decency*, 홍병룡, 『무례한 기독교』(서울: IVP, 2004), 13-24.

야 한다.[36] 다종교사회에서 기독교 선교는 다른 종교인들과 평화로운 공존의 바탕에서 진행되어야 한다. 특히 오늘날과 같이 각 종교의 일각에서 근본주의화되는 경향이 있으며 이것은 필히 종교간 갈등과 충돌을 불러일으킨다. 우리는 거의 매일 전 세계에서 발생하는 종교간 충돌과 테러행위를 보고 있다. 자신의 종교에 대한 근본주의적 확신이 타종교나 다른 사람들을 향한 폭력행위를 정당화하는 이유가 되어서는 안될 것이다.

독일의 선교학자 순더마이어(Th.Sundermeier)는 선교학자로서 다종교사회와 종교간 분쟁이 발생하는 오늘의 현실에 적합한 선교모형이 무엇인가를 모색하고자 했다. 그는 다종교사회에 적합한 선교 모델로 공존(Konvivenz)과 대화(Dialog)와 선교(Mission)가 서로 연결되어야 한다고 주장하였다. 그는 "콘비벤츠"(Konvivenz) 개념을 통해서 서로 다른 종교나 신념, 가치관을 가진 사람들이 각자의 차이를 존중하면서 서로 배우고, 돕고, 축하하는 활동으로서 선교 모형을 제시한다. 순더마이어는 기독교의 독선적이며 일방적인 선교모형과 모든 종교의 진리가 동일하다는 종교상대주의를 비판하고 기독교 신앙을 지키면서도 다른 종교를 존중하며 함께 진리를 향해 나아갈 수 있는 길을 제시한다.[37]

중요한 것은 어떻게 기독교의 정체성을 지키면서 다른 종교들과 협력할 수 있는 방안을 모색하는가이다. 기독교의 선교적 사명을 지속하면서 다른 종교와 협력하는 것이 어떻게 가능한가? 이 질문에 대하여 판넨베르크(W. Pannenberg)가 명쾌한 답을 제공한다. 기독교와 타종교의 관계에 대한 논문에서 종교인이 자신이 믿는 진리를 긍정적으로 생각한다면 그것은 당연히 다른 사람에게도 진리임을 믿어야 한다고 말한다. 만

---

36 W. Pannenberg, 기독교와 타종교들, 『현대문화속에서의 신학』(서울: 아카넷, 2001), 208, 212-214.
37 Th. Sundermeier, "Mission und Dialog in der pluralistischen Gesellschaft", in: A. Feldtkeller, Th. Sundermeier(Hg.), *Mission in pluralistischer Gesellschaft* (Frankfurt: Lembeck, 1999), 21-24.

일 그것이 다른 사람에게도 적용되는 보편 타당한 진리가 아니라면 자신에게도 진리일 수 없다. 그렇기 때문에 서로 다른 종교들의 만남에서 진리의 상이성으로 인한 논쟁과 갈등을 무시하거나 회피하려는 시도는 그들의 진리 주장들이 더 이상 진지하게 받아들여지지 않음을 뜻한다는 것이다. "보편적 진리 주장은 한 종교의 정체성을 상실하지 않고서는 포기될 수 없는 것이다"[38]

이러한 진술로부터 판넨베르크는 종교다원주의자들의 주된 과오는 "많은 종교들을 동일한 신적 실재에 대한 다양한 접근들이며 마치 이 접근들이 필연적으로 상호 갈등을 일으키지 않는 것처럼 생각"한다는 점이라고 지적한다.[39] 중요한 것은 진리의 상이성을 대하는 태도이다. 종교간의 차이가 각 종교간의 적대적 관계의 원인으로 작용하며 자신의 세력확장을 위해 폭력적 방법을 사용하는 것이 문제이다. 물론 여기에는 종교가 아닌 정치나 문화적 요인과 같은 다른 변수들이 작용하고 있다. 판넨베르크의 견해에 따르면 기독교의 복음전도는 기독교 진리의 독특성에 기인하며 그럼에도 불구하고 기독교의 공적 책임 수행이 타종교와의 협력에서 가능하게 된다.[40]

한국교회는 이제 더 이상 타종교를 의식하지 않고 무례하게 활동하는 일방주의적 선교방식이 사회적 비난의 대상이 되고 있음을 알고 있다. 최근 몇 년에 걸쳐 기독교인의 발언이나 활동이 타종교나 사회적으로 강한 비판을 받아왔다. 그리스도인들의 공직을 이용한 선교활동 등이 전에는 묵인되었으나 앞으로는 용납되기 어려워질 것으로 전망된다. 따라서 한국과 같은 다종교사회에서의 복음전도 방식에 대하여 많은 연구가 필요하다.[41]

---

38 Wolfhart Pannenberg, "기독교와 타종교들", 『현대문화 속에서의 신학』(서울: 아카넷, 2001), 209.
39 위의 책, 210.
40 위의 책, 214

　　그러나 다른 한편 복음전도는 이미 초대교회 시절부터 실천하였던 사회적 활동과 공적 책임의 방식을 주목할 필요가 있다. 한국교회는 역사 속에서 타종교인들과 함께 인류의 보편가치와 덕목들, 즉 정의, 평화, 인권, 민주화, 가난한 자를 위한 봉사 등을 실천하였으며 사회로부터 신뢰를 받는 위치에 있었다. 한국교회는 불교, 천도교와 함께 삼일운동을 주도하고 독립운동에 참여한 바가 있으며, 해방 이후에 평화와 민주화운동, 인권과 통일운동, 최근에 환경보호운동에 타종교인들과 함께 참여함으로 공적 영역에서 기독교 신앙을 표현하였다.

　　이런 활동은 외형적으로는 공적 영역에서의 사회적 활동이지만 기독교 내부적으로는 하나님에 대한 신앙에서 비롯된 실천이다. 또한 기독교의 공적 활동은 농어촌 지역과 같은 작은 단위의 교회에서 활발하게 전개된다. 농어산촌에 소재한 교회들은 선교의 과제를 단지 복음을 전하고 사람들을 교회 안으로 인도하는 일에만 관심하지 않고 지역사회 전체를 포괄적으로 선교현장으로 인식하고 활동한다. 이들은 농어촌 사회가 직면하고 있는 문제들에 대하여 주도적으로 참여하며 신자와 불신자의 경계를 넘어 농어촌 사회의 발전을 선교활동 범위에 포함시키고 있다. 따라서 다종교사회에서의 가장 모범적인 선교사례는 농어촌교회들에서 찾아볼 수 있다. 이들에게는 복음전도와 공적 책임이 분리되지 않고 실천되기 때문이다.[42] 그러므로 다종교사회에서의 교회의 선교활동은 타종교인과 평화로운 공존의 관계에서 수행하는 것이 바람직하다.

41　리차드 마우 박사는 세상에 대한 그리스도의 주권과 통치에 참여하는 기독교의 실천방식에서 기독교의 승리주의를 경계하고 세상에 대한 그리스도의 통치를 겸손과 헌신적인 사랑의 섬김으로 실천한 마더 테레사와 그 선교단체의 선교방식을 대안으로 제시하고 있다. Richard J. Mouw, *Uncommon Decency*, 홍병룡, 『무례한 기독교』(서울: IVP, 2004), 165-176.

42　한경호 엮음, 『농촌 목회현장 이야기』. 이 책에 농어산촌의 29개 교회를 목회활동의 유형에 따라 소개하고 있다.

5. 복음전도와 교회의 공적 책임을 통합하는 선교 패러다임: 통전적 선교로서의 하나님의 선교

하나님의 선교 관점에서 선교를 이해할 때 복음전도와 교회의 공적 책임이 분리되거나 양자택일의 극단주의적 입장을 극복할 수 있는 대안을 찾을 수 있다. 시대적 특징인 세속사회와 종교다원사회에 응답하는 선교와, 선교적으로는 개인중심적, 교회중심적 선교의 문제점을 극복할 수 있는 선교관으로서 하나님의 선교에서 해결책을 모색하고자 한다.

복음전도와 교회의 공적 책임의 올바른 관계를 이해하기 위해서는 구속사와 보편사의 관계를 하나님의 선교에 근거하여 바르게 이해하는 것이 필요하다. 하나님의 활동이 구약의 이스라엘과 신약 이후에 교회를 통해서 활동하시는 구속사에만 제한되는 것이 아니라 선택된 백성 밖인 보편사 속에서도 하나님의 활동을 이해하고 그 두 관계에 대한 올바른 신학적 토대를 갖는 것이 중요하다. 그것은 구속사만이 아니라 보편사를 통해서도 하나님의 선교를 인정할 때 교회는 복음전도와 함께 교회의 공적 책임활동의 선교현장으로서 세상을 확보할 수 있다.[43]

교회는 교회 밖의 단체들, 즉 세속사회의 다양한 기관들이나 타종교와의 협력을 통해서 하나님의 선교에 동참하게 된다. 여기에서 세상에 대한 바른 이해가 중요하다. 교회와 세상을 대립적 시각에서 이해하며 하나님을 단지 교회로만 관련시키는 이원론적 관점에서는 세상 속에서 활동하시며 그곳으로 교회를 부르시는 일에 참여하기가 어려울 것이다. 세상이야말로 하나님의 선교현장이며, 하나님의 관심사는 전 피조세계를 포함한다는 사실을 깨닫게 될 때 교회의 선교는 세상 안에서 실천이 가능하며 복음전도와 교회의 공적 책임이 함께 수행될 수 있다. 이를 위

---

[43] 이형기, 『하나님의 선교』(서울: 한국학술정보, 2008), 제2장, 3장.

해 신학적으로 창조와 구속이 하나님의 선교 안에서 연결되어야 하며 복음전도가 단지 교회만의 이야기가 아니라 종말론적 비전 하에서 이 세계를 변화시키며 온전히 회복하시는 하나님 선교에 동참하게 된다.[44]

하나님의 선교는 선교의 기원이 하나님에게 있다는 사실에서 시작한다. 삼위일체 하나님, 즉 성부, 성자, 성령은 선교하시는 하나님이며 교회의 선교의 근원이며 지탱자이다. 하나님은 아들을 세상에 보내시고, 성령과 함께 사역하시며 다시 교회를 세상으로 파송하신다.(요 20:21) 하나님은 그리스도안에서 만물을 구속하시고 화해하시며 모든 인간을 구원하기를 원하신다.(딤전 2:4) 교회의 선교는 삼위일체 하나님이 전 창조세계를 돌보시고 새 창조 활동을 전개하며 모든 만물을 그리스도안에서 하나로 통일하려는 관심과 활동으로부터 유래한다. 하나님은 복음선포를 통해서 사람들을 교회로 모을 뿐만 아니라 다시 세상을 향해 파송하신다.(요 20:21)

복음전도는 세상을 향한 하나님의 사랑의 메시지이다. 그러나 세상이 그 사실을 알지 못하기 때문에 하나님의 증인으로 하나님의 백성 곧 교회를 세웠다. 교회는 세상을 향한 하나님의 복음의 증언자이다. 이 활동은 언제나 세상과의 연관성에서 실천되어야 한다. 하나님이 세상과 관계하기 때문이다. 하나님의 선교에서는 기존의 개인구원 중심적 구원관이나 교회중심적 구원관을 넘어 선교의 책임과 영역을 전 세계와 피조세계로 확장하게 되었다.[45]

그러므로 선교의 주인은 하나님이며 선교의 장은 세상, 전 피조세계이다. 또한 선교의 내용은 복음전파만이 아니라 이 세상에서 하나님 나

---

44 Th. Sunderemeier, *Mission-Geschenk der Freiheit* (Frankfurt: Lembeck, 2005), 234-247. 예를 들면, 한국사회에서 교회가 교단적으로 또는 연합기구를 통해서 남북의 평화와 통일 운동에 적극적으로 참여하는 활동이나 세계교회협의회가 남아공 정부의 인종차별정책 폐지에 기여한 활동 등이 대표적 공적 책임의 사례로 볼 수 있다.

45 게오르크 F. 휘체돔, 박근원 역, 『하나님의 선교』(서울: 대한기독교출판사, 1980); D. J. Bosch, *Transforming Mission*, 389-399.

라를 세워가는 모든 활동이 포함되어야 하며, 선교의 목표는 개인이나 교회가 아니라 하나님 나라이다. 하나님은 예수 그리스도안에서 가난하고 약한 자들을 자신과 동일시 하고(마 25:41), 세상에 악한 자들의 불의한 행동을 심판하며, 평화를 해치는 갈등과 충돌을 화해로 바꾸어 간다. 그러므로 하나님의 선교에 참여하는 교회는 삶의 모든 영역, 즉 정치, 경제, 사회, 문화 등 모든 영역에서 하나님의 나라를 증거하고 실현하는 것을 자신의 선교의 책임으로 인식해야 한다.[46]

에큐메니칼 선교에서는 "정의. 평화. 창조의 보전"(JPIC)까지 그 책임 영역을 확대하고 있으며 최근에 전 피조세계를 포괄하는 생명의 관점에서 선교활동을 새롭게 이해하려고 시도한다.[47] 세계교회협의회가 출판한 문서들-선교와 복음전도, 삶과 봉사, 각 선교대회 관련 문서 등-은 교회가 어떻게 성서의 가르침을 오늘의 세상에서 구체적으로 선포하고 실천해야 할 것인가에 대한 풍부한 지침을 제공한다. 이러한 문서들은 성서를 교회에만 관련된 책이 아니라 세상을 향한 하나님 나라의 선포와 실천을 위한 표준과 지침으로서 교회와 세상 사이를 연결하는 역할을 한다.[48]

교단과 지역교회 차원에서, 그리고 무엇보다도 그리스도인의 일상생활에서, 그들의 직업을 통해서 하나님 나라를 위한 공적 영역에서의 참여가 실현되어야 하는데 여기에 에큐메니칼 문서의 내용들이 구체적이며 실제적인 방향과 지침을 제시한다.[49] 세상의 모든 영역에 대한 하나님의 포괄적인 사랑과 주권, 통치에 근거하고 있는 하나님 나라 신학은 곧

---

46 복음주의자들이 모인 마닐라 선교대회(1989)에서 선교를 "전 교회(the whole Church)가, 온전한 복음(the whole Gospel)을 전 세계(the whole World)에서 증거하고 실천하는 것으로 선언한 바 있다. 마닐라 선언문(1989).

47 Lausanne Covenant 1974; Mission and Evangelism: An ecumenical Affirmation 1982; Mission and Evangelism in Unity Today 2000.

48 이형기, 『하나님 나라와 공적 신학』(서울: 한국학술정보, 2009); 이형기 · 송인설 공역, 『신앙과 직제와 삶과 봉사의 합류』(서울: 한국기독교교회협의회, 2009)

교회로 하여금 사회의 공적 영역과 일들에 참여하는 것을 촉진하는 공적 신학이며, 여기에서 하나님 나라 복음전도와 하나님 나라 실현인 공적 책임이 함께 가야 하는 당위성을 발견한다.

결론

　복음전도와 교회의 공적 책임은 모두 선교활동에 속한 것이지만 각기 서로에게 환원될 수 없는 독특성을 가지고 있다. 복음전도는 교회와 그리스도인에게 주신 그리스도의 명령이며 동시에 교회의 생명력이다. 전 세계 교회는 자신이 속한 사회와 또한 다른 지역에서 복음을 전하는 일에 헌신하도록 부름받았다. 복음전도는 그 복음의 내용이 담지하고 있는 바와 같이 단지 말로만 선포하는 행위가 아니라 사회 속에서 실천하는 것을 동반해야 한다. 물론 상황에 따라 복음전도나 사회적 실천이 더 강조되어야 할 시대나 지역이 있을 수 있다. 세속사회의 영향으로 크게 약화되어 전도의 필요성을 느끼지 않는 서구교회나 이전과 같은 활발한 전도활동이 더 이상 진행되지 않고 정체되어 가는 한국교회와 그리스도인들은 온 세상을 향한 그리스도의 복음을 새롭게 깨닫고 전하는 일에 열심을 회복해야 한다.

　세상은 교회가 전하는 말을 들을 뿐 아니라 경우에 따라 교회와 그리스도인들의 행위에 더 주목하고 있음을 알아야 한다. 복음이 세상에서의 실천력을 갖추지 못한다면, 또한 전도는 열심히 하고 교회는 성장해도

49　세계교회협의회 엮음, 이형기 옮김, 『세계교회협의회 역대총회 종합보고서』(서울: 한국장로교출판사, 1993) 총회보고서와 같은 에큐메니칼 문서들은 교회가 직면하고 있는 현대사회의 문제들에 대하여 어떻게 성서에 근거하여 이해하고 구체적으로 응답해야 하는가를 잘 제시하고 있다. 이러한 자료들은 교회의 공적 책임의 방향과 내용을 안내하는 훌륭한 지침서 역할을 한다.

말과 행위의 균열로 인해 사회적 신뢰도를 상실한다면 전도는 그 열매를 얻지 못할 것이다. 한국교회는 오늘날 전도의 열심을 회복하는 운동과 함께 철저한 회개와 반성을 통해 복음의 실천력을 회복해야 한다.

오늘의 사회를 규정하는 세속사회와 다종교사회에서 기독교의 선교는 거부당하거나 어려움을 겪고 있다. 그렇다고 기독교의 정체성과 열심을 회복할 목적으로 이전 19세기의 제국주의적 선교로 회귀할 수 없고 또한 해서도 안된다. 한국교회는 오늘날 소통의 문제를 심각하게 겪고 있다. 세속주의자들과의 소통, 다른 종교인들과의 소통하는 법을 배워야 한다. 그것은 성육신 모델이 우리에게 제시한 바와 같이 먼저 그들에게 다가가 평화로운 이웃으로 더불어 살면서 때로는 말로, 때로는 삶으로 하나님의 사랑이 전달되어야 한다. 복음은 세상을 향한 하나님의 사랑의 메시지이다. 사랑은 메시지 전달만 있는 것이 아니라 많은 것을 포함하고 있다. 사랑 안에는 타인에 대한 존중과 예절 바름과 소통이 함께 한다. 우리는 리처드 마우가 말한 것처럼 신실한 믿음과 공손함이 양립할 수 있음을 확신하고 그것을 선교에서 실천하는 법을 배워야 한다.[50]

예수님의 증인이 된다는 것은 의미심장한 일이다. 예수님은 "증거하라"를 동사형으로 말씀하지 않고 "증인"이 되라고 명사형으로, 즉 사람에 대하여 말씀하셨다. 이 증인 안에는 복음전도의 활동만이 아니라 삶과 행위가 함께 포함되어 있다. "살아 있는 증거는 바로 그 증거를 불러일으킨 사건, 사람, 메시지에 의존하고 있다."는 다렐 구더(D.L. Guder) 박사의 말을 주목할 필요가 있다.[51] 오늘날 교회가 회복해야 할 과제는 증거활동만이 아니라 증인이 되는 일이다. "교회가 세상의 빛과 소금이라"는 예수님의 말씀은 바로 증인으로 사는 것을 통해서 실현되며 여기에서 복음

50　Richard J. Mouw, *Uncommon Decency*, 홍병룡 옮김,『무례한 기독교』(서울: IVP, 2004), 165-176.

51　D.L. Guder, *The Continuing Conversion of the Church*, 조범연 옮김,『교회의 선교적 사명에 대한 신선한 통찰』(서울: 미션툴, 2005), 123.

전도와 공적 책임이 균형 있게 어우러지는 선교 방향을 찾을 수 있다. 점점 확산되는 세속사회에서 복음의 확신과 다종교사회에 적합한 윤리, 그리고 복음전도와 그에 합당한 열매이며 선교방식인 공적 책임이 함께 어우러질 때 선교가 보다 효율적으로 전개될 수 있다. 300만 성도신앙운동의 취지문에서 언급한 바와 같이 한국교회의 정체현상과 사회적 비판의 대상이 되고 있는 오늘의 현실에서 복음을 통한 교회의 갱신과 사회적 신뢰도의 회복을 위해서 올바른 복음전도활동이 요청되고 있다.

교회의 다양한 실천사례와 경향성

1. "하나님 나라의 도구"로서 용학교회 이야기[1]

교회소개:

용학교회는 전남 무안군 해제면 해제리에 위치한 한국기독교장로회 소속 교회이다. 교회가 위치한 마을은 약 200호 가구가 거주하는 소규모 지역이다. 박석종 담임목사는 다른 농촌 지역에서 12년 3개월 목회한 후 이곳에서 7년 2개월째 목회하면서 총 20여 년을 농촌 목회자로 활동하였다. 용학 교회는 83년의 역사를 지닌 교회로서 장년부가 160여명(세례 교인)으로 농어촌 지역에서 어느 정도 규모를 갖춘 교회이지만 어린이나 중 고등부는 거의 없으며 장년부의 70%가 70세 이상을 차지하는 전형적인 고령화된 농촌 교회이다. 이 교회를 선교와 교회의 공적 책임을 실천하는 모범 사례로 소개하는 이유는 목회자가 가진 목회철학과 지역사회에 교회가 가진 영향력 때문이다.

교회활동:

용학교회 담임목사는 분명한 원칙을 가지고 목회에 임하고 있는데, 그것은 세상에 대한 교회의 목적과 역할을 "하나님의 선교"(mission Dei) 관점에서 이해하고 있다는 점이다. 박목사는 요즈음 교회가 세상으로부터 비판받는 이유를 교회가 세상을 섬기지 못하고 있기 때문이며 여기에는 목회자들의 교회론의 부재가 원인이라고 지적한다. 담임목사는 하나님의 선교 관점에서 교회와 세상을 바라보고, 교회 존재와 목적이 교회

---

1 용학교회를 소개하는 내용은 농촌과 목회, 2009년 여름호 통권 42호에 게재된 내용(80-90)과 필자가 박석종 목사와 전화 인터뷰(2009.7.13)를 통해서 정리한 내용을 근거로 한다.

자신이 아니라 하나님 나라 실현의 도구로 이해하며 교회의 목표를 "선교하는 교회"에 맞추어 목회활동을 수행하고 있다. 특이한 것은 이러한 선교적 교회의 실천에 적합한 교회 조직의 개편을 시도한 점이다. 교회 조직은 크게 두 가지 성격으로 구분하여 내부적 일을 위해 기존의 교회들과 같은 조직을 갖되, 대사회적 역할을 수행하기 위해 다섯 가지의 위원회를 새롭게 구성하고 그 위원회를 중심으로 지역사회 속에서 활발하게 활동하고 있다: 복지선교위원회, 문화선교위원회, 환경선교위원회, 생명농업위원회, 교회와 사회위원회. 용학교회 활동은 다섯 가지 위원회 중심으로 간단하게 소개하고자 한다.

복지선교위원회:

복지선교위원회는 주로 노인복지에 관련된 봉사활동에 집중하고 있으며 주요활동은 노인대학, 독거노인을 위한 밑반찬 배달, 무안 노인복지센타, 노인건강증진서비스 활동으로 구분된다. 노인대학은 지역사회에서 폭발적인 호응을 얻어 진행하고 있으며 용학교회의 프로그램이 기초가 되어 현재 무안군에 20개소로 확산되었다. 노인 대학은 고령화 된 지역사회(노인 비율 20-30%)에서 노인들이 지속적인 배움과 상호 교제를 통해 노인들의 삶의 질을 향상하고 의미와 보람을 느끼게 한다는 점에서 사회적 필요성에 부응하는 활동이다. 노인복지센터를 지역관청과 협력하여 건립하여 노인들을 보살피는 일을 보다 효율적이며 체계적으로 운영하고 있다.

문화선교위원회:

용학 교회는 지역사회의 건강하고 지역주민들이 함께할 수 있는 문화활동을 개발하고 선도한다. 2004년부터 정월대보름 축제를 개최하여 모든 지역주민들이 함께 교제하고 즐기는 만남과 축제의 장을 조성하며, 농촌 지역에도 점차적으로 확산되고 있는 향락적이며 퇴폐적인 문화를 일소하고 지역주민들의 삶을 건전하게 이끌어가는 공동체 문화개발에 노력하고 있다. 구체적으로는 지역주민이 주도하는 사물놀이패와 농한기에 주민들의 운동을 위한 게이트볼을 제공한다.

환경위원회:

용학 교회는 신앙의 관심과 선교활동의 범위를 창조질서 회복운동에까지 넓히고 있다. 오늘의 세계가 당면한 환경파괴와 생태계 오염 문제를 심각하게 인식하여 교회차원에서 10대 환경수칙과 66가지 창조세계 보존수칙을 만들어 교인들부터 친환경적 삶을 습관화하고자 한다.

생명농업위원회:

대부분 교인들이 농민이라는 점을 생각하여 농업활동에서 친환경적 농법을 사용하도록 노력하고있다. 교인들로 구성된 영농조합법인 "해뜰 공동체"를 조직하여 유기농업으로 곡물을 생산하여 유통하고 있으며 열악한 조건이지만 사람들이 건강을 위한 건전한 먹기를 생산을 위해 교회가 앞서서 인도하는 역할을 수행한다.

선교학적 평가

첫째, 담임목사는 교회가 지역사회 안에서 선교적 교회로 자리잡고 활동하는데 필요한 선교신학, 하나님의 선교에 근거한 교회론을 정립하였다. 용학교회 박석종 목사는 현재 한국교회가 세상으로부터 비판을 받게 된 주된 이유를 "교회가 세상을 섬기지 못하기 때문"이라고 진단한다: "한마디로 말하면 교회는 교인들만의 교회이지, 세상을 위해 봉사하고 섬기는 교회가 되지 못하고 있다는 말입니다."[2] 박목사는 그 이유를 목회자들의 교회론의 부재에서 찾는다. 그래서 박 목사는 자신의 교회를 철저하게 하나님의 선교(missio Dei)에 기초하여 기존의 교회론에 획기적인 변화를 가져왔다고 말한다. 하나님의 선교에서 보면 선교의 주체는 교회가 아니라 하나님 자신이며 교회는 하나님의 선교의 도구이다.[3] 박목사는 중요한 것은 교회가 아니라 선교라고 말한다. 따라서 교회는 선교 중심적 교회가 되어야 한다고 주장한다.

둘째, 선교적 교회를 실현하기 위해 교회구조를 개편하였다. 박석종 목사는 하나님의 선교에 기초한 선교적 교회로 활동하기 위해 기존의 교회 모습이나 틀에는 한계가 있음을 깨닫고 선교적 교회를 지향하는 교회가 되기 위해 기존의 교회 내부적 활동을 위한 조직 외에 지역사회 속에서 선교활동을 효율적으로 수행할 수 있는 교회 조직의 개편을 시도하였다. 하나님의 선교를 구체화 하는 교회구조로의 개편은 실제적으로 교회가 대사회적 기능을 수행하기 위해 다섯 개의 선교위원회를 구성하고, 그것을 통하여 지역사회 안에서 교회의 공적 책임을 활발하게 실천하고 있다.

셋째, 용학 교회의 공적 영역에서의 참여는 일반적이 아니라 지역사회가 직면하고 있는 문제에 대한 구체적인 응답적 선교활동이다. 박석종 목사가 지적하는 지역사회의 공적 주제들을 다음과 같다: 1) 농업활동에서 발생하는 문제들(농업과 환경파괴, 건강한 먹거리 생산과 유통 등), 2) 고령화 사회에서 발생하는 노인복지와 노인 일자리 창출, 3) 지역사회의 공동체 문화를 개발하여 발전시키며, 향락문화와 퇴폐 문화에 병들어가는 농어촌 사회에 건강한 문화형성, 4) 점증하는 다문화가족에 대한 배려와

---

2   농촌과 목회, 2009년 여름호, 통권 42호, 81.
3   박성종 목사는 필자와의 인터뷰에서 하나님의 선교를 뒤늦게 공부한 대학원에서 처음 배웠으며 그 중요성을 인식하여 그 주제를 논문 작성에서 깊이 있게 연구하고 자신의 목회에 적용하게 되었다고 말하였다.

지원 등이다. 교회는 이 중에서 무엇보다 지역사회 인구의 20-30%에 육박하는 고령화 현상에 대하여 노인 복지 차원에 주력하여 다양한 활동들을 전개하고 있다.

넷째, 평신도들을 잘 교육하고 훈련하여 교인으로서만 아니라 사회 속에서, 그들의 삶의 터전에서 그리스도인과 시민으로서 올바른 삶을 실현하도록 인도한다. 예를들면, 창조질서 회복운동을 목표로 하여 용학교회 10대 환경수칙과 66가지 창조세계보존수칙을 만들어 친환경적 생태적 생활화를 지향하고 있으며 생활화 하는 것을 노력하고 있다.

다섯째, 교회가 지역사회 안에서 여러가지 면에서 선도적인 역할을 하고 있지만 교회 혼자 하는 것이 아니라 지역 주민과 함께 하거나 기관의 관계자들과 협력하는 것을 지향한다. 이것은 지역사회에서의 교회의 활동이 고립적이거나 일방적 방식이 아니라 지역사회가 함께 존재하고 함께 활동하는 교회로 인식되기 위한 노력이다.

용학 교회는 작은 단위의 농촌 지역에 속한 교회로서 큰 규모는 아니지만 교회가 속한 지역사회와 세계를 바라보면서 하나님의 선교를 충실하게 수행하는 교회로 자리잡고 있다. 교회 자체가 목적이 아니라 세상을 섬기는 교회가 되기 위해 지역사회에 필요한 문제들에 관심을 갖고 그것이 교회의 선교활동을 이끌어가는 원리가 되고 있다. 용학 교회의 이와 같은 활동은 지역사회와 주민들에게 좋은 이미지를 전달하며 지역사회에 교회가 필요한 존재라는 인식이 형성되어 결과적으로 교회전도와 성장의 열매로 연결되고 있다.

2. 복음전도와 공적 책임의 균형과 조화를 이룬 완도 성광교회 이야기

교회소개:

성광교회는 전남 완도 섬에 위치한 교회로서 1982년에 초대 담임목사로 부임한 정유겸 목사와 교인들의 전도에 대한 열정과 지역사회를 섬기는 균형 잡힌 목회철학과 활발하고 자율적 참여로 인하여 지역사회에서 활발한 실천과 놀라운 교회성장을 겸비한 교회이다. 성광교회는 기존의 교회와 같이 전도를 열심히 하는 교회이며 동시에 530여 개의 많은 위원회를 조직하여 지역사회 안에서 매우 역동적으로 활동하고 있다. 현재 아동, 원입교인 포함하여 2962명(남성 1332명, 여성 1630명)의 재적교인을 가진 큰 규모의 교회로서 2007년에만 538명의 교인이 등록하였다. 성광교회는 특히 평신도 사역을 통해 지역사회를 변화시키며 성장하는 교회로 알려져 있다. 성광교회는 "사도행전적 교회구현"의 비전을 품고 7가지 구체적인 방향을 제시한다.

1. 성장에 기초한 교회
2. 성령님께서 이끌어 가시는 교회
3. 평신도 사역의 활성화로 전 교인을 사역자화 하는 교회
4. 소그룹 사역의 활성화로 신앙을 생활화, 현장화 하는 교회
5. 선교 지향적 구조로 선교사역을 극대화 하는 교회
6. 지역사회를 이끌고, 지역과 함께 가며, 지역을 책임지는 교회
7. 세계를 향하여 나아갈 하나님의 사람을 발굴, 양육하는 교회

교회활동:

성광교회는 비전에서 제시한 바와 같이 평신도 사역을 통해 지역사

회에서 선교를 활발하게 전개하는 교회이다. 전우겸 목사는 "전교인 사역자화"란 구호아래 "교회 안 실업자 없애기 운동"이라는 독특한 교회의 방향을 제시한다. 성광교회 성도가 되려면 530개의 사역위원회 중 어디엔가에 소속하여 활동하여야 한다. 이 위원회는 목회자가 위에서 아래로 지시하여 조직되는 것이 아니라 평신도들이 스스로 조직하여 운영하는 위원회다. 담임목사의 역할은 사역내용을 보고받고 신학적으로 정리해 주는 것이다. 한국교회에서, 특히 섬 지역에 소재한 교회로서 드물게 평신도의 자율성이 작용하고 있는 교회하는 점에서 독특함이 있다.

완도는 섬으로 전도하기가 쉽지 않았지만 교회가 "친 지역주민, 친 지역사회"활동을 강조하면서 주민들에게 적극적으로 다가서려는 노력을 기울였다. 성광교회 역시 지역사회의 문제와 필요성을 인식하고 해결하는 방식으로 지역사회 봉사활동을 시작하였다. 노인 복지활동을 비롯하여 불우가정 돕기, 소년소녀가정에 도시락 배달, 청소년을 위한 공부방, 어린이 집 등이 그 대표적 활동이다. 그 결과 지역주민들은 "교회가 없는 것보다 교회가 있는 것이 좋겠다"는 결론을 내리게 되었다.

운동권 출신의 담임목사는 젊은 시절에 사회적 관심과 역사의식을 가지고 고민하던 시절이 있었다. 그때 기독교인으로, 목회자로서 우리 사회가 당면한 문제에 어떻게 대응해야 할 것인가에 대하여 고민하면서 방향을 찾으려고 노력하였다. 이러한 과정이 담임목사가 된 후에 그의 목회와 선교활동을 통해서 구체적으로 실현된 것이다. 정목사는 군사독재정권 시절에 민주화 투쟁에 참여하면서 교회가 세상을 변화시키는 일에 큰 관심을 갖고 있었다. 그는 자신의 목회방향을 제시하는 원리로서 요한 웨슬리의 말을 늘 마음에 품고 있다. "하나님 밖에 두려워하지 않고 죄 밖에 피하지 않으며, 세상을 두려워하지 않는 20명의 젊은 사람은 세상을 변화시킨다." 과거에 독재타도와 인권, 민주화 투쟁으로 세상을 바꾸려고 했다면 이제는 교회를 통해서 세상을 변화시키는 목표로 교인들을 교육하고 있다.

매우 흥미있는 사실은 정유겸 목사는 전도와 교회성장에 큰 관심을 갖고 있다는 점이다. 정목사는 자신이 효과있는 전도방법을 배우기 위해 전국을 다니면서 30여 개의 전도 세미나를 참석하였다. 결론으로 얻은 것은 "전도는 기술이 아니라 구원의 감격을 회복하고 그것을 전하는 것"이라는 내용이다. 그렇기 때문에 정목사는 설교와 성경공부에서 예수 그리스도의 십자가의 사건과 성도가 구원받은 사실과 그 감격을 회복하고 유지할 것을 교인들에게 강조한다. 그 결과 교인들은 자발적으로 열심히 전도하여 새신자를 교회에 등록시킨다. 성광교회는 9년 동안 매년 240여 명의 새로운 교인이 등록하는 기록을 갖고 있으며 정착률도 높다. 교회의 구체적 활동내용을 여기에서 다 언급할 수 없다. 다만 교회 활동의 주요 방향은 지역사회와 함께 하는 교회로서 한국교회의 고질적 문제인 개인과 교회중심의 선교구조를 넘어서 지역사회 전체를 포괄하며 전도와 지역사회를 위한 활동에 보기 드문 균형과 조화를 갖춘 교회라는 점에서 한국교회에 귀감이 된다.[4]

선교학적 평가

첫째, 교회의 활동은 목회자의 사회적 책임의식과 그것에 대한 분명한 신학적 인식에 바탕을 두었다. 80년대 민주화 운동에 적극적으로 참여한 운동권 출신의 목회자로서 사회적 문제에 참여하는 것이 교회의 선교적 사명이라는 확신을 가지고 있었다. 정우겸 목사는 80년 5.18 광주항쟁을 경험하면서 구약의 예언서가 현실적인 문제에 대한 하나님의 말씀으로 분명하게 깨달아졌고 이때부터 사회의 다양한 문제들에 대한 신

---

[4] 성광교회 자료는 교회 홈페이지의 자료실에 있는 기사들을 참고하였음을 밝혀둔다.

학적 연구와 함께 사회를 이해하는 인문학적 연구에도 시간을 투자하였다. 민주화, 인권운동, 도덕성회복, 지역개발 등이 정 목사의 주된 사회적 관심사였으며, 이러한 사회적 의식은 그의 목회활동의 방향과 내용에 큰 영향을 끼쳤다.

둘째, 담임목사의 사회를 향해 열린 신학은 교회를 "친 지역주민, 친 지역사회"적 특성을 갖게 하였다. 교회의 다양한 친 지역사회적 활동은 교회가 직접 홍보하지 않아도 주민들에게 교회에 대한 좋은 인식과 특히 지역사회를 위해 교회가 반드시 필요한 존재라는 생각을 갖게 하였다.

셋째, 성광교회는 무엇보다 평신도 사역을 통한 지역사회를 섬기는 교회이다. 평신도가 가진 은사와 자원을 최대한으로 활용함으로 교회 내부적으로는 생명력 넘치는 활동적인 교회가 되었고, 밖으로는 지역사회를 구체적이며 효과적으로 섬기며 봉사하는 교회가 되게 하였다. 530개의 위원회들은 지역사회의 필요성과 교인들의 은사에 따라 다양하고 자율적으로 조직하여 모든 교인들이 참여하는 섬김의 활동이다. 기존 교회들은 목회자 중심의 구조로서 대부분의 평신도들이 목회자 의존적 특성을 지니며 그들의 활동이 거의 교회 내부적인 것에 반하여, 성광교회는 평신도가 주체가 되어 자발적 방식으로 사회적 영역에서 대부분의 활동이 진행되고 있다. 정우겸 목사는 평신도 훈련에서도 목회자와 평신도가 신앙적인 면에서 차이가 없어야 한다는 점을 강조하며 교회 안에 "작은 목회자"가 아니라 사회 속에서 "작은 예수"로 살아가는 것을 목표로 하고 있다. 이것은 세계교회협의회 총회 문서에서 강조한 바와 같이 평신도야말로 "교회와 세상을 연결하는 다리"로서 그의 선교적 사명과 역할을 정확히 수행하고 있다.[5]

넷째, 성광교회는 무엇보다 복음전도와 교회의 사회적 공적 책임의

5 　세계교회협의회 역대 총회 종합보고서, 세계교회협의회 엮음, 이형기 옮김(서울: 한국장로교출판사, 1993), 162-176.

균형과 조화를 잘 이루고 있다는 점이다. 정우겸 목사는 전도와 교회성장을 위해 최선을 다한 목회자이다. 효과적인 전도방법을 배우기 위해 전국적으로 30여 개 전도 세미나를 참석하였으며 그 과정에서 "전도는 기술이 아니라 구원의 감격을 회복하고 그것을 전하는 것"이라는 결론을 얻게 되었다. 그 후 교회의 전도와 성장에 대한 관심을 여전히 갖고 있었지만 그 출발점과 접근방식은 달랐다. 기존교회와 같이 전도하여 교회를 성장시키는 것을 목적으로 삼지 않았다. 교회는 불신자들에게 그리스도의 복음을 전해야 하지만 동시에 사회적 문제들에 대하여 교회가 구체적으로 해결책을 모색하는 것 역시 교회의 필수적 책임이라는 인식을 하고 있다. 성광교회 교인들은 복음전도활동에서 열심히 참여하지만 동시에 자신이 속한 위원회를 통해서 지역사회를 섬기는 일에도 동일한 관심과 열정으로 참여하고 있다. 성광교회는 로잔 언약의 제 5항에서 언급한 바와 같이 복음전도와 교회의 정치 사회적 책임은 둘 다 교회에 속한 필수적 의무라는 사실을 현실적으로 실현하고 있다. 이것은 전도와 교회의 사회적 영역에서의 책임적 실천이 서로 분리되는 것이 아님을 실천적으로 예증하고 있으며, 전도는 보수교회가 사회참여는 진보교회가 하는 것이라는 기존의 잘못된 이분법적 생각을 교정하고 있다.

3. 기독교 NGO 선교단체 한아봉사회

한아봉사회는 1992년 한국교회에서 뜻을 함께 하는 사람들에 의해 동남아 지역, 인도차이나 반도에 속한 나라(미얀마, 라오스, 베트남, 캄보디아, 중국 내륙)를 중심으로 "섬김과 나눔"의 방식으로 선교활동을 수행하는 선교회로 창립되었다. 이 지역은 빈곤과 고난, 서구 식민주의 상처와 후유증과 현재도 진행되고 있는 내란의 혼돈으로 인해 고통받는 곳이다. 창립 당시에 이름은 "한아선교봉사회"로서 다음과 같은 목적과 선교정책으로 출발하였다. 한아선교봉사회는 "한국교회와 그리스도인들이 선교와 봉사의 정신으로 아시아의 교회들과 협력하여 정의롭고 평화로운 사회로 만들고 발전시키는데 이바지함을 목적으로 한다." 이 창립목적은 1999년에 외교통상부에 NGO기관으로 등록하면서 종교적 명칭을 제외해야 한다는 규정에 따라 "한아봉사회"로 명칭을 변경하면서 다음과 같이 수정되었다. "21세기를 앞두고 한국교회와 그리스도인들이 아시아 여러 나라 민족들과의 교류와 협력을 통하여 아시아의 발전과 평화를 증진하고 선린관계를 발전시켜 가는 데에 이바지함을 그 목적으로 한다." 한아봉사회는 겉으로 드러나는 활동으로는 전통적 선교형태를 벗어나지만 기독교 신앙에서 출발하여 어려운 지역에 하나님의 구체적인 사랑을 전달하는 것을 목적으로 삼았다는 점에서 선교단체임에 틀림없다. 그러나 활동의 목적에 있어서 그 범위가 넓고 활동형태가 다양하다는 점에서 일반 선교단체와 차별성을 갖고 있다. 한아봉사회가 수행하는 사업의 내용을 보면 사회적 차원과 공적 영역에 해당하는 활동이 주종을 이루고 있음을 볼 수 있다.

1. 역사와 문화에 대한 연구와 교류 사업
2. 문해(文解) 교육과 빈곤퇴치 사업
3. 보건의료 향상 사업
4. 청소년 교육 훈련과 여성 지도력 개발 사업
5. 복지 및 평화 증진 사업
6. 비정부기구(NGO)와의 협력 사업

한아봉사회는 기존의 한국교회의 개인전도와 교회개척 중심의 선교활동과는 달리 인도차이나 지역의 국가들과 협력관계에서 선교를 공적 영역에서의 봉사활동 주된 내용으로 정하고 있다. 따라서 봉사활동은 대부분 지역사회의 책임적 조직이나 인물과 협력하는 방식으로 진행된다. 이것은 전통적 선교가 사회로부터 유리된 종교적 활동을 지향한 것에 반하여 창립목적에 언급한 바와 같이 사회 전체를 활동영역으로 받아들이고 있다. 한아봉사회의 각 지역별 봉사활동의 주요 내용들을 살펴보면 선교활동이 어떻게 사회적, 공적 영역에서 수행되고 있는 가를 잘 알 수 있다.

활동내용:

한아봉사회가 활동하는 내용들은 매우 다양하지만 기존 선교단체들의 활동과는 여러가지 면에서 차별성을 갖는다. 한아봉사회는 대부분 선교제한지역에서 활동하고 있기 때문에 복음전도나 교회설립과 같은 선교활동을 공식적으로 하지 않는다. 정관이나 사업내용에서 밝힌 바와 같이 주로 경제적으로 낙후된 지역사회의 개발, 사랑의 집 짓기, 병원설립과 건강증진을 위한 보건의료, 문맹퇴치와 학교지원사업 등과 같은 문화사업, 인재양성을 위한 장학사업 등이 주된 내용이다. 혹자는 이것이 교회가 해야 할 일인가 반문할 수 있다. 실제로 베트남에 단기봉사활동에 참여한 청년이 선교사의 안내로 사랑의 집 짓기 활동만 계속하자 "언제 선교활동을 하는가" 질문한 적이 있었다. 그때 선교사는 베트남에서 집 없는 가난한 사람들에게 사랑의 집을 지어주는 것이 그들을 향한 하나님의 사랑의 행위이며 그것이 어떻게 선교로 연결되는 가를 설명하였다. 봉사활동이 끝난 후 청년은 큰 감동을 받았음을 고백하였다.[6]

2002년 한아봉사회 10 주년 보고서에 활동내용을 일목요연하게 잘 정리하였다.[7]

---

6 한아봉사회 제13차 정기총회 보고서, 58-59

7 한아봉사회 창립 10주년 기념행사 및 제10차 정기총회 보고서, 113-139; 김영동, "섬김과 하나됨의 생명선교"-한아봉사회 사역의 선교신학적 의의, 한아봉사회 제17차 정기총회 보고서, 121-142.

한아봉사회가 관련하고 있는 지역의 인재양성을 위해 전체적으로 장학사업과 학교 지원사업을 추진하면서 지역별 중점과제를 제시한다. 사업내용을 간략하게 소개하고자 한다.

베트남에서는 초등학교 건립과 지원, 청소년 컴퓨터 교실 개원, 가난한 가정의 아이들을 위한 사랑의 교실, 유치원 건축, 가축양육사업 등이다.

라오스 지역은 직업훈련원과 클리닉 센터 후원, 초등학교 건립 및 개축지원, 빈곤퇴치 프로그램으로 소액자본 사업계획, 청년 지도력 개발 프로그램 개최 등이다.

캄보디아는 학교건축지원, 의료활동, 지뢰제거 활동지원, 기술학교 및 직업학교 건립 운영, 문맹퇴치사업, 에이즈 예방 및 계몽사업, 컴퓨터 학교개설 및 지원과 최근에 프놈펜에서 아주 떨어진 오지에 속해 있는 롱웽 마을에 주민 센터를 건립하고 지역전체를 종합적으로 발전시키는 계획을 세우고 있다. 이 마을 주민은 90가구 중 35가구가 그리스도인 가정으로서 교회가 지역의 중심이 되어 발전과 변화를 이끌어가는 "평화생명을 지향하는 기독교 마을"의 모델로 시도하고 있다.[8]

미얀마는 고아원을 설립하도록 건축을 지원하며, 도시농촌선교 (URM) 소속 청년 지도력 개발 교육, 빈곤퇴치의 대안으로 소액회전자금 사업을 추진하고 있으며, 미얀마 교회협의회와 세계교회협의회와 협력하여 농촌활동을 지원하고 있다.

선교학적 평가

첫째, 한아봉사회는 섬김과 나눔의 형태로 디아코니아 활동을 통한

---

[8] 한아봉사회 캄보디아 '롱웽마을' 사역 프로젝트 계획서.

선교를 지향한다. 외형적으로는 다른 NGO나 국가 기관의 활동과 구별되어 보이지 않는다. 그렇다면 기독교 선교단체로서 교회들이 기도와 후원을 받아 활동하고 있는 한아봉사회의 구별된 성격은 어디 있는가? 활동의 근거와 방법, 목표에서 다른 기관과 차별성을 갖는다. 한아봉사회는 단지 휴매니즘의 차원에서 출발하지 않는다. 비록 해당지역의 법적 규제로 인해 공식적 전도활동이나 교회설립을 하지 못하지만 그들을 향한 하나님의 마음을 사랑의 실천으로 전달하고자 한다. 단지 인간을 향한 "선한 행위"가 아니라 "믿음과 사랑에 근거한 선한 행위"이다. 복음을 말로는 증거하지 못할지라도 시간이 지나면서 현지인들은 왜 한아봉사회와 선교사들이 자신들을 위하여 일하고 있는가를 알게 된다. 그리고 선한 행위를 가져오는 믿음으로부터 감동과 영향을 받아 그 믿음에 이르게 된다.[9]

둘째, 하나님의 선교는 선교제한지역에서도 선교활동의 근거로서 폭넓고 유연한 활동을 가능하게 한다는 점이다. 한아봉사회의 활동지역은 전통적 선교관, 개인과 교회중심적 선교개념으로는 접근하기 어려운 지역이다. 그러나 한아봉사회는 공식적 선교활동이 제한되는 지역 환경으로 인하여 오히려 선교현장이 더 넓어졌다. 즉 선교가 사회적, 공적 영역과 더 긴밀한 관계를 갖게 된 것이다. 다시 말하면, 선교현장의 중심은 개인과 교회가 아니라 공산주의 사회 자체가 되었다. 한아봉사회 소속의 한 선교사는 베트남에서의 자신의 동반자 선교협력자는 베트남 정부와 인민위원회라고 말한바 있다. 전통적 선교관에서는 이러한 고백을 이해하기 어렵겠지만 선교제한지역의 환경으로 인하여 교회중심적 선교로부터 하나님의 선교의 폭넓은 이해와 실천이 가능하게 되었다. 한아봉사회의 활동을 통해서 마태복음 25장의 "최후의 심판"에 관한 내용(31-46절)

---

9 김덕규, "동반자 선교", 한아봉사회 제17차 정기총회 보고서, 143-146.

이 기독교 선교에서 중요한 사실을 확인하게 된다. 성경은 하나님의 관심은 종교적 차원이 아니라 인간존재 자체라는 사실을 가르친다. 즉 영생으로 들어가는 기준은 종교적 차원의 활동이 아니라 세상에서 "소자" 하나를 어떻게 대하였는가에 따른 삶이라는 것을 증거한다. 이 귀절에 대한 다양한 해석의 여지가 있을지라도 분명한 것은 심판자는 세상에서의 삶을 매우 중요하게 여긴다는 점을 가르친다. 선교는 결코 사회적, 공적 영역과 분리되어 수행할 수 없다는 점이다. 이 사실을 한아봉사회의 활동을 통해서 분명하게 인식하게 된다.

셋째, 한아봉사회 활동은 평신도의 전문적 활동을 통해 다양한 접근 가능성을 보여준다. 해당지역에서 실시하는 의료봉사활동, 학교설립, 지역개발, 컴퓨터 학교운영, 집짓기 등의 활동에는 평신도의 전문지식이 요청된다. 한국교회가 교회개척을 선호하는 선교활동을 지향하고 있기 때문에 선교현장에서는 선교사간 중복과 경쟁이 불가피하였다. 또한 교회중심적 선교에서는 평신도는 그의 은사나 전문성이 무시되며 언제나 목회자의 보조자 역할에 그쳤다. 그러나 한아봉사회와 같이 선교현장의 필요에 의해 선교활동이 다양한 방식으로 접근할 때 평신도의 다양한 은사와 전문성이 매우 훌륭한 선교의 도구로 사용되며 목회자와 평신도의 아름다운 협력활동이 실현된다.

위에서 언급한 교회들과 선교단체 외에도 선교와 교회의 공적 책임을 바람직하게 수행하고 있는 수 많은 교회들의 사례가 있다. 예를들면, 『농촌과 목회』(계간지)에 게재된 교회 중에서 선별하여 엮은 『농촌목회현장이야기』에 소개된 29개의 교회들에서 구체적 사례들을 볼 수 있다. 이 교회들은 대부분 농어산촌에 소재한 교회들로서 교회의 생존과 씨름해야 하는 열악한 환경에 처해 있으나 신실한 목회자들과 교인들의 헌신적 노력을 통해서 교회들이 지역사회로부터 인정받고 성장하는 놀라운 결과를 얻고 있다. 이 교회들의 이야기는 그 어떤 것보다 교회와 선교를 위한 "살아있는 텍스트"이다. 한국사회도 포기한 농어촌 지역의 문제들과 씨름하면서 하나님 나라의 복음전파와 실현을 향한 비전은 신자와 불신자를 구분하지 않고 농어촌 사회 전체를 품고 교회 자신의 성장이 아니라 지역사회의 발전과 변화를 위해 선도적으로 봉사하였을 때 교회도 살아있고 성장하는 경험을 하게 되었다. 오늘과 한국교회가 세상을 등지고 교회 자신을 위해 존재한다는 사회로부터의 비난에 직면하여 이러한 교회들로부터 그 대안을 발견할 수 있다.

물론 세상을 변화시키는 노력은 지역교회로서는 한계가 있다. 때문에 서론에서 소개한 독일 교회와 같이 교단과 한국교회 전체가 공교회로서 마음과 힘을 모아야 하며, 개교회주의와 교파주의를 초월한 에큐메니칼 연대를 통해서 복음이 개인과 교회 울타리를 넘어 사회의 공적 영역에서 발생하는 문제들에 대한 구체적 대안이 될 수 있다.

제8장

통전적 선교에서 바라본 선교적 교회:

온 신학을 중심으로

서론

한국교회는 위기상황에 처해 있다고 한다. 그 중에 교회에 대한 사회적 불신이 가장 큰 요인으로 작용한다. 교회 내부적으로는 신앙적 확신을 가지고 생활하지만 교회 밖에서는 우리의 신앙의 진정성이 인정받지 못한다. 세상에 대하여 선교적 사명을 안고 있는 교회로서는 교회 안과 밖의 소통의 단절은 교회의 존재 자체가 위협을 받고 있는 상황이라고도 할 수 있다. 교회 안과 밖의 서로 다른 평가의 원인은 무엇인가? 한국교회의 교회중심주의적 신앙이 문제의 큰 원인이 된다고 생각한다. 한국교회가 교회를 중요시 여기는 그 의식과 전통 안에 교회를 약화시키는 요인들이 들어있다. 교회중심주의, 교회지상주의, 성장제일주의 등, 교회자체를 목적으로 삼는 실용주의적 교회관이 교회로 하여금 세상에 대하여 배타적이며 권위적인 존재가 되도록 한다.

기독교 신앙을 교회 안에 활동으로 제한적이며 편향된 교회로 치우친 신앙은 삶의 영역을 소홀히 할 뿐만 아니라 복음 이해에 대한 치우침으로 인하여 신앙의 내용에까지 불균형을 가져온다. 다종교사회이며 또한 세속적 가치가 지배하는 사회에서 한국교회에서 그리스도인이 대부분 교회를 중심으로 신앙생활을 한다는 사실을 고려할 때 교회 안에서 발생하고 경험하는, 즉 그리스도인들에 신앙에 영향을 미치는 교회 생활—예배, 기도, 설교, 교제, 교육 등—은 그리스도인의 신앙형성과 성장 과정에 매우 중요한 요인이다. 그러나 교회중심적이라는 것이 교회 자체를 목적으로 하거나 교회 안에 몰입하는 것이 아니라, 세상 속으로 파송받고 그 곳에서 하나님 나라의 복음선포와 실천적 영향력을 나타낸다는 점에서 중요하다. 교회에서 가르치는 내용이나 경험하는 모든 예전행위는 교회 안에 종교적 차원만이 아니라 세상 안에서 영향력을 행하는 그리스도인의 삶에 관계하고 그것을 담고 있어야 한다. 교회와 그리스도인의 공적, 사회적 책임은 단지 교회 밖의 생활을 별개의 것으로 가르칠 것이 아니라 교회 안에서 행하는 모든 행위에 포함하고 반영해야 한다. 신앙을 형성하고 실천을 이끌어가는 내용이 통일성과 균형을 이루어야 한다.

신학적으로 균형 잡힌 사고를 한다는 것이 쉬운 일이 아니다. 필자가 관찰한 바에 따르면, 신학적 사고는 다양한 신학의 관점이나 입장들을 선택하여 자신의 신학의 토대를 삼을 때 신앙적 경험이나 배경뿐만 아니라 비신학적 요인들—기질, 취향, 선호도 등—도 무의식적으로 작용하게 된다는 점이다. 신앙에 있어서 보수나 진보는 그러한 입장을 갖기 이전에 형성된 요인들로부터 영향을 받는다. 그렇기 때문에 이러한 결과로 그리스도인이 동일한 성경을 읽지만 사람마다 서로 다른 이해를 갖거나 때로는 극단적으로 편향된 신학적 관점을 갖게 된다. 이러한 현상은 다시 성경을 읽거나 신학적 사유과정에서 편향된 인식을 형성하게 하는 악순환을 반복한다. 신앙이나 선교에 열심을 갖고 있다고 할지라도 그 모든 것이 다 옳다고 할 수 없는 것은 바울이 고백한 바와 같이 올바른 지식을 갖지 못하기 때문이다.(롬 10장)

본 글은 온 신학이 제공하는 신학의 통전적 관점에서 선교적 교회를 실현하는 과정을 탐구하고자 한다. 선교적 교회는 19세기부터 형성되어 온 지리적 개념에 근거한 해외중심의 선교관으로부터 패러다임의 전환을 가져온 선교 운동이다. 사회로부터 불신을 받고 있는 한국교회는 무엇보다 신앙의 진정성을 회복하는 것이 중요한 과제이다. 선교적 교회는 세상을 향한 하나님의 사랑과 선포하는 복음을 진정성을 가지고 이웃과 더불어 살면서 소통하고 그것을 선포할 뿐만 아니라 삶으로 보여주는 선교운동이다. 이 과정에 기존의 신앙의 행위를 교회 내부적 활동으로만 제한적으로 이해하거나, 반대로 지역사회를 섬기는 교회의 사역을 교회 밖의 사역으로만 생각하는 양극단적 관점을 극복하고 교회 안에서의 신앙행위와 교회 밖에서의 실천행위가 분리되지 않고 서로 연결되어 있어야 한다. 이 두 영역을 연결하는 통전적이며 일관성 있는 신학적 토대가 필요하다. 온 신학이 제공하는 통전적 관점을 통하여 예배, 기도, 말씀, 친교가 교회 안의 행위—모이는 교회—와 지역사회에서의 실천—흩어지는 교회—통합적으로 이해할 수 있는 균형 잡힌 신학적 토대를 세우고자 한다.

1. 통전적 관점을 형성하게 하는 온 신학의 이해와 역할

신앙은 신학적 해석이나 관점에 직접적인 영향을 받으며 형성된다. 성경이나 복음을 말한다고 다 같은 내용이 아닌 것처럼, 말하는 사람이 어떤 신학의 영향을 받는가에 따라 성경, 복음 등의 신앙적 주제를 말하지만 내용은 서로 다를 수 있다.[1] 신학의 내용과 방향은 신학자의 관점과 사상에 따라서 정반대의 주장을 할 수도 있다는 것이다. 이런 현상은 교회역사에서 불가피하게 나타난다. 교회를 바로 세우고 세상을 향한 선교적 사명을 바르게 수행하기 위해서는 균형잡힌 신학적 인식과 관점이 필요하다. 이런 점에서 온 신학으로부터 신학의 통전적 관점을 발견하고 그 신학적 토대 위에 교회의 선교적 사명과 목회활동을 세워가야 한다. 먼저 온 신학의 특징이 무엇인지를 살펴보자

김명용에 의하면, 온 신학은 "온 세상을 위한 온전한 신학을 의미한다"(91).[2] 교회를 위한 신학도 중요하지만 온 신학은 교회만을 위한 신학

---

1   테오 순더마이어, 『선교신학의 유형과 과제』(서울: 대한기독교서회, 1999), 153-154.
2   김명용, 『온 신학』(서울: 장로회신학대학교출판부, 2015), 91.

이나 교회 안에 갇혀있는 신학이 아니라 교회를 포함하여 "온 세상이 하나님 나라를 향하도록 세상을 인도하는 신학"이다(92). 온 신학이 중요한 것은 온 세상을 위한 신학이라는 점이다. "온 신학은 온 세상에 하나님의 통치가 구현되기를 바라는 신학이다"(100). 이것은 한국교회가 교회를 너무 중요시하는 나머지 교회절대주의와 교회중심주의에 치우쳐 교회 안에 머무는 신학적 성격을 가진 데 대하여, 그 신학적 범주와 궁극적 목적을 온 세상 안에 하나님 나라를 구현하는 신학으로 확장시키는 공헌을 하였다. 교회는 아무리 중요하더라도 그 자체가 목적이 될 수 없다. 교회는 어디까지나 하나님 나라를 위해 증언하고 섬기고 봉사하는 기관으로 세워졌다. 그렇기 때문에 진정한 신학은 하나님 나라를 위한 신학이어야 한다는 주장은 여전히 옳다.

온 신학은 성경을 이해하는 통전적 관점을 제공한다. 성경은 어느 한 편에 치우친 내용을 말하지 않는다. 그렇기 때문에 성경을 이해할 때 통전적 관점을 갖는 것이 중요하다. 김명용은 신학적 편향성을 비판적으로 통찰하면서 신학적 균형을 이룬 온 신학을 소개한다. 박형룡의 신학은 하나님 나라를 개인적 체험에 편향시켰으며, 민중신학은 민중의 정치활동에 치우쳐있다는 것이다. 신학적 당파성은 상황에 따라 의미가 있음을 부인할 수 없다. 예를 들어, 지나치게 개인구원과 교회중심주의적 신앙의 특성을 가진 한국교회는 하나님 나라에 기초한 신앙의 사회적 차원을 강조할 필요가 있다. 온 신학에서 분명하게 역설한 바와 같이 성령은 개인의 삶 속에 활동하지만 동시에 세계와 역사 속에 하나님 나라의 정의와 평화, 생명과 치유를 위해 활동하고 있다.[3] 온 신학은 온 세상의 문제를 신학의 주제로 삼기 때문에 매우 포괄적이며, 복음과 그것에 기초한 신앙의 내용을 포괄적으로 볼 수 있는 눈을 갖게 한다.

---

3 "함께 생명을 향하여: 기독교의 지형 변화 속에서 선교와 전도", 세계교회협의회 주요문서 및 해설집, 세계교회협의회 신학을 말한다 (서울: 한국장로교출판사, 2013), 71-142.

온 신학은 무엇보다 신학의 균형을 중요시한다. 이런 관점은 특히 아직도 이원론적 관점에서 복음이해와 신앙, 목회와 선교활동을 하고 있는 한국교회에 필요하다. 아래에서 논의할 교회와 목회활동의 중요한 주제들인 예배와 기도, 사귐과 교육, 선교, 목회리더십 등에 있어서 균형잡힌 신학적 관점이 필요하다. 한국교회는 짧은 기간에 놀랄만한 양적 성장을 이루었고, 규모를 키워냈으며, 전세계적으로 선교활동을 하고 있다. 그러나 교회를 향한 외부의 평가는 내부의 평가와 달리 매우 비판적이다. 즉 양적 성장과 규모는 커졌지만 기독교신앙이 지향하는 윤리와 가치의 측면에서 볼 때는 매우 부정적이다. 교인의 수와 교회의 규모에 비해 한국교회는 사회적으로 영향력이 크지 않다. 복음을 강조하고 그에 대한 신앙은 강조하면서 복음이 제시하는 윤리와 가치에 대한 인식이나 실천에는 무지하다고 볼 수 있다. 그 이유를 한국교회의 교회중심주의적 신앙관에서 찾을 수 있다.

한국교회는 필자의 관찰에 따르면, 처음 예수를 믿고 개인의 구원의 확신을 강조하며 교회와 관련된 신앙생활을 가르친다. 그 대부분은 성경을 읽고, 주일성수와 기도, 헌금생활에 국한되어 있다. 그리고 이러한 신앙의 요소들을 반복하여 강조하고 그것을 개인의 축복과 성공의 비결로 가르친다. 개개인의 신앙생활의 연조가 길어짐에도 그에 걸맞은 신앙의 이해와 연륜이 깊어지지 않는 이유는 신앙의 주된 내용이 교회생활-세상에서 그리스도인의 삶이 거의 배제된-에 치우쳐있기 때문이다. 한국교회는 종교적 차원은 매우 강조하지만 사회적 차원은 설교나 성경공부나 기도에서 찾아보기 힘들다. 바로 이런 점에서 한국교회가 신앙과 선교에 많은 열정을 갖고 있으며 또한 수많은 프로그램을 실천하고 있음에도 불구하고 세상으로부터 신뢰를 받지 못하는 것이다. 즉 교회와 세상을 연결하는 성도의 일상적인 삶에서 복음의 영향력이 나타나지 않기 때문이다. 한국교회는 세상 속에서 하나님 나라를 실천하는 그리스도인이기보다 교회 안의 교인으로 양성되어왔다.

　이러한 현상의 가장 큰 원인은 무엇보다 목회자에게 달려있다. 정확하게 말하면 목회자의 목회와 선교의 내용을 형성하는 신학적 관점에 달려있다. 70-80년대 교회성장시대가 남겨준 성장강박증은 목회자의 신학에서 균형을 앗아갔다. 경쟁적 목회방식은 건강하고 균형잡힌 신학으로 설교하고 교인들을 양육하기보다는 성장우선주의를 추구하게 된다. 한국교회가 처한 현실적인 문제와 그것을 해결하려는 실용주의적 목회관은 신학보다 성장목회를 위한 비결이나 구체적 프로그램을 갈망하게 한다. 결국 한국교회가 처한 문제를 해결하는 데는 목회자들이 올바른 신학의 균형을 회복하는 일과 그것을 실현하고자 하는 신앙적 용기와 결단이 요구된다. 이런 점에서 온 신학이 아직은 단순한 형태이지만, 신학의 편향성과 편협성의 문제를 인식하고 개인과 교회와 세상적 차원을 함께 지향하는 통전적 관점을 제공하여 목회자의 올바른 시각을 통해 설교와 예배, 성도의 신앙을 균형잡힌 내용과 방향으로 인도할 것을 기대할 수 있다.

　온 신학의 포괄적이며 통전적인 관점과 현재 한국교회가 매우 필요로 하는 교회 내의 신앙과 세상에서의 실천이 균형과 연결을 이루는 다른 신학들과의 대화를 통해 서로를 더욱 풍성하게 만들어갈 수 있다. 에큐메니칼 신학, 공적 신학, 일상의 신학 등은 모두 신앙을 개인과 교회 안에 가둬두는 편협성과 편향성을 극복하며 온전한 신앙과 선교적 사명을 실천할 수 있도록 하는 신학들이다.

　무엇보다 개혁교회가 추구하는 "코람 데오"(coram Deo)는 교회 안이나 밖에서 항상 하나님 앞에 살아가는 것을 기독교신앙의 원리로 제시하고 있는데, 이 원리는 교회와 세상을 함께 강조하는 온 신학의 신학적 방향과 일치하며 또한 한국교회의 편향성을 극복하는 원리가 된다. 한국교회는 현재 신앙의 일상성을 회복해야 할 중요한 과제를 안고 있다. 복음을 전하는 활동에는 열심을 갖고 있지만, 한 주간 동안 살아가는 일상적 삶의 차원을 신앙적 관점에서 성찰하고 의식하는 면은 매우 약하다. 그렇기 때문에 교회 안과 밖의 삶에 큰 괴리가 존재하는 것이다. 종교개혁자들은 중세에 지배적이던 성속을 기계적으로 구분하지 않았다. 직업과 소명에서 성직주의를 극복하였으며 일상적 차원에서 거룩한 삶을 회복하였다. 그리스도인은 항상 하나님 앞에서 거룩한 존재로 살아가도록 부름받았다는 사실을 매우 강조하였다. 종교개혁운동을 통해 잃어버린 직업적 소명과 세상적 차원을 회복하였고 언제 어디서나 하나님 앞에서의 거룩한 삶을 강조하였다.

한국교회는 여전히 구약적 차원의 성전중심과 교회의 구별됨, 성구, 주일예배시간, 교회활동, 헌금 등 교회 안에서 일어나는 사건만 신앙적이며 거룩한 것으로 가르친다. 이에 따라 교회는 강화될 수 있으나 세상 안에서 무기력한 교인으로 존재하는 치명적 약점을 초래한다. 온 신학은 여러 신학들과 대화하면서 목회자들의 신학적 균형을 회복하고 성도들을 온전한 신앙으로 인도하게 하는 역할을 할 수 있다. 이러한 온 신학의 통전적 관점으로 선교적 교회를 실천하는 과정에서 교회와 지역사회의 관계를 바르게 세워나가려면, 교회 안에서 실현되고 경험하는 활동들에서부터 통전적 관점을 가져야 할 것이다.

다시 말하면 교회 안에서 경험하고 진행되는 예전의 내용이나 교육이 교회 밖에서 실천하는 삶과 통일성을 이루어야 한다. 지역교회는 사회와의 활발한 관계에서 봉사와 선교활동을 지향하면서도 교회 안에서의 활동이 약화되어서는 안 된다. 즉 모이는 교회와 흩어지는 교회의 두 차원이 통일성과 일관성을 가지고 균형을 이루는 교회가 건강한 교회이다. 지역사회와의 관계를 활성화하고자 하는 목회자들이 불안해하는 것은, 교회 안의 활동인 예배와 기도 및 말씀선포와 성경공부 등이 소홀히 되거나 약화될까 하는 두려움이다. 따라서 교회 내부적으로 예배와 기도 및 말씀과 교제 등에 역동적이면서도 그 모든 활동이 교회 안에만 그치지 않고 지역사회를 섬기는 교회로 세워나가려면, 이 둘이 통일성을 가지고 균형을 이루는 신학적 기반을 모색해야 한다.

2. 선교적 교회 원리: 지역사회와 함께 하는 교회론[4]

온 신학의 통전적 관점에서 볼 때 선교적 교회는 한국교회를 지배하는 개교회주의를 넘어서서, 지역과 함께하는 지역교회의 회복을 추구하는 운동이다. 즉 교회가 지역사회를 소외시키거나 분리시키는 "방주적 교회론" 또는 지역사회와 분리된 "건물중심 교회론"을 극복하고 지역사회와 더불어 살아가는 이웃으로서 함께하며, 친밀한 만남을 통해 대화하고 소통을 이루어 지역사회 발전이라는 공동의 목표에 참여하면서 변화를 모색해간다.

바울은 그의 교회론의 중심을 기록한 에베소서에서 교회를 향한 하나님의 약속을 이렇게 표현한다. "교회는 그의 몸이니 만물 안에서 만물을 충만하게 하시는 이의 충만함이니라"(엡 1:23).[5] 바울은 교회를 하나님의 백성의 공동체로 이해하면서 그리스도와 세상(만물)과의 관계에서 본질을 설명하고 있다.[6] 교회는 그리스도의 생명을 얻은 공동체로서 그 생명으로 인하여 세상을 충만하게 하는 약속의 공동체이다. 교회와 세상은 그 특성상 구분되지만 세상의 통치자이며 교회의 머리이신 그리스도로

---

4   선교적 교회론은 필자의 "선교적 교회론과 협동조합"의 제1장의 내용에 의존하였다. 온생명생협발기인회 신학자문위원회 편, 생명선교와 협동조합운동 (서울: 대한예수교장로회총회, 2015), 138-143.

5   에배소서에 나타난 교회론에 대한 이해를 위해서 다음의 자료를 참고하라. 장흥길, "신약성격의 관점에서 바라본 건강한 교회, 건강한 목회," 장흥길, 임성빈 책임편집, 건강한 교회 세우기. 교회되게, 교회답게 (서울: 한지터, 2012), 45-59.

6   이 본문의 탁월한 주석은 다음을 참고하라. Petr Pokorny', Der Brief des Paulus an die Epheser. Theologis-cher Handkommentar zum Neuen Testament 10/II (Leipzig: Evangelische Verlagsanstalt, 1992), 87-95.

인해 선교적 관계를 갖게 된다. 교회와 세상의 관계를 좀더 구체적으로 설명하면 적어도 세 가지 차원으로 표현할 수 있다.

첫째, 세상 안에 거하면서 세상을 향하여 열린 관계를 갖는다. 교회가 세상으로부터 구별된 존재라는 것은 세상으로부터 등을 돌린다는 의미가 아니라, 오히려 세상을 향해 파송받은 공동체로서 그리스도의 충만함을 나누고 실천하는 열린 공동체라는 뜻이다. 둘째, 교회는 소통과 대화의 관계를 갖는다. 그리스도의 몸의 지체와 세상을 충만하게 하는 그리스도의 충만함은 교회가 적극적으로 세상을 향해 먼저 소통의 문을 열고 대화를 진행하라는 것이다. 이것은 교회가 세상을 판단하기 이전에 먼저 해야 할 일이다. 셋째, 그리스도의 몸으로서의 교회란 실천적 의지와 행동을 의미한다. 그리스도의 충만함은 교회 자체를 위한 것이 아니라 세상 안에서 세상을 충만하게 하는 충만이기 때문에, 존재론적으로 이미 "세상을 향한 운동성"이 그 안에 내포되어 있으므로 적극적으로 참여하여 하나님 나라를 향한 변화를 추구한다. 우리는 이러한 교회의 특성을 선교적 교회로서 존재하는 지역교회에 적용할 수 있다. 교회가 세상과 갖는 이 세 가지 차원의 관계를 지역교회에 적용하여 좀더 구체적으로 살펴보자.

교회: 예수 그리스도의 언약에 기초한 생명공동체(엡 1:23)

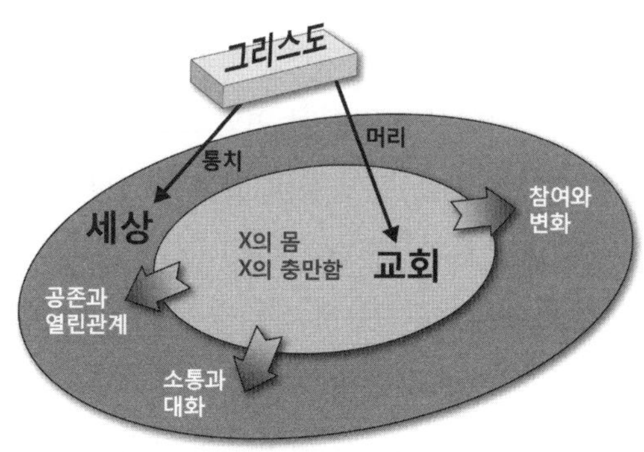

1) 지역사회와 열린 관계에서 공존

지역교회가 지역사회와 가져야 할 첫번째 태도는 열린 마음과 함께 더불어 살아가는 공존의식이다. 이 두 가지 사실은 지역교회로서 당연한 것처럼 보이지만 실제로 닫혀있는 경우가 많다. 그 이유는 교회 자신과 세상에 대한 편협한 신학적 이해 때문이다. 교회는 세상으로부터 구별된 거룩한 곳이라는 인식으로 인해 구별을 넘어 분리적 관계를 갖기 때문이다. 이러한 "분리된 교회론"은 교회를 세상으로부터 스스로 고립시켜 단절의 관계를 초래한다. 한국교회에 만연한 "방주적 교회관"을 극복하고 세상을 향한 열린 마음과 더불어 살아가는 이웃으로 지역주민을 대하는 태도가 우선되어야 한다.

교회가 세상을 향해 열린 태도를 가져야 하는 이유는 바로 교회의 목적이 자신이 아니라 세상을 위해 존재하는 데 있기 때문이다. 하나님께서 교회를 사랑하시기 이전에 먼저 세상을 사랑하셨다는 사실이 세상을 대하는 우리 인식의 기본이다(요 3:16). "임마누엘"은 하나님이 우리와 함께 하신다는 뜻이다. 하나님은 세상에 복음을 전하시고 변화시키기 전에 먼저 그 아들을 통해 함께하심을 보여주셨다.

교회가 세상을 향해 열린 마음을 가져야 하는 또 다른 이유는 그리스도의 몸인 교회가 세상을 향해 파송된 공동체이기 때문이다. 그의 사역을 계승하는 교회는 세상과의 관계 없이는 그 자체로 존재의미가 없다. 그렇기 때문에 교회는 지역사회 안에서 어떤 프로그램이나 활동을 하기 이전에 그 존재 자체가 세상을 향해 열려 있고 함께하는 공동체이다. 전도와 선교활동에 열심인 지역교회가 지역사회를 위해 많은 프로그램을 진행하고 있으면서도 지역사회로부터 신뢰를 얻지 못하는 이유는 그 활동의 진정성을 인정받지 못하기 때문이다. 전도를 위한 지나친 목적지향적 활동은 지역사회와 주민을 대상화하면서 교회의 이해관계에 따라 관계를 맺게 한다. 복음전도가 교회의 사명 중 중요한 내용임에도 불구하고 지역주민 입장에서는 그 활동의 주체가 되는 지역교회와 교인들을 신뢰하는 것이 전제되어야 한다.

지역사회에 교회가 선교하기 이전에 "복음적 관계"를 형성하는 것이 필요한데 이는 주민을 특별한 활동과정의 대상으로 여기지 않고, 일상적 관계에서 존중하며 함께 살아가는 이웃으로 대하는 진정성 있는 태도가 요청되기 때문이다. 교회가 공간적으로는 지역사회 안에 있으나 심리적으로 멀리 떨어져서 스스로를 고립시키는 태도를 가지고 있으면서 지역주민들에게 마음을 열라고 하는 것은 자기모순이다. 선교의 첫걸음은 지역사회와 주민을 하나님의 마음과 눈으로 보며 대하는 것인데, 그것은 순수한 마음에서 나오는 열린 의식과 진정성을 가지고 이웃의 관계로 대하는 태도이다. 그러므로 교회는 지역주민을 대상화하지 않고 주민들이 주체적으로 함께 삶을 공유하면서 참여할 수 있는 활동과 프로그램을 개발해야 한다.

2) 지역사회와의 소통과 대화

지역교회가 지역사회와 함께하기 위해서는 소통과 대화가 원활하게 이루어져야 한다. 소통은 진정성이 공감을 받을 때 이루어지는 현상이다. 교회는 세상을 변화시키는 것을 사명으로 알고 있지만 소통이 실현되지 않고는 진정한 변화가 불가능하다. 교회가 지역사회와 소통이 이루어지고 공감을 얻을 때 교회가 하는 일을 사회가 수용하고 함께 참여할 것이다.

교회가 지역사회와 소통이 잘 이루어지지 않는 가장 큰 원인은 자기중심적 태도에서 비롯되는 일방적 방식의 활동에 있다. 교회는 선하고 세상은 악하며, 교회는 복음을 가졌고 세상은 그렇지 않다는 이원론적

인식으로부터 나온 선교는 자연히 교회중심의 일방적 선교방식을 취할 수밖에 없다. 이웃에 대한 고려 없이 복음의 전달과 사회변혁에 관심을 집중하게 되면 상대에 대한 이해와 관심이 소홀해질 수밖에 없다. 일방적 방식의 전도에서는 지역주민을 교회로 인도하는 것을 강조하면서도 평소 주민들과의 소통을 위한 대화에는 소극적이었다. 이런 현상은 교회 안에서 활동하는 목회자뿐만 아니라 교인들 역시도 교제의 대상이 주로 동료교인들로 제한되기 때문에, 지역에 함께 살고 있으면서도 주민들은 실제적 대화와 소통의 범위에서 배제되어 있었다. 그러나 선교는 상호주체적 관계에 기반한 소통행위로써 진행되는 것이다.

선교가 상호성에 기반해야 하는 이유는 하나님도 인간을 그렇게 대하셨기 때문이다. 구약의 내용이나[7] 신약의 복음서에 기록된 예수의 삶에서 하나님 나라의 복음을 사람들에게 일방적, 권위적으로 전달하는 모습은 찾아볼 수 없다. 오히려 사람들의 작은 행위와 그 마음의 생각까지도 존중하면서 스스로 돌이켜 예수를 따를 것을 기다리셨다. 사도 요한은 사람들을 예수께로 초청할 때 자신들과의 사귐을 기반으로 언급하고 있다(요일 1:1-3). 복음전도는 듣는 사람과 전하는 사람 사이에 교제를 목적으로 하는데 그것은 전하는 자가 아버지와 그 아들 그리스도와 이미 사귐을 갖고 있기 때문이라고 증언한다. 그러므로 교회와 그리스도인들이 지역사회와 주민들에게 복음을 전할 때 자신들과의 진정한 사귐(코이노니아)을 동반해야 한다. 여기에서 선교란 사람들과의 인격적인 관계 위에 진정한 소통과 대화를 통해 실현되는 것임을 알 수 있다.

---

7   얍복 강가에서 야곱과의 씨름이나 요나를 대하는 하나님의 태도, 무엇보다 시편기자의 하나님을 향한 탄식이나 호소하는 태도에서 하나님은 인간을 인격적으로 대하시는 모습을 볼 수 있다.

3) 지역사회에의 참여와 변화

교회가 지역사회와 함께하며 소통하고 대화하는 이유는 이러한 관계를 통하여 그리스도의 진리와 복음을 전하고자 함이다. 그런 점에서 교회와 세상과의 소통은 복음적 가치를 전하고 공유하는 데 있다. 지역교회의 선교는 하나님 나라의 복음을 전할 뿐만 아니라 세상 속에서 실현되는 운동이다. 이런 점에서 교회는 세상, 지역사회 안에서 복음전도와 사회적 책임을 함께 수행한다.

교회가 전하는 하나님 나라의 복음은 그 자체로 세상을 변화시키는 영향력이 있다. 복음을 듣는 사람을 변화시킬 뿐만 아니라 그가 살고 있는 환경과 제도, 문화 등을 변화시킨다. 한국교회는 주로 개인전도와 영적 구원에 집중해왔기 때문에 사회적 영향력을 발휘하지 못하였다(로잔 언약 5항). 개혁교회 신앙에서 그리스도의 복음의 능력은 개인뿐만 아니라 전 사회적 영역에 미치며, 또 그렇게 그리스도의 통치가 임하도록 믿음으로 실천해야 한다.

지역사회에서 하나님 나라를 지향하는 교회의 사회적 책임이라 해서 반드시 교회적인 일만 하는 것은 아니다. 때로는 지역사회 안에 활동하는 NGO나 다양한 기관들과 협력하여 진행할 수 있다. 물론 활동의 출발이나 궁극적 목표는 서로 다를지라도 공공의 선을 추구하는 지역사회의 다양한 요구와 필요성은 곧 하나님의 선교 관점에서 볼 때 교회가 해야할 일과 다르지 않다.

아산에 있는 송악교회는 그 지역의 농업이 화학비료를 사용하는 관행농법으로 실행되고 있는 상황 속에서 환경을 살리고 생명을 보존하는 친환경적 유기농업을 시작하였고, 이에 전체 마을이 함께 참여하여 전국에서 대표적으로 알려진 친환경 마을을 이루는 변화를 가져왔다. 또 부천 새롬교회는 작은 교회이지만 지역사회의 다양한 시민단체들과 연대하고 협력하여 지역발전에 상당한 변화를 이끌어냈다. 큰 교회들은 지역사회를 위한 활동자원이 대부분 교회 안에 있지만, 새롬교회는 지역에 있는 자원들을 발견하여 발굴하고 교회가 그들과 협력하는 방식으로 적극적 참여하면서 마을 만들기 운동에서 교회가 중심적 역할을 하는 모범사례를 만들었다. 이러한 활동을 통해 발생하는 지역사회의 변화는 한편 지역사회 발전으로 표현할 수 있지만, 다른 한편 교회가 추구하는 하나님 나라 운동의 구체적인 실현과정이 된다.

3. 온전한 선교적 교회 실현을 위한 예전과 삶의 통전

1) 교회 안의 예전과 교회 밖의 삶의 균형을 이루는 예배

온 신학이 제공하는 통전적 관점은 한국교회가 드리는 예배의 편협성이나 치우침을 회복할 수 있는 예배신학의 균형을 제공한다. 한국교회는 현실적으로 예배를 중시하며 많은 회수의 예배를 드리는 특징을 갖는다. 이는 성도들의 신앙이 교회를 중심으로 진행되고 이것을 통해 성도들의 신앙을 강화하려는 의도를 갖고 있다. 매일 드리는 새벽예배와 주일예배, 수요기도회, 금요기도회, 구역예배, 가정예배 등 교회가 정기적으로 제공하는 예배형태는 다양하다. 한국교회는 아직 주일성수를 신앙의 중요한 원칙으로 여기고 있기 때문에 그리스도인이라면 주일예배 참여를 의무적으로 생각한다. 이처럼 한국교회의 신앙의 열심은 예배와 깊은 상관성이 있다. 그러나 대부분의 한국교회는 개인주의와 예배당 안에서의 종교행위로 치우쳐서 초월적이고 종말론적인 하나님 나라 관점으로 축소된 예배를 통해, 성도들로 하여금 세상에서 도피하고 현실을 망각하게 하고 있는 것이다.[8]

예배를 온 신학의 관점에서 볼 때 회복해야 할 내용은 무엇인가? 한국교회에서 예배는 교회 안에서 드리는 거룩한 예식으로 간주된다. 예배 당이라고 불릴 만큼 공간과 시간적 차원에서 거룩함을 강조하는 특징을 갖는다. 이런 현상은 한편 예배의 활성화 차원에서 중요한 의미가 있지만, 다른 면으로는 예배를 교회 안의 종교의식이나 예전으로 간주하기 때문에 예배 후 성도들의 삶과는 유리되는 경향이 있다. 이런 현상이 반복되다 보면 예배는 교회 안에서 드려지는 특정시간의 종교활동에 그치고 세상 속의 삶은 별개로 이해하는 틀이 고착될 수 있다. 결국 예배를 통해 하나님 앞에서 살아가려는 결단이 약화되고 세상 안에서 영향력을 나타내지 못하는 무기력한 교인이 되고 만다. 예배와 관련하여 이런 문제를 어떻게 해결할 수 있을까 하는 것이 오늘 한국교회의 중요한 과제이다. 온 신학을 통해서 예배의 균형을 회복하려는 것은 교회 안에서 드리는 예배와 세상 속에서 살아가는 성도의 삶 사이에 상관성을 회복하려는 것이다. 예배를 통해 삶이 변화되고, 세상에서 발생하는 삶의 문제들을 어떻게 예배에 반영하는가가 그 핵심이다.

예배는 교회의 핵심이며 그리스도인의 신앙의 중심을 차지한다. 교회가 성도의 삶에서 중요하다고 말할 때는 성도들이 교회 안에 함께 모여 하나님께 드리는 예배가 있기 때문이다. 예배를 통해 선포되는 말씀, 기도, 성례전, 성도의 교제 등은 교회를 교회답게 하고 성도를 성도답게 하는 필수적 요인이다. 그렇기 때문에 교회는 신앙의 모이는 차원과 예전적 차원을 중요하게 생각한다. 만일 기독교인이라는 의식을 가지고 있어도 교회 안에서 드리는 예배를 소홀히 하면 점차적으로 신앙을 잃게 될 가능성이 크다. 그렇다면 어떤 예배가 올바른 예배인가? 한국교회에서 예배의 균형을 회복한다고 할 때 그것은 무엇을 의미하는가?[9]

---

8   김명실, "하나님의 이야기와 인간의 이야기가 함께 엮이는 기독교 예배와 설교," 공적신학과 교회연구소 편/ 장신근 책임편집, 『하나님 나라와 지역교회』(서울: 킹덤북스, 2015), 113.

9   예배의 신학적 이해에 관한 내용은 다음의 자료를 참고하라. 김운용, 『예배, 하늘과 땅이 잇대어지는 신비』(서울: 장로회신학대학교, 2015), 제2부: 예배의 신학적 이해, 85-178.

우리는 예배를 말할 때 교회 안에서 드리는 그리스도인의 예배와 세상에 대한 그리스도인의 증언 및 봉사 사이에 분리를 극복하는 일에 관심을 기울여야 한다. 올바른 예배는 충분히 예전적이며 동시에 충분히 실천적인 방향으로 나아가는 것이다. 그렇지 않으면 아무리 많은 예배를 예전으로 드릴지라도 울리는 꽹과리가 되고 만다. "예배를 통해서 교회는 세상과 구별되며, 세상을 향해 증거할 복음을 지닌 사도공동체로서 자신을 인식하게 된다."[10] 예배가 갖는 이 두 가지 차원은 서로 분리할 수 없는 상호보완적 관계에서 이해해야 한다. 왜냐하면 교회 안에서 아무리 거룩하고 신비한 예전을 경험한다 할지라도 우리 예배를 받으시는 하나님은 세상의 모든 영역에서 활동하시며 전 세상을 통치하는 분이기 때문에, 그러한 "하나님 앞에서"(coram Deo) 살아가는 하나님의 백성으로서 찬양과 영광을 드릴 뿐 아니라 선포된 말씀에 따라 세상에서 살아가겠다는 새로운 결단을 예배를 통해 하기 때문이다. 예배와 성례전을 통해 교회는 하늘나라의 삶에 참여하게 되는데 그 하늘나라는 세상과 상관없는 신비의 나라가 아니라, 이 땅의 역사와 세계현실 속에서 경험하는 하늘나라이며 여기에서 세상을 변혁하는 예배의 능력을 경험하게 된다. 올바른 예배는 하나님께 드리는 찬양과 감사와 함께 세상을 향한 책임의식을 함께 고백하는 예배이다.

김운용은 웨인라이트와 함께 예배의 올바른 신학적 이해를 강조한다. 그는 예배와 삶의 연결에 대한 강한 비전으로 예배신학을 발전시킨다. 예배와 삶과의 상관성에 관하여 근본적으로 예배는 삶과 분리되지 않는다고 주장한다. "예배는 교회와 그리스도인의 삶의 모든 것이 의식(ritual)을 통해서 집중되어야 할 집중점"(the point of concentration)이라고 생각하기 때문이다. 그렇기 때문에 예배자들은 "그들의 전 존재를 가

---

10 김운용, 위의 책, 105.

지고 나아와 예배의식을 통해 찬양과 경배를 올려 드린다. 예배자들은 예배하면서 하나님 나라의 가치관을 통해 새롭게 된 비전을 가지고 세상으로 나아가야 한다"는 점에서 예배자의 삶이나 그것이 속한 세상 전체와 연관성을 갖게 된다. 따라서 예배는 삶의 모든 영역이 윤리적 차원을 포함한다는 점에서 깊은 연관성을 갖는다. 이러한 예배에 관한 통전적 비전이 "예배를 통한 삶과 경험에 깊은 뿌리를 내리고 있다는 점"을 매우 강조하고 있다.[11]

1961년 뉴델리에서 개최된 세계교회협의회 제3차 총회에서 예배와 삶의 상관성에 대한 중요성이 강조되었다. "하나님을 향한 예배는 그 자체가 목적이 되고, 동시에 그 예배는 우리가 증언하고 봉사할 힘을 주는데 도움이 된다. 예배 안에서 우리는 하나님께 사역, 관심거리들, 하나님의 세계 안에서 살아가는 백성들을 바친다. 그 다음에 우리는 그의 종으로서 일상생활 속으로 돌아온다. 예배에서 우리는 우리의 죄를 고백하고 용서를 받으며 일상의 옛 일과 새로운 일을 수행하기 위한 용기를 얻는다. 예배는 우리가 자신의 통찰력(perspective)을 회복하도록 도우며 우리를 세상의 압박으로부터 자유케 한다."[12] 그러므로 예배는 경배, 참회, 중보, 간구와 같은 요소들로 구성된다.

1983년 밴쿠버에서 개최된 세계교회협의회 제6차 총회에서도 예배와 세상 안에서의 삶의 상관성에 대한 깊은 논의가 전개되었다. 총회 결과로 발행한 한 문서에서 "예배는 삶과 선교, 교회의 증언과 섬김에 있어서 중심적인 행위"라고 진술한다. 예배와 관련하여 교회의 증인된 소명을 감당하기 위해 그리스도인들은 세상에 대한 균형 있는 관계를 발견할 필요가 있다고 역설하며 "교회는 예배를 위해서 모이고 일상생활을 위해

---

11 김운용, 『예배, 하늘과 땅이 잇대어지는 신비』(서울: 장로회신학대학교, 2015), 158.
12 안스 요아힘 반 데어 벤트 지음, 연규홍 옮김, 『WCC의 에큐메니칼 신학』(서울: 동연, 2013), 362.

흩어진다." 예배의 증언 차원에서는 "예배 후의 예배" 즉 하나님에 대한 찬양으로서 세상에 대한 섬김이 예전으로서의 예배 후에 삶으로서의 예배로 계속되는 것이다. 이 둘의 관계는 매우 긴밀하게 연결되어 있어야 한다. "만약 세상에 대한 섬김이 예배의 섬김에 뿌리를 두지 않는다면, 세상에 대한 그리스도인들의 어떠한 섬김도 존재하지 않는다는 점"이 부각된다.[13]

예배가 단지 교회 안에서 드리는 개인의 예전행위가 아니라 온 세상을 통치하시는 하나님께 드리는 총체적인 신앙행위라고 할 때 무엇보다 화해와 평화의 차원에서 그 의미를 확인하게 된다. 예배자는 먼저 하나님과 화해된 자로 예배한다. 그러나 이 화해는 하나님과의 관계만이 아니라 세상 안에서 더불어 살아가는 모든 사람들과의 화해를 포함한다. 그런 점에서 교회의 화해의 사역은 종교적 차원에서만 아니라 삶의 모든 영역 즉 사회, 정치, 경제, 문화에서 하나님이 행하시는 화해를 선포하고 실천하는 행위이다. 교회는 하나님이 그리스도 안에서 행하신 화해의 사역을 예배를 통해 기억하고 감사하며, 동시에 세상 속에서 그것을 실천하려는 결단을 하게 된다. 이런 화해는 개인적 차원만이 아니라 사회적 차원과 영적 차원과 세상적 차원에서 실현되는 화해이다. 그러므로 "예배자들은 교회당에서의 예배를 마치고 삶의 자리에서의 예배와 섬김을 위해 나아갈 때 이전과 전혀 다른 세상을 보는 눈을 갖고 나아갈 수 있어야 (한다)."[14]

또한 화해는 진정한 회개로부터 실현되는데 회개 역시 개인이나 종교적 차원만이 아니라 세상 속에서 다른 사람들과 살아가는 관계에서 발생하는 모든 잘못을 하나님 앞에 드러내고 용서를 구하는 행위이다. 회개는 죄 인식을 전제로 하는데 만일 죄를 종교적 차원에서만 이해하면

---

13 위의 책, 383.
14 김운용, 『예배, 하늘과 땅이 잇대어지는 신비』(서울: 장로회신학대학교, 2015), 121-122.

회개 역시 종교적 차원에만 적용된다. 그렇기 때문에 죄의 올바른 이해가 올바른 회개를 통한 변화의 영역이나 영향력과 긴밀한 관련을 갖는다.

예배는 세상을 위한 중보적 차원을 포함하는데 그것은 세상에서 발행하는 모든 악과 고통으로부터 제기되는 탄식과 탄원으로 표현된다. 하나님 앞에서 살아가는 예배자는 예전뿐만 아니라 삶의 자리인 세상 속에서 무슨 일이 발생하고 있는가에 대한 예민한 의식을 가져야 한다. "기독교 예배는 하나님 나라에 대한 이야기뿐만 아니라 이 땅 사람들의 이야기까지도 반영되는 장이어야 한다."[15] "하늘엔 영광, 땅에는 평화"라는 성탄의 메시지가 주는 의미는 예배를 통해 드리는 기도와 찬양, 헌신이 이 땅의 이야기를 잊고 하늘로만 향한다면 그것은 하나님께 드리는 온전한 예배가 될 수 없다는 것이다.(116) 우리는 세상에서 벌어지는 수많은 악행들과 불의로 인해 탄식할 수밖에 없다. 예배가 하나님과 그분이 행하신 일을 기억하는 행위라면, 불의로 인해 고통 당하는 피조물과 사람들을 생각하며 함께 탄식과 탄원을 드리는 것이 예배자의 의무이다.

하나님의 존재와 관련하여 예배의 성격을 말하자면, 우리는 하나님의 임재 앞에서 그분을 찬양하고 감사를 드리지만, 하나님의 부재를 경험하는 세상과 불의 앞에서 탄식을 드릴 수밖에 없다. 시편에서 수많은 탄식과 탄원의 기도를 볼 수 있는 것같이 "탄식은 기독교 예배 가운데 복원되어야 할 요소"로 지적된다.[16] 그런 점에서 "기독교의 예배는 불의와 폭력, 억압과 상처로 얼룩진 세상의 회복과 평화에 대한 간구이기도 하다. … 교회는 세상을 벗어난 게토가 아니라 세상 속에서 하나님의 선교를 감당해간다는 점을 인식할 때 기독교 예배는 세상의 모든 일에 대해

---

15 김명실, "하나님의 이야기와 인간의 이야기가 함께 엮이는 기독교 예배와 설교," 공적신학과 교회연구소 편/ 장신근 책임편집, 『하나님 나라와 지역교회』(서울: 킹덤북스, 2015), 116.

16 김운용, 『예배, 하늘과 땅이 잇대어지는 신비』(서울: 장로회신학대학교, 2015), 125.

참여적이 되고 세상을 위한 중보의 자리가 되어야 한다."[17]

"기독교의 예배는 결코 예배하는 자리에서 끝나지 않고 삶으로 이어져야 하며, 예배는 교회성장을 위한 도구가 아니고 인간에게 만족과 즐거움을 주는 도구도 아니다."[18] 성도가 드리는 예배와 그의 삶은 분리할 수 없는 변증법적 관계와 상관성을 갖는다. 그러므로 올바른 예배란 "거룩한 예배에서 교회 가운데 넘쳐났던 것이 그리스도인들의 매일의 삶의 모든 영역에 침투되어야 하고"(178), 그렇게 함으로써 교회에서 드리는 예배는 세상에서의 성도의 삶을 지배하는 중요한 원리와 내용이 되어야 한다.

2) 세상을 위한 기도: 중보기도

예배가 상술한 바와 같이 하나님께 대한 감사와 찬양뿐만 아니라 세상을 위한 중보의 차원을 포함해야 한다면 그것은 예전 안에 있는 중보기도를 통해서 실현된다. 한국교회 공 예배에서 드리는 기도의 내용은 대부분 개인과 교회적 차원으로 구성된다. 기도의 내용에는 평소에 기도자가 어떤 신앙적 관심으로 세상을 보고 있는가가 반영된다. 한국교회는 기도하는 교회로서 새벽기도부터 시작하여 매일 기도하고 수요기도회와 금요기도회, 다양한 소그룹 기도회까지 포함하면 기도생활을 대단히 열심히 하고 있다. 그런데 온 신학의 통전적 관점에서 보면 질문이 달라진다. 성도가 드리는 기도의 횟수와 기도의 시간도 중요하지만 그보다 더 중요한 것은 기도의 내용이 무엇인가 하는 것이다. 그 많은 기도에 어떤 내용을 담아 기도하는가, 이것이 성도의 신앙의 수준과 그의 삶으로 연결된다. 기도에 대한 한국교회의 열심에 더하여 그 내용에 세상을 향한

---

17 위의 책, 125.
18 위의 책, 177.

하나님의 관심을 담을 수는 없을까? 필자는 내면적 차원과 외적 차원이 함께 균형을 이루는 기도를 세상을 위한 중보기도에서 찾으려고 한다.

존 쾨니그는 기도에 관한 그의 저서에서 "중보기도는 어느 다른 형태의 기도보다도 더 성과 속, 또는 내부자와 외부자 사이를 가로막는 울타리를 걷어내는 능력이 있다"고 진술한 바 있다.[19] 우리의 중보기도는 예수님의 중보기도의 반향인데 "예수님의 하늘의 중보기도사역은 근본적으로 우리의 제사장 소명을 형성하고 강화시키는 데 기본이 되는 것이다."(요 17:1-9, 24절을 보라) 종교개혁자들이 성도의 만인제사장직을 주장한 바대로, 우리는 세상을 위한 중보기도를 통해서 그 사역을 담당하게 된다. 중보기도는 세상을 향한 그리스도인의 선교적 사명을 인식하는 것으로부터 실행할 수 있다. 교회와 세상, 예배와 세상 속에서의 삶, 하나님과의 화해와 이웃과의 화해가 서로 유리되지 않는다면 그리스도인은 마땅히 기도 속에서 세상을 위한 중보의 내용을 하나님께 드려야 할 것이다. 교회와 그리스도인은 중보기도 속에서 세상으로 나아가고, 또한 하나님의 구원과 살롬이 실현되어야 할 세상이 교회 안으로 들어오게 된다. 세상을 위한 구체적인 중보기도를 배우기 위해 세상에서 발생하고 있는 모든 악한 일과 고통과 불의한 현실을 보면서 걱정하거나 비난할 것이 아니라, 그 사건을 가지고 하나님 앞으로 나아가는 법을 배워야 한다.

기도를 통해서 세상을 변화시키는 영향력을 나타내고 있는 떼제공동체는 전세계 속에서 사람들이 겪고 있는 고난과 아픔, 불의와 상처를 놓고 기도한다. 떼제공동체를 움직이는 원리는 묵상(기도)과 투쟁이다. 로제 수사는 이 둘이 꼭 같은 근원이신, 사랑이신 그리스도에게서 나온다는 것을 증언한다.[20] 여기에서 투쟁이라는 표현은 폭력을 의미하는 것이

---

19   존 쾨니그 저, 오성춘 역, 『신약성경의 기도』(서울: 하늘향, 2014), 149.
20   호세 발라도, 『떼제 이야기』(왜관: 분도출판사, 1983), 123.

아니라 세상의 고난과 투쟁의 현실 한복판에서 그 문제를 하나님에게 올려드리는 중보기도를 드리며 그것을 통해 세상이 폭력을 몰아내고 평화와 화해를 경험하게 하는 것이다.[21] 떼제의 기도는 결코 세상으로부터 도피하여 수도원 안으로 들어오는 것이 아니라 그들의 중보기도 속에서 온 세상의 현실을 대면하고 그들의 탄식과 탄원을 하나님께 올려드린다. 그렇기 때문에 그들은 삶의 모든 영역인 즉 정치, 경제, 사회, 문화, 인종 등 세상의 모든 주제들을 기도의 내용으로 고백하고 간구한다.

세상을 향한 교회의 참여는 먼저 세상을 위한 중보기도에서 출발한다. 필자가 경험한 독일교회는 세상을 위해 중보기도하는 교회였다. 독일교회가 드리는 세상을 섬기는 구체적인 디아코니아는 먼저 기도 속에서 하나님을 향해 간구한다. 매주 드리는 공 예배시간 중에 헌금시간 다음에 독일사회를 포함하여 온 세상을 위한 구체적인 중보기도를 드린다. 예를 들면, 어느 주일은 아프리카의 전쟁폭력으로 고통받고 있는 사람들을 위한 기도, 다음 주는 브라질의 거리의 아이들을 위한 기도를 드렸다. 어느 주일엔 한국의 서울, 하월곡동의 맞벌이 부부 가정을 위한 중보기도를 드리며 그 이유를 설명하였다. 맞벌이 부부가 어린 자녀들을 집안에 두고 밖에서 문을 잠그고 일하러 가있는 동안 집 안에 어린아이들이 장난하다가 집에 불을 질렀고 밖에 문이 잠겨있기 때문에 피하지 못하고 불에 타 죽은 사건이 발생한 것이다. 이 비극적인 사실을 한국에서 사역하던 독일의 선교동역자가 독일교회에 보고하면서 그 내용을 독일교회에 서신으로 알린 다음 그 주간에 모든 교회들이 서울의 맞벌이 부부와 그 가정을 위해 기도할 뿐만 아니라 예배 후 구제헌금까지 하였다. 독일교회는 하나님 앞에서 예배 드릴 뿐 아니라 세상에 대한 관심을 하나님 앞으로 가지고 가는 중보기도를 예전 안에 포함하고 있다. 하나님 앞에

---

21 참고하라. 위의 책 .

서 온 세상을 향한 사랑과 선교적 관심을 가지고 예배하는 모습이 감동적이었다.

기독교 예배 안에서 중보기도를 통해 교회와 그리스도인은 세상을 향한 하나님의 마음을 느낄 수 있으며 동시에 교회의 선교적 사명을 재확인하게 된다. 지역의 교회들은 자신이 속한 지역사회를 위한 중보기도로부터 시작한다. 부천 새롬교회는 지역교회를 섬기고 봉사하는 활동을 하기 위해 사회적 중보기도를 주일예배 안에 포함시키고 있다.

〈그림〉 생명망 목회

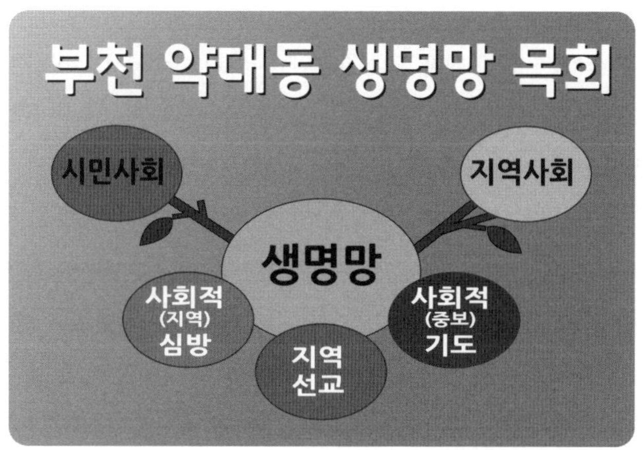

"회중기도가 변화하고 있어요"(부천 새롬교회)

2014년 마지막 주일 대표기도 (이춘립 집사 4구역)

오늘도 주님 앞에 나와 예배드릴 수 있게 하심을 감사드립니다. 올해 초 대학신입생 오티 중 건물 붕괴사고로 많은 사상자가 발생한지 얼마 지나지 않아 4월 16일 세월호 사고는 한 지역, 한 고등학교, 한 학년 아이들 대부분을 잃고 말았습니다. 인간의 이기심, 무지막지함, 부도덕함, 무신경함, 정부의 무능함을 지켜볼 수밖에 없었던 그 가족들과 국민들이었습니다.

그리고 사고가 난지 얼마 지나지 않아 우리 기억 속에서 점점 희미해져 가고 있는 것이 새삼 두렵습니다. 우리로 우리 가정, 우리 아이는 다행이고 괜찮다는 생각에서 벗어나게 하여 주시옵고 우리 기억 속에서 잊혀지지 않도록 하여 주시옵소서!

주님! 교회적으로는 올 한 해 많은 일들을 이루어 냈고 또 새로운 일에 시작점에 있습니다. 미리 계획한 일이 아님에도 마치 기다렸던 것처럼 척척 진행되어 가는 것이 놀라우면서도 모든 일이 주님이 인도하심이 느껴집니다. 간절히 바라옵기는 협동조합이나 꼽이포차, 마을 방송국 등 수고하는 모든 이들에게 영육간에 강건함을 허락하여 주시옵소서! 그리하여 협동조합, 떡카페는 점점 더 탄탄하게 자리 잡혀지길 원하오며 꼽이포차나 마을 방송국팀에게도 힘주시고 모든 일에 항상 주님이 살아 움직임을 잊지 않게 하소서! 주님 새롬교회가 약대동에 터를 잡고 지역복지, 지역선교, 마을 만들기 사업 등에 많은 사람들의 수고와 노력으로 27년이 지나고 있는 올해에는 유난히 외부손님들이 약대동 마을 탐방이 많았던 해였습니다. 비로서 열매가 맺히고 꽃이 피고 있는 것 같습니다.

이 모든 일에 감사드리며 오늘 이 예배가 시작과 끝을 주님께 맡기오
며 모든 말씀 예수님 이름으로 감사하며 기도드립니다. 아멘

새롬교회는 예수 그리스도의 생명을 중심으로 지역사회를 섬기는 선
교적 교회 생명망 선교를 지향한다. 사회적 중보기도는 새롬교회의 지역
사회를 향한 중요한 내용이다. 한국교회의 기도를 중요시하는 전통을 그
대로 지속하면서 기도의 내용을 개인중심과 교회중심으로부터 사회를
향한 관심으로 확장시켜 실시한다. 새롬교회 교인들은 지역사회를 섬기
는 교회가 되기 위해 먼저 지역사회와 한국, 세계를 위한 중보기도를 드
리고 그 기도에 따라 실천적인 활동과 삶을 살아가는 훈련을 받는다. 이
러한 과정을 통해서 교인들은 신앙의 관심사의 변화에 따라 기도의 내용
이 변화되고 있음을 스스로 깨닫고 있다. 앞으로 한국교회는 위에서 살
펴본 독일교회나 부천 새롬교회와 같이 기도의 열심에 사회적 관심사를
담아내는 성숙한 신앙으로 나아가야 한다.

3) 통전적 관점에서 성경읽기

한국교회는 초기부터 성경을 사랑하고 열심히 공부하는 전통을 가지
고 있다. 세계선교역사에서 유례를 찾아보기 힘든 사례는 선교사가 국내
에 들어오긴 전에 이미 한국말로 변역된 성경을 가지고 있었다는 사실이
다. 한국인은 마치 성경의 진리에 목마른 사람처럼 누가 가르쳐주지 않
아도 성경을 읽고 연구하다가 신앙을 갖게 된 경우가 적지 않다. 언더우
드 선교사의 전기를 읽어보면, 아직 선교사가 방문하지 않은 지역에 세
례를 받기 원하는 30명의 신자들이 있다는 편지를 받았었다.[22] 그들은

---

22 H.G. 언더우드 저, 이광린 역, 『한국개신교수용사』(서울: 일조각, 1995), 87, 116.

누구에게 전도를 받지 않고 쪽복음을 사서 읽다가 믿음을 갖게 된 자생적 그리스도인들이었다. 이러한 성경중심의 한국교회 특징을 "성경기독교"라고 명명하기도 한다.

성경을 사랑하는 한국교회 성도는 사경회를 통해서 성경을 공부하는 전통을 형성했다. 1910년 사무엘 마펫 선교사가 에딘버러 선교대회에서 발표한 글을 보면 당시 한국 전역에 교회를 통한 사경회 조직이 형성되었고 그 모임의 숫자가 경이로울 정도였다. 이렇게 성경을 사랑하고 공부하여 생활 속에 실천하는 모습은 한국교회가 가진 장점임에 틀림없다.[23] 이러한 성경을 사랑하는 전통은 점차 다양한 형태로 발전하는데 성도들이 매일 스스로 성경을 읽고 묵상하는 습관이 거의 모든 교회에 확산되었으며, 심지어 성경을 사랑하는 마음으로 전체를 필사하는 새로운 문화가 만들어지고 있기도 하다.

그런데 이러한 성경에 대한 사랑으로 충분한가? 한국교회가 성경을 편향적으로 읽고 있지는 않은가? 실제 사례를 통해서 한국교회의 성경에 대한 이해가 너무 편협하고 편향적이라는 사실을 어렵지 않게 확인할 수 있다. 교회에서 열심히 신앙생활을 하고 있는 지인에게 목사의 설교에서 아모스를 본문으로 설교하는 것을 들어본 적이 있는가를 질문한 적이 있다. 그 친구의 답은 '없다'는 것이다. 다른 사례로, 방송설교로 자주 들려지는 목회자들의 설교주제는 열 손가락 안에 꼽힐 만큼 제한되어 있다는 사실도 알게 되었다. 복음적 혹은 영적인 면을 강조하며 선포되는 설교의 주제는 믿음, 비전, 구원, 축복, 성공, 치유, 안정, 회복, 성장, 교회 등으로 제한되어 반복되고 있다. 한국교회는 많은 예배를 통해 설교를 듣는 기회가 많으며 개인적으로도 성경을 읽고 묵상하지만, 안타깝게도 성경을 보는 눈이 위에서 언급한 주제들이나 개인적, 영적, 교회생활과 관

---

[23] 사무엘 마펫, 이용원 번역, "복음화 사역에서 현지 교회가 차지하는 위치,"『선교와 신학』제25집 (2010), 323-337.

련된 내용에 제한되어 있다. 온 신학의 통전적 관점에서 성찰해보면, 한국교회가 성경을 사랑하고 공부하는 열심을 온전한 방향으로 인도해야 할 책임을 느낀다. 성경의 보편적 이해를 통해 복음의 영역을 확장시켜야 한다.

복음이라고 할 때 그 내용은 한 사람 한 사람을 부르시는 개인적 메시지의 성격을 지니고 있으나, 이 복음은 동시에 세상 전체를 구원의 대상으로 삼는 우주적 메시지라는 점을 주목해야 한다. 복음의 광범위한 차원을 바르게 이해하지 못한 원인은 구원론과도 연관성이 있다. 구원을 개인과 하나님의과의 관계 속에서만 이루어지는 것으로 이해하기 때문이다. 그러나 "하나님이 세상을 이처럼 사랑하사 독생자를 주셨으니 …"(요 3:16)라는 말씀은 복음의 우주적 차원을 잘 보여주는 본문이다. 복음의 통전성에 대하여 남미의 복음주의자 르네 빠딜라는 잘 설명하고 있다. 빠딜라는 "그리스도 안에 나타난 하나님의 사역은 단순히 개인만을 대상으로 하는 것이 아니라 세상 전체를 직접적인 대상으로 삼는다."고 진술한다.[24] 복음을 선포한다는 것은 이 세상에 속하지 않은 하나니 나라에 관한 메시지를 선포하는 것이지만, 또한 복음이 보편성을 가지고 있기 때문에 세상 전체를 선포의 대상으로 삼아야 한다. 이런 점에서 복음은 전세계를 포괄하는 하나님 나라의 특성과 동일하다.

한국교회는 개인주의 영향을 받아 개인구원과 개교회주의가 신앙의 내용을 지배한다. 우리가 복음을 들을 때 개인적으로 응답한다는 점에서 신앙의 개인적 차원이 있지만 그러나 복음의 내용 자체는 개인과 교회뿐만 아니라 전 인류와 피조물의 구원과 회복을 목표로 한다는 사실을 주목해야 한다. 우리가 온 세상에 복음을 전파한다고 할 때 온 세상이 의미하는 것은 단지 지리적 차원만이 아니라 인간의 삶의 모든 영역에서 복

24　르네 빠딜라 지음, 이문장 옮김, 『복음에 대한 새로운 이해』(서울: 대장간, 2012), 54.

음이 전파되고 실현되어야 함을 가리킨다. 그러므로 복음적이라고 말하면서 개인적이라는 의미와 동일시하는 편협한 이해를 극복하고 전세계 모든 영역에 대한 복음선포와 실천적 사명이 교회의 사명이며, 그리스도 안에서의 새로운 창조 즉 하나님의 통치하에 있는 새로운 삶의 양식을 회복하는 것이 복음의 본질이라는 점을 바르게 이해해야 한다.[25] 한국교회는 성경을 열심히 읽고 공부하는 전통 위에서 개인주의적 시각을 극복하고 균형잡힌 관점으로 성경을 읽는 법을 배워야 한다.

4) 선교적 증언으로서의 친교(코이노니아)

한국교회는 전세계를 향한 선교의 열정은 있으나 취약점이 있다. 그것은 선교하는 교회(doing mission)의 모습은 있으나 존재 자체가 선교적 의식을 가진 선교적 교회(being mission)는 아니라는 점이다. 한 목회자는 지역사회와 교제가 단절된 지역교회를 이렇게 표현한다: "한국교회는 지역사회에 전도는 하지만 지역사회에 관심은 없다." 한국교회는 해외지역에 대한 선교는 활발하지만 가까운 이웃에게는 닫혀 있는 교회이다. 이런 교회의 특징이 무엇을 의미하는가? 진정성 없는 선교, 프로그램 중심의 선교, 교회 자신을 위한 선교를 추구하고 있다는 뜻이다. 한국교회는 지역주민을 선교의 대상으로는 여기지만, 함께 더불어 살아가는 이웃으로 함께 사귐을 갖지 못하는 교회의 모습을 보여주고 있다.[26]

박화경은 한국교회의 친교(코이노니아)가 갖는 문제점을 6가지로 지

---

25 한국일, "하나님 나라와 지역교회 선교," 공적신학과 교회연구소 편/ 장신근 책임편집, 『하나님 나라와 지역교회』(서울: 킹덤북스, 2015), 202-203.

26 필자가 방문한 어떤 교회는 건물을 아름답게 리모델링 한 후에 지역주민들이 서로 친교할 수 있는 공간을 교회주변에 만들면 좋겠다고 말하자, 그렇지 않아도 교회건물이 완성된 후에 지역주민들이 교회로 몰려올 까봐 장로님들이 걱정한다는 목사의 이야기를 들은 적이 있다. 이런 경우 지역주민들을 전도의 대상으로만 생각하고 함께 더불어 사는 이웃으로 생각하는 것은 매우 인색함을 발견할 수 있다.

적한다. 첫째, 한국교회는 교회 안에서는 친교가 활발하지만 교회 밖과의 친교는 약하다. 둘째, 교회 안에서도 친교가 그룹이 지어있고 다른 그룹과는 친교가 약하다. 셋째, 교회 안에서 친교가 연령이나 세대로 구분해놓아 세대간의 친교가 약하다. 넷째, 한국교회의 친교가 때로는 배타적 특징이 나타나고 갈등의 원인이 되기도 한다. 다섯째, 교회에는 나오지만 교회공동체에 소속을 거부하는 방관자 교인이 증가한다. 여섯째, 친교가 섬김을 나아가지 않고 친교 자체에서 끝나는 경우가 많다.[27]

친교는 단지 교회 안에서 교인들 사이의 교제를 뜻하는 것이 아니다. 물론 교회 안에서 교인들과 서로 이해하고 친밀한 교제가 필요하다. 그러나 성경이 우리에게 전하는 코이노니아는 훨씬 그 범위가 넓다. 그리스도 안에서 전 인류가 하나가 되는 것을 꿈꾸는 것이다. 성경에서 제시하는 친교는 교회 안에서 시작하지만 하나님 나라를 지향하고 있기 때문에 교회울타리를 넘어 전세계와 우주를 향한 개방성을 가지고 있다. 세상은 인종과 민족, 지역과 국가, 문화 등 요인으로 배타적 친교를 추구하고 있다면, 그리스도를 따르는 교회는 세상에 존재하는 모든 배타적 경계선을 넘어 하나님 나라에로 초청하는 열린 친교공동체를 지향한다. 복음서는 예수의 삶과 공생애를 당시의 사회적 통념과 배타적 경계선을 넘어가는 모습으로 기록하고 있다. 예수의 사역은 당시의 유대교 지도자들과 달리 중심에 머물지 않고 주변으로 나아가는 사역이었으며 사회적, 문화적, 종교적으로 주변인과 약자들을 하나님 나라의 주인공으로 세우는 사역을 행하였다. 이러한 예수의 친교와 사역은 그 자체가 하나님 나라가 무엇을 지향하는 것인가를 분명하게 보여주는 증언이 된다.

누가는 사도행전 10장에서 베드로와 고넬료의 만남과 친교를 통해 복음이 어떻게 당시에 유대중심의 편협한 구원론과 교회론을 넘어 이방

---

27 박화경, "하나님 나라를 지향하는 지역교회의 친교에 대한 연구", 공적신학과 교회연구소 편/ 장신근 책임편집, 『하나님 나라와 지역교회』(서울: 킹덤북스, 2015), 290-291.

인의 세계로 넘어가는가를 매우 역동적으로 묘사한다. 당시에 만날 수 없었던 두 민족의 친교는 그리스도의 복음을 온 세계로 전파하게 하는 출발점이 되었고, 그리스도의 복음은 어떤 차별성도 존재하지 않는 모든 인류를 위한 복음의 보편성임을 분명하게 보여주었다.

물론 하나님 나라에로 부름받은 거룩한 공동체인 교회는 세상으로부터 구별됨이 필요하지만, 이것은 세상을 등지는 닫힌 공동체가 아니다. 먼저 부름받은 교회는 그리스도 안에서 참된 친교를 회복하고 그것으로부터 세상을 향해 친교의 범위를 넓혀가야 한다. 이런 점에서 교회의 친교는 세상을 향한 증언의 친교적 특성과 영향력을 포함한다.

친교가 선교적 증언의 역할을 하는 점은 요한일서에 분명하게 나타난다. 저자는 1장 1-2절에서 자신들이 어떻게 하나님의 아들, 예수 그리스도를 만났는지를 먼저 밝힌다. 그 분은 태초부터 계신 생명의 말씀인데 우리가 귀로 듣고 손으로 만졌으며 이 영원한 생명을 눈으로 보았다고 증언한다. 그분은 아버지와 함께 계시다가 우리에게 나타나셨다. 1-2절에서 사도 요한과 그의 동료들은 먼저 하나님의 아들, 예수 그리스도와 분명한 만남과 친교를 가졌음을 증거한다. 그리고 다른 사람을 향하여 이러한 친교에로 초청한다. 와서 우리와 사귐을 갖자. 우리 사귐은 아버지와 아들과 함께 하는 사귐이라고 말한다. 여기에서 그리스도 안에서 하나님을 만난 제자들은 사람들에게 복음을 전하는 것을 자신들의 공동체로 초청하는 행위로 묘사한다. 이 본문을 통해 진정한 선교는 교회 밖의 사람들을 선교의 대상으로 생각하기 전에 자신들과의 친교에로 초청하는 행위라는 사실을 확인하게 된다.

"한국의 지역교회가 지역사회에 전도는 하지만, 지역사회에 관심은 없다"라는 진술의 의미를 재고해보면 한국교회가 친교를 상실한 선교를 하는 교회라는 결론에 도달한다. 지역교회가 선교하는 교회(doing mission)가 되기 이전에 먼저 선교적 교회(being mission)가 되어야 하는 이유는, 지역사회 안에서 교회가 지역주민들과 이웃으로 함께 좋은 관계를 이루며 살아가는 것이 선행되어야 하기 때문이다. 그런 점에서 선교는 친교의 바탕에서 진행되어야 한다. 지금까지 한국교회는 교회중심적 선교, 성장주의적 선교를 지향하였기 때문에 "친교(사귐) 없는 선교"를 수행해왔지만, 이제 온 신학으로부터 배우는 통전적 관점에서 선교적 교회를 세워나가면서 "친교(사귐) 안에 있는 선교" 실천을 지향해야 한다.

결론

한국교회가 처한 문제를 해결할 수 있는 출구전략 중 하나로 선교적 교회를 제시하였다. 선교적 교회가 교회의 모이는 차원과 흩어지는 차원의 균형을 이루기 위해서는 양면을 연결하고 통일하는 신학적 관점이 필요하며 그것을 온 신학의 통전적 관점에서 해결을 찾고자 했다. 이것을 위해 목회자는 교회 안에서의 예전과 교회 밖에서의 실천을 함께 아우르는 신학적 이해와 열린 리더십을 갖추어야 한다. 이른바 선교적 목회 리더십이 필요하다.

제9장

선교적 그리스도인:

루터의 소명론에 대한 선교적

해석과 적용

서론

2017년은 독일의 신학자 마틴 루터에 의해 종교개혁운동이 시작된 지 500주년 되는 해로 국내와 세계교회가 종교개혁의 정신을 기억하고 그것을 회복하기 위하여 매우 분주하게 보냈다. 루터 이전에도 당시의 교회 타락상을 안타까워하며 개혁운동을 일으킨 사람들이 있었다. 대표적으로 루터 이전에 150년전 영국의 위클리프, 100년전 체코의 얀 후스, 그리고 루터와 동시대 신부로서 에라스무스 같은 사람들이었다. 이들은 교회를 사랑하고 성경에 근거한 참 교회를 회복하기 위해 동시대의 거대한 세력에 저항하고 투쟁하면서 진리를 밝히려고 노력한 사람이다.

본 글에서는 루터의 소명론의 의미가 무엇인가를 설명하고 그것이 세상으로 파송받은 그리스도인의 삶이 '소명의 삶'이라는 신학적 근거를 제시하려고 한다. 소명이 위로부터의 하나님의 부르심이라면, 파송은 그 소명을 실천하는 방식으로 세상으로 하나님의 보내심이다. 그리스도인의 일상에서 신앙이 갖는 현재적 의미를 소명론과 관련하여 논의하려고 한다. 대럴 구더는 신앙의 축소주의에 대해 경고한다. 축소주의는 신앙을 교회생활로, 그리스도인을 교인으로, 하나님 나라를 내세로 축소시켜 현재를 살아가는 그리스도인에게 정확한 답을 제시하지 못한다. 복음과 신앙의 현재적 의미를 바르게 이해하는 것이 세상에서 하나님 나라를 위한 건강한 실천과 의미있는 신앙의 삶을 가져올 것이다.

교회중심주의에 기반한 한국교회는 그리스도인이 교회생활을 어떻게 해야 하는가에 대해서는 많이 배우고 있으나 상대적으로 세상에서 그리스도인으로 사는 법에 대해서는 많이 가르치지 못하였다.[1] 직업에서, 사회의 공적 위치에서 어떻게 그리스도인다운 삶을 살수 있는가에 대해서도 교회는 별로 말을 하지 않는다. 이렇게 교회와 세상, 신앙과 직업이 철저하게 이분법적으로 분리된 상태에서 한국교회는 기형적인 그리스도인 상을 낳는다.[2] 사회에서 물의를 일으키는 사람 중에 그리스도인들이 연루되어 있는 것은 이러한 사실을 입증해준다. 그들은 아마도 교회에서는 "열심 있는" 교인으로 인정받았을 것이다. 주일성수하고, 새벽기도에 참석하고, 십일조를 드리고, 교회의 여러 부서에서 활동하였을 것이다. 이런 그리스도인들이 사회에서 높은 지위나 회사에서 더 큰 책임을 맡은 위치에 오를 때 하나님의 축복으로 여겼지만, 정작 그 위치에서 세상 속에서의 그리스도인의 삶과 공적 책임을 어떻게 해야 바르게 수행하는가에 대해서는 교회가 가르치지 않았다.

　직업이란 그리스도인들에게 생계 유지와 더 풍요로운 삶과 자기 실현의 과정이 될 수 있다. 이런 생각이 틀린 것은 아니지만 세상에서 그리스도인다운 삶을 살기에 충분히 준비된 생각이 아니다. 그리스도인이 세상 속에서 살아가기 위해서는 세상을 지배하는 세속적 가치와 날마다 씨름해야 한다. 이런 세속적 가치는 관행적이며 일반화되어 있기 때문에 세상에서 살아가는 그리스도인들에게도 예외가 아니다. 그리스도인이 경계해야 하는 우상은 단지 종교적 형태가 아니라 오늘날 사람의 마음을 사로잡고 세상을 지배하는 세속적 가치이다. 특히 우리시대를 지배하는 자본주의가 부추기는 물질만능주의의 유혹은 쉽게 물리치기 어려운 것이 현실이다. 한국교회는 어떤 면에서 자본주의에 삼켜진 상태라고도 볼

1　양희송, 『다시 프로테스탄트』(서울: 포이에마, 2014), 108-109.
2　한 교인이 말한 회사에서 그리스도인에게 갖는 이미지를 소개한다. 회사의 인사과에 근무하면서 신입직원의 자기소개서에서 "기독교인"이라는 단어를 보면서 세 가지가 떠오른다고 한다. 첫째, 까다롭겠구나. 둘째, 회사에서 교회일을 많이 하겠구나. 셋째, 퇴근시간이 되면 가장 먼저 가겠구나. 본인도 그리스도인이면서 다른 그리스도인에게 갖는 어쩔 수 없는 이미지는 건강한 직업적 소명론을 형성하지 못한 한국교회의 자화상의 한 부분이라고 볼 수 있다.

수 있다.[3]

그리스도인의 직업은 경제적 차원만 있는 것이 아니다. 물론 그리스도인에게도 경제활동이 중요하다. 그러나 거기에 머물지 않고 그리스도인의 직업은 이 세상을 향한 하나님의 창조에 참여하는 신앙적이며 가치있는 활동이다. 그리스도인의 직업과 모든 삶은 하나님으로부터 부름을 받은 소명론에서 이해된다. 소명은 중세시대에 성직자들에게만 적용되었으나 종교개혁자, 특히 루터와 칼빈을 통해서 모든 직업이 하나님으로부터 주어진 소명이라는 사실을 밝혀주었다. 모든 그리스도인이 세상으로 파송받았다는 선교적 존재로의 사명은 소명론으로 더 든든한 근거를 얻게 된다. 직업과 일상의 삶에 대한 올바른 신학적 근거로서 소명론을 선교적으로 재해석하는 것은 세상을 살아가는 그리스도인들의 삶을 풍성하게 만들어 줄 것이다.(요 10:10) 본 글에서는 루터의 소명론을 선교적 관점에서 해석하고 적용하고자 한다.

1. 루터의 소명론[4]

루터의 소명론은 그의 신학의 주요한 주제들과 연결된 맥락에서 형성되었다. 빙그렌은 "루터의 소명론"을 다루면서 루터의 기초 신학의 틀 속에서 소명론을 통합시키려는 시도를 한다. 즉 루터의 소명론은 그의 신학의 기초개념들-율법과 복음, 그리스도의 사역, 자유, 죄 등-의 맥락에서 연구하는 것이 루터의 소명론을 바르게 해석하는 것임을 주장한다.[5] 이형기 교수는 루터의 소명론을 칭의, 율법과 복음, 성화, 그리스도

---

3 성정모, 『욕망사회』(서울: 한겨레출판, 2016), 43-45.

4 특이하게도 루터에 관한 많은 연구논문이나 학위 논문 목록에서 루터의 소명론에 관한 자료를 찾아볼 수 없다. 루터대학교에서 발행하는 루터 연구에서 1983년부터 2000년 사이에 작성한 루터에 관한 석 박사 학위논문을 소개한 자료에서 소명론을 주제로 연구한 논문은 한 편도 없었다. 곽원상, "1983년도부터 2000년도까지 루터관련 석박사 논문 정리", 『루터연구』 제15집(2011), 145-178.

인의 자유, 만인 제사장직과의 맥락에서 논의하며,[6] 엄진섭 박사 역시 루터의 소명론을 루터 신학의 중심주제들을 기초로 하여 논의한다.[7] 루터의 소명론은 그의 전반적인 신학적 주제들과 연결되어 있음을 알 수 있다.

루터의 소명론과 관련하여 다음과 같은 질문들을 제기할 수 있다. 직업의 소명론이 신앙으로 거듭난 그리스도인에게만 적용되는가 아니면 세상의 모든 사람들에 직업에도 적용되는가? 소명이 직업에만 관여하는가 아니면 일상의 삶이나 도덕적 삶에도 관계하는가? 루터의 소명론이 신분(Stand)에서는 평등하고 직책(Amt)에서 차이를 인정한다는 것은 무슨 뜻인가? 루터의 소명론의 성서적 근거로 사용되는 본문 "각 사람은 부르심을 받은 그 부르심 그대로 지내라"(고전 7:20)에서 '부르심(klesis)이 직업적 소명론에 해당되는 내용인가? 루터의 소명론과 관련된 이러한 질문들을 염두에 두고 루터의 소명론을 루터의 신학적 주제들과의 관계에서 논구하고자 한다.

1) 소명론과 이신칭의

루터의 소명론은 종교개혁의 시발점이 된 이신칭의와 긴밀한 관련을 갖고 있다는 것은 루터 전문가들의 거의 일치된 생각이다. 루터의 신학적 주제는 그가 발견한 "신앙"에 근거하는데 그리스도인의 소명은 신앙

---

5   Gustaf Wingren, *Luther on Vocation*, 맹용길 옮김, 『루터의 소명론』(서울: 컨콜디아사, 1975), 5. 빙그렌은 루터의 신학에서 소명론의 등장은 성년기 루터의 중심되는 종교개혁의 부산물이라고 이해한다. 루터가 1521년 "수도원의 맹세에 관하여"(De votis monasticis)를 발표한 이후 즉 1522년부터 그의 작품에 소명(Beruf)이란 말이 나타난다고 본다 이런 점에서 루터의 소명론은 수도원의 삶과 성직자에 대한 비판과 더불어 소명을 모든 그리스도인들에게 확대하는 목적으로 쓰여졌다고 볼 수 있다.

6   이형기, "중세사회의 직업관과 루터신학에 있어서 직업의 의미", 『기독교인의 직업과 영성』(서울: 장로회신학대학교출판부, 2001), 136-189.

7   엄진섭, "루터의 소명관", 『신학과 신앙』 제17집(2006), 7-69. 엄진섭 박사의 논문은 루터의 소명론을 루터의 신학적 주제들과의 연관성 속에서 연구한 탁월한 자료이다.

으로부터 실천동력을 받는 것으로 이해한다. 이신칭의는 복음의 재발견을 통해서 중세 카톨릭 교회의 구원론으로부터 결별하는 종교개혁운동을 촉발시켰다. 당시 카톨릭 교회는 공로주의를 구원에 이르기 위한 행위의 동기로 삼았다. 행위로 인한 구원론에는 중세 카톨릭교회의 많은 주장들이 담겨 있다. 지상 최고의 권위로 상징하는 교황중심의 계층주의적 성직체제, 구원에 이르는 은혜의 매개로서 7성례, 구원에 도달하기 위해 평신도의 부족함을 보완하는 '성자'의 잉여공로, 돈으로 죄를 용서받을 수 있는 면죄부 제도, 세속직업 또는 평신도와 완전히 분리되어 거룩함을 유지하는 수도원주의와 성직주의 등이 당시 교회를 지배하고 있던 신학사상이다.[8] 이런 배경에서 루터는 '구원이 그리스도의 죽음과 부활로 오는 은혜에 대하여 신앙으로 응답함으로 주어지는 하나님의 선물이며 여기에 인간의 어떤 행위도 들어갈 자리가 없다'는 점을 강조한다. 구원은 오직 "우리 자신으로부터 오는 의"와 대별하여 "밖으로부터 오는 의"(extra nos)로 표현한다.[9]

이신칭의 이론에서 루터는 하나님과의 수직적 차원과 인간과의 수평적 차원의 구분을 분명히 한다. 구원은 하나님이 주시는 선물이며 소명이 인간에 대한 봉사이기 때문에 소명은 구원과 상관없는 세상 안에서의 일로 간주한다. 루터는 소명을 자신의 신학에서 중요한 주제로 제시할지라도 소명으로부터 나오는 어떤 선한 행위나 실천이라도 구원에 영향을 미치지 못한다는 점을 분명히 한다. 이신칭의는 루터의 모든 신학을 이해하는 핵심개념으로서 여기에서 그의 모든 신학의 주제가 형성되며 동시에 이전의 경험, 즉 카톨릭 교회의 사상을 비판하는 기준이 된다.

거룩함에 대한 생각도 이신칭의에 의해 새롭게 정의된다. '밖으로부

---

8 이형기, 이형기, "중세사회의 직업관과 루터신학에 있어서 직업의 의미", 『기독교인의 직업과 영성』(서울: 장로회신학대학교출판부, 2001), 148-150.

9 Paul Althaus, *The Theology of Martin Luther*, Trans. By Robert C. Schultz, 이형기 옮김, 『루터의 신학』(서울: 크리스챤 다이제스트, 2008), 256-257.

터 온, 수동적 의'에 기초한 이신칭의에 의해 소명론은 행위의 의로운 가치를 부여하는 수도원주의와 성직체계를 파괴한다. 루터는 이신칭의에 기초하여 세상과 구별되어 거룩함을 형성하고 유지한다고 주장하는 수도원의 이상이 철저하게 잘못되었다고 비판한다. 중세 수도원주의적 삶의 이상은 이 세상에서 보다 수도원 안에서의 삶에 더 많은 가치와 비중을 두었다. 그것은 순결, 사도적 청빈, 순종과 같은 수도원의 서약을 지키며 살아가는 수도사들은 세상에 속하여 살아가는 사람들과 구별된 거룩한 삶을 살고 있다고 생각하기 때문이다. 그렇기 때문에 수도사들은 최소한의 노동활동을 하면서 세속적 직업이나 경제활동을 하지 않고 수도원 안에서 기도와 예배 명상과 같은 일에 집중하면서 시간을 보냈다.[10]

중세교회는 하나님으로부터 받은 소명(vocation)을 수도사와 성직자에게만 적용함으로 성직자 중심의 분리와 계급주의를 강화시켰다. 이러한 이분법은 성직에 비하여 세속직업을 부정적인 것으로 생각하며 그리스도인의 세상 속에서의 활동을 매우 소극적으로 평가하는 결과를 가져왔다.[11] 그러나 루터는 세상에서 하찮아 보이는 자리일지라도 하나님이 명령하심으로 마련된 것이면 영광스러운 일이고 강조한다.[12]

그리스도인의 삶과 관련하여 루터의 이신칭의 교리를 평가할 때 긍정과 부정의 양면성을 갖는다. 구원교리에서 하나님의 은혜를 새롭게 발견하였다는 긍정적인 면이 있지만 동시에 사랑의 실천을 약화시키거나 모호하게 만들었다는 비판을 많이 받는다. 구원에 관련하여 공로주의를 비판하면서 인간의 어떤 선행도 구원에 어떤 영향을 미치지 못한다는 그

---

10   루터는 갈라디아서 강해에서 자신의 수도원 경험을 통해 수도원주의를 비판하며 믿음으로 살아가는 모든 그리스도인이 '성자'라고 칭한다. 『말틴 루터의 갈라디아서 강해』(하), 김선회 옮김(경기도: 루터대학교출판부, 2003), 129.

11   이형기, "중세사회의 직업관과 루터신학에 있어서 직업의 의미", 『기독교인의 직업과 영성』(서울: 장로회신학대학교출판부, 2001), 152-156.

12   말틴 루터, 『갈라디아서 강해』(하), 95.

의 주장은 선한행위나 윤리의 동기를 약화시킨다는 지적을 받는다. 루터에게 행위의 측면이 약하다는 비판은 특히 칭의와 성화를 같이 강조한 칼뱅과 비교할 때 더 두드러진다. 그렇기 때문에 루터는 당시의 이런 비판과 지인들의 조언에 따라 "선행에 대한 논고"라는 논문을 통해서 이신칭의만 강조하고 선행을 무시한다는 비판에 대하여 응답하는 시도를 한다.

2) 소명론의 자리: 성화와 이웃사랑

사랑의 실천에 대한 루터의 사상을 바르게 이해하기 위해서는 구원과 행위의 관계를 바르게 이해해야 한다. 루터의 공로주의에 대한 비판은 구원에 관한 내용이며, 신자의 선한행동은 이웃과의 관계에서 사랑의 실천을 의미한다. 루터는 '신앙과 사랑의 실천'이라는 두 관계를 연결하는 고리를 십계명에서 찾는다. 제1계명은 하나님과의 수직적 관계를 나타내는 것으로 하나님을 의지하고 믿는 '신앙'을 말하는 것이며 나머지 계명은 제1계명에 기초하여 있다.[13] 십계명의 주제는 하나님 사랑과 이웃사랑인데 이 둘은 서로 분리되지 않는다. 그렇다면 이 둘이 루터의 신학체계에서 어떻게 연결되는가?

이 질문에 대하여 루터 전문가들의 다양한 주장들이 있다. 루터의 신학체계 안에 신앙과 사랑의 실천을 연결하는 '내적 일치'의 원리가 빠져 있다는 비판이 있다. 빙그렌에 따르면 루터 연구가 에거(Eger)는 "루터의 소명관"(1900)에서 "의롭게 하는 신앙과 사랑의 봉사 가운데 있는 소명의 성취가 가지는 체계적 관계를 설명할 수 있는 이론적 결핍으로부터 심각한 결과가 유발하였다"고 지적한다. 또한 쉬퍼덱커(Schifferdecker)도 그

---

13 Hans Schwarz, *Martin Luther. Einfuehrung in Leben und Werk* (Neuendettelsau: Freimund, 2010), 218-219.

의 책 "루터의 소명관"(1932)에서 "신앙과 소명 가운데 있는 행동을 위하여 거기서부터 나아가는 능력 사이에 있는 필연적인 내적 일치를 루터는 세우지 못했다."고 언급한바 있다.[14] 그렇다면 이신칭의는 하나님과의 관계이며 소명은 이 세상과의 관계라는 루터의 진술을 생각할 때 이 둘은 내적 연결이 없이 병행하는가? 루터는 믿음과 사랑의 관계를 어떻게 이해하고 진술하는가?

빙그렌은 이러한 비판에 대하여 어느 정도 수긍하면서도 둘은 서로 연결되어 있음을 주장한다. 그에 따르면 "신앙 가운데 갑자기 일어나는 사랑은 루터에게 있어서 어느 정도 이해할 수 없고 설명할 수 없는, 어떤 것으로 남아있다. 왜냐하면 우리는 하나님의 사랑에 대해 설명할 수도 없고 추론할 수도 없기 때문이다."[15] 그러나 빙그렌은 루터의 논문 "그리스도인의 자유"에서 "크리스챤이 믿음을 통하여 그리스도 안에 살고 사랑을 통하여 이웃 안에서 산다"는 명제에 근거하여 믿음으로부터 사랑이 나온다고 이해한다. 즉 믿음으로 그리스도를 받아들인 사람은 성령 안에서 이웃을 사랑하며 진실하게 대할 것이라고 본다.[16]

신앙과 선행의 관계를 성화의 관점에서 설명하기도 한다. 루터의 신학에서 소명은 성화와 이웃사랑에서 구체화된다. 루터는 로마서 주석에서 선행을 성화의 차원에서 설명하면서 '믿음에서 믿음으로'를 의롭게 여김을 받은 자가 자신의 삶 속에서 점점 더 의로워지는 것을 의미한다고 말한다.[17] 인간은 본성적으로 선한 행위의 요구를 실행할 수 없기 때문에 존재와 행위의 관계에서 새로운 존재로부터 선한 행위가 나온다는 사실을 강조한다. 그러므로 갈라디아서 강해에서 "성령을 좇아 행하라"(5:16)

---

14 G. Wingren, *Luther on Vocation*, 맹용길 옮김, 『루터의 소명론』, 49.

15 위의 책, 50.

16 위의 책, 51.

17 Martin Luther, *Commentary on Romans*, 박문제 옮김, 『루터의 로마서 주석』(서울: 크리스챤다이제스트, 2001, 53.

를 주석하면서 사랑의 행위는 성령의 은사와 열매로 이해한다.[18] 이형기 교수는 루터에게 성화가 소명의 자리라고 이해하면서 두 개의 논문을 통해 이신칭의가 어떻게 사랑의 실천으로 연결되는 가를 밝히고 있다. 루터의 성화 이해를 위하여 "두 종류의 의"(1519)와 "선행에 대하여"(1520)의 두 논문이 중요하다.

두 종류의 의는 앞에서 언급한 "밖으로부터 온 의"와 "우리 자신의 의"를 말하는데, 전자는 예수 그리스도가 성취하신 의로서 우리 밖으로부터 온(extra nos) 의이며 인간의 행위 없이 하나님의 은혜로 주어져 구원을 이루는 의를 말한다. 두 번째 의는 첫번째 의에 대한 응답으로서 구원받은 신자가 세상에서 이웃을 향해 실천하는 선행을 의미한다. 이 두 번째가 성화에 속한 것이다. 루터에게서 구원은 하나님이 은혜로 주신 선물(Gabe)이며 전적으로 '밖으로부터 온' 의이고, 그것에 대하여 신앙으로 응답하면서 실천하는 과제(Aufgabe)가 있다.[19] 이형기 교수는 세상 속에서 이웃사랑을 실천하는 것으로 이 과제를 실현하는데 루터는 중세 말까지 수도원과 교회 안에 갇혀 있던 성화의 삶(vita contemplative)을 이 세상 한 복판으로(vita active) 끌어내는 데 크게 공헌하였다고 평가한다.[20]

신앙과 행위를 루터 자신이 말한 바와 같이 나무와 열매의 관계로 설명하는 시도가 있다. 루터의 윤리의 중심이 되는 것은 이웃사랑이다. 그것은 신앙으로부터 흘러나오는 자연스러운 현상으로 이해한다. 루터에게 선행은 신앙의 열매이다. 즉 신앙은 사랑을 가져오고 사랑에서 이웃을 위한 책임, 소명을 실천한다.[21] 신앙과 선행 또는 사랑이 별개의 것이

---

18 『말틴 루터의 갈라디아서 강해』(하), 김선회 옮김 (서울: 루터대학교출판부, 2003), 105, 123-125.
19 이형기, "중세사회의 직업관과 루터신학에 있어서 직업의 의미", 157-163.
20 위의 책, 178.
21 G. Wingren, *Luther on Vocation*, 맹용길 옮김, 『루터의 소명론』, 58.

아니다.

엄진섭 박사는 루터에게서 이웃사랑의 실천장소로 소명을 이해한다. 콜덴(Marc Kolden)을 인용하면서 "우리의 소명 안에서 소명을 통해 이웃을 사랑해야 한다는 것이며 하나님은 우리가 있는 바로 그 곳에서 이웃을 섬기도록 부르신다"고 말한다.

"우리가 사랑을 실천해야 할 피조물로서 우리 이웃보다 더 고상한 대상은 없다.(…) 땅 위에 살아있는 것으로서 우리 이웃보다 더 기쁨을 주고, 더 사랑스럽고, 더 도움이 되고 친절하고, 더 위로가 되고, 더 필요한 것은 없다. 그 밖에 우리의 이웃은 개화되고 사회적 존재에 자연적으로 어울린다. 온 우주에서 우리 이웃보다 더 사랑할 가치가 있다고 여겨지는 것은 아무것도 없다."[22]

종합하면 사랑의 실천이라는 루터의 윤리적 가르침은 신약성서에 기초해 있는데 좋은 나무가 좋은 열매를 맺듯이 그리스도와 함께 우리 안에 계신 성령의 열매로 자연스럽게 사랑이 형성된다고 본다. 신앙으로부터 나오는 사랑은 억지나 강요가 아니라 생명의 원리로 흘러나오는 것이다. 이런 사랑의 법칙으로부터 루터는 진정한 소명을 받은 사람은 당연히 이웃에 대한 책임의식과 기쁜 마음으로 다른 사람의 짐을 진다고 말한다. 이런 점에서 이신칭의와 소명과 선행은 서로 긴밀한 연관성 속에 있다.

3) 소명과 만인 제사장직

루터의 소명론은 모든 신자의 제사장직 사상에 의해 강하게 지원을 받는다. 중세 카톨릭 교회는 소명을 성직자들에게만 적용하였다. 성직은

---

22 『말틴 루터, 갈라디아서 강해』(하), 96.

세속직업과 차원이 다른 하나님으로부터 특별하게 부름받은 거룩한 직책이라고 생각하였다. 그러나 루터는 종교개혁을 하면서 수도사와 비수도사, 성직자와 평신도의 이중구조를 버리고 초대교회와 같이 모든 신자가 하나님으로부터 동일한 부름을 받았다는 사실을 선포하였다. 루터의 '만인 제사장직'의 선언은 당시 상황으로는 혁명적이었다. 당시 교회를 지배하는 중심원리인 수도원주의와 성직자주의 틀을 완전히 무너뜨렸기 때문이다. 기도와 예배, 성경, 중보기도 등을 영적인 일로 간주하고 성직자 계층에만 속한 것으로 생각했던 시대에 루터는 그 모든 것을 평신도에게 동일한 사역으로 풀어놓았다. "모든 평신도들은 누구나 복음을 설교할 수 있고, 대신 중보 기도를 올릴 수 있으며, 이웃의 죄를 용서할 수 있고, 세속적인 삶을 거룩하게 살아갈 수 있으며 모든 삶에서 감사와 희생제사를 드릴 수 있음"을 주장하였다.[23] "모든 그리스도인은 참으로 영적 계급에 속하며 그들 사이에서는 그들이 서로 다른 일을 하고 있다는 것 외에는 아무런 차이가 없다. 성직자와 평신도 사이에 존재하는 차별의 담을 헐어버리고 "모두가 거룩하고 영적이며 하나님의 사제로서 교회와 세상에서 자신의 일을 통해 이웃을 섬길 수 있는 소명을 받았다."[24] 그러므로 모든 평신도들은 일상적인 삶 속에서 이와 같은 일을 통해서 자신과 이웃을 위해 제사장직을 수행할 수 있다.

이로써 성직자 계층이 소명에 있어서 평신도 보다 우위에 있다는 중세 기독교의 이중적 계층질서를 무너뜨리고 모든 사람이 하나님 앞에서 평등한 신분(Stand)을 가지고 있음을 선언하였다. 평신도가 성직자를 통해서만 하나님 앞에 나아갈 수 있음을 강조한 7성례와 사제중심의 체제를 폐지하고 세례와 성만찬의 두 가지 성례만 유지하며 이를 평신도들도 집례할 수 있다고 주장하였다. 이웃봉사 역시 만인 제사장직의 관점에서

---

23 이형기, 180.

24 John Dillenberger, 이형기 역, 『루터저작선』(서울: 크리스챤 다이제스트, 1994), 485.

수용하였다. 이웃에 대한 봉사 중 가장 중요한 것은 중보 기도이다. 평신도는 사제의 중재 없이 예수에게 직접 나아가 기도할 수 있고, 말씀으로 이웃의 죄를 사죄할 수 있다.[25]

물론 이러한 생각은 교회의 질서를 무너뜨리고 혼란을 가져올 수 있는 가능성도 있기 때문에 우려가 없는 것은 아니었다. 그렇기 때문에 루터는 1520년 이후에 쓴 글에서 모든 신자들이 하나님 앞에서 평등한 신분을 가졌으나 직책(Amt)에 있어서는 부르심에 따라 차이가 있음을 주장하였다. 만인 제사장직에서도 보편적 교역과 특수 교역을 구별하였다. 하나님의 질서를 중시하는 루터는 누구에게나 설교와 기도, 성찬 집례를 할 수 있지만, 교회의 질서를 위하여 특수 교역직을 공동체의 동의와 결의를 통해 선발하도록 하였다.[26] 그러나 중요한 것은 루터가 안수 받은 특수 교역직을 논하기 전에 먼저 모든 믿는 자들의 만인 제사장직에 대하여 발표하였다는 사실이다. 루터의 이러한 사상은 사제나 사제직을 제거한 것이 아니라 '평신도'층을 제거하였고 20세기에 와서 발전한 평신도 신학의 길을 열어 놓았다.

4) 소명론과 직업: 직업적 소명론(신분, 직업, 일상)

이제 소명이 가장 직접적으로 지시하는 직업(Beruf)에 대한 루터의 사상을 살펴보자. 루터 이전에는 직업을 의미하는 독일어 Beruf는 세속 직업을 가르치는 것이며 루터가 성서적 근거로 사용한 헬라어 클레시스(klesis)는 주로 바울서신에 사용되는 언어로서 교회와 관계된 수도승이나 사제의 소명에만 제한적으로 사용해왔다. 그러므로 klesis를 세속직업으로 부름에 적용하는 것은 옳지 않다는 주장이 있음도 간과할 수 없

---

25 Paul Althaus, *The Theology of Martin Luther*, 345-350.
26 Paul Althaus, *The Theology of Martin Luther*, 362-363.

다. 박수암은 소명을 뜻하는 헬라어 klesis는 신약에서 하나님을 알지 못하는 인간이 죄를 회개하고 예수 그리스도를 믿음으로 교회 안에서 새로운 삶을 시작하는 하나님의 부르심이라고 설명한다. 즉 이 단어는 "구원에로의 부르심", 거룩한 삶에로의 부르심"을 뜻한다고 한다. 그는 이 단어가 사용된 다양한 성경본문을 연구하면서 "그리스도의 제자들이 세속적 직업들에 대해서는 아무런 뜻도 가지고 있지 않으며, 신약성서에서는 어떤 사람이 하나님에 의해 세상적 직업이나 장사에 종사하도록 부름을 받았다고 암시하는 곳이 전혀 없다"고 못박는다.[27] 에큐메니칼 운동가이며 신학자인 루카스 피셔(Lukas Vischer) 역시 신약성경에서 소명을 루터처럼 일반 직업활동에 적용하고 있지 않다고 한다. 그는 신약성경에서 소명을 오직 복음사역에 관련된 활동으로만 보고 있다고 주장한다. 소명에 관한 이러한 생각을 볼 때 소명이나 직업을 하나님의 일로 해석하여 모든 신자의 직업과 삶을 소명으로 새롭게 이해한 것은 루터의 신학적 공헌이라고 할 수 있다.[28]

루터는 '소명'(vocation)이란 단어에 신학적 의미를 부여하여 모든 그리스도인의 직업이 하나님의 부르심에 따라 주어진 것으로 사용하였다. 특히 중요한 성경근거로 고린도전서 7장 20절 "각 사람은 부르심을 받은 그 부르심[klesis] 그대로 지내라". 여기에서 부르심을 루터는 세속직업을 표기하는 Beruf로 사용하였다. 직업과 관련하여 루터는 신분(Stand)과 직책(Amt)의 개념을 함께 사용한다.

모든 신자는 신분(Stand)을 갖는다. 신분은 사회적 의미에서 계층을 뜻하는 것은 아니다. 루터에 따르면 계층은 하나님이 각 사람들에게 부여한 "활동의 자리"(Ort)이다. 이것은 사람들이 자의로 선택한 것이 아니

---

27 박수암, "신약성경의 직업관", 『기독교인의 직업과 영성』(서울: 장로회신학대학교출판부, 2001), 131.

28 G. Wingren, *Luther on Vocation*, 11.

라 하나님이 세우고 우리에게 부여하신다. 하나님은 각자가 속한 신분에서 직업으로 부르시고 일하게 하신다.[29] 모든 신자는 신분에 있어서 하나님 앞에서 평등하다. 이런 점에서 수도사나 성직자들이 평신도 보다 더 높은 수준의 거룩함을 갖추고 있다는 중세의 이중계층의 담이 무너졌다. 그러나 직책(Amt)에 있어서는 다양한 차이를 갖는다. 교회에서 일하는 성직자나 세상의 다양한 직업에서 일하는 신자들이 하나님 앞에서 평등하지만 하나님께로부터 받은 은사의 다양성에 따라 다르게 공헌한다.

> "교황, 주교, 사제, 그리고 수도사 등들만이 영적 신분을 가졌고, 왕과 영주 농부와 기능공들은 세속적인 신분을 지녔다고 하는 생각은 순 날조된 생각이다. … 모든 기독교인들은 진정으로 영적 신분을 확보하였다. 이들은 상호간에 아무런 차이가 없다. 다만 직분이 다를 뿐이다."[30]

루터가 모든 신자의 직업을 소명으로 이해하는 것은 수도원주의에 대한 비판과 긴밀한 관계가 있다. 루터는 1520년 수도원주의를 비판하는 글에서 수도원주의를 비판하면서 세속적 직업과 모든 그리스도인의 삶이 소명으로 주어진 삶이란 점을 선언하였다. 모든 그리스도인은 하나님 앞에서 차별없이 평등한 존재이다. 수도사나 성직자들이 평신도 보다 더 높은 수준에 있거나 더 거룩한 상태에 있거나 하나님과 더 가까운 관계에 있는 것이 아니다. 그러므로 더 높은 소명과 더 낮은 소명으로 구분하는 수도원주의나 카톨릭 교회의 주장을 거절한다. 모든 그리스도인들은 각자가 처한 위치와 신분에서 하나님을 섬기도록 부르셨다.

---

29 Hans Schwarz, *Martin Luther. Einfuehrung in Leben und Werk*, 222-223.
30 *To the Christian Nobility of the German Nation*, Luther's Works, vol. 44, 127, 이형기, 171에서 재인용.

루터는 모든 신자의 직업이 하나님의 부르심으로 주어진 것으로 이해하기 때문에 세속적 직업을 통해서 하나님 앞에서 거룩하게 살아가는 길을 열어 놓았다. 즉 모든 신자들은 자신의 직업을 통해서 세상 한 복판에서 창조주 하나님의 목적을 실현하며 살아간다. 루터는 기독교 신앙이 교회 안에 갇혀 있기를 원하지 않았다. 직업적 소명을 통해서 중세 기독교의 수도원주의를 타파하고 긍정적 의미에서 세속화를 가져왔다. 즉 "세속적인 삶을 거룩하게 하는 길"을 제시한 것이다. 하나님의 부르심에 따라 실천하는 일과 직업은 곧 "하나님께 드리는 예배"와 같은 것이다.[31]

루터의 소명론은 그의 평생동안 그의 사상과 삶을 지배하는 원리가 된다. 그는 많은 설교와 강연과 글을 통해서 모든 직업이 하나님께로부터 왔음을 강조하였다. 그렇기 때문에 직업은 어떤 특별한 것이 아니라 지극히 평범한 것이며, 세상 속에서 살아가는 모든 신자의 일상의 삶 속에서 실천되는 것임을 역설하였다. 그러기에 소명은 직업에만 제한되지 않고 이웃과 더불어 살아가면서 실천하는 이웃사랑까지 포함하는 것이다.

누구도 소명을 받지 않은 사람은 없다. 소명은 다양한 직업과 역할을 통해 실천되기 때문이다. 가장 하찮아 보이는 신분이나 직업에서도 그 일을 통해 하나님께 영광을 돌린다. 이제 영적인 것은 더 이상 수도원이나 교회 안에 일들로 제한되지 않는다. 신자들의 평범한 일상의 일 모두가 하나님 앞에서 영적인 일이 된다. 중세의 수도원 안과 밖, 교회와 세상, 영과 육의 이분법이 루터를 통해서 폐지되었다. 그리고 세속 직업에 신학적 의미를 부여하여 세상 속에서 살아가는 모든 신자들과 그들의 직업과 일상의 삶을 통해 하나님의 뜻을 이루는 길을 열어 놓은 것은 루터의 큰 공헌이다. 종교개혁과정에서 루터가 새롭게 전개한 신학사상들,

---

31 Hans Schwarz, 225.

특히 모든 신자들이 부름을 받았다는 루터의 소명론과 직업적 소명은 선교적 파송을 특정한 사람들에게만 제한적으로 적용하고 있는 오늘의 한국교회의 문제를 드러내는데 기여한바가 크다. 왜냐하면 세상을 향한 그리스도의 파송 역시 모든 신자들의 삶과 직업에 적용되는 것임을 루터의 소명론으로부터 유추할 수 있기 때문이다.

2. '선교적' 그리스도인: 선교적 해석과 적용

루터의 종교개혁은 중세 카톨릭 교회의 타락과 변질에 대항하여 복음의 본질을 회복하고자 씨름하였다. 한국교회 현실은 루터가 투쟁하였던 동일한 문제들을 가지고 있다. 교회지상주의, 성직중심의 소명의식, 권위주의적 계급주의, 교회와 세상의 이원론적 구분 등이다. 루터의 소명론과 그것을 지지하는 다른 신학의 주제에 비추어 볼 때 한국교회에 변화와 회복되어야 할 형태들이 많이 있다. 그 중에 루터의 소명론에 대한 선교해석학적 성찰과 적용을 살펴보면 아래의 몇 가지 점에서 상관성 또는 주어진 의미를 찾아보려고 한다.

1) 소명과 파송의 상관성(요 17:18; 20:21)

선교를 강조하는 한국교회에 소명론은 의식하든 하지 않든 파송과 긴밀한 관련을 갖는다. 루터의 소명론이 위로부터의 하나님의 부르심이라면, 파송은 세상을 향한 하나님의 보내심이다. 루터의 소명론이 성직주의를 타파하고 모든 사람들에게 적용하는 소명의 보편성을 강조했다면, 오늘의 선교에서 파송 역시 특별한 사람들에게만 적용되는 것이 아니라 근본적으로 모든 그리스도인들을 향한 보편적 소명임을 강조해야 한다. 그러므로 루터의 소명론이 성직자에게 적용된 것을 모든 그리스도인의 직업과 일상생활에 보편적인 것으로 해석하고 적용한 것처럼 오늘날 한국교회에 파송의 의미도 이와 같아야 한다는 것이 필자의 생각이다.

현재 선교 패러다임을 형성해 온 서구교회의 선교관은 파송을 해외지역에 보내는 선교사들에게만 적용해 왔다. 그것은 근대선교를 시작한 기독교 국가, 또는 기독교 사회라는 서구교회가 처한 독특한 상황에서 비롯된 것이다. 대다수가 그리스도인인 자국 안에서 선교의 필요성을 느끼지 못한 서구교회는[32] 교단의 선교부를 설립하여 해외지역에 선교사를 파송하였다. '위대한 세기'인 19세기에 서구교회는 세계선교의 전성기를 경험하였다. 서구교회에서 파송은 오직 해외지역에서 활동하는 선교사들에게만 적용해왔다.

한국교회는 다른 환경을 가지고 있음에도 불구하고 서구교회와 같이 '파송'이란 단어를 선교사들에게만 적용하였다. 그 결과 세계선교를 향한 헌신의 마음을 "가든지 보내든지"라는 표어로 묘사한다. 이렇게 볼 때 예수가 자신을 따르는 제자들에게 하신 '세상으로 보낸다'는 파송은 소수의 선교사들에게만 적용되고 대부분의 교인은 후원자의 위치에 머물게 된다. 이것이 오늘날 한국교회가 해외선교에는 열심을 가지고 있으나 세상 속에서의 삶을 '하나님의 보내심'과 무관한 세속적인 삶을 살게 하는 원인이 되고 있다는 것이 필자의 생각이다.

하나님의 파송에 대한 편협한 이해가 수정되지 않는 한 한국선교사

---

32 독일의 선교학 교수 헤닝 브로게만(Hennig Wrogemann)은 그의 논문에서 유럽교회의 기독교인 비율을 제시하는데 1900년대에는 유럽의 거의 모든 나라들(스페인, 포르투갈, 벨기에, 네델란드, 스위스, 독일, 영국, 아일랜드, 덴마크, 노르웨이, 스웨덴, 이태리 등)이 평균 인구의 98%가 기독교인인 통계가 있다. Henning Wrogemann, *"Secularized Europe and the Quest for a New Paradigm of Mission: Empirical Data and Missiological Reflections"*, 『선교와 신학』 제31집(2013 봄호), 45; 2010년 출판한 세계기독교지도(Atlas of Global Christianity)에서도 유사한 통계를 보여준다. 1910년 통계에서도 기독교인구가 높은 비율로 되어 있다. 동유럽 89.6%, 북유럽 98.1%, 남유럽 96.9%, 서유럽 98.7%가 기독교인으로 측정된다. Ed. By Todd M. Johnson & Kenneth R. Ross, *Atlas of Global Christianity* (Edinburgh Uni. Press, 2009), 9.

들이 일하는 세계 각 지역의 현장에서 기존의 생각이 반복될 것이다. 즉한국교회가 가진 편협한 파송에 대한 이해가 선교현장의 교회와 성도를세우는 신학과 선교 이해가 되어 동일한 문제가 발생한다. 그렇기 때문에 무엇보다 파송의 보편적 의미, 또는 선교의 일상화는 국내 교회와 해외 선교에서 모두 중요한 의미를 갖는다.[33]

모든 그리스도인은 파송의 관점에서 후원자의 위치가 아니라 파송을받은 주인공임을 인식하고, 선교는 특별한 활동 이전에 그리스도인의 모든 삶 속에서 실천해야 하는 소명이 되어야 하며, 모든 사람이 (타문화권)선교사가 될 수 없으나 '선교적 그리스도인', '선교적인 삶'을 살아야 한다는 것을 한국교회가 새롭게 인식하지 않으면 현재 한국교회에서 볼 수있는 복음의 능력을 교회생활이나 특별한 활동에만 적용하고 일상과는무관한 것이 된다. 이런 문제를 해결하고 복음의 능력을 교회가 존재하는 지역사회와 그리스도인이 살아가는 일상에서 회복하는 일이 우리시대에 주어진 새로운 선교 이해가 되어야 한다. 이런 점에서 루터가 제시한 소명론은 모든 그리스도인에게 적용된 것처럼, 파송 역시 모든 그리스도인에게 적용되어야 한다는 것이 본 글의 핵심 논지이다. 여기에서신앙의 현재적 의미, 세상 속에서 실천하는 제자도, 직업적 소명 그리고일상을 선교현장으로 여기며 살아가는 그리스도인이 될 것이다.

2) 소명론과 신앙의 현재적 의미

루터의 소명론은 신앙의 현실적 의미를 진지하게 대면하고 그 현재적 의미를 충실하게 살아갈 것을 요청한다. 루터가 현실 도피적인 수도원주의와 성직주의를 타파하고 모든 직업을 하나님의 거룩한 부르심으

---

[33] 한국일, 『선교적 교회의 이론과 실제』(서울: 장로회신학대학교출판부, 2016), 156-185.

로 이해하고 그것에 충실함이 하나님의 소명에 충실한 것임을 강조한 것은 오늘날 한국교회에도 동일한 의미를 갖는다. 신앙의 현재적 의미는 당연한 주제임에도 불구하고 한국교회에는 여전히 시간적으로 내세의 구원을 강조하며 공간적으로 세상으로부터 분리된 방주적 교회론에 서 있기 때문에 루터의 소명론에 비추어 신앙의 현재적 의미를 확인하는 것이 필요하다.

신앙이 현실 도피적이며 현재적 의미를 충분히 실현하지 못하게 하는 원인으로 편협한 구원론과 교회론을 꼽을 수 있다. 한국교회는 구원론 중심의 신앙관을 갖는다. 구원론은 기독교 신앙의 핵심이다. 그러나 구원을 지나치게 강조하면 구원의 현실성을 상실한 현실도피적 결과를 초래한다. 양희송은 이런 특징을 "무한 반복되는 구원의 확신"이라고 정확하게 지적한다.[34] 신앙을 특정한 시간(내세)과 공간(개인과 교회)에 축소적으로 이해하는 현상과 관련하여 대럴 구더가 언급하는 환원주의적 신앙에 대한 경계를 주목할 필요가 있다.[35] 신앙이 개인구원론에 지나치게 집중되어 있거나 루터가 거부한 중세 수도원적 영성주의에 몰입되어 있으면 세상을 향한 증인에로의 부르심을 개인생활이나 교회 생활로 축소하게 된다는 것이다. 그러므로 복음이 주는 유익함(benefit)과 사명(mission)이 어느 한편으로 치우치지 않는 균형을 이룸으로써 세상을 향한 증인의 역할을 올바르게 수행할 수 있다고 말한다.[36]

교회론 역시 모이는 교회 차원을 강조하고 흩어지는 차원이 약화되

---

[34] 양희송, 『가나안 성도 교회 밖 신앙』(서울: 포이에마, 2014), 122 이런 현상은 캠퍼스 선교회에서 뿐만 아니라 기존 교회에서 개최되는 부흥회에서도 신자들의 구원의 확신을 반복해서 확인하는 것을 볼 수 있다.

[35] D. L. Guder, *Called to Witness*, 허성식 옮김, 『증인으로의 부르심』(서울: 새물결플러스, 2016), 100-101; 보쉬 역시 편협한 선교의 문제를 언급한다. 보수적 복음주의 입장에서는 교회지상주의에 근거하여 선교를 주로 교회개척, 교회확장으로 이해하며, 교회건물 안에서 일어나는 것이 주 관심사라고 지적한다. D. J. Bosch, *Witness to the world*, 전재옥, 『세계를 향한 증거』(서울: 두란노, 1993), 50.

[36] D. L. Guder, *Be My Witnesses* (Grand Rapids, Michigan: W. B. Eerdmanns Publ., 1985), 92-93.

면 교회중심주의적 신앙관을 형성한다. 교회 내부적으로는 활기차 보이지만 세상 속에서의 그리스도인의 참여와 소명의 실천은 증발한다. 편협한 구원론은 이 세상을 하나님이 창조하고 보기에 좋았다고 말씀하셨다는 사실을 잊고 있다. 기독교 신앙은 세상으로부터 철수하여 공동체 내부로만 집중하는 것으로 왜곡하는 것이다. 이런 이원론적 태도는 하나님의 주도권을 교회 안에서만 인정하고, 역설적으로 세상에서 세속적 가치를 추구하면서 현세의 축복과 성공을 추구하는 세속주의적 신앙으로 변질된다. 오늘날 한국교회의 부정적 사례에서 이런 현상들이 적지 않게 발생한다. 그렇다면 신앙의 궁극적 의미와 함께 현재적 의미를 어떻게 이해하고 어디에서 찾을 수 있는가?

톰 라이트는 그의 저서 "이것이 복음이다"에서 복음의 현재적 차원의 상실에 대하여 다양한 시각으로 원인을 진단하면서 복음이 가진 현재적 의미를 분명하게 언급한다. 톰 라이트는 복음서와 바울 서신을 연구하면서 성경 전체가 전하는 '지금 여기서'의 복음이 전하는 메시지와 변화의 영향력에 대하여 독자들에게 강력하게 주장한다.[37]

신앙의 현재적 의미와 관련하여 신앙의 중심주제인 '생명의 궁극성과 현실성'의 두 차원에 대한 올바른 이해가 필요하다. 세계교회협의회의 선교문서("함께 생명을 향하여")는 생명에 대하여 다음과 같이 고백한다. 예수님은 자신이 세상에 오신 목적을 분명하게 밝힌다: "내가 온 것은 생명을 얻고 더 풍성하게 하려 함이라"(요 10:10) 그리스도인은 우리가 믿는 하나님은 생명의 창조자, 구속자, 유지자로 고백한다. 이 하나님은 온 세상(oikoumene)를 창조하시고, 생명을 유지하고 보존하기 위해 세상 안에서 일하신다. 인간의 타락 이후에 여전히 하나님은 세상을 사랑하시며(요 3:16) 그리스도를 통해 만물 안에서 생명을 충만하게 하는 것을 예수의

---

37 N. T. Wright, *Symply Good News*, 백지윤 옮김, 『이것이 복음이다』(서울: IVP, 2017).

궁극적 관심이며 선교로 이해한다.[38] 그러므로 교회는 그리스도 안에서 새하늘과 새 땅의 희망을 품고 이 땅에서 정의.창조.평화(JPIC)를 통해 하나님의 생명 살리기에 참여하는 것을 소명으로 받았다.

생명의 풍성함은 생명의 궁극성과 현실성을 함께 담보하고 있으며 이것은 하나님의 세상 안에서의 활동에 근거한다. 볼프는 성경에는 신앙의 두 가지 전통이 있다고 말한다. '구원'의 전통과 '축복'의 전통이다.[39] 신앙은 세상으로부터 구원할 뿐 아니라 세상 안에서 상처받고 실망하여 상한 인간의 몸과 영혼이 회복하도록 도우며 힘을 불어넣어 세상 안에서 주어진 소명을 잘 수행하게 한다.[40] 교회와 그리스도인의 정체성은 세상을 초월하거나 세상으로부터 숨는 것이 아니라 세상을 "떠나지 않으면서 다르게 사는 것"이다.[41] 이로써 그리스도인은 축소주의나 분리주의적 신앙의 폐해를 극복하고 하나님이 약속하신 생명의 충만함을 경험하고 나누고 실천하면서 살아간다. 그러므로 보쉬가 일찍이 지적한 바와 같이 기독교 신앙은 과거의 하나님이 행하신 구원의 역사와 미래에 실현될 완성을 지향하면서도 현재를 텅 빈 것으로 보는 것이 아니라 '지금 여기서' 새롭게 일어나는 하나의 분명한 역사적 사건임을 주목한다.[42] 그리스도 안에 주어진 생명의 충만함의 약속은 우리가 살고 있는 창조세계의 회복과 관련된 현재의 시간 속에 충분히 실현되는 것이며 이것이야 말로 세상에 하나님의 사랑을 보여줄 수 있는 살아있는 증거가 될 것이다.[43]

---

38 『함께 생명을 향하여. 변화하는 세계 지형속에서 선교와 전도』, 금주섭 엮음, 정병준 옮김(서울: 대한기독교서회, 2013), 14.

39 구약학자인 클라우스 베스터만은 세상 속에서 하나님의 활동을 구원과 축복의 두 차원으로 설명하며 이 두 활동은 서로 연결되어 있다고 주장한다. C. Westermann, *Der Segen Gottes in der Bibel und im Handeln der Kirche* (Muenchen, 1968).

40 Miroslav Volf, *A Public Faith*, 김명윤 옮김, 『광장에 선 기독교』(서울: IVP, 2014), 41.

41 Miroslav Volf, *A Public Faith*, 134.

42 D. J. Bosch, *Witness to the world*, 전재옥 옮김, 『세계를 향한 증거』(서울: 두란노서원, 1993), 77-92, 80.

43 N. T. Wright, *Simply Good News*, 백지윤 옮김, 『이것이 복음이다』(서울: IVP, 2017), 113.

3) 소명론과 제자도: 소명을 실천하는 성경공부의 재정립

직업과 일상의 삶 속에서 소명을 실천하려면 철저한 훈련이 필요하다. 그러나 그 훈련은 획일적 훈련이나 강요가 아니라 루터가 말한 것처럼 그리스도인의 자유에 근거한 자발적 순종으로부터 실천하는 것이다.[44]

한국교회는 제자 훈련이란 이름으로 성도를 양육하는 많은 프로그램들을 진행한다. 모든 교회마다 제자훈련의 이름으로 성경공부를 비롯하여 단계별로 다양한 양육과정이 있다. 1980년대까지는 전도와 부흥회를 통한 교회성장이 한국교회를 지배하였다면, 80년대 이후에 교인들의 성숙을 지향하는 성경공부를 통한 제자훈련이 등장한다. 교회 안에서 평신도의 역할에 대한 재인식과 함께 평신도 교육과 훈련에 대하여 관심을 갖기 시작했다. 물론 여기에서 대학생이나 청년들을 훈련하는 캠퍼스 선교단체들의 역할이 중요했다.[45]

제자훈련은 주로 복음주의 신앙에 서 있는 교회나 선교단체들이 주도하였다. 제자훈련에 평가를 하자면, 긍정적인 평가는 평신도에 대한 새로운 인식이다. 기존의 평신도에 대한 인식은 평신도를 목회의 대상으로 여기는 목회자 의존적 관계였다면 제자훈련을 통한 개신교의 특징은 그들을 하나님 앞에 주체적으로 세우는 성숙과정이다. 특히 "평신도를 깨운다"의 저자인 옥한흠 목사는 평신도의 사도직에 대한 소명의식을 일깨워야 함을 강조하며 평신도 중심의 제자훈련을 제시하였다. 교회역사

---

44 루터가 말한 자유의 두 가지 차원은 그리스도인의 신분과 참여의 관계를 설명하는 중요한 사상이다. "그리스도인은 누구에게도 종속되지 않은 자유인이다. 동시에 그리스도인은 누구에게나 예속된 종이다."(Christmensch ist ein freier Mann, der Niemandem untertan, Christmensch ist ein Knecht, der Jemandem untertan) 그리스도에게 순종하며 다른 사람들을 섬기는 제자도는 자유를 경험한 그리스도인의 자발적 봉사에서 나오는 것임을 밝힌다.

45 양희송, "탈학습이 필요한 제자훈련", 한국교회탐구센타+IVP, 『한국 교회 제자훈련 미래 전망 보고서』(서울: IVP, 2016), 259-261.

가 짧은 한국교회에 제자훈련은 분명히 교인들을 성숙하게 하는 긍정적인 효과가 있었으며, 또한 성경을 공부하기를 즐겨하는 한국교회 성도들의 기질도 제자훈련의 활성화에 기여한바 있다. 그러나 루터의 소명론에 비추어 제자훈련을 평가하자면 여전히 교회의 울타리를 넘지 못하는 교회 안에 제자에 머물러 있다는 평가를 부인할 수 없다.

정재영은 한국교회의 제자훈련을 다양한 시각에서 조사와 연구하였으며 비교적 객관적 평가를 한다.[46] 그에 따르면 제자훈련은 평신도에 대한 새로운 인식과 교회성장에 기여한 바가 있으나 다른 면에서 볼 때 한계가 있다. 제자훈련은 일종의 영적 엘리트 양성과 같은 소수의 공동체에 집중하였으며, 한국교회의 고질병인 양적성장에 치우쳤고, 개교회의 제자를 만드는 편향된 제자도와 신앙의 개인주의화를 넘어서지 못하고 있다고 지적한다. 루터의 소명론에 비추어 보면 이러한 제자훈련은 교회와 세상을 분리하는 중세적 이원론에 머물러 있다는 비판을 면치 못한다.

사랑의 교회에서 진행한 옥한흠 목사의 제자훈련을 연구한 노종문은 다른 교회의 제자훈련과정과 비교할 때 월등한 면이 있지만 근본적으로 교회의 제자 범위에 머물러 있으며, 교육과정에 세상 안에서 직업 영역이나 공적 영역에서의 제자도에 대한 적절한 강조가 결여되었 있다고 지적한다.[47] 제자훈련의 대가 데이비드 왓슨(David Watson)이 지적한 것처럼 "제자도는 한마디로 세상을 위한 그리스도의 계획"인데[48] 한국교회의 제자도에는 이 부분이 결여되어 있다는 것이다.

---

46 정재영, "한국 교회 제자훈련에 대한 사회학적 검토", 한국교회탐구센타+IVP, 『한국 교회 제자훈련 미래 전망 보고서』(서울: IVP, 2016), 160-192.

47 노종문, "거인들에게 배우는 제자훈련", 한국교회탐구센타+IVP, 『한국 교회 제자훈련 미래 전망 보고서』(서울: IVP, 2016), 211-220.

48 정재영, "한국 교회 제자훈련에 대한 사회학적 검토", 한국교회탐구센타+IVP, 『한국 교회 제자훈련 미래 전망 보고서』(서울: IVP, 2016), 179.

한국교회의 제자훈련에 대한 공통적인 평가를 요약하면, 전반적으로 교회의 일꾼을 양육하는 것에 머물고, 제자들을 직업 영역과 공적인 영역에 적극적으로 파송하는 일은 주목을 받지 못한다. 제자훈련을 받은 평신도는 교회 안에 목회자의 목양 사역에 투입되고 결과적으로 교회 내부의 활동으로 시간을 보내게 된다. 즉 "훈련받은 선수들을 경기에 내보내지는 않고 훈련 프로그램에 다시 투입해 훈련 참가자만 늘려 가는 현상, 훈련의 루프 현상이 발행한다"고 지적한다.[49] 제자훈련과 직업적 소명과 연결되지 않으면 세상에서의 성도의 삶은 신앙과 무관하게 되고 세속적 가치를 좇아 살게 된다. 이런 현상이 오늘날 한국교회가 세상으로부터 신뢰를 얻지 못하는 가장 큰 원인이 되기도 한다.[50]

그리스도인은 소명론과 함께 "모든 삶의 영역이 하나님의 영광이 드러나야 할 무대"이다. 제자훈련은 단지 교회 안에서 필요한 종교생활에 국한되는 것이 아니라 일상생활과 사회생활로 이어져야 한다. 그것을 위해서 "그리스도인은 자신의 일상생활과 직업을 통한 사회생활에서 그리스도인다운 삶이 무언인지, 그러한 삶을 살기 위해 어떤 준비를 해야 하는지, 세속가치를 분별하고 저항하며 하나님 나라의 가치를 일상의 삶에서 실현하며 살아가야 한다.[51] 프로스트가 마틴 부버를 인용하면서 "이 세상을 거룩한 것과 속된 것으로 나누지 말고 거룩한 것과 '아직 거룩하게 되지 않은 것'으로 구분해야 한다"는 주장은 유의미하다. 이런 맥락에서 볼 때 제자훈련은 비종교적인 속세로부터 벗어나 하나님의 임재 속으로 도피하는 법을 가르치는 것이 아니라 이미 이 세상 안에 계시며 활동하시는 하나님을 발견하고 일상의 평범한 것을 위하여 하나님께 속한 것

---

49 위의 책, 220.

50 정재영은 신앙과 삶의 불일치를 가져오는 이원론적 문제를 '가나안 성도'의 인터뷰를 통해서 생생하게 밝히고 있다. 정재영, 『교회 안나가는 가나안 그리스도인』(서울: IVP, 2015), 93-121.

51 한국일, 『세계를 품는 교회. 통전적 선교신학』(서울: 장로회신학대학교출판부, 2010), 122-132.

임을 인정함으로 그것을 거룩하게 만들어가는 법을 가르쳐야 한다.[52]

제자훈련에서 성경만 배우는 것이아니라 성경에서 가리키는 예수와 그가 세상 한 복판에서 살아가면서 하나님 아버지의 뜻을 실행한 것을 보아야 한다.[53] 이것을 위해 한국교회의 제자훈련은 교회의 제자도, 목회자의 제자도 아닌 세상 속에서 살아가는 그리스도인의 제자를 목표로 지향해야 한다. 이것을 위해 무엇보다 구원의 교리에 집중되어 있으며 그것을 반복하는 것을 벗어나 세상 속에서 하나님 나라를 실현하며 공적 영역에서 소명에 충실한 삶을 살아가도록 준비하는 것으로 실제적으로 교회에서 실행할 균형 잡힌 성경공부 교재가 절실히 필요하다.[54]

4) 소명론과 일상: 직업적 소명과 선교적 소명의 통일

그리스도인에게 일상은 하나님 나라의 현장이자 소명의 현장이다. 일상을 제외한 파송이나 소명은 무의미하다. 아무리 교회 일에 열심히 참여한다고 할지라도 일상을 무시한다면 하나님 나라의 영향력은 교회 안에 제한될 수밖에 없다. 일상을 직업적 소명과 연결하여 생각하면 한국교회와 그리스도인에게 중요한 선교적 위임이며 기회이다. 그리스도인들이 참여하지 않은 현장이 없기 때문이다. 더구나 사회적으로 영향력을 나타내는 자리에 적지 않은 그리스도인들이 활동한다.

2006년 발표된 통계청 인구조사를 보면 개신교 교인수가 줄었지만

---

52 Michael Frost, *Eyes Wide Open. Seeing God in the Ordinary*, 홍병룡 옮김, 『일상, 하나님의 신비』 (서울: IVP, 2002), 59.

53 삶으로부터 유리된 교회 안에 제자훈련의 문제를 인식하고 세상 안에서 신앙과 삶의 통합을 추구하는 제자도에 관하여 다음의 자료를 참고하라. Dalls Willard, *The Great Omission*, 윤종석 옮김, 『잊혀진 제자도(서울: 복 있는 사람, 2007); J. R. W. Stott, *The Radical Disciple*, 김명희 옮김, 『제자도. 변함없는 핵심 자질 8가지』(서울: IVP, 2010); 정치적 차원에서 제자도 실천에 관해서, John Howard Yoder, *Discipleship as Political Responsibility*, 김기현 옮김, 『제자도, 그리스도인의 정치적 책임』(춘천: Korea Anabaptist Press, 2012 제2판).

54 이런 신학적 관점에 반영된 성경공부교재로서 목회사회학연구소가 제작 발행한 다음의 자료를 참고하라. 조성돈 외, 『세상을 사는 그리스도인』(일상과 초월, 2014).

사회지도층에는 여전히 개신교인들이 절대적 우위를 점하고 있다는 통계가 있다. 같은 해 중앙일보가 조사한 바에 의하면 사회적으로 영향력을 행사하는 정치인, 고위공무원, 법조인, 군 장성, 의료인, 기업인, 교수, 언론인들을 포함하여 31,800명의 출신 지역, 학교, 종교 등을 조사한 적이 있는데, 이 조사에서 개신교인의 비중은 40.5% 다다랐다. 천주교인의 22.6%와 성공회의 0.3%까지 합하면 그리스도인 전체의 비중은 63.4%로 압도적인 비율을 갖고 있다.[55]

물론 이런 높은 비율이 저절로 선한 사회적 영향력으로 연결되는 것이 아니다. 그리스도인이 사회의 중심부에 있다는 잘못된 우월의식이나 패권적 선교의식은 오히려 기독교와 그리스도인에 대한 사회적 신뢰도를 떨어뜨리는 역기능이 나타나는데 오늘날 이런 현상을 실감한다. 중요한 것은 그리스도인들의 높은 헌신과 봉사의 신앙을 교회 안에 일로 그치지 않고 세상 속에서 하나님 나라의 영향력을 드러내는 삶을 사는가 하는 것이다. 그것을 위해 우리는 일상을 선교적 파송과 소명의 현장으로 인식하고 그러한 삶을 살아내야 한다.

폴 스티븐스는 "현대인을 위한 생활 영성"이란 그의 저서에서 영성이란 근본에 관한 문제로서 시간과 공간적으로 고립된 행위가 아니라 "평범한 그리스도인이 생활의 현장에서 거룩해지는 것"에 관심을 집중한다. 그는 그리스도인의 영성을 일상생활에서 직면하고 경험하는 7가지 주제와 연관하여 제시한다. 노동, 가정생활, 이성 관계, 형제 관계, 홀로 있음, 이웃 관계, 안식일의 주제는 그리스도인이 매일 부딪히며 살아가는 삶의 내용이다. 이러한 삶을 어떻게 하나님이 기뻐하는 온전한 삶으로 드릴 수 있는가 하는 것이 올바른 영성이라고 제시한다.[56]

---

55 Tim Chester and Steve Timmis, *Everyday Church*, 신대현 옮김, 『일상 교회. 세상이 이웃 삼고 싶은 교회』(서울: IVP, 2015), 12.

56 R. Paul Sevens, *Disciplines of the hungry heart. Christian Living Seven Days a Week*, 박영민 옮김, 『현대인의 생활 영성』(서울: IVP, 1996).

선교현장의 확대는 모든 그리스도인이 속해 있는 삶의 현장, 일상의 삶을 선교적으로 살아갈 것을 요청한다. 선교적 교회론에서는 모든 그리스도인들이 일차적으로 자신의 삶의 현장에서 하나님의 선교의 증인, 즉 선교적 그리스도인으로 살아갈 것을 촉구한다. 평신도는 성직자와 다르게 그들의 대부분의 일상생활을 사회 속에서 살아가는 사람들이다. 성직자들이 교회 안에 갇혀 주로 종교적 차원에 머물러 있는 반면, 평신도들은 사회에서 발생하는 모든 영역을 일상의 삶에서 직접 대면하고 경험한다. 그렇기 때문에 평신도의 삶과 그들의 관심사, 직면하고 있는 문제들을 생각한다면 평신도 신학이 발전할 수 있는 터전이 훨씬 더 넓어질 수 있다.[57]

소명의 관점에서 보면 모든 성도들이 하나님으로부터 소명을 받았다. 루터가 말한 것처럼 악한 직업이 아닌 이상 모든 직업은 하나님으로부터 받은 "성직"이며 각자가 속한 자리에서 하나님 나라를 위해 일하도록 부름 받았다. 목회자가 교회를 소명의 장으로 받았다면 평신도는 세상을 소명의 장으로 받았다. 교회를 새롭게 하는 것이 목회자의 책임이라면 세상을 변화시키는 것은 평신도에게 주어진 과제이다. 평신도는 세상 속에서 교회를 대표하는 사람들이며 교회와 세상, 일과 예배 사이를 연결하고 다리를 놓는 사람들이 평신도들이다. 그러므로 평신도의 소명은 구체적으로 그의 일상에서의 삶의 현장과 직업현장에서 실현된다. 그리스도인의 선교적 사명을 바르게 수행하기 위해서는 폴 스티븐스가 말한바와 같이 일상의 삶에서 선교적 소명(파송)을 직업적 소명과 통일성을 이루어야 한다.

---

57 Vgl. R. Paul Stevens, *The Abolition of the Laity. Vocation, Work and Ministry in a Biblical Perspective* (Cumbria: Patermoste, 1999).

결론

루터나 종교개혁자들이 선교에 관하여 직접적으로 기여한 바는 없다. 그들은 당시 무엇인 참된 진리인가의 문제를 밝히는데 전력투구하였기 때문이다. 그러나 루터를 비롯하여 종교개혁자들의 글에서 선교의 내용이나 관점을 새롭게 성찰하는데 기여한 바는 적지 않다. 본 글에서는 루터의 소명론에 대한 선교학적 해석과 적용을 통해 그의 사상이 오늘의 선교에, 특히 평신도 역할의 중요한 의미를 논의하였다.

루터가 직면하였던 중세교회와 오늘의 한국교회는 유사한 점이 많이 있다. 루터가 비판한 성직주의, 교회지상주의, 교회와 세상을 성과 속으로 분리하는 이원론의 문제는 한국교회에서 똑같이 작용한다. 복음이 개인을 구원할 뿐 아니라 세상을 변화시키는 능력인데 이러한 분리주의와 축소주의 같은 신학적 인식이 교회와 목회, 선교를 통하여 실현된 하나님 나라를 제한한다. 세상의 변화는 평신도에게 달려 있다. 날마다 세상 속에서 살아가는 그들의 삶 속에서, 사회의 모든 영역에서 활동하고 있는 그들의 직업을 통해 평신도는 하나님의 선교의 중요한 동반자이다. 그러므로 루터의 소명론은 모든 그리스도인에게 적용되는 선교적 파송으로 해석되어야 한다. 해외 선교현장으로 파송된 선교사도 이러한 평신도 신학에 근거한 파송의 의미를 현지 교회 그리스도인에게 적용해야 한다. 루터의 종교개혁을 통해 교회 개혁을 가져왔다면 오늘의 한국교회는 평신도의 소명이 세상을 향한 파송으로 연결되어 한국사회가 새롭게 되는 개혁이 확장되기를 희망한다.

제10장

선교적 목회:

선교적 교회를 실현하는

목회 패러다임

서론

교회의 본질이 선교라는 명제를 받아들인다면 이러한 교회의 특성을 나타내는 '선교적'이라는용어는 교회의 다른 역할에도 동일하게 적용하는 것이 가능하다. 선교적 교회와 함께 선교적 그리스도인, 선교적 삶, 선교적 예배 등 이 모든 것을 포괄적인 목회활동을 가리키는 용어로 선교적 목회란 표현을 사용할 것을 제안한다.[1]

스티븐 닐(S. Neill)과 발터 프라이탁(W. Freytag)은 "모든 것이 선교라면 아무것도 선교가 아니다" 라고 범선교주의를 경계하였지만[2] 크리스토퍼 라이트(Ch. Wright)는 과감하게 "모든 것이 선교다"라고 주장하였다.[3] 그는 성경을 기록한 목적이 선교에 있다고 보고 성경을 선교적 관점에서 해석할 것을 주장하는 선교적 해석학을 제창한다. 이 두 가지 주장은 서로 다른 타당성을 가지고 있겠지만 필자는 크리스토퍼 라이트가 선교적 해석학 관점에서 성경을 읽는 것이 본래의 의도를 발견하는 것이라는 그의 주장을 지지한다. 선교적 해석학은 선교적 교회론과 선교적 목회론을 지지하는 중요한 성경적 근거이다. 선교적 교회는 단지 시대적 요청에 따른 일시적 현상이 아니라 성경에서 가르치는 교회론의 본질이며 또한 우리 시대에 담당해야 할 시대적 과제이다.

---

1 각주: 본 글에서는 지면상의 이유로 선교적 교회를 직접적으로 다루지 않는다. 선교적 교회에 대한 이해는 필자의 저서, 『선교적 교회의 이론과 실제』(2016)를 참고하라.

2 Charles E. Van Engen, *God's Missionary People. Rethinking the Purpose of the Local Church*, 임윤택 옮김, 『하나님의 선교적 교회』(서울:기독교문서선교회, 2014, 45).

3 Ch. Wright, *Mission of God*, 정옥배 · 한화룡 옮김, 『하나님의 선교』(서울: IVP, 2010), 25.

선교는 해외, 목회는 국내 교회의 활동으로 이해하는 서구교회 상황에서 형성된 기존의 이분법적 구도는 더 이상 유효하지 않다. 교회가 속한 모든 현장이 선교현장이라는 논지에서 보면, 교회가 하는 모든 일은 선교적 증언을 지향해야 한다. 교회 안에서 필요한 사역들, 예배, 설교, 성경공부, 심방과 상담, 행정 등을 수행하는 목회활동 역시 그 자체가 목적이 아니라 지역교회와 그리스도인의 삶이 세상에서 증인이 되는 것에 있다. 지역교회가 선교적 교회를 구체화하는 것은 실제적으로 목회자의 목회관에 달려 있다. 목회직의 이해는 시대와 상황에 따라 다양한 관점으로 발전되거나 확장되어 왔다. 그러나 역사적 연구를 통해서 살펴본 목회직은 대부분 교회 내부적 일에 집중되어 있다.[4] 이러한 교회중심적 패러다임의 변화는 목회자의 신학적 인식과 관점의 변화로부터 시작한다.

무엇보다 한국교회와 같은 신생교회에서는 지역교회의 방향을 설정하는 것은 목회자의 목회방향에 따라 좌우된다. 그러므로 선교적 교회에서 주장하는 바와 같이 교회가 본질적으로 세상으로 보냄을 받은 선교 공동체라는 자기 이해를 갖는다면 목회활동은 그것을 실현하는 사역에 초점을 맞추어야 할 것이다. 선교적 교회는 목회자와 교회 지도자들의 인식과 관점의 변화로부터 출발한다. 목회자는 더 이상 제도권에 속한 목회자가 아니라 낯선 선교현장으로 보냄을 받은 선교사가 모든 것을 새롭게 시작하는 것 같은 선교사의 영성과 운동성을 회복하고 목회에 적용해야 한다.[5] 본 글의 주제가 선교적 목회로 설정한 이유도 여기에 있다. 선교적 목회를 제안하는 것은 현대 한국교회에서 전개되고 있는 선교적 교회에 관한 학문적 논의를 한 걸음 더 구체적으로 발전시켜 가기를 원

---

4 Kevin J. Vanhoozer and Owen Strachan, *The Pastor as Public Theologian*, 박세혁 옮김, 『목회자란 무엇인가』(서울: 포이에마, 2016), 128-180.

5 D. J. Bosch, *A Spirituality of the Road*, 이길표 옮김, 『길 위의 영성』(서울: 한국교회 연구소, 2011), 119-144.

하는 의도에서 비롯되었다. 또한 현장에서 이미 실천하고 있는 선교적 목회 활동에 대한 이론적 근거를 제시하고자 하는 의도를 갖는다. 본 글에서 필자는 선교적 교회를 실천하는 사역으로 선교적 목회를 실천하기 위해 먼저 기존의 교회중심적 패러다임의 두 유형을 소개한 후 선교적 목회를 실천하는 근거와 실제적 원리를 제시하고자 한다.

1. 선교적 목회의 출발점: 사례가 선교적 목회에 주는 통찰

선교적 교회는 선교와 교회의 결합, 즉 교회의 본질인 선교의 관점에서 교회를 새롭게 이해하는 교회론이다.[6] 선교적 교회론이 실현되려면 목회 방식도 선교적 목회로 전환되어야 한다. 선교적 목회를 이론적으로 접근한 시도는 아직 없으나 목회현장에서 이미 선구자적으로 실천하고 있는 사례를 통해서 선교적 목회가 무엇인지, 왜 그러한 목회방식이 필요한가의 통찰을 얻는다. 선교적 목회는 그 근거가 되는 교회의 본질을 실현하는 것이며 또한 한국교회 뿐만 아니라 세계교회가 직면한 교회의 위기상황을 타개하는 시대적 과제이다.

충북 음성읍 생극면에 위치한 생극교회는 약 30여명의 교인이 참여하는 전형적 면소재지에 있는 기성교회이다. 15년전에 부임한 안치석 목사는 약 10년 동안 교회 안에 머물면서 목회영역을 교인들에게만 국한하였던 전형적인 교회중심의 목회를 해왔다. 10년 동안 변화가 없는 교회 안에서의 목회의 한계와 절망을 느낀 나머지 5년 전에 자신을 위해서 교회 밖으로 나와 지역을 살펴보았다. 전에 보이지 않던 한 건물이 눈에 보였고 그 건물을 임대하여 주민들과 만나는 장소로 문화센터를 설립하

---

6   이것을 위해서는 교회론을 새롭게 이해하기 위한 신학적 프레임을 바꾸어야 한다. 교회론 뿐만 아니라 삼위일체론 하나님의 역할과 관계, 구원론, 교회와 세상의 관계, 선교론, 목회론, 성경해석학 등을 선교적 관점에서 재해석하고 재정립할 것이 요청된다.

였다. 이후 그 건물에서 안목사는 지역주민들을 만날 수 있었고 그들과 다양한 모임을 만들어 갔다. 10년 동안 교회 건물 안에서, 교인들 만을 대상으로 목회를 전념하였지만 어떤 변화도 없는 지리하고 반복된 목회 활동에 지쳐가고 있을 즈음에 안목사는 교회 밖으로 나온 것이다. 안목사의 친교의 범위를 교회 밖에 있는 지역 주민들에게로 확장되었고, 그들과 함께하는 다양한 문화활동을 통하여 결과적으로 음성교회의 선교와 목회활동의 새로운 변화를 가져왔다. 즉 교회 건물 안에서, 교인들에게 국한된 고립된 목회활동으로부터 지역사회 전체를 아우르는 선교적 목회를 시작한 것이다.

교회를 벗어나 새로운 차원의 목회활동이 갖는 의미를 살펴보자. 목회자는 10년 동안 교회 안에서, 교인들 만을 위한 교회 안에 목회에 전념하였지만 변화 없는 교회 상황에 지쳐가고 있는 상황이었다. 그러다 교회문을 나서서 지역으로 향하였을 때 비로소 지역사회를 새롭게 발견하고, 지역주민들과 만날 수 있었다. 목회자는 문화센터라는 근접공간을 통해서 교회에 부정적이거나 전혀 교회에 관심 없는 지역주민들을 만날 수 있었다.[7] 안목사는 지역교회의 목회자와 성도들이 교회 밖 지역 사회 안에 별도로 존재하는 문화공간에서 지역의 주민들과 친교를 통해 교회와 목사에 대한 이미지가 변화되고 있음을 경험한다.[8]

교회 밖에서 지역의 주민들을 만나면서 다양한 성향의 사람들을 볼 수 있었다. 과거에 교회를 다녔거나 교회에 비판적 생각을 갖고 있지만 완전히 떨어져 있지 않은 즉 "교회의 언저리"에 머물고 있는 사람들, 그리고 전혀 교회에 다니지 않거나 관심이 없으며, 또 교회에 매우 부정적이며 비판적인 주민들이다. 안목사는 교회 울타리를 넘어 지역사회 안에

---

[7] 근접공간은 교회 밖의 제3의 장소로서 교회가 낯설거나 비판적인 비기독교인들과 다양한 관심사를 가지고 자연스럽게 만날 수 있는 공간을 의미한다. M. Frost and A. Hirsch, *The Shaping of Things come*, 지성근 옮김, 『새로운 교회가 온다』(서울: IVP, 2009), 56.

[8] 인터뷰 장소: 충북 음성군 생극면 문화센타, 날짜, 2017년 12월 28일.

세운 문화센타를 통해서 교회 안에서는 만날 수 없는 사람들-그럼에도 불구하고 교회가 접촉해야 할 사람들-을 만나고 그들과 친교를 나눌 수 있었다. 여기에서 교회 안에 갇혀 있는 목회로부터 세상을 향해 열린 선교적 목회로의 전환이 요구되는 이유를 발견한다. 선교적으로 보면 교회 안에 갇혀 있었다면 결코 만날 수 없었던 사람들이지만 문화센터활동에 참여하는 목회자와 성도들을 통해서 비의도적이지만 자연스러운 친교를 통해 선한 영향력을 나타내는 "선교적 공간"의 역할을 한다.[9]

위에서 살펴본 지역교회의 사례는 교회의 문을 넘어 세상과 지역사회로 나가는 행위가 얼마나 중요한가를 확인할 수 있다. 만일 목회자가 여전히 교회 안에서, 교인만을 대상으로 하는 활동을 목회로 여겼다면, 그로 인하여 교회 밖을 향해 눈을 돌리지 못하였다면 아마도 변화 없는 교회 안에 목회에 탈진하여 교회를 떠났거나 목회를 중지하였을 것이다. 목회영역을 교회 안에서, 교인들 만을 대상으로 하는 활동의 범위를 넘어 지역사회로 확장하는 것은 단지 현재의 교회가 직면한 정체상태를 해결하기 위한 방법으로 제시하는 것이 아니다. 이미 선교적 교회론에서 충분히 논의가 된 것처럼 교회는 세상(지역) 안에 거하고, 세상을 향하여 보냄을 받은 '선교 공동체'라는 교회의 본질에 근거하고 있기 때문이다. 교회가 본질적으로 선교적 교회라면 그 교회에 주어진 목회 활동 역시 기존의 교회 안에서의 제한된 활동의 범위를 넘어 지역과 세상을 향한 활동을 범위를 확장해야 할 것이다.

9　이런 사례들은 수 없이 많이 있음을 필자는 현장연구를 통하여 확인할 수 있었다. 국수교회는 목회영역을 교회 밖 국수리 지역의 6지역을 목회영역으로 선포하였다. 태안의 이진 목사는 오랜 시간 동안 교회 안의 문제로 고통을 겪다가 교회 밖에 밭을 임대하여 농사를 시작하면서 지역주민을 만나게 되었고, 그들과 교제를 나누면서 지역사회를 새롭게 인식하고 접근하게 되었다. 홍천 도심리 교회 홍동완 목사는 지역 전체를 자신의 선교적 목회영역으로 인식하고 활동하며 지역주민 전체와 활발한 교제를 나눈다. 성암교회 조주희 목사는 동네 교회 목사로 지역 전체를 자신의 목회활동으로 여기며, 교회학교에 국한되었던 전통적 수련회를 마을 청소년 돌봄 캠프로 진행한다. 새롬교회는 목회자체를 생명망 목회로 설정하고 지역사회 안에서 학습, 복지, 문화 생태계를 형성하는 것을 자신의 목회활동으로 여기며 실천한다.

2. 교회중심의 선교 패러다임에 기초한 교회중심적 목회에 대한 비판적 성찰

"교회가 하나님 나라를 세우는 대신 교회 자체를 세우는 존재로 자신을 규정짓게 되면, 언제나 문제가 생긴다."[10] 교회를 세우고자 하는 사람들은 교회 자체의 일, 즉 종교적이며 영적인 것들에 만 관심을 집중하기 때문이다. 뉴비긴이 유럽의 서구교회가 근대주의 이래 유럽사회를 지배하는 세속주의와 다원주의로 인하여 교회의 사사화, 주변화가 진행된 것을 서구교회의 문제로 지적한 반면, 반대로 신생교회에서는, 특히 한국이나 아시아의 교회들은 비기독교사회와 다종교사회에서 소수자의 종교적 위치와 좁은 입지로 인하여 더욱 교회 안으로 움츠려 들고 있다. 세계의 두 지역에서의 교회는 그 본질이 세상을 향해 파송된 선교 공동체임에도 불구하고 교회 내부적 일에 집중하거나 교회 성장운동과 같이 교회 자체를 목적으로 삼고 있다.[11]

교회가 세상에 세워진 하나님 나라의 표상이며 그의 뜻을 전하고 보여주는 매우 중요한 도구이며 통로라는 점에서, 또한 세상에서 하나님의 구원과 선교의 사역, 즉 하나님의 백성들을 모으고 동시에 세상으로 파송하는 사역을 위탁 받았다는 점에서, 세상 안에 세워진 그리스도의 몸이라는 점에서 그 어떤 것과 비교할 수 없는 유일성과 중요성을 갖는다. 그러나 이러한 교회가 그 자체를 목적으로 삼거나 모든 관심을 교회 자체에 집중하게 되면 교회는 더 이상 하나님 나라의 도구가 아니라 우상이 된다. 교회역사에서 발견하는 교회중심주의의 두 가지 형태는 소위 크리스텐덤이라 불리우는 유럽의 교회와 신생교회이다. 두 가지는 서로

10　Howard A. Snyder, *Liberating the Church*, 권영석 옮김, 『참으로 해방된 교회』(서울: IVP, 2005), 11

11　한국일, 『세계를 품는 선교』(서울: 장로회신학대학교, 2004), 57-64.

다른 상황에서 형성되었으나 공통적으로 교회중심적 특징을 갖는다. 전
자는 기독교세계 안에서 교회가 전부였기 때문에 교회 밖의 세계가 존재
하지 않았다는 점에서 교회에 비중이 집중되어 있다면, 후자인 신생교회
는 반대로 교회 밖이 비기독교사회이며 다종교사회라는 점에서 교회 자
체에 중요성이 강조되었다. 오늘날 교회의 중요성을 살리되 교회중심주
의가 초래한 배타성과 고립주의 등을 극복하지 못하면 본래 교회에 주어
진 선교공동체로서의 사명을 수행하지 못할 것이다. 본장에서는 역사적
으로 나타난 두 가지 교회의 유형을 살펴본 후에 그 교회론에 따른 목회
활동이 어떻게 결정되는가를 논의하고자 한다.

1) 기독교세계(christendom)를 형성한 서구교회

서구교회, 특히 유럽에 있는 교회는 크리스텐돔(기독교세계와 동일어로
사용한다.)의 체제하에 형성된 독특한 특징을 갖는다. 크리스텐돔은 교회
역사상 유럽에 있는 서구교회에서만 발생할 수 있는 독특한 현상으로 기
독교가 313년 로마에 공인되고 380년에 유일한 로마의 종교가 되면서
교회와 국가와 사회를 통합하여 사회 전반적 영역에 기독교영향을 미치
는 체제이다.[12] "국가와의 결속은 교회의 자기이해에 깊이 영향을 미쳤
다."[13] 기독교국가에 거주하거나 태어난 사람들은 자동적으로 기독교인
이 되며 모든 삶의 과정에 교회의 법과 전통을 따라야 한다. 이런 영향은
적어도 계몽주의와 근대주의에 이르기까지 지속되었다. 지금도 기독교
사회의 유산이 남아있는 것은 지역마다 중심적 위치에 세워진 교회의 모
습이다. 유럽의 기독교 사회에서 교회는 진정으로 지역안에 있고 모든

---

[12] Darrell. L. Guder, *Called to Witness*, 허성식 옮김, 『증인으로 부르심. 총체적 구원을 위한 선교
적 교회론』(서울: 새물결플러스, 2016), 233; 크리스텐돔의 문제를 분석한 자료로 다음의 책을 참
고하라. 『새로운 교회가 온다』, 32, 26-51.

[13] W. Huber, *Kirche*, 이신건 옮김, 『교회』(서울: 한국신학연구소, 1990), 144.

지역은 교구의 행정구역에 따른 교회 구역이었으며 지역교회 목회자는 그 지역에 속한 주민들을 신앙적으로 만 아니라 모든 삶의 여정(탄생, 세례, 입교, 결혼, 장례)에 함께하는 목회적 역할을 수행해 왔다. 기독교세계에서 지역교회는 지역주민들 모두와 관련을 갖는 지역의 교회였다.[14]이렇게 국가와 사회와 교회가 통합된 기독교세계에 존재하는 교회체제에서는 초대교회에 볼 수 있었던 선교의 역동성은 사라졌다.[15]

이런 교회체제는 구더가 말한바와 같이 "선교가 빠진 교회"이다.[16] 기독교세계 안에서 세워진 교회는 선교의 필요성을 느끼지 못하였으며, 목회자의 역할은 "교인 개개인을 돌보는 일을 주로 하고, 교인들은 교회가 그저 하나님을 대신해서 나눠주는 유일들을 받아 누리는 일만 하면 그만이었다."[17] 유럽국가들은 20세기 초까지 지역주민 모두가 교회에 속한 교인이었기 때문에 선교적 역동성을 상실한 것은 어떤 면에서 당연한 결과였다. 종교개혁운동이 발생한 후에도 이런 기독교세계를 형성하는 교회의 역할에는 변화가 없었다.[18] 기독교세계 체제에 속한 교인은 교회조직에 등록한 "명목상의 교인"으로 머물 가능성이 많고 그렇기 때문에 정통주의를 거쳐 온 형식주의적 신앙에 경종을 울리며 신앙의 운동성을

---

14 8세기 샤를마뉴 대제가 신성로마제국을 교구들로 나누었을 때, 그는 모든 사람들이 자기 집에서 교회 종이 울리는 것을 들을 수 있는 거리에 살도록 시스템을 재정했다. 이것이 유럽의 기독교세계의 기본적인 시스템이다. Darrell L. Guder, 『증인으로의 부르심』, 233-234.

15 Charles E. Van Engen, 『하나님의 선교적 교회』, 177.

16 Darrell L. Guder, 『증인에로의 부르심』, 153.

17 위의 책, 135; G. Lohfink, *Wie hat Jesus Gemeinde gewollt? Zur gesellschaftlichen Dimension des christlichen Glaubens*, 정한교 옮김, 『예수는 어떤 공동체를 원했나. 그리스도 신앙의 사회적 차원』(왜관: 분도출판사, 1985), 11-17.

18 Craig Van Gelder, *The Essence of the Church: A Community Created by the Sprit*, 최동규 옮김, 『교회의 본질』(서울: CLC, 2015), 87; 반겔더에 따르면 종교개혁자들은 관심이 교리적 오류의 시정, 교회의 권위를 교황으로부터 다른 곳으로 이전, 교회의 남용과 같은 주제에 관심을 집중하였다. 그렇기 때문에 카톨릭 교회에 반발하여 사도적 신앙과 사도적 권위에 대한 언급은 끊임없이 하였지만 사도적 교회에 대하여는 직접적으로 언급하지 않았고 이런 종교개혁자들의 이해로 인하여 교회가 하나님의 선교에 전적으로 참여하기 위해 하나님에 의하여 세상 속으로 파송되었다는 선교적 본질에 대하여 침묵하였다. 크레이그 밴 겔더, 최동규 옮김, 『선교하는 교회만들기』(서울: 베다니출판사, 2003), 88.

회복하려는 움직임이 경건주의를 통해서 발생하였다.[19]

기독교세계의 세워진 교회에서 목회는 등록된 교인들을 돌보고 유지하는 관리형의 성격이 강한 사역이다. 이런 목회유형은 사회 전체가 기독교 영향권 아래 있을 때는 매우 효율적이며 유의미하지만, 계몽주의와 근대주의를 거치면서 뉴비긴이 지적한 바와 같이 교회의 위치와 영향력이 점점 전 사회에서 개인의 영역으로 좁아지면서 지역교회가 위축되는 상황에서는 더 이상 그 자체로 충분하지 않았다.[20] 즉 기독교국가의 붕괴와 전 사회적으로 세속주의 확장은 신앙의 사사화(私事化)를 가져오고 교회의 주변화를 초래하였다. 서구교회는 이런 상황을 직면하면서 어떻게 목회자가 자신의 역할을 교인의 영적 보살핌과 관리, 그리고 교회의 유지형의 목회로부터 교회 자체가 선교적 공동체로 동기를 부여하고 동력화 할 것인가를 모색해야 하는데 기존 체제를 벗어나는 것이 쉽지 않았다. 뉴비긴은 이러한 상황에서 지역교회의 선교적 본질을 회복하고 선교적 교회로의 전환과 그것에 적합한 목회사역을 강조하는 첫번째 신학자다.[21] 그것은 선교사로서의 그의 경험이 영국 교회의 문제가 어디에 있는가를 발견하고 해결책을 제시할 수 있는 요인이 되었을 것이다. 유럽의 서구교회에서는 공교회와 함께 지역교회의 회복과 선교적 교회로 전환하는 일이며, 그것을 수행하는 목회자의 인식의 변화와 열정의 회복이 필요하다.[22]

북미교회를 배경으로 하여 선교적 교회 운동을 주도하는 대럴 구더

---

19 Craig Van Gelder, 교회의 본질, 98-104 겔더, 실제로 개신교의 선교는 교회 안에서 신앙회복 운동으로 출발하여 세계선교로 확장되었다.

20 L. Newbigin, *The Household of God*, 홍병룡 옮김, 『교회란 무엇인가?』(서울: IVP, 2010), 174-178; *The Gospel in a Pluralist Society*, 홍병룡 옮김, 『다원주의 사회에서의 복음』(서울: IVP, 2007), 397; N. T. Wright, *Simply Good News*, 백지윤 옮김, 『이것이 복음이다』(서울: IVP, 2017), 121-134.

21 L. Newbigin, 『교회란 무엇인가?』, 176.

22 L. Newbigin, 『다원주의 사회에서의 복음』, 411-442.

는 기독교세계의 유산으로 세워진 서구교회형태를 한마디로 "축소주의"로 요약한다. 그는 교회론에 있어서 가장 심각한 문제는 "선교 없는 교회"[23]라는 점을 언급하면서 개인주의적 신앙과 돌봄과 유지 위주의 목회활동이라고 지적한다.

서구교회가 직면한 현실의 문제를 인식한 뉴비긴에 의하여 유럽을 선교현장으로, 지역교회를 선교적 교회로 일깨우려는 노력이 있었고, 여기로부터 선교적 교회운동이 시작된 것이다. 찰스 벤엥겐도 서구교회가 우주적 교회로서 보편적 교회를 강조하지만 실제로 교회의 사역을 수행하는 지역교회에 관하여는 준비가 되어 있지 않다고 지적하였다.[24]

영국의 성공회 역시 교회가 처한 현실을 직시하면서 자신을 변화시키려는 운동을 시작하였는데 그것이 "선교형 교회"(mission shaped church)로서 교회의 새로운 표현(fresh expression)으로 묘사한 선교적 교회 운동이다.[25] 국가교회가 가진 가장 독특한 특징이 교구제도이며 유럽의 교회들은 대부분 이런 교구제도를 통해서 교인을 관리한다. 여기에서 국가교회체제를 가진 성공회는 한편 교구제도를 유지하면서, 다른 한편 그것을 뛰어넘는 선교적 교회운동을 전개하고자 한다. 그 중에 한 유형이 지역의 제한을 넘어 공동의 관심을 가진 사람들의 모임을 결성하는 '네트워크 교회"이다.[26] 이런 운동을 통해서 교회가 지역의 교구교회로서 붙박이처럼 존재하는 것이 아니라 교회와 교구를 넘어서 활발한 선교운동을 회복함으로써 교회를 활성화시키려는 선교적 교회를 모색하고 있다.

---

23 Darrell L. Guder, 『증인에로의 부르심』, 177. 이 책 전체가 서구교회의 축소주의를 비판하면서 대안으로 선교적 교회를 제시한다.
24 Charles E. Van Engen, 『하나님의 선교적 교회』, 46.
25 The Archbishop's Council(ed.), *Mission-shaped Church-church planting and fresh expressions in a changing context*, 브랜든 선교연구소 옮김, 『선교형 교회』(서울: 성공회출판부, 2016), 103-171.
26 위의 책, 138-144.

2) 비기독교세계 안에 있는 신생교회(younger church)

한국과 같은 신생 교회들은 비기독교사회에서 시작하였기 때문에 자연히 교회가 신앙생활에 중심이 되는 교회 중심적 신앙에 바탕을 둔 선교 패턴을 형성해 왔다.[27] 신생 교회는 하나님에 대한 사랑과 열정을 교회를 향한 사랑과 열정으로 표현하는 경향이 있다. 교회 중심적 신앙 패턴은 교회를 섬기는 일에서 잘 나타나 있다. 그리스도인들의 삶은 교회를 중심으로 진행된다. 이것이 한국교회와 대부분의 신생 교회들의 특징이다. 그러므로 이런 교회는 모이는 교회로서의 특징이 뚜렷이 나타난다.

신생 교회들이 신앙생활에서 교회를 강조하고 교회중심적 신앙관을 형성하게 된 이면에는 사회적 요인과 교회적 특성이 작용하고 있다. 첫째 요인으로 기독교 문화와 전통을 지닌 서구사회와 다르게 비기독교사회 속에서 신앙을 가지려면 사회로부터 교회 안으로 들어가는 면이 강조될 수밖에 없다. 선교학적 용어로 신생 교회는 "가는 구조"(go-structure)보다 "오는 구조"(come-structure)의 성향이 강하다. 서구사회에는 천년 이상의 기독교 역사와 문화가 형성되어 왔기 때문에 교회 밖에서도 신앙적 영향을 받을 많은 매체가 있다. 그러나 한국교회는 짧은 교회 역사로 인해 전혀 다른 상황을 경험을 하였다. 아시아 지역은 이미 불교와 힌두교, 이슬람 그리고 토착 종교가 존재하고 있었으며 그것이 아시아인의 전통과 습성을 형성해 왔기 때문에 기독교로 개종하는 과정에서 많은 반대와 핍박을 감수해야만 했기 때문에 배타적 교회론이 형성되었다.[28]

둘째, 다종교사회인 아시아에서 그리스도인이 된다는 것은 기존의 종교로부터 떠나 새로운 종교를 받아들인다는 것을 의미한다. 이 과정에

---

[27] 여기에서 언급하는 신생교회는 한국교회와 같은 아시아 지역에 속한 교회를 가리킨다.
[28] 한국일, 『세계를 품는 선교』, 211-213.

서 선택과 분리는 불가피한 과정이다. 다종교 상황에서 신앙을 갖는 것은 기존 종교와 그것이 준 고정관념과 틀을 벗어나 새로운 세계관, 인생관, 가치관을 소유한 삶의 형태로 들어가는 것을 의미하였다. 그리스도인이 되는 것은 기존의 종교 문화를 떠날 뿐만 아니라 일상생활 속에서 분리되어야 하며 새 종교인 기독교에 소속하는 것이다. "떠남"과 "분리"와 "새로운 소속감"의 과정에서 기독교 신앙은 새로운 변혁을 향한 강력한 결단을 통해서 이루어졌고 이것이 현재 아시아 교회의 신앙적 특성을 형성하였으며 서구 사회와는 달리 강한 특성을 가진 신앙이 될 수밖에 없다.[29] 지금도 아시아 교회들에서는 일반적으로 신앙생활을 '영적 전투'로 이해하는 경향이 있다. 그러므로 다종교사회인 아시아 지역에서 다른 종교는 그리스도인이 버리고 떠난 종교이기 때문에 배타적인 태도를 취하게 된다. 이런 과정은 자연히 신앙의 관심을 교회 안으로 집중하였으며 이런 교회중심적 신앙은 교회절대주의를 초래하였고, 교회와 세상을 이원론적으로 이해하는 결과를 가져왔다.

셋째, 신생교회들이 선호하는 교회관은 "구원의 방주"와 "도피처" 개념이다. 여기에서 교회와 세상 사이에 넘어설 수 없는 큰 간격이 형성되고 이원론적인 인식이 고착되어 세상으로부터 등을 돌리고 교회 안에서의 활동에만 신앙을 적용하는 기형적인 그리스도인 상과 교회상을 초래하였다.[30] 그 결과 교회 안에서 교회적인 삶에는 열심이었으나 사회로부터 고립된 교회 안에 갇혀진 신앙형태는 대부분의 교회들이 표방한 교회의 탈정치화는 탈사회적 현상을 가져온다. 교회중심적 사고가 목회자 중심의 신앙과 선교 패러다임으로 이어진다.[31] 그러나 이제 우리는 교회를 세상으로부터 고립된 우리 안 에서가 아니라 세상과 역사적 차원에서 어

---

29 위의 책, 100-104.

30 생명평화마당, 『한국적 작은 교회론』(서울: 대한기독교서회, 2017), 74-75.

31 정재영, 『교회 안 나가는 그리스도인』(서울: IVP, 2015), 86-87, 188-189.

떤 소명과 약속을 받았는가를 바르게 이해하고 실천방향을 확립해야 할 시점에 왔다.

위에서 살펴본 서구교회와 신생교회는 모두 교회중심적 패러다임을 지향한다. 전자는 제도에 갇혀 있으며, 후자는 교회 안에 갇힌 목회를 하고 있다. 기독교 세계의 유산인 교구와 교회안에 예전에 머물고 있는 서구교회나 비기독교사회 안에 스스로 고립되어 있는 신생교회 모두 교회론에 대한 전환이 필요하다. 모이는 교회가 중요하지만 그것은 선교공동체로서 흩어지는 교회를 위해 필요한 것이다. 선교적 교회는 이러한 기존의 교회론에 새로운 이해와 동기를 부여하며, 선교운동성으로부터 교회를 회복하고 활성화하는 계기를 제공할 것이다. 이것을 구체적으로 실현하는 것이 선교적 목회이다.

3. 선교적 교회에 따른 선교적 목회

본 장에서 선교적 교회를 지향하는 선교적 목회를 실천하기 위해 요구되는 신학적, 선교학적 근거와 실제적인 원리가 무엇인가를 제시하고자 한다. 파송의 보편적 위임, 교회의 선교적 사도적 운동성의 회복, 선교적 목회를 실천하는 목회자의 새로운 정체성, 세상에 세워진 교회로서 성도, 선교적 교회를 실제적으로 실현하는 목회원리를 본 장에서 논하고자 한다.

1) 선교의 보편적 위임의 회복: 보냄을 받은 선교 공동체로서의 교회

선교적 교회를 지향하고 그 기반 위에 선교적 목회를 실천하려면 하나님으로부터 보냄을 받는다는 파송에 대한 기존의 이해에 전환이 요구된다.[32] 이것은 서구교회나 한국교회를 포함한 신생교회 모두에게 해당된다. 오늘의 선교에서 파송은 선교사와 같은 특별한 사람들에게만 적용되는 것이 아니라 근본적이며 일차적으로 모든 그리스도인들을 향한 보편적 소명임을 이해해야 한다.[33] 삼위일체 하나님의 보내심은 세상에 존재하는 모든 교회와 세상을 살아가는 모든 그리스도인의 일상적인 삶에 보편적인 것으로 해석하고 적용해야 한다.[34]

하나님의 보내심을 해외 선교사들에게만 적용해 온 현재 선교 패러다임은 근대 서구교회의 선교관에 기인한 것이다. 서구교회는 근대선교를 시작하면서 태어나면서 교회에 소속이 되는 기독교국가와 기독교사회를 형성해 왔기 때문에 자국 안에서 선교의 필요성을 느끼지 못하였다. 그러므로 중세에 시작하여 근대에 이르러 활발하게 진행하였던 선교활동은 비기독교 국가와 사회인 해외지역에서의 활동으로 이해하고 선교사를 파송하였다. '위대한 세기'인 19세기에 서구교회는 세계선교의 전성기를 경험하였다. 서구교회에서 파송은 오직 해외지역에서 활동하는 선교사들에게만 적용되었다. 한국교회는 다른 환경을 가지고 있음에도 불구하고 서구교회와 같이 '파송'이란 단어를 선교사들에게만 적용하였다. 그 결과 세계선교를 향한 헌신의 마음을 보냄을 받은 자와 보내는 자로 구분하는 "가든지 보내든지"라는 표어로 묘사하면서 예수님이 자신을 따르는 제자들을 향하여 "나도 너희를 보낸다"(요한복음 20:21; 17:18)는 그의 파송을 소수의 선교사들에게만 적용하고 대부분의 교회와 그리스도인은 그 보냄으로부터 면제되어 후원자 위치에 머물고 있다. 이런

---

32   Craig Van Gelder(ed.), *The Missional Church in Context* (Grand Rapids, Michigan, W. B. Eerdmanns, 2007), 65-93.

33   Craig Van Gelder, 『교회의 본질』, 60.

34   각주: 이 부분에 대한 더 자세한 내용은 필자의 논문, "루터의 소명론에 대한 선교학적 해석과 적용" 『선교와 신학』(2018) 과 필자의 『선교적 교회의 이론과 실제』(서울: 장로회신학대학교, 2016, 제 5장을 참고하라.

교회와 선교의 분리형상을 오늘의 교회에서 극복해야 한다. "선교가 교회의 삶의 핵심에 속한다는 진리를 깨닫고 또 그것을 교회의 일상적 삶으로 실천할 때 가능하다."[35]

모든 그리스도인은 파송의 관점에서 후원자의 위치가 아니라 파송을 받은 주인공임을 인식하고, 선교는 특별한 활동 이전에 그리스도인의 모든 삶 속에서 실천해야 하는 소명이 되어야 하며, 모든 사람이 (타문화권) 선교사가 될 수 없으나 자신이 속한 사회와 지역에서 '선교적 그리스도인'으로서 '선교적인 삶'을 살아야 한다. 한국교회가 이것을 새롭게 인식하지 않으면 현재 한국교회에서 볼 수 있는 복음의 능력을 교회생활이나 특별한 활동에만 적용하고 일상과는 무관한 것이 된다. 이런 문제를 해결하고 복음의 능력을 교회가 존재하는 지역사회와 그리스도인이 살아가는 일상에서 회복하는 일이 우리시대에 주어진 새로운 선교 이해가 되어야 한다. 여기에서 그리스도인이 신앙의 현재적 의미, 세상 속에서 실천하는 제자도, 직업적 소명 그리고 일상을 선교현장으로 여기며 살아가게 하는 선교적 목회가 실현될 것이다.

2) 선교운동성의 회복

프로스트는 "선교적 교회는 크리스텐돔 이후 시대의 희망"[36]이라고 언급한바 있다. 크리스텐돔을 교회론적으로, 선교적으로 실패한 패러다임으로 지적하면서 선교적 교회를 통해서 사도적 운동성을 회복해야 할 것을 말한다.[37] 2000년의 교회역사를 보면, 교회는 운동과 기관(제도) 사이를 주기적으로 왕래하는 이중적 형태를 나타낸다. 때로는 운동에 더

---

35 L. Newbigin, 『교회란 무엇인가?』, 176.
36 M. Frost and A. Hirsch, 『새로운 교회가 온다』, 43.
37 위의 책, 38-40.

치우치거나 그 반대의 현상을 보인다. 현실적으로는 서로가 배타적 관계에서 대립하거나 배제하는 경향을 보인다. 그러나 이 둘 사이에 창조적 긴장을 유지하는 것이 필요하다. 운동성을 상실한 교회는 점점 기관화(제도화)되어 "박물관이나 은둔처"가 될 것이다. 반대로 기관이 없는 교회는 사건 위주로 나가다가 얼마 후에는 없어진다.[38]

보쉬에 따르면 이런 운동과 기관 사이의 역동적 상호관계는 역사속에서 계속 반복적으로 발생한다. 예를 들면, "중세 교회는 추상적인 것을 좋아하는 희랍 사상과, 기관화를 꾀하는 로마인들의 편견 때문에 점차로 아주 보수적 모습을 드러냈다."[39] 이 후에 종교개혁은 이러한 경직된 기관화(제도화) 현상에 대한 반작용으로 발생하였다. 그러나 종교개혁 운동 역시 얼마 지나지 않아 정통주의의 사변적 신학으로 변질되었다. 이런 현상에 대하여 반작용으로 청교도 운동과 경건주의 운동이 발생하였다. 그러므로 교회역사를 보면, 운동성과 제도화(기관화), 역동성과 침체화 사이에 지속적인 상호작용이 계속되었다. 보쉬는 교회의 본질인 역동성을 저버릴 때 나타나는 운동의 사례를 열거한다.[40]

교회가 운동성을 상실한 이유는 교회의 본질인 선교를 망각하거나 또는 선교를 특정인에게 위임함으로써 교회 자체는 기관의 형태로 고착되기 때문이다. 선교사와 목회자 모두 하나님의 선교와 교회에 부름 받은 사람들임에도 불구하고 두 신분 사이에 차이를 발견한다. 선교사는 제도나 기관에 고착되지 않고 현장에서 무엇인가 움직이는 운동성을 나타내는데, 목회자는 교회 제도에 속한 사람으로 교회의 이해관계에 얽혀 있고, 제도가 요구하는 일에 묶여 있는 것을 볼 수 있다. 벤 겔더는 선교를 제도적 교회의 본질인 선교 운동성을 살리기 위해 선교와 교회의 결

---

38 D. J. Bosch, 『세계를 향한 증거』, 39.
39 위의 책, 40.
40 위의 책, 40, 118.

합을 주장한다. "우리는 모든 피조물 가운데 활동하시는 삼위일체 하나님의 구속적 통치에 기초한 선교적 관점과, 교회를 하나님의 백성의 생명력 넘치는 공동체와 역사적 제도로 보는 이해 방식을 서로 결합할 필요가 있다."[41]

선교적 목회는 제도권의 목회자로부터 선교운동의 관점에서 목회역할을 새롭게 인식하고 적용하고자 한다. 마치 타문화권 현장으로 파송되어 새로운 선교현장에 도착하여 취하는 선교사의 태도로부터 주는 영감을 받는다. 선교사는 건물 안이나 행정이나 책상에 앉아 있지 않을 것이다. 선교사는 자신이 보냄을 받은 현장을 둘러보고, 이웃과 친교관계를 맺고 무엇인가 그들과 함께 할 수 있는 기회를 찾을 것이다. 오늘의 목회는 이러한 선교사의 관점과 태도로부터 새로운 목회의 자세와 형태를 배워야 할 필요가 있다. 더 이상 제도권 안에 속한 목회자로서는 교회와 성도를 변화시킬 수 없다. 교회가 지역으로 보냄을 받은 선교공동체의 역할을 수행하려면 목회자 역시 선교사와 같은 자세와 의식을 가지고 교회와 지역사회의 경계선을 넘나들면서 사역의 범위를 확장해야 한다. 이 글 서두에서 언급한 사례나 그 외의 다양한 현장에서 이런 방식으로 사역하는 목회자를 볼 수 있었다. 이들은 자신의 목회 영역을 교회 안이 아니라 지역으로 확장하고 있다. 그것은 자신이 속한 교회의 변화와 함께 발생한다.

만일 교회가 이러한 운동의 소리를 외면한다면 교회가 갱신될 기회를 놓치게 된다. 교회 갱신은 선교의 운동성을 통해서 일어난다. 선교는 교회 자체를 목적으로 하는 제도로부터 나와서 교회 밖을 바라보게 함으로 교회를 움직이게 하기 때문이다.[42]

---

41 Craig Van Gelder, 『선교하는 교회 만들기』, 60.

42 Craig Van Gelder, *The Missional Church in Perspective. Mapping Trends and Shaping the Conversation*, 최동규 옮김, 『선교적 교회의 동향과 발전』(서울: CLC, 2015), 104쪽 이하를 참고하라.

3) 선교적 목회를 실천하는 목회자의 새로운 정체성

델레스(Avery Dulles)는 『교회의 모델』(*Models of the church*)이라는 그의 책에서 "교회론과 목회"의 상관관계를 언급하면서 기독교 목회의 발전을 역사적으로 살펴보면, 교회는 매 시대마다 자신이 처한 사회 환경속에서 보다 효율적으로 자신의 구조와 직무들을 조정해 왔음을 언급한다. 델레스는 역사적으로 교회의 유형을 다섯가지로 구분하고 그러한 교회론의 특징에 따라 "교구 관리자, 친교를 통한 공동체 형성, 하나님과 인간 사이를 중재하는 성례전 집행자, 설교자, 사회변혁을 촉진하는 자로 제시한다. 이 모든 것은 교회라는 제도가 추구하는 활동에 매여 있다. 이것을 통해서 교회론이 변하거나 확장되지 않는 한 목회자의 역할도 그것에 매여 있다는 사실을 델레스의 구분을 통해서 확인할 수 있다.[43]

선교적 교회가 선교적 운동성을 회복하는 것이라면, 그러한 선교적 교회를 실현하는 것은 목회자의 선교사적 관점과 의식을 통해서 이루어질 수 있다. 선교적 운동성은 교인들과의 친교의 범위를 넘어서서 지역주민과의 친교를 회복하는 것에서 실현된다. 목회적 사역에서 친교의 차원을 새롭게 발견하고 그 위에 목회사역을 실천한다. 마치 선교사가 타문화권 선교현장에 갔을 때 가장 먼저 해야 할 일은 지역의 주민들과 친교의 관계를 형성하는 것이다. 이러한 친교의 관계없이 전도와 봉사의 일을 시작하는 것은 불가능하다. 교회가 세상을 향해 보냄을 받은 선교적 공동체라면 이것은 목회자의 선교사적 의식과 태도, 사역의 방식으로부터 시작한다.

한 지역교회의 목회자는 그 교회의 담임으로 부임할 때 스스로에게 지역교회의 담임목사가 아니라 '지역의 마을지기'라는 생각을 가지고 부

---

[43] Avery Dulles, S. J., *Models of the Church*, 김기철, 옮김, 『교회의 모델』(서울: 조명문화사, 1992), 162-177.

임하였으며, 이후 30여년 동안 이러한 관점에서 지역과 함께하고 소통하며 지역의 변화와 발전에 기여하는 선교적 목회를 실천해 왔다. 이 목회자가 그렇게 접근할 수 있었던 것은 교회가 속한 지역에 선교사와 같은 마음으로 부임한다는 생각을 하였기 때문이다. 목회자의 의식과 관점이 그의 목회활동과 성도들의 정체성을 결정한다고 할 때 이러한 목회자의 의식은 지역교회가 지역사회와 어떤 관계를 갖는가를 결정하는 중요한 역할을 한다.

선교적 목회의 성경적 근거로서 예수의 지상사역을 주목해야 한다. 대럴 구더는 "선교적 기독론"을 언급하면서 그동안 그리스도의 인격과 사역에 대한 고전적인 교리 해석에서 '예수의 지상사역'을 등한시 하는 경향이 있었다는 점을 지적한다. 예수의 지상사역이 갖는 신학적 중요성을 연구한 신약신학을 소개하면서 "예수의 삶과 사역이 교회의 삶과 사역에 대해 가지는 신학적 중요성"에 초점을 맞춘다.[44] 교회는 지상에 세워진 '그리스도의 몸'으로서 복음서에 묘사된 예수의 삶과 사역을 자신에게 위임된 사역으로 따르고 실천한다.[45]

복음서는 예수의 공생애가 유대사회에서 주변화되고 배제된 사람들과의 친교를 회복하는 코이노니아 사역이 전체 사역의 기반이 되는 것을 보여준다. 예수의 사역은 당시 유대 지도자들과 여러 면에서 큰 차이를 갖는다. 유대지도자들은 성별의 이유로 배타적 공동체를 형성하였다. 그들은 신분이나 행동에 따라 경건성을 결정하면서 교제를 율법을 지키는 사람들과의 교제 안으로 범위를 제한하였다. 세리, 창기, 불치병 환자, 가난한 자(누가복음 4:18-20)들은 유대인의 율법에 따라 교제권에서 제외된 사람들이다. 이들은 유대인의 친교 경계선 밖에 있는 사람들이다.[46]

---

44 Leonhard Goppelt, *Theology of the New Testament: The Ministry of Jesus in its Theological Signifi-cance*, tr. John Alsup, ed. Juergen Roloff (Grand Rapids: Eerdmanns, 1981), Darrell L. Guder, 『증인에로의 부르심』, 130-131에서 재인용.

45 M. Welker, *Kirche im Plulratismus* (Guetersloh: Kaiser, 1995), 104-127.

복음서에 기록된 예수의 삶과 사역은 당시 종교적 전통과 규범에 금지된 사항들을 거침없이 넘나들었던 것을 보여준다. 유대 지도자들은 성별을 이유로 사람들을 차별하는 배타적 공동체를 형성한 것에 반하여 예수는 그 공동체에서 배제된 사람들, 즉 거룩함과 구원의 가능성 경계선 밖에 있다고 평가된 사람들과 친교를 회복하였다.[47] 더 나아가 자신을 그들과 동일시하기까지 그들을 존중하였다. 이들은 세리, 창기, 불치병 환자, 가난한 자(누가복음 4:18-20)들로서 유대인의 율법에 따라 교제권에서 제외된 사람들이다.[48]

이러한 예수의 공생애 활동은 경계선 밖에 있는 사람들 과의 경계선을 헐고 먼저 친교를 회복하면서 하나님 나라의 말씀을 증거하고 사랑을 실천한다. 예수의 목회는 경계선을 넘어가는 목회이다.[49] 복음서에 기록된 예수의 삶과 활동은 항상 사람들을 자신의 선교대상으로 여기는 것이 아니라 더불어 함께 살아가는 인간, 친구, 동료로 대한다.[50] 자신을 하나님 나라의 주체로 여기며 다른 사람을 객체화 하는 것이 아니라 주변에 머물고 있는 사람들을 불러 하나님 나라의 주인공으로 세운다.[51] 예수의 사역은 언제나 하나님 나라의 특성인 코이노니아에 기초해 있다. 모든 사람들을 하나님 나라의 백성으로 초대하고 평등한 관계를 형성하는 코이노니아의 회복의 사역이라고 말할 수 있다.

그러므로 선교적 목회에서 새롭게 인식하고 그 중요성을 강조하는

---

46 G. Lohfink, 『예수는 어떤 공동체를 원했나?』, 145-147.

47 예수가 제자들을 향하여 세상의 소금과 빛이라고 말했을 때, 그것은 교회가 내부구성들끼리 엘리뜨 집단을 이루거나 세상에 대하여 스스로 차단하는 배타적 공동체와는 전적으로 다른 공동체를 의미하였다. 위의 책, 113.

48 D. J. Bosch, 『세계를 향한 증거』, 71-72. 예수의 제한 없이 경계선을 넘어가는 교제의 사례는 삭개오와의 만남(누가복음 19장), 선한 사마리아인의 비유, 사마리아 우물가에서 만난 여인(요한복음 4장) 등에서 분명하게 드러난다.

49 D. J. Bosch, 『세계를 향한 증거』, 71-72.

50 G. Lohfink, 152.

51 "함께 생명을 향하여: 기독교의 지형 변화 속에서 선교와 전도", 『세계교회협의회 신학을 말한다』, 세계교회협의회 제10차 총회 한국준비위원회편(서울: 한국장로교출판사, 2013), 84-85.

것은 지역, 또는 세상과의 친교의 회복이다. 지역 주민들과 친교 없이 전도와 봉사활동이 가능하지만 그러한 경우에 지역주민들과 분리된 상태에서 단지 모이는 교회를 위한 활동으로 전락하기 쉽다. 그러한 활동은 지역주민을 교회의 전도와 선교의 대상으로 머물게 한다. 선교적 목회를 실천하는 교회들의 사례를 통해서 확인할 수 있는 것은 문화활동이나 봉사활동(디아코니아)을 통해서 교회와 관계를 갖지 않는 주민들과 친교(코이노니아)의 관계를 가질 수 있으며 그것이 지역사회와 주민들을 섬기는 봉사활동과 병행하거나 발전하여, 후에 교회에 들어오게 될 때 말씀(케리그마)에 접촉하는 결과를 갖는다.[52] 즉 코이노니아에 기초하여 디아코니아와 케리그마를 실현하게 된다.

4) 선교적 목회의 역할: 세상 속에 세워지는 흩어지는 교회로서 성도를 준비시킴

선교적 목회는 성도를 교회 안에 목회자의 활동을 돕는 자로 제한하지 않고, 반대로 목회자가 성도들이 세상으로 나아가 그리스도인의 믿음과 가치를 실현하는 선교적 삶을 살아가도록 준비시키는 역할을 하는 것이다. 지역교회 목회자의 역할이 중요한 것은 성도의 도움을 받아 자신의 목회를 실천하기 때문이 아니라, 반대로 성도들이 세상에 나가 하나님의 백성으로 영향력 있는 삶을 살아가도록 돕는 역할을 하기 때문이다. 이런 점에서 전형적인 교회중심의 패러다임에 따르는 목회자 중심의 목회가 성도를 돕고 그들을 통해서 세상을 변화시키는 선교적 목회로 전

---

[52] 이런 현상은 위에서 언급한 사례를 통하여 확인된 사실이다. 봉사활동은 친교를 동반하거나 어느 정도 시간이 지난 뒤에 친교를 형성하는 결과를 갖는다. 처음에 지역사회를 위한 봉사활동은 교회 밖 주민들에게 전도를 목적으로 한 봉사로 의혹을 받는다. 어느 정도 시간이 지나면 교회와 목회자의 봉사의 진정성이 인정받고 그 후에 깊은 친교의 관계를 형성한다. 이런 관계가 어느 정도 지나면 때로는 주민 차원에서 교회에 관심을 갖거나 출석하는 경우가 발생한다. 봉사와 친교가 케리그마로 인도하는 역할을 하는 것이다.

환되어야 한다.

교회가 세상에 세워진 것은 하나님 나라의 복음을 증거할 뿐 아니라 그것을 살아냄으로 세상과 다른 하나님 나라를 경험하게 하기 위함이다.[53] 교회를 통한 하나님 나라의 영향력은 목회자가 아니라 성도의 삶을 통해서 나타난다. 성도를 준비하고 훈련하는 것은 목회자의 역할이다. 목회자가 자신이 목회하는 교회의 내부적 일이나 이해관계에 매몰되지 않고, 성도들이 세상 속에 영향력 있는 선교적인 삶을 살아가도록 하기 위해서는 목회자 중심에서 성도 중심으로 목회의 방향이 바뀌어야 한다.

뉴비긴은 세상의 공적 영역에서 영향력을 나타내는 사람은 일차적으로 지역교회의 회중이라는 주장을 한다. 지역 주민들에게 복음이 믿을 만한 메시지가 되는 것은 그것을 전할 뿐 아니라 살아내는 성도들의 삶을 통해서 보여지기 때문이다. 그러므로 복음에 따라 살아가는 "회중이 복음의 유일한 해석자"라는 결론에 도달한다.[54]

목회자는 성도들이 "세상에서 제사장직을 수행할 수 있도록 준비시키고 지원해주는" 역할을 한다.[55] 성도의 제사장직은 교회 안에서가 아니라 세상의 일상 업무 가운데 이루어진다. 성도들이 이러한 사도적, 선교적 삶을 살아가도록 하기 위해서 교회와 목회자는 그들을 잘 준비하고 지원하는 것이다. 준비되지 않은 성도는 세상에서 복음에 따라 살아가는 삶이 약화될 수밖에 없다.[56] 현재의 목회자 훈련은 기존 교인에 대한 목회사역에 너무 치중되어 있고, 세상에서의 삶의 영역을 하나님 나라로 이끌어 오는 선교적 소명은 상대적으로 경시되어 있다는 뉴비긴의 지적

---

53 G. Lohfink, 201-217.

54 L. Newbigin, 『다원주의 사회에서의 복음』, 419.

55 위의 책, 423; Howard A. Snyder, 『참으로 해방된 교회』, 239-257; 315-320.

56 Alan J. Roxbury, "*Pastoral Role in the Missionary Congregation*", in: G. R. Hunsberger and Craig Van Gelder(ed.), *The Church between Gospel and Culture. The Emerging Mission in North America* (Grand Rapids: W. B. Eerdmanns, 1996), 326-327.

에 귀를 기울일 필요가 있다.[57]

선교적 목회는 교회 안에서 깨닫고 경험한 하나님 나라의 정의와 평화, 기쁨을 성도의 삶을 통하여 세상 속에서 실현하도록 준비하고 안내하는 역할을 하는 것이다. 목회자의 보람과 영광은 증가하는 교회의 숫자나 교회의 규모가 아니라, 변화하고 성장하는 성도와 그들의 은사와 삶을 통해서 세상 속에서 영향력 있는 그리스도인으로 살아가는 선교적 삶에 있다.[58] 그러므로 선교적 목회의 방향은 성도로 하여금 그들의 삶의 전 영역에서 하나님의 통치에 복종하면서 하나님 나라의 가치를 실현하도록 도와주고 준비시켜 주는 사역으로 나아가야 한다.[59]

5) 선교적 목회의 실천 원리: 선교적 관점에서 "모이는 교회"와 "흩어지는 교회"의 유기적 연결과 통전

선교적 목회는 현재 일에 무엇을 덧붙이기 보다 목회자의 의식과 관점을 바꾸는 것에서 시작한다. 목회자가 선교사 관점에서 목회를 접근하고 실행하라고 하면 사역의 시간과 내용에서 부담을 느끼는 목회자가 많을 것이다. 더구나 한국교회와 같이 교회 내부의 일도 벅찬데 여기에 외부의 일까지 참여하라는 것은 교회 내부와 외부의 두 가지 모두 망치는 것이라고 생각할 수 있다. 지역교회를 선교적 교회로 세운다는 것, 그것을 수행하는 것을 선교적 목회라고 할 때 교회가 가진 두 차원, 모이는 교회와 흩어지는 교회의 관계에서 어떻게 균형을 유지할까 하는 것이 중요한 과제이다.[60] 결론적으로 선교적 목회는 현재 교회 안에서 진행되는

---

57   L. Newbigin, 『다원주의 사회에서의 복음』, 425.

58   이 주제에 관하여 최근에 성 속의 구분을 넘어 세상 속에 살아가는 그리스도인의 삶과 사역에 관하여 평신도 관점에서 저술한 책을 참고하라. 양희송, 『세속성자』(경기도: 북인더갭, 2018).

59   M. Frost, *Incarnate. The Body of Christ in and Age of Disengagement*, 최형근 옮김, 『성육신적 교회』(서울: 새물결플러스, 2016), 232-235.

목회내용을 선교적 관점에서 이해하여 새롭게 구성하는 사역이다.[61]

선교적 목회는 무조건 교회 밖을 지향하는 것이 아니다. 만일 교회 안에서 진행되는 일들이 불충실하다면 목회자는 물론 모든 성도는 지치고 말 것이다. 지역사회와 함께하는 선교적 교회는 결코 그 내적 삶으로부터 분리될 수 없다. 그러므로 현재 목회자의 직무로 주어진 예배인도, 말씀선포, 성도를 돌봄과 상담, 교회의 행정관리와 같은 내적 일을 수행하면서 어떻게 동시에 지역사회를 향한 선교적 공동체로서의 교회의 사명을 적절히 수행하도록 목회적 역량을 발휘할 수 있을까?

교회의 선교적 영향력은 세상 속에서 살아가는 성도들을 통해서 나타나는데 그것을 위해 목회는 교회와 세상을 연결하는 선교적 목회의 특징이 교회의 내적 차원에서 일어나야 한다. "교회가, 세상에서 행하시는 삼위일체 하나님의 창조하시고, 구원하시고, 화해하시는 활동에 참여한다는 사고의 틀을 통해서 이해된 선교적 신학은 기독교적 실천의 선교적 성격을 인식하게 만든다."[62] 그러므로 교회안에서 진행되는 예배, 기도, 설교, 친교, 돌봄 등이 성도들이 세상 안에서 살아가는 일상의 삶에서 하나님 나라를 실천할 수 있도록 연결되어야 한다. 교회의 내부적 차원과 외부적 차원, 모이는 교회와 흩어지는 교회가 서로 유기적으로 연결되고, 서로 도전과 자극을 주며, 이 둘을 함께 아우르는 통합방식의 목회방향이 구성되어야 한다. 이 주제를 예배와 기도, 설교, 친교의 네 가지 차원에서 논의하고자 한다.[63]

이 네 가지를 선교적 관점에서 재인식하고 재구성할 수 있다. 첫째,

---

60 "모이는 교회와 흩어지는 교회 모두가 중요하다." 최동규, 『미셔날처치』(서울: 대한기독교서회, 2017), 186.

61 Craig Van Gelder, *The Ministry of the Missional Church. A Community Led by the Spirit* (Grand Rapids: Baker Books House, 2007), 54-55.

62 Craig Van Gelder, 『선교적 교회의 동향과 발전』, 277.

63 이 주제에 관한 자세한 논의는 필자의 저서 『선교적 교회의 이론과 실제』(2016) 제7장(252-269) 참고하라.

예배는 모이는 교회 차원에 통합적 성격을 갖는다. 예배를 통해서 하나님을 인식하고 영광을 돌린다. 그러나 이 예배가 단지 교회 안에서 드리는 예전이 아니라 우리가 하나님 앞에서 살아가고 있음을 고백하는 신앙 행위라면 예배는 교회 내부의 예전이 아니다. 종교개혁자들은 성도의 삶이 언제나 "하나님 앞에서"(coram Deo) 살아가는 것으로 가르쳤다. 예배는 단지 영적, 종교적, 개인적 차원으로 그치지 않고 동시에 사회적, 공동체적, 일상적 차원을 갖는다.[64] 이것을 정교회에서는 "예배 후에 예배"라는 표현을 사용하였다. 하나님을 경외하며 찬양하는 성도는 예배 후에 일상의 삶 속에서 또한 구별된 성전으로 살아갈 것을 결단한다. 소명을 받은 자로 예배에서 하나님 앞으로 나아간다면, 삶을 통해서 하나님의 말씀을 실천하기 위해 이웃에게 향한다. 이 모든 것이 하나님 앞에서 예배자의 삶을 살아가는 것이다.[65]

둘째, 기도를 선교적 목회 관점에서 살펴보자. 한국교회의 공예배에서 드리는 기도는 대부분 개교회 내부적 관심사에 집중하는 경우가 많다. 또한 새벽기도와 수요기도, 금요철야기도, 그 외 다양한 기도회가 있으나 그 대부분 개인의 관심사에 국한되고 있다. 즉 세상을 위한 기도가 매우 약하다. 선교적 목회 관점에서 접근하는 기도는 개인과 교회 차원뿐만 아니라 지역사회와 세상을 위한 중보기도를 드려야 한다. 지역교회가 선교적 교회가 되도록 목회자는 성도들에게 중보기도를 가르쳐야 한다. 중보기도는 이웃과 세상의 문제를 가지고 하나님 앞에 나아가는 것이다. 그러므로 성도는 기도 속에서 세상을 향한 제사장의 역할을 한다. 선교적 교회의 진정성은 세상을 위한 중보기도에서 나타난다.

셋째, 설교는 하나님의 말씀을 선포하는 목회자의 중요한 행위이다.

---

[64] *"Worship Permeates the Public Life of the Congregation"*, Lois Y. Barrett(Ed.) *Treasure in Clay Jars* (Grand Rapids, Michigan: W. B. Eerdmanns Pub, 113-116.

[65] 김운용, 『예배, 하늘과 땅이 잇대어지는 신비』(서울: 장로회신학대학교출판부, 2015), 157.

설교는 단지 교인의 개인적 차원이나 교회 생활을 잘하는데 초점을 맞추어서는 안된다. 설교를 통해 선포되는 하나님의 말씀에는 개인과 하나님의 백성의 공동체뿐 아니라 세상과 우주적 차원이 들어있다. 설교가 하나님의 뜻을 성도들에게 전하며, 성도의 삶의 변화를 가져오는 행위라면 하나님의 말씀은 교회생활 뿐 아니라 성도들이 매일 직면하고 살아가는 세상 속에서 실천할 하나님 나라의 가치관과 하나님의 뜻을 전해야 한다.[66] 설교는 성경공부와 함께 하나님의 백성으로서 바른 의식을 갖추고 선교적 삶을 살게 하는 매우 중요한 통로이다.

넷째, 선교적 목회는 성도의 친교의 범위를 확장시킨다. 성도의 공동체로서 교회는 성도간 교제가 중요하다. 또한 지역교회 차원을 넘어 그리스도의 몸의 다양한 지체인 다른 교회들과의 연합도 중요하다. 그러나 예수의 공생애 사역은 성도의 친교가 교회안이나 종교적 차원을 넘어서는 것을 보여준다.[67] 즉 성도간 친교를 토대로 영역이 지역과 사회 전체로 확장되어야 한다. 세상의 소금과 빛이라는 것은 그리스도인의 친교의 영역이 어디인가를 보여주는 것이다. 요한서신의 저자는 친교가 갖는 선교적 차원을 언급한다. "오라 우리와 친교를 나누자. 우리의 친교 안에는 하나님과 그의 아들과의 친교가 있다.(요한일서 1:1-3) 그리스도인의 친교는 이 세상 안에 놓여 있는 배타적 경계선을 넘어가는 것이며, 그러한 친교를 통해서 하나님과 아들, 성령님을 만나게 하는 선교적 영향력을 갖는다. 선교적 목회는 성도의 삶의 친교영역을 확장하고, 친교 안에서 선교가 진행되도록 하는 것이다.

66　N. T. Wright, 『이것이 복음이다』, 174-186.

67　"교회란 (…) 하나님과의 코이노니아와 인간들 상호간의 코이노니아에 대한 미리 맛봄이다. … 교회의 목적은 (…) 기도와 행동으로 코이노니아를 나타내며, 이런 식으로 하나님 나라의 영광 속으로 누릴 하나님과 인류와 창조세계와의 충만한 코이노니아를 가리키는 것이다." "코이노니아로서의 교회일치", 한국기독교교회협의회 신앙과 직제위원회편, 『신앙과 직제와 삶과 봉사의 합류』(서울: 한국기독교협의회, 2009), 131.

결론

교회는 이 세상에 세워진 하나님의 약속이며 선물이다. 신학을 통해서 성경에 나타난 하나님 나라의 이야기를 광범위하게 배워도 교회론이 편협하면 교회의 이해관계에 따라 내용과 범위가 축소 적용된다. 구더가 지적한 축소주의 신앙을 초래한다. 성경은 교회를 향한 풍성한 은혜를 약속하였고, 온 세계가 하나님 나라를 향해 나아가도록 위임하였다. 교회를 향한 하나님의 풍성한 약속을 실천하려면 목회 역시 그것에 맞추어야 한다. 교회를 향한 하나님의 풍성한 약속을 실현한다는 점에서 목회 역시 하나님의 약속을 주어진 사역이다.

목회자의 영광은 하나님의 백성을 준비시켜 세상 속에 영향력 있는 그리스도인으로 살아가게 하는 직무를 맡았다는 데 있다.[68] 목회직은 철저히 교회와 성도를 섬기는 일이다. 성도를 통해서 교회와 세상을 연결하는 목회직을 수행하기 위해 목회자의 신학적, 선교학적 인식의 지평이 확장되어야 한다. 기존의 개인주의적, 교회중심적 패러다임을 넘어서서 세상 속에서 일하시는 하나님의 선교에 참여하는 교회가 되기 위해 목회자는 선교사와 같은 의식으로 목회직을 수행해야 한다. 제도권에 있지만 그 속에서 정체되지 않고 초대교회 같은 선교적 운동성을 회복해야 한다. 선교적 공동체로서 세상에 보냄을 받은 지역교회들이 선교적 목회를 통해서 하나님 나라의 운동을 새롭게 전개하기를 희망한다.

---

[68] 이 주제에 관하여 다음의 자료를 참고하라. Mark Labberton, *Called*, 하보영 옮김, 『제일소명. 세상을 위한 하나님 백성의 제자도』(서울: IVP, 2014).

제11장

선교적 목회 리더십

서론

선교적 교회를 정의하는데 필요한 다양한 요인들을 열거해보자. 우선 선교하는 교회(Doing Mission)와 선교적 교회(Being Mission)의 구분이다. 그러나 가장 중요한 것은 근대선교 이후에 세계선교의 정의와 패러다임을 결정해 온 윌리엄 캐리의 선교 패러다임, 즉 해외에 선교사를 파송하고 그를 통하여 선교를 수행해 오던 선교이해와 사역에 코페르니쿠스적인 전환이 필요하다는 것이다. 선교현장과 교회 상황의 변화는 선교를 해외 지역으로 제한하고, 선교를 파송된 선교사만을 통한 사역으로 이해하던 근대 선교 패러다임으로부터 새로운 선교이해와 패러다임으로의 전환을 요청한다. 그리고 이러한 새 패러다임에서는 모든 지역이 선교현장이며, 서구 지역도 선교현장이 되었고, 선교사에게만 적용하던 '선교'라는 용어를 모든 교회와 그리스도인에게 적용한다.[1]

20세기 중반 이전까지는 '선교사를 파송하는 교회'와 '파송받는 선교사' 중심의 선교이해를 가지고 있었다. 이런 패러다임을 '교회 중심의 선교', '선교사 중심의 선교'로 호칭하였다. 그러나 '하나님의 선교' 개념이 등장하면서 선교의 주체는 교회로부터 하나님에게로 옮겨갔다. 물론 세상에서 선교를 수행하는 교회의 역할이 여전히 중요하지만 선교의 주체와 출발점을 교회로부터 하나님으로 옮기고, 선교의 영역 역시 개인과 교회적 차원에서 세상 전체 영역으로 확장하게 된 것이다.

---

1 "선교적 교회 관점에서 본 지역교회 선교의 의미," 『교회와 신학』 제80집 (2016), 427-28.

다른 한편, 서구교회가 처한 상황으로부터 시작된 선교적 교회 운동은 하나님의 선교에서 약화된 교회의 역할을 다시 회복하는 결과를 가져왔다. 물론 이러한 이해는 교회중심의 선교 패러다임으로 회귀하는 것을 의미하는 것은 아니다. 선교적 교회 운동에서의 '선교'는 기본적으로 '하나님의 선교'이지만 선교를 선교사나 선교기관과 같은 특별한 대상에게만 위임하던 선교이해로부터 모든 교회와 그리스도인에게 주어진 사명으로 선교를 이해하는 것으로 패러다임을 전환하게 되었다. 이런 점에서 선교적 교회는 하나님의 선교 패러다임 이후에 늘 에큐메니칼 진영에 제기되는 문제, 즉 교회론의 약화를 어느 정도 보완하고 있다. 교회 중심적 선교 패러다임에서는 교회 자체가 선교의 주체로 역할을 하였지만, 선교적 교회에서는 하나님의 선교에 기초하여 세상으로 파송받은 교회로서 지역에서부터 하나님의 선교에 참여하는 선교적 역할을 수행한다. 또한 기존의 교회 중심적 모델은 주로 하나님의 구속사적 관점에서 '모이는 교회'의 교회관을 가졌다면, 선교적 교회는 세속 사회 속에서 일하시는 하나님의 선교에 폭넓게 참여함으로 교회 밖의 다양한 기관이나 사람들과 협력하면서 하나님나라를 일차적으로 지역사회 속에 실현하려는 운동을 전개한다.

서구교회는 그 동안 교회가 속한 지역을 선교현장으로 인식하지 않았으나 전통적인 기독교 사회의 세속화 현상이 심화되면서 선교적 교회 운동에서 지역이 선교현장이 되었다는 사실을 인정하게 되었다. 기존의 선교가 개인적, 교회적, 영적 차원에 집중되었다면 선교적 교회에서는 교회가 속한 지역사회와 넓은 사회적 차원의 선교현장을 수용하면서 긴밀한 관계를 형성하게 하였다. 선교적 교회에서 지역성이 회복되었다는 것은 해외 중심의 선교의 단편적 이해를 극복하면서 전 세계로 확장된 선교현장 가운데 지역까지도 선교현장으로 이해하게 되었음을 의미한다. 또한 지역과 함께하는 교회론, 선교론을 구축함으로써 지역과 주민을 선교의 대상으로만 여기는 것이 아니라 하나님의 사랑의 대상으로서 함께 더불어 살아가는 이웃의 관계를 우선으로 생각한다. 선교하는 교회가 활동 중심이었다면 교회는 여전히 이웃을 대상화 또는 타자화 하면서 복음의 진정성을 훼손하였겠지만 선교적 교회에서는 주민을 함께 살아가는 하나님의 사랑의 대상으로 이해하면서 활동에 앞서 존재와 의식, 관계에서 공존과 소통의 관계를 이루는 것을 중요시한다.

선교적 교회는 지역교회의 선교적 사명과 역할을 회복시키는 동시에 선교현장의 지역성을 회복시켰다. 선교적 교회는 결국 온 세상을 선교현장으로 인식하고, 또한 모든 교회와 그리스도인을 하나님의 선교에 참여하도록 촉구한다. 이러한 과정에서는 목회자의 역할이 매우 중요하다. 특히 한국교회와 같은 신생교회에서는 더욱 그러하다. 우리시대에, 특히 선교적 교회를 지향하는 교회에 적합한 목회자의 리더십은 어떤 형태가 되어야 하는가? 본 글에서 제시하는 선교적 목회 리더십은 책을 통해서보다는 필자가 전국에서 활동하는 모범적인 목회자들의 실천적 리더십의 현장 사례연구를 통하여 연구한 것으로 그들의 삶, 활동 내용을 토대로 작성하려고 한다.

1. 한국교회에서 목회자의 리더십이 중요한 이유

한국교회는 초기 핍박과 박해 속에 신앙을 시작하였으므로 비기독교 사회를 지배하는 세속적 가치관으로부터 도피하고, 다종교사회에서 기독교 신앙을 보존하기 위해 자연히 교회 안으로 모이는 교회를 강조해왔다. 초기 한국교회는 목회자가 사회의 대표적 지식인 위치에 있었고, 70-80년대 교회의 급성장 과정에서는 목회자의 비전과 추진력, 설교 등이 중요한 기능을 하였다. 이러한 한국교회의 역사적, 사회적, 문화적 배경과 구조는 목회자의 역할에 높은 비중을 두는 경향이 있다. 장로교회에 당회가 있으나 한국교회는 대부분 목회자에 의해 주도되는 경향이 크며, 이민 교회 등의 예외적인 일부 경우를 제외한 대부분의 교회성장과 부흥은 성도들의 헌신과 열정이 뒷받침 되었음에도 불구하고, 그들에게 동기를 제공하고 헌신적이게 하는 것에는 목회자의 역할이 컸다.

그러나 최근 한국교회, 특히 갑자기 성장한 교회의 목회자들에게 문제가 발생하고 있는데 이 문제들은 거의 일반적 패턴을 드러낸다.[2] 목회자에게 가장 멀리 있어야 하는 현상들이 최근 목회자들에게 빈번하게 발생하는 이유는 그 동안 목회자에게 교회의 전권이 주어지고 교회 안에서 건강한 소통이 이루어지기 보다는 일방적이고 권위적인 지시가 있었기 때문이다. 70-80년대 한국교회의 급성장을 실현한 주 요인으로 작용했던 목회자의 주도적 역할이 이제 부작용으로 기능한다. 즉 목회자에게 집중된 권력이 권위주의적이며 왜곡된 리더십의 부작용으로 드러난다.

그러나 반대현상도 있다. 필자는 13년 전부터 전국의 교회들을 방문하면서 선교적 교회원리에 적합한 교회 사례를 연구하면서 교회 규모와 상관없이 교회가 살아있고, 내부적으로 화목하며 교인들이 행복함을 느끼고, 또한 지역사회가 그 교회가 있음으로 해서 발전을 경험하는 교회들은 목회자의 역량이 큰 비중을 차지한 것을 본다. 그러므로 한국교회와 같이 역사가 짧고, 교회 전통이나 문화가 견고하게 형성되어 있지 않은 교회들은 목회자의 역량과 역할이 지대하다고 할 수 있다. 긍정적으로 본다면 이런 목회자들로부터 교회의 변화 그리고 교회로 인한 사회 변혁을 기대하고 희망을 가질 수 있다.

정리하면, 오랜 기독교 역사를 통해 사회 안에 기독교 문화와 전통뿐 아니라 든든한 교회 조직을 갖춘 서구교회와는 달리 한국교회는 지역교회 중심으로 형성된 개교회 중심 구조를 갖고 있다. 이런 형태는 거의 모

2　재정적 문제, 일방적 결정, 성적 스캔들이 문제가 되는 목회자들에게 나타나는 대표적 현상이다.

든 신생교회(younger church)에 나타나는 현상으로서 이러한 구조 하에
서 지역교회들은 대부분 목회자 중심 구조를 형성하였다. 그 결과, 목회
자의 목회관이나 역량에 따라 개교회가 크게 달라진다. 특히 70-80년대
급격한 교회성장을 이룬 것은 물론 성도들의 헌신과 열정이 중요한 요인
이었으나 이 것 역시 목회자의 비전과 동기부여, 추동력에 의해 큰 영향
을 받았다. 좀더 강조하면 지금까지 한국교회는 목회자에 의해 크게 좌
우되어 왔다고 해도 틀린 말이 아니다. 즉 목회자에게 의존적인 교회 형
태를 형성해 왔다는 것이다.

　목회자 중심 구조는 목회자의 리더십이 좋은 경우에는 교회가 성장
하고 활성화되는 순기능으로 작용하지만, 반대로 목회자에게 문제가 있
을 때는 교회에 치명적인 결과를 초래하는 역기능도 있다. 물론 당회를
포함하여 교회 운영에 참여하는 다양한 조직과 기구가 있으나 한국교회
는 실제적으로는 목회자에 의해 좌우되는 경향이 많다. 그렇기에 한국교
회와 같이 전통과 역사가 짧은 교회체제에서는 앞으로 건강한 교회 시스
템을 구축해야 하는 동시에 건강한 목회리더십을 키우는 것이 중요하다
고 할 수 있다.

　리더십은 한 사람이 가진 목표를 다른 사람에게 전달하여 그 목표의
식을 공유하고 함께 참여하게 하는 능력이다.[3] 목회자가 가진 신학과 신
앙을 통해 형성된 목회활동의 내용을 교인들과 공유하고 함께 실천으로
옮기는 과정은 목회자의 리더십을 통해서 실현된다. 그런데 지금까지 목
회자의 리더십은 주로 교회 생활과 관련된 교회 중심의 리더십이었다.
많은 목회자들은 예배와 기도, 성경공부, 전도와 관련하여 교인들에게
동기를 부여하고 참여하게 하는 것에 중점을 둬왔다. 리더십의 형태는
시대 및 상황과 깊은 연관을 갖는다.[4] 그렇기 때문에 권위주의나 성장시

3　김상복, 『목회자의 리더십』(서울: 엠마오, 1997), 77-78.

대에는 목회자가 주도하는 리더십이 영향을 발휘하였다.[5] 그러나 오늘과 같이 성장시대를 넘어 침체와 저성장을 경험하고 있는 시대에는 우리 시대의 문제를 극복할 수 있는 창의적이고 도전적이며 유연한 목회 리더십이 요구된다. 기능적인 면에서 목회자의 역할이 여전히 중요하지만 그 실행방식은 과거와는 달라져야 하는 것이다.

2. 왜 선교적 목회 리더십인가?

서론에서 살펴본 바와 같이 20세기 중반부터 서구 교회뿐만 아니라 한국 교회도 교회 중심의 목회 패러다임이 변화의 요구를 직면하고 있으며, 그 요구에 대한 교회론적, 선교론적 응답이 선교적 교회 운동으로 제시된다. 선교적 교회론의 정의와 특징, 원리에 대하여는 이미 출판된 자료를 통해서 잘 알려져 있기 때문에 여기에서 반복하여 언급할 필요는 없겠다.[6] 기존의 사회와 분리되어 활동하는 교회 제도에서는 교회 안에 모여있는 교인들을 보살피는 '교회 안의 목회활동'으로 충분하였다. 이런 교회를 '모이는 교회 중심의 형태'로 지칭한다. 특히 20세기 중반까지 전통적인 서구 교회상황에서는 모이는 교회 형태로도 교인들이 모이고 운영에 문제가 없었으며, 한국교회의 경우, 70-80년대 급성장하여 증가하는 교인들로 인해 교회 안에서의 목회활동이 더불어 증가하였기 때문에 목회자는 교회 밖에 관심을 둘 필요를 느끼지 못하였다. 교회 밖에서의 활동은 주로 교인들의 전도활동을 통해 진행되었다.

4　Eddie Gibbs, *Leadership Nest*, 이민호 옮김, 『넥스트 리더십』(서울: 쿰란출판사, 2010), 35, 46-48.

5　홍영기, 『한국 초대형 교회와 카리스마 리더십』(서울: 교회성장연구소, 2001).

6　필자의 논문은 "한국적 상황에서 본 선교적 교회: 지역교회를 중심으로," 『선교와 신학』 제30집 (2012), 76-115. "선교적 교회의 실천적 모델의 원리-한국교회 현장에서 배우는 선교적 원리," 한국선교신학회 엮음, 『선교적 교회론과 한국교회』(서울: 대한기독교서회, 2015), 333-74.

그러나 90년대 중반부터 서구교회나 한국교회는 더 이상 모이는 교회 중심의 구조로는 성장하지 못할 뿐 아니라 교회성장이론이 교회를 견인하는 유효한 역할을 하지 못하여 기존의 교회중심적 교회관이 교회 운영에는 충분하지 않음을 자각하기 시작하였다. 이러한 문제의식이 기존의 교회론과 선교론에 동시에 문제제기를 하면서 교회는 더 이상 모여든 교인들만을 위한 교회가 아니며, 선교 역시 멀리 해외지역을 중심으로 한 활동으로만 생각될 수 없게 되었다. 이러한 문제의식과 그로 인한 새로운 신학적 각성운동이 교회와 선교에 대한 새로운 이해와 패러다임을 모색하게 된 것이 선교적 교회 운동의 기원이다.

교회가 더 이상 지역사회로부터 분리된 교회로서 '구원의 방주'가 아니라 교회가 속한 지역사회를 선교현장으로 인식한 '선교적 교회'로서 자의식을 갖고자 할 때 기존의 교회를 중심으로 한 목회 역시 선교적 교회를 실천하는데 적합한 형태인 '선교적 목회' 형태로의 변화를 요청받는다. 사실 '선교적 목회'라는 명칭은 이전에 존재하지 않았지만 필자가 선교적 교회에 적합한 목회 형태로 새롭게 사용한 용어이다.[7]

필자의 선교적 목회 리더십에 대한 생각과 필요성에 대한 인식은 선교현장에서 사역하는 선교사들의 리더십으로부터 얻은 통찰에 기인한다.[8] 대부분의 선교사들은 거의 무(無)에서 출발한다. 현지 교회와의 협력관계에 기초하여 사역의 내용이나 방향을 위탁 받거나, 현지 선교사회에서 선임 선교사의 안내를 받아 사역을 계승하는 경우도 있지만 교단 소속으로 개교회 파송을 받은 대부분의 선교사에게 이런 경우는 드문 일이

---

7 전석재는 선교적 리더십의 제목으로 논문을 작성하였는데 내용은 기존의 제도 중심의 교회와 모이는 교회 중심의 교회로부터 세상을 향해 나아가는 선교적 교회를 실현하는 리더십을 기술하고 있어 필자가 주장하는 선교적 목회 리더십과 유사하다. 전석재, "선교적 교회의 리더십", 한국선교신학회 엮음, 『선교적 교회론과 한국교회』(서울: 대한기독교서회, 2015), 285-306.

8 에디 깁스는 교회의 본질이 선교임을 회복하고, 오늘날 교회가 직면한 문제를 해결하기 위해 수 세기 동안 분리되어 온 교회(학)와 선교(학)를 재결합시키는 것이 필요하다고 주장한다. 에디 깁스, 『넥스트 리더십』, 58.

다. 대부분 한국교회가 파송한 선교사들은 자신이 모든 것을 알아서 시작해야 한다. 아무 것도 준비되지 않은 상태에서 시작하는 것이다. 이런 점에서 선교사는 마치 전혀 보장받지 않은 사람처럼 개척정신과 도전정신을 가지고 시작한다.

어떠한 안정된 제도가 마련되어 있지 않기 때문에 선교사의 활동은 머물러 있을 곳도 없이 현지 사회로 나가는 운동적 성격을 갖는다. 선교사는 현지인을 사랑하고 섬기며 봉사하는 것이 자신의 목적이기 때문에 무한한 인내를 가지고 현지인을 대한다. 혹 현지인과 갈등이나 분란이 발생하면 그곳에서 선교활동을 지속하기 어렵기 때문이다. 선교사는 씨를 뿌리는 사역이다. 선교사 당대에 어떤 결실을 볼 것을 기대하기 어렵다. 그렇기 때문에 '하나님의 선교'에 믿음과 희망을 갖고 시작하지만 그 열매를 자신의 사역 기간 중에 볼 것을 기대하지는 않는다. 또한 그렇게 조급한 생각을 갖는 것이 선교사역에 바람직하지 않다는 것을 알고 있다. 이러한 선교사의 섬기는 영성, 미지의 영역에 길을 내는 개척정신, 살아있는 운동성, 씨를 뿌리는 인내심은 타문화권에서 사역하는 선교사들에게만 필요한 것이라고 생각되어 왔으나 이제 성장시대를 넘어서 불신의 시대를 직면하고 있는 한국교회 입장에서 선교적으로 목회하려는 목회자들에게도 동일한 자세와 태도가 요구된다.

교회가 존재의 위기의식을 자각하면서 목회자는 이제 교회 내부만을 활동영역으로 이해하는 제도권의 목회자에서 교회 밖으로 나가는 운동권의 목회자로 변해야 한다. 한국교회는 지역사회로부터 분리된 개교회 중심의 교회론을 지향하였으며 지역사회에 전도는 하지만 지역사회에 관심은 없는 '친교 없는 전도와 선교'활동을 해왔다. 이런 자기중심적 교회는 성장시기에는, 즉 지역사회와 주민들로부터 교회가 신뢰를 받던 시기에는 문제가 되지 않았고, 문제로 노출되지 않았다. 그러나 저성장 시대로 들어가면서 지역사회로부터 개교회가 분리되는 현상이 나타났다.

그리고 스스로 고립적 존재가 되었다는 사실을 실감하였으나, 여전히 모이는 교회 중심의 자기 인식과 체제를 가진 개교회는 이 문제를 극복할 대안을 찾지 못하고 성장운동의 아류 형태의 다양한 전도 세미나를 찾아다니는 모습만 보이고 있다.

한국교회가 얼마나 지역사회와 분리되어 있으며 전도와 선교가 교회의 본질로부터 나오는 것이 아니라 특별한 활동으로 고착되어 있는지를 교회의 사례 연구를 통해 확인하고 있다. 필자가 방문한 서울의 한 지역에 있는 교회는 전형적인 미개발지역 안에 있는 교회였는데 교회 건물의 내 외부 전체를 리모델링하고 있어서 완성되면 동네에서 가장 아름다운 건물이 될 것으로 보였다. 목사님에게 리모델링을 완료하면 교회 옆에 놀이터가 있는데 아이들을 데리고 나오는 엄마들을 위해 교회 옆의 빈 공간에 의자를 놓아 주민들의 쉼터를 만들고 교회를 간접적으로 경험하면서 친 교회적 분위기를 조성하면 어떻겠냐는 필자의 제안에 목회자는 "그렇지 않아도 교회 건물 리모델링을 완성한 후에 주민들이 교회로 몰려올까봐 장로님들이 걱정한다"는 놀라운 답변을 하였다. 이 말의 의미는 주민들이 교인이 되려고 오면 좋겠지만, 다만 건물이 아름다워 사용하고자 몰려들까 염려한다는 것이다. 이러한 생각 이면에는 교회는 교인들을 위한 건물이며 평소에 지역사회나 주민과는 무관하다는 생각이 깔려있다. 주민들은 교회의 전도 대상일 뿐이지 평소에 교회와는 관계가 없다고 교회 스스로 생각하고 있는 것이다.

친교 없는 전도와 선교, 평소에는 단절되어 있으면서 특별활동으로만 실천하는 전도와 선교, 교회만을 위한 교회, 그런 교회는 오늘의 불신과 저성장 시대에 직면한 문제를 극복하기에 적합하지 않은 목회관이며 패러다임이다.

선교적 교회를 실천하기 위해 적합한 목회는 선교적 목회 형태이다. 선교적 목회는 목회의 범위를 교회 안에서 교회 밖의 지역사회로 확장하는 목회이며, 교회 제도를 유지하고 그 틀 안에서 정적으로 수행되던 경직된 목회를 운동성을 발휘하는 목회로 되살리는 형태를 말한다. 오늘날 한국교회의 정체된 상황에서는 교회 제도 안에 머물러 있어서는 소망이 보이지 않는다. 목회자가 교회의 문을 열고 지역사회로 나가야 한다. 지금까지는 교회가 가야 할 안정된 길이 보였으나 이제는 길이 보이지 않는 숲에 길을 내는 개척정신이 필요하다. 다문화 선교를 지향하는 목회를 하는 유해근 목사는 자신의 목회철학을 '길이 없는 곳에 길을 내는 목회', '최고는 아니지만 최초를 추구하는 목회'라고 지칭한다. 그는 중도 실명이라는 고통 속에서도 한국에 유일한 몽골 학교를 세워 몽골 이주노동자 가정의 자녀들을 교육하면서 앞으로 이 학교 출신 중에 몽골의 대통령과 지도자들이 나올 것이라는 비전을 가지고 있다.[9]

필자가 만난 한 농촌교회 목회자는 10년 넘게 충청도의 한 작은 지역에서 교인수도 거의 변함이 없는 교회에서 목회활동을 해왔다. 다른 교회와 마찬가지로 이 교회도 지역사회로부터 별 관심을 얻지 못하고 교인 중심으로 존재하는 교회였다. 더구나 교인들은 지역주민으로부터 인정을 받지 못하는 사람들이었기 때문에 교회의 부흥을 기대하는 것이 어려운 상태였다. 교회 안에서 돌파구를 찾지 못하던 목회자는 지역사회를 향해 문을 열고 새로운 관계를 형성하는 선교적 교회론을 듣고 새로운 시도를 하였다. 지역에 토지 1,000평을 임대하여 밭 농사를 시작한 것이다. 그 동안 목회자는 지역사회 주민들과의 관계는 주로 교인들의 역할이라고만 생각하고 목회자 자신은 대부분의 시간을 적은 수의 교인들과 보냈다. 그러다 목회자가 교회 밖으로 나가 농사를 지으면서 마을 주민들과 실제적인 만남을 갖게 되었고, 농사일에 관해 질문을 하고 대화를

하면서 자신이 그 동안 교회 내부적인 일과 교인들과의 관계 안에 갇혀 있었다는 사실을 깨달았다. 교회 밖에 나갈 때 지역주민들을 만날 수 있었고 이러한 새로운 관계형성은 교회의 변화를 기대할 수 있는 새로운 기회라는 사실을 알게 된 것이다. 필자는 목회자가 교회 영역을 넘어서 지역사회로 나가 주민들을 만나게 되는 활동을 '선교적 목회'라고 부른다.

한 지역교회의 담임 목회자로 지역사회와 깊은 관계를 갖고 있으며 주민들과 긴밀한 협력을 하고 있는 목회자는 자신이 30여년 전에 이 교회 담임목회자로 부임할 때 이미 선교적 교회의 이상을 가지고 있었다. "나는 이 교회에 담임 목회자로 부임하는 것이 아니라 이 지역의 마을 지기로 부임한다"고 자신에게 선언한 것이다. 선교적 교회나 선교적 목회에 대한 체계적 신학이론을 배우지 않았지만 이 목회자는 이미 그 이론과 원리를 자신의 교회와 목회활동에서 실천하고 있었다.

위에서 언급한 사례야말로 선교적 교회를 실현하는 선교적 목회활동의 대표적 사례이다. 이제는 교회 안으로 사람들이 오기를 기다리지 말고 그들이 모여 있는 곳으로 교회가 과감하게 가야 한다. 즉 성장 시대의 '오는 구조'(come-structure)로부터 선교적 교회를 실현하는 '가는 구조'(go-structure)로 목회 방향과 패러다임을 전환해야 한다. 선교적 목회를 실천하기 위해서는 선교적 교회론에 대한 이해를 통해서 목회 활동의 영역을 확장하고 제도권으로부터 운동성을 회복하는 선교적 목회 리더십을 형성해야 한다.

기존의 리더십 중 선교적 리더십은 주로 해외와 타문화권에서 활동하는 선교사들에게만 적용되는 리더십으로 생각하고 형성되었다.[10] 이

---

10 예를 들면 프루드만은 그의 선교적 리더십을 주로 선교사의 리더십에 초점을 맞추어 저술하고 있다. James E. Plueddemann, *Leading Across Cultures. Effective Ministry and Missions in the Global Church*, 변진석 · 김동호 옮김, 『범세계적 교회와 선교적 리더십』(서울: 한국해외선교회, 2013).

리더십에서는 주로 해외선교활동을 지향하는 타문화권의 선교활동에 필요한 리더십을 언급한다. 반면 기존의 목회 리더십은 교회 안에서 교인들을 중심으로 하는 목회 활동을 설명하고 지원하는 리더십에 초점을 둔다. 필자는 오늘의 시대에 이 둘을 합한 선교적 목회 리더십이 지역교회에, 그리고 세계 선교현장에 필요하다고 생각한다.[11] 그렇다면 교회를 중심으로 한 기존의 목회 리더십과 필자가 제안하는 선교적 목회 리더십의 차이는 무엇일까?[12]

• '목회 리더십'과 '선교적 목회 리더십'의 차이

일반적으로 목회자의 관심은 교회 안에 모인 성도와 교회 안에서 행하는 목회적 일이지만, 선교적 목회리더십에서는 교회 안의 일뿐 아니라 교회 밖의 지역사회로 관심의 범위를 넓힌다. 전통적으로 목회 활동영역은 주로 제도적 교회와 건물 안에서 교인들을 상대로 하는 목회활동이다. 예배를 인도하고 성경공부를 가르치며 심방한다. 반면 선교적 교회 정신과 원리를 실현하는 목회자의 선교적 목회 리더십은 건물과 제도적 교회 밖으로 나아가 지역주민들과 대화하고 지역사회의 일에 참여하면서 목회 활동영역과 내용을 확장한다. 기존의 교회 중심의 목회를 실천하는 목회 리더십과 선교적 교회를 실천하는 선교적 목회 리더십의 차이를 몇 가지 대표적 항목에서 도표로 정리해보자.

---

11 대럴 구더가 편집한 선교적 교회(Missional Church)의 '선교적 리더십' 항목에서는 북미 상황에서 지역교회를 선교적 교회로 전환하기 위한 목회적 리더십을 선교적으로 이해하고 조명하는 내용을 기술하였다. D. Guder, Missional Church, 정승현, 『선교적 교회』(인천: 주안대학원대학교 출판부, 2013), 제7장 선교적 리더십, 272-319.

12 선교적 목회 리더십을 실천하기 위해 먼저 목회자의 선교적 목회를 위한 신학적 패러다임의 변화가 필요한데 이 주제에 대해서는 필자의 다른 글을 참고하라. "한국적 상황에서 본 선교적 교회", 『선교와 신학』 30집.

항목	목회리더십	선교적 목회리더십
교회구조	오는 구조(come-structure)	나가는 구조(go-structure)
언어	교회적, 신앙적, 종교적 언어	지역사회와 소통하는 이중언어
리더십의 초점	목회자와 그의 비전	교인을 세우는 것
교인의 자의식	교회 안에서 교회 생활	삶의 현장에서의 그리스도인의 삶
의사소통방식	권위주의적, 수직적, 일방적	상호 존중과 소통

선교적 목회 리더십의 특징을 종합해보자. 교회와 사회의 관계개선, 교회 울타리를 넘어 지역사회에 관심, 교인만 아니라 지역 주민들과 소통하려는 노력, 지역사회의 이해와 변화에 대한 관심, 교회 안의 활동이 아니라 지역사회 속의 활동을 지향하도록 교인들에게 동기부여, 상호소통적 대화, 교회 성장보다 지역사회에 대한 섬김과 봉사에 초점, 교회 울타리를 넘어 사회에 대한 열린 마음, 지역을 목회 대상으로 여김, 교회를 사랑하고 성도를 존중하는 마음, 다른 사람을 이해하고 존중하는 마음, 통전적 신학, 자신에게 솔직한 마음, 솔선수범하려는 노력(가르침과 삶의 일치를 추구), 섬김과 협력, 동행, 유지보다 변화를 추구(남들이 가지 않은 길을 기꺼이 가려는 노력), 분명한 목회 철학과 방향, 소신, 상황파악과 이해 능력을 갖추고 있다.

3. 선교적 목회 리더십을 실현하는 원리들

지역교회 차원에서 선교적 교회를 실현하기 위해 목회자는 선교적 목회 리더십을 갖추어야 한다. 위에서 언급한 선교적 목회 리더십의 특징들을 교회와 사회 현장에 실현하기 위해서는 적어도 다음의 원리들이 필요하다고 생각한다. 이 원리들은 필자가 선교적 교회를 실천하고 있는 목회자들의 사례연구를 통해 얻은 통찰에 기초하여 작성되었다.

1) 영성에 기초한 진정성의 리더십

필자가 선교적 교회 원리를 실현하고 있는 교회의 목회자들을 살펴본 결과 그들은 모두 교회 안에서 성도를 대하는 태도와 교회 밖의 지역 주민들을 대하는 태도에서 진정성을 발견할 수 있었다. 진정성은 과거에는 목회자의 역량과는 상관없는 내적으로 순수한 마음과 태도로 인식되어 왔다. 그러나 오늘과 같은 불신과 저성장 시대에 진정성의 리더십은 교회의 변화를 가져오고, 그 변화가 지역사회에까지 미치게 하는 목회자의 역량이라는 사실을 발견하였다. 필자는 진정성을 가진 목회자들에게서 몇 가지 공통된 특성을 발견할 수 있었다. 첫째, 자신에게 솔직한 마음과 태도, 둘째, 자신이 전하고 가르치는 말씀을 목회자 자신의 삶에서 살아내려는 노력, 셋째, 교인들을 자신의 목회 비전을 실현하는 대상이나 도구가 아니라 함께 교회를 세워가는 신앙의 동반자로 여기는 태도, 넷째, 자신이 추구하는 목회에 대한 소신과 열정이다.

진정성은 리더십의 기본인데 이 주제를 다룬 리더십의 책을 찾기 어렵다. 선교적 목회 리더십의 진정성을 어떻게 정의할 수 있을까? 사전적 의미는 거짓 없는 솔직한 태도이다. 선교적 교회를 실현하는 선교적 목회 리더십의 본질로서 진정성이 필요한 것은 이 진정성이 인간관계와 신뢰회복에 더할 나위 없이 중요한 요인이기 생각하기 때문이다. 기존의 목회자 주도형의 리더십은 목회자가 제시하는 비전과 목표를 실현하는 추진력이 있었고 이 방식은 성과중심의 리더십을 형성하였으나 교인들과 소통이나 동행의 관계를 만들지는 못하였다. 목회자를 중심으로 작용하는 기존의 리더십에서는 목회자는 노출되지 않고 그의 목회적 기능과 역할만 부각되었다. 즉 목회자 자신 보다 그가 제시하는 비전과 목표가 중요시 되었고 목회자 자신에 관해서는 질문이 없었다. 그러나 성장 시대 이후를 맞는 오늘의 상황에서 교회와 사회는 목회자 자신이 어떤 사람인가를 질문하고 있다.

진정성의 리더십은 목회자의 기능과 역할 이전에 목회자가 가진 태도와 마음으로부터 나오는 리더십이다. 이것은 "메신저가 메시지이다"라는 구호에서 드러나는 것처럼 목회자 자신과 그의 목회적 기능과 역할을 분리하던 기존의 리더십을 극복하려는 시도이다. 성장시대에는 목회자의 기능만을 중시해왔지만 현재의 저성장 시대에는 목회자가 지닌 내면적 특성, 즉 영성이 목회에 중요한 영향을 미치고 있음을 보게 된다. 실제로 목회자의 역량은 그가 가진 신앙과 성품, 마음으로부터 분리하여 생각할 수 없다.[13] 목회자는 '무엇을 하는가'(doing) 이전에 '어떤 사람인가'(being)를 중요하게 생각해야 한다. 바른 목회자로부터 바른 목회역량이 나오는 것이다. 이런 점에서 성장시대에는 목회자의 영성보다 목회적 재능이나 은사를 더 강조해 왔다. 여기에서 바른 목회적 역량을 위해서는 올바른 영성이 전제되어야 한다.[14]

진정성은 한 마디로 목회자가 가진 '교회와 세상, 사람에 대한 진실한 열정'이다. 이것은 한편으로는 자신에 대한 진실함이며, 다른 면에서 목회에 대한 열정이다. 이 두 요소가 합하여져서 목회를 진실함과 열정으로 수행하는 태도를 진정성의 리더십으로 정의할 수 있다. 만일 진실함이 없이 열정만 있다면 이런 목회자는 성도의 신뢰를 받기 어려울 것이다. 만일 후자가 없다면 진실함이 방향을 상실할 것이다. 목회자의 진실함과 열정으로 이루어진 진정성의 리더십은 그의 목회관을 형성해 온

13　에디 깁스, 『넥스트 리더십』, 190.
14　오성춘, 『신학. 영성. 목회』(서울: 장로회신학대학교출판부, 1997), 338-341.

일관성 있는 목회적 소신과도 깊은 연관을 갖는다. 진실한 열정을 가진 목회자는 그들이 가진 에너지와 영감과 소신에 의한 지속적이며 일관성 있는 목회를 통해 교회와 사회에 변화를 일으킨다.[15]

상황에 따라 조석으로 변하는 태도가 아니라 오랫동안 고민하면서 형성되어 온 목회자의 목회철학과 소신이 그의 목회를 일관되게 이끌어 간다. 교회 안에서 성도를 대하는 목회자의 진정성의 태도가 중요한 것은 목회자의 리더십이 지역교회의 특성을 형성하여 그것이 곧 지역사회에 대한 교회의 태도와 관계형성에 직접적인 영향을 미치기 때문이다. 다시 말하면 목회자의 리더십의 형태가 지역사회를 대하는 지역교회의 모습을 형성한다고 말할 수 있다. 진정성에 기반한 목회자의 리더십은 교회 안에서 교인들과의 신뢰와 소통의 관계를 형성할 뿐만 아니라 교회 밖의 지역사회 주민들과도 동일한 관계를 만들어 간다. 그러므로 선교적 교회를 실현하는 진정성의 리더십은 사역중심이 아니라 사람을 중요시 하는 관계중심으로 형성된다.[16] 필자는 사례 연구를 통해 교회 안의 불신, 교회와 지역사회와의 불신을 해결하며, 교회의 활력을 찾고 지역사회의 발전을 가져온 목회자의 리더십으로부터 모두를 감동하고 협력할 수 있게 하는 진정성을 발견할 수 있었다. 그렇기에 선교적 목회 리더십의 기초로 필자는 영성에 기초한 진정성을 가장 우선적 원리로 정하고 싶다.

---

15 필자가 연구한 건강하고 모범적인 교회 목회자들에게서 이러한 공통적 요소들을 발견할 수 있었던 것은 결코 우연이 아니다.

16 월터 라이트는 리더십을 다음과 같이 정의한다. "리더십은 일종의 관계이다. 즉 어떤 사람이 타인과의 관계에서 그의 사고와 행동, 믿음, 가치 등에 영향력을 행사하고자 한다면, 그 관계가 리더십인 것이다." 『넥스트 리더십』에서 재인용, 42.

| 사례 | 수원성 교회 안광수 목사

수원성 교회에서 30년 이상 목회하고 있는 안광수 목사의 리더십의 특징은 한 사람을 존중하고 귀하게 여기는 목회활동이다. 안 목사는 개척 초기부터 지금까지 새신자 교육을 직접 담당한다. 대부분의 교회가 새신자 교육은 부목사에게 맡기는 경향이 있지만 안 목사는 바쁜 목회 일정에서도 각 2개월 과정의 새신자 교육을 일년에 2회 담당하며 지난 33년 동안 다른 일정으로 교육을 빠진 횟수가 10회가 넘지 않는다. 이런 목회적 자세를 통해 안 목사가 담임목사로 성도를 향한 애정과 열정이 어느 정도인지를 알 수 있다.

안광수 목사가 양육한 성도 중에 현재 아프리카 가나에서 활동하는 이명석 선교사가 있다. 이 선교사는 대학생 시절에 교회 근처에 살고 있는 불신자였는데 전도를 받아 교회에 출석하게 되었다. 당연히 안 목사가 인도하는 새신자 반에 등록하였는데 그 반은 처음에 몇십명에서 출발하여 중도에서 탈락하고 2명만 남았다가 결국 이 청년만 혼자 남았다. 성장하는 교회의 담임목사로서 많은 일로 바쁘기 때문에 혼자 남은 이 선교사를 다음 기수에서 공부하려고 권면하려고 생각하던 안광수 목사는 기도 중에 하나님에게 물었다. 그는 기도응답으로 "한 사람이 변화하면 세계가 바뀐다"는 하나님의 음성을 듣고 이 청년만을 위한 새신자 교육을 끝까지 마쳤다. 과정을 마친 청년 이명석은 세례를 받고 선교사가 될 것을 결단하고 고백하였다. 결국 이 청년은 안 목사에게 세례받고, 신학을 공부하고 국내 여러 곳에서 사역과 훈련을 거친 후 가나에서 16년째 선교사로 활동하고 있다. 특히 이 선교사는 본 교단(예장 통합)의 선교사로 가나와 독일 팔츠 주 교회의 삼자 에큐메니칼 협력 선교사로 중요한 사역을 하고 있는데 이런 훌륭한 선교사는 우연히 나타난 것이 아니라 그 뒤에는 안광수 목사의 한 사람을 소중히 여기며 열정을 다한 목회적 리더십이 있었다고 할 수 있다.

안 목사는 한 사람만을 상대로 제자훈련을 계속할 것인가를 결정할 때 참석자의 수나 효율성에 따라 결정하지 않고 하나님에게 물어보아 결정하였다. 이것을 필자는 하나님 앞에 진실함을 갖추고 성도를 향한 열심을 가진, '진실한 열정', '진정성의 리더십'이라고 부르고 싶다. 많은 목회자가 성도를 인격적으로 대하기보다 교인 중 하나인 숫자로 대하기 쉽다. 특히 성장시대에 한국교회는 성도를 숫자와 도구로 생각하는 경향이 있었다. 선교적 목회를 실현하기 위해서는 한 사람의 성도를 존중하고 자신의 목회적 역량과 책임을 다하는 진정성의 리더십이 필요하다. 이런 목회자의 진실한 태도는 교회 안에서 성도의 신뢰를 받을 뿐 아니라 교회 밖의 지역사회와 주민들로부터 역시 신뢰를 얻게 되며, 이러한 신뢰는 교회의 '선교적 인프라' 또는 '사회적 자본'으로써 선교적 교회를 실현하는 중요한 자원이 된다.

2) 개척정신의 리더십

선교적 목회 리더십의 두 번째 특성으로 개척정신을 제시하고자 한다. 유럽의 교회를 방문할 때마다 느끼는 것은 오랜 역사와 전통에서 형성되어 온 교회 조직과 기구가 가진 저력과 그에 비하여 지역교회가 가진 선교적 무기력함이다. 전자는 천년 이상을 존재해 온 '기독교 사회'(Christendom)의 유산인데 그것이 동시에 지역교회가 활성화될 수 있는 길을 막고 있다. 유럽의 교회들은 기독교 사회의 유산인 교구제도에 기반하고 있기 때문에 지역교회 목회자는 어떤 새로운 목회적 도전이나 시도를 할 필요성을 느끼지 않았다. 선교와 봉사는 교회 밖의 전문기구를 통해서 수행해 왔기 때문에 지역교회는 지역단위의 교구에 배정된 교인들을 목회적으로 돌보는 일이 전부이다. 즉 무엇인가 새로운 것을 추구하는 운동성이 약하다는 의미이다. 이러한 형태는 기독교 사회가 활발하게 존재하던 시절에는 문제가 없었지만 오늘날과 같이 세속화 현상이 심각하게 확산되고 있는 상태에서는 지역교회가 약해지는 상황 속에서 지역교회 목회자는 이런 도전에 맞설만한 신학이나 목회적 경험이 거의 전무하다고 볼 수 있다. '안정된 제도권 교회에서 목회'가 유럽교회 목회자의 역할이다. 이런 현상이 이제 한국교회에도 도래하였다.

한국교회는 선교 초기부터 90년대까지 지속적으로 성장해 왔다. 특히 70-80년대는 세계교회가 놀랄만한 경이적인 성장을 이루었다. 물론 성장의 모든 과정이 바람직한 것은 아니지만 지역교회와 목회자, 성도들은 항상 신앙 운동성을 보유하고 있었다. 살아있는 신앙이었다. 그러나 2000년대에 이르러 교회가 침체되어 가고 운동성을 상실하고 있음에도 교회와 목회자는 새로운 대안을 마련하지 못하고 다양한 교회성장의 아류와 같은 프로그램만이 한국교회를 지배하고 있다. 교회 안에서 들어오는 교인들만을 상대로 목회하던 시대는 지났다. 선교적 교회 운동이 필요한 것은 바로 이런 제도와 교회 건물 안에서 목회하던 패러다임을 탈피하고 목회자부터 교회 밖, 즉 지역사회를 선교현장으로 인식하며 선교 운동성을 회복하는 목회를 시도하는 것이 오늘의 목회의 과제이기 때문이다.

선교적 리더십은 전혀 기반이 없는 선교현장에서 시작하는 것과 같이 선교 운동을 일으키는 도전정신과 개척정신이 필요하다. 필자는 이런 점에서 일찍이 어려운 시대에 하나님을 사랑하는 마음으로 사람들의 마음을 일깨우고 사회를 변화시키는 일에 일생을 헌신한 일가 김용기 장로의 개척정신을 선교적 목회 리더십에 접목할 방안을 모색하려고 한다.

| 사례 | 김용기 장로의 개척정신

"한 손에 성경을 또 다른 손에 호미를", 이 말은 일평생 하나님을 사랑하고, 흙을 사랑하고, 사람을 사랑하며 살았던 일가 김용기 장로의 삶을 잘 묘사한 표현이다. 일가 선생은 사상적인 면에서 한국 현대사에 독특한 사상적 발자취를 남겼을 뿐만 아니라 그 자신의 삶과 가정 전체가 한국 사회가 닮아가야 할 모델이 되는 실천적인 삶을 살았던 분이다.[17]

일가 선생은 여러 분야에서 매우 폭 넓은 관심을 가지고 삶을 살았던 분인데 이상오 교수는 일가 선생의 삶을 이렇게 묘사한다. "김용기 장로는 독특한 사상가였으며 계몽 실천자였으며 시대를 앞서가는 선구자였으며 우리 농촌을 누구보다도 잘 알고 있었던 농촌 전문가였으며 불굴의 개척 정신을 가지고 이상촌 건설을 위해 일생을 황무지 개척에 헌신한 실천적 개척자이자 개간자였습니다."[18]

일가 선생의 사상과 실천적 삶을 이끌어 간 원리는 다양하지만 선교적 목회 리더십의 맥락에서 그가 보여준 개척정신을 주목하고자 한다. 김용기 장로는 수백 년 이상 대물림 해 온 농민들의 빈곤과 무지의 상태를 벗어나서 잘사는 나라를 만들기 위해서는 가장 중요한 것으로 농부들의 의식 개혁과 그들이 정신적으로 깨어나야 함을 강조했다. "억지로 못살지 말고 억지로 잘사는 사람이 되자"라는 표현에서 일가 선생의 의지를 읽을 수 있다. 김용기 장로는 남들이 일구어 놓은 안정된 기반에서 일하는 것을 원치 않았기 때문에 남들이 하지 못하는 버려진 황무지만 일부러 찾아가 가족과 함께 개간하였으며 이것을 개척 정신이라고 불렀다.

김용기 장로는 오랫동안 지속되어 온 민족의 빈곤의 고리를 끊고 새

---

17 한국일, "김용기. 민족과 사회를 일깨운 실천적 사상가,"『참스승. 인물로 보는 한국 기독교교육 사상』(서울: 새물결플러스, 2014), 147-62 에서 요약함.

18 이상오, "김용기 선생님과 가나안농군학교,"『젖과 꿀이 흐르는 가나안을 꿈꾸며』, 34.

로운 복지사회를 만들기 위해서는 도전적이며 창의적인 개척 정신이 우리 민족의 정신이 되어야 한다고 생각했다. 이런 생각이 일가 선생을 평생동안 황무지를 개척하여 옥토로 만들어 가는 개척자가 되게 한 것이다. 일가 선생은 개척 정신을 세 가지로 정리한다. 첫째, 정신을 개척하는 정신 혁신이 이루어져야 한다는 것, 둘째, 생활양식을 개척하고 개량해야 한다는 것, 셋째, 황무지를 개척하여 기름진 땅으로 만드는 개간 사업을 해야 한다는 것이다.

개척 정신의 구현에 대한 김용기 장로의 의지는 우리 삶의 전반적인 분야에 걸쳐 매우 구체적으로 제시되었다. 개인의 정신과 인성, 도덕적인 면에서 인격의 도야 뿐만 아니라 효와 예절, 식탁예절까지 삶의 모든 분야에 필요한 교육을 실행하였다. 김용기 장로와 그 가족이 실행하였던 황무지를 개척하는 정신이 이제는 사회 전반에 걸쳐 종사하는 사람들과 우리 국민 모두에게 필요한 '정신 개척'의 형태로 전환되었던 것이다.

남들이 가지 않은 개척자의 길, 남들이 보지 못하는 것을 앞서서 보며 살았던 선각자, 남들이 하지 않은 것을 희생을 두려워하지 않고 몸소 행하였던 실천가, 그리고 이 모든 것을 오직 하나님에 대한 신앙에 의하여 행해온 신앙인의 모습에서 오늘날 더 이상 안정된 기반에 머물러 있지 않고 세상 속에서 선교의 운동성을 회복해야 하는 지역교회 목회자의 리더십의 모범을 발견하고 적용가능성을 찾아볼 수 있다. 필자가 연구한 선교적 교회의 모범적 사례에서 적지 않은 목회자들이 과거에 사회운동에 참여한 경력을 가진 운동권 출신이었다는 사실이 결코 우연이 아니라고 생각된다. 교회의 제도 안에서 목회하지만 그 제도를 넘어서는 선교 운동성을 가진 목회자가 오늘의 상황에 요청되고 있다.[19]

---

19 영국 축구 팀 맨유의 감독을 지낸 퍼거슨은 "새로운 길을 개척하고, 모두가 불가능하다는 것을 가능하다고 믿게 만드는 것이야말로 리더십과 관리의 차이"라고 말했다. 알렉스 퍼거슨, 마이클 모리츠, 『리딩(Leading)』, 『중앙일보』 2016. 2. 27, 18면.

이러한 도전정신과 개척정신을 가진 목회자는 기존의 제도에 안주하지 않고 지역사회의 필요성에 따라 매우 창의적으로 접근하면서 다양한 선교적 목회 형태를 만들어 내고 있다. 몇 개의 사례를 소개하면, 양평에 있는 국수교회는 교회가 속해있는 지역의 여섯개 리를 교회영역으로 선포하고 목회활동을 확대하는 '확장된 교회론'을 지향하였으며, 부천의 새롬교회는 거시적 안목에서 시대와 상황의 필요성을, 미시적 안목에서 지역의 필요성을 매우 예민하게 감지하면서 다양한 형태와 활동으로 선교적 목회를 수행한다.[20] 안성에 소재한 율현교회는 농촌지역이 가진 절대인구의 부족현상을 극복하기 위해 도시로부터 사람들을 유입할 수 있는 아이디어를 내어 마을 전체가 발전하고 교회도 부흥하는 결과를 가져왔다. 이러한 사례들은 목회자와 성도들이 안주하지 않고 교회가 직면한 어려운 현실에 도전하고 개척하여 우리시대에 적합한 선교적 목회활동으로 접근하는 형태의 좋은 예다.[21]

3) 소통과 동행(협력)의 리더십

선교적 목회 리더십의 세 번째 특징으로 소통과 동행의 리더십을 제시하고자 한다.[22] 선교는 교회가 세상과 소통하는 행위이다. 선교는 결코 일방적 방식으로 진행되어서는 안 된다. 세상을 이해하고 시대와 문화, 상황의 특징을 살피는 섬세함이 필요하다. 과거 성장시대에 목회자 리더십의 표본은 '카리스마 리더십'이었다. 여기에서 말하는 카리스마는 목회자가 가진 권위와 추진력을 의미했다. 대부분의 교회 성장에는 목회자의

---

20 새롬교회의 다양한 활동에 대해서는 이원돈 목사의 글을 참고하라.
21 에디 깁스는 이러한 도전적이며 창의적 목회의 변화를 "벼룩과 코끼리"로 비유하면서 그러한 변화는 소규모와 지역에서 시작되었다고 평가한다. 『넥스트 리더십』, 73-74.
22 헨리 T. 블랙가비, 홍종락 역, 『동반자 리더십』(서울: 요단, 2010).

비전과 그것을 실현하는 추진력이 중요하게 작용하였다. 이러한 목회적 능력을 뒷받침 해주는 요인은 목회자의 성별된 권위였다. 목회자 자신도 성직자의 구별된 권위의식을 가지고 있었지만 성도 역시 그러한 목회자의 권위를 존중하고 순종하였다. 이것을 기반으로 목회자는 앞에서 이끌어가는 주도형의 리더십을 발휘하였고 소통은 위에서 아래로 향한 일방적 형태로 진행되었다. 교회 안에 성도들이 가진 다양한 재능과 은사가 있었지만 목회활동을 구성하는 내용의 대부분은 목회자의 아이디어에서 나왔고 성도는 수동적으로 그것을 실천하는 위치에 머물렀다.

선교적 교회를 실현하는 목회적 리더십에서는 목회자의 권위에 의존한 수직적, 일방적인 소통의 관계를 지양하고 성도들과 함께하며 평등하게 서로 소통하는 관계를 추구한다.[23] 선교적이란 용어 안에는 타자에 대한 열린 태도와 소통의 의미가 담겨있다. 세상을 향해 보냄을 받았다는 의미의 선교는 세상을 향해 열린 태도를 가지며 이해하는 과정을 통해 소통하지 않으면 실천이 불가능하다. 그런 점에서 예수님은 하나님 나라 이야기를 사람들에게 전할 때 대화를 중요한 방법으로 사용하였다. 대화는 결코 일방통행이 아니며 서로 존중하는 상호적 관계를 기반으로 한다. 목회자가 중요한 생각을 가지고 있지만 그것을 교인들과 공유할 수 있도록 소통의 노력을 해야 한다. 목회자의 권위에 의존하여 성도에게 강요하는 것이 아니라 성도의 숨겨진 은사와 재능, 가능성을 발견하고 그것을 발전시키며 발휘할 수 있도록 동기부여와 동행의 리더십을 수행한다.[24] 진정한 소통을 위해서는 바른 전달 뿐만 아니라 듣는 것과 기

---

[23] 에디 깁스는 이머징 교회를 추구하는 리더들의 특징을 다음과 같이 묘사한다. "이머징 교회들이 추구하는 리더십은 사람들을 향한 힘(영향력을 행사하고 일을 성사시키는 리더의 역량을 통해 발휘되는 힘)도, 사람들 위에 군림하는 힘(사람들을 조직화하여 각자의 임무를 수행하도록 조정하는 리더의 역량을 통해 발현되는 힘)도 아니다. 이머징 교회에서의 리더십은 사람들과 '함께하는' 힘이다." 에디 깁스, 『넥스트 리더십』, 245.

[24] 영국의 전설적 감독인 맨유의 퍼거슨 감독의 리더십을 연구한 마이클 모리츠는 그의 리더십의 특징을 강요가 아니라 동기부여와 동행이며, 선수들이 미처 깨닫지 못했던 5%의 능력들을 이끌어내는 것에 있다고 기술하였다. 『중앙일보』, 2016. 2. 27, 18면.

다림이 필요하다. 또한 성도들의 의견을 청취하는 열린 태도가 필요하다. 이러한 소통은 목회자와 성도와의 관계만이 아니라 지역교회 및 지역사회와의 관계에서도 동일하게 적용되어야 한다. 선교적 목회를 위한 소통의 노력은 먼저 교회 안에서 성도들과 이루어져야 하지만 또한 교회 밖의 지역사회와, 주민들과도 이루어져야 한다.

| 사례 | 성암교회 조주희 목사

서울 응암동에 소재한 성암교회 조주희 목사는 지역사회 안에서 모범적인 선교적 교회를 실천하고 있다. 그는 기존의 전통적 교회를 지역사회와 함께하는 선교적 교회로 전환하기 위하여 사회복지 전문 기관으로부터 컨설팅을 받았다. 이 과정에서 자신의 새로운 목회적 방향과 목표를 혼자만 간직하지 않고 먼저 당회원들로부터 시작하여 전체 교우들과 공유하는 과정을 거쳤다. 목회자가 추진하는 생각이 마치 당회원이나 교우들의 생각인 것처럼 인식할 수 있도록 나누고 대화하는 시간을 가졌다. 또한 교회가 지역사회를 위해 새로운 시도를 할 때 교회가 정한 내용을 일방적으로 지역사회에 진행하지 않고 먼저 지역 주민들에게 필요한 내용과 교회가 무엇을 하는 것이 좋을지를 파악하기 위한 설문조사를 하여 주민들이 주체적으로 참여하는 기회를 제공하였다. 이러한 과정을 통해서 규모가 크지 않은 교회이지만 성암교회는 지역사회와 함께하는 많은 프로그램을 할 수 있었는데 그 중 '바오밥 카페'를 통해 지역주민들과 만나고 소통하는 자리를 만든 것이 선교적 교회의 대표적 활동이라고 할 수 있다.

성암교회는 주민들의 필요를 조사하여 주민들, 특히 젊은 주부들이 필요로 하는 만남의 공간을 위해 별도의 건물을 지어 카페와 어린이 도서관을 만들었다. 그리고 세 가지 원칙을 세웠다. 첫째, 교회의 목적을 위해 카페를 쉬거나 임의로 사용하지 않는다. 둘째, 교회가 특권을 갖지 않는다. 셋째, 카페에서 직접적으로 전도하지 않는다. 카페는 교회가 지역사회와 주민을 향해 먼저 마음을 열고 소통하려는 태도를 보여주는 곳이기 때문에 그 진정성이 주민들에게 인정받기 위해서 교회의 소유일지라도 특권의식을 갖지 않았다. 지역사회를 향해 열린 공간에서 성암교회는 교회에 나오지 않는 주민들과 만나고 대화하기 시작하였고, 이러한 과정을 통해 교회로 나와 성도가 되는 주민들이 증가하고 있다.

| 사례 | 부천 새롬교회 이원돈 목사

경기도 부천에 자리한 새롬교회는 교회 안의 성도는 물론 지역 주민들과 지역의 기관 및 시민단체와의 긴밀한 소통과 협력을 통해 100명 미만의 작은 교회지만 교회가 속한 부천시 약대동의 변화와 발전에 중심적 역할을 할 뿐만 아니라 한국교회와 세계교회에 도전을 주는 모범적인 선교적 교회이다. 새롬교회 이원돈 목사의 선교적 목회 리더십에 관해서는 참으로 배울 내용이 많이 있지만 지면 상 소통과 동행의 주제에 초점을 맞추고자 한다.

주로 서민층이 거주하는 부천 약대동에서 29년 간 목회를 해온 이원돈 목사는 비기독교사회인 한국사회에서도 교회가 얼마나 중요한 기관인가를 지역사회와 주민들로부터 인정받은 본보기가 되고 있다. 새롬교회는 1986년 부천 약대동 서민층이 살고 있는 지역에서 시작하였다. 새롬교회 담임목사인 이원돈 목사는 우연히 지역 조사 차 방문한 부천 약대동의 상황을 보고 청년 몇 명과 함께 빈민지역 목회로 출발하였다. 새롬교회는 처음부터 지역과 함께하는 지역교회 목회를 지향하였다. 교회가 시작되기 전에 이미 새롬 어린이집을 개원하여 어린이들을 돌보는 일을 하였고, 창립 후 3년이 되는 1989년 한 집사의 헌신적인 참여로 마을 도서관 형태의 '약대글방'을 개원하였다. 1997년 IMF 사태 이후 많은 가정이 해체되거나 어려움을 겪게 되자 결손가정과 아동을 돌보는 가정지원센터를 2000년에 설립하였고 이러한 지역사회 안에서의 적극적인 활동을 기반으로 2001년부터 '마을 만들기 사업'에 본격적으로 참여하였다.

새롬교회의 활동은 한 마디로 지역교회와 지역사회가 함께 공존하면서 지역사회 안의 다양한 인적자원, 시민단체, 기관 등과 협력하면서 지역사회 발전에 기여하는 하나님 나라 운동을 전개하고 있으며 이것을 생명망 목회, 즉 생태계를 조성하는 것으로 지칭한다. 이러한 생태계는 '학습 생태계', '복지 생태계', '문화 생태계'의 세 영역으로 구분되어 교회가 지역사회의 필요에 따라 섬기며 봉사하기 위해 다양한 자원들을 연결시켜주는 플랫폼 역할을 하고 있다.[25] 이원돈 목사의 목회관은 지역교회가 생명의 중심이 되어 지역사회에 다양한 차원의 생태계를 조성하고 그것을 토대로 생명망을 조직하는 선교적 목회이며 이것을 지역 에큐메니즘 운동으로 확산시켜 지역사회로부터 한국사회로 하나님 나라가 확장되어가는 신앙운동을 꿈꾸고 있다.[26]

작지만 매우 큰 영향력을 실천하는 새롬교회는 지역사회 속에서 교회뿐만 아니라 다양한의 협동기관이나 시민단체들과 협력하여 사회에 필요한 많은 일을 하고 있다. 약대동을 중심으로 마을 만들기 운동을 시작하면서 인문학 카페 협동조합 배움터가 운영 주체인 다양한 문화활동을 실현하는 '담쟁이 마을'(전시 및 공연, 식당, 북카페, 휴게 공간 및 세미나실)이 문을 열었고 사회적 협동조합을 꿈꾸는 '아하체험마을'의 문화팀도 있다.

---

25 세 차원의 생태계 내용에 대하여는 다음의 자료를 참고하라. 이원돈, "도시 지역사회 선교와 목회 사례연구: 부천 새롬교회 중심", 제16회 소망포럼, 『지역교회의 선교와 목회의 구체화 및 미래 방향』(서울: 장로회신학대학교출판부, 2013), 83-90.

26 이원돈 목사는 그의 생명망 목회의 특징을 그의 박사학위논문에서 자세히 정리한다. 이원돈, 『지역연합 정신(local ecumenism)에 기초한 생명망(Web of life) 목회』(갈릴리 신학대학원 미출판 박사학위논문, 2014), 95.

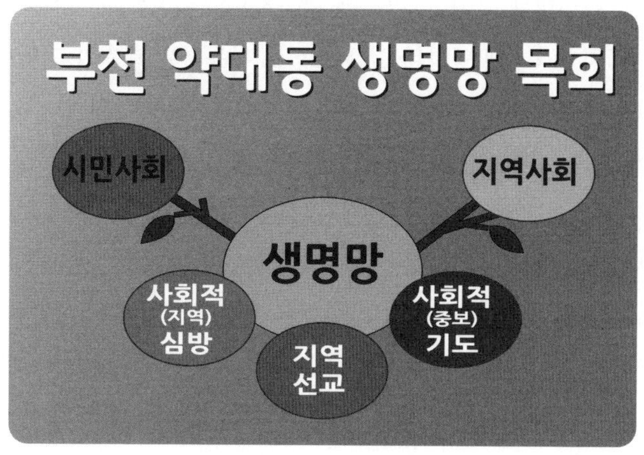

새롬교회는 이미 교회로부터 시작하여 지역주민들과 함께하는 '수요 인문학카페'와 여기에서 '인문학과 영상', '인문학과 여행' 그리고 '인문학과 협동조합'이라는 주제로 공부와 토론을 해 왔다. 또한 성서와 인문학을 연결하여 공부하면서 가족과 마을을 새롭게 발견했고 지속적인 대화를 통해 마을 협동조합 떡카페를 설립하여 운영하고 있다.

선교적 의미를 살펴보면, 새롬교회는 작은 교회지만 지역교회와 지역사회가 함께 하며 마을에 새로운 생태계를 조성하는 많은 중요한 활동을 수행하고 있다. 새롬교회는 목회의 방향을 초기부터 교회 울타리를 넘어 지역사회와 함께하는 많은 활동을 통해 사회적 인프라를 구축하는 데 두었다. 그리고 교회가 지역사회와 좋은 이웃으로 함께하며 교회 울타리를 넘어 지역사회의 필요를 발견하고 그것에 관하여 수시로 대화하며 소통의 관계를 형성해왔다. 이러한 지역사회와 연대, 활발한 소통, 협력은 교회와 마을이 더불어 살아가는 생태계를 조성하는데 큰 역할을 했다. 새롬교회는 작은 교회라는 특성 때문에 교회 안에 자원이 없다고 낙심하지 않고 오히려 작은 교회이기 때문에 더욱 교회 밖에 있는 자원들—기관, 시민단체, 지역 주민—을 적극적으로 활용하고 그들과 연대하여 작지만 지역사회에 영향력 있는 교회로 활동하는 계기가 되었다.[27] 이원돈 목사는 주민들과 소통하기 위해 부지런히 인문. 사회과학 서적들을 읽으면서 교회 밖에 있는 주민이나 시민단체 운동가들과 긴밀한 소통을 할 수 있는 '이중언어'를 활용하며 자신의 선교적 목회 리더십의 역량을 강화한다. 그의 선교적 목회 리더십의 영향은 이제 지역사회를 넘어 한국과 세계를 향해 소통과 협력의 범위를 확장하고 있다. 필자는 새롬교회를 수 차례 방문하고 연구하게 되면서 작지만 영향력 있는 교회의 모델로서 미국의 세이비어 교회를 잊고 부천의 새롬교회를 배우라고 소개하고 있다.

4) 섬김과 세워주는 리더십

선교적 목회 리더십의 네 번째 특징은 섬김과 세워주는 리더십이다.[28] 기존의 교회중심적 목회 모델에서는 목회자 중심의 리더십을 갖게 되지만 선교적 목회에서는 목회자와 성도가 동역자의 관계로 재설정된다. 특히 성장시대에는 목회자가 교회의 모든 활동을 주도하여 이끌고 성도들은 목회자를 돕는 자의 인식과 위치에 머물렀으며 이런 일방적 관계를 통해서 교회 안의 목회활동이 활성화 될 수 있었다. 그러나 이제 교회 문을 열고 지역사회를 목회 현장으로 확대하는 선교적 목회에서는 더 이상 목회자 중심의 리더십이 적합하지 않다. 선교적 목회에서는 목회자 역할과 함께 성도의 역할이 중요하기 때문이다.

---

27 이원돈, "도시 지역사회 선교와 목회 사례연구: 부천 새롬교회 중심", 제16회 소망포럼, 『지역교회의 선교와 목회의 구체화 및 미래방향』(서울: 장로회신학대학교출판부, 2013), 96-98.
28 장흥길. 임성빈 책임편집, 『섬김의 목회 리더십』(서울: 한지터, 2011).

선교적 교회에서 성도의 정체성은 더 이상 교회 안에서만 활동하는 교인이 아니라 교회와 사회를 연결하는 다리 역할을 하는 사람이다. 목회자가 교회를 소명의 현장으로 부름을 받았다면 성도는 세상을 소명의 현장으로 부름을 받았다. 성장시대나 교회중심적 목회 형태에서는 성도의 역할을 교회 안에서 발생하는 다양한 교회활동이나 소그룹 인도와 같은 목회활동에 부분적으로 참여하는 것이나 목회자를 돕는 역할로 한정지어 왔고, 모든 관심과 활동은 교회 자체에 집중되어 있었다. 그러나 선교적 목회에서는 목회자의 정체성을 성도를 돕는 자로서 새롭게 인식한다. 교회가 건물이나 규모, 조직이 아니라 성도와 성도의 공동체이기 때문에 교회를 온전히 세운다는 것은 성도를 세우는 일이다.[29] 그러므로 성장시대에는 목회자가 얼마나 큰 규모의 교회를 세우고 교회를 성장시켰는가 하는 것이 목회자의 역량이나 리더십을 측정하는 기준이었다면, 선교적 목회 리더십에서는 성도의 은사와 재능을 발견하여 교회 안에서 뿐만 아니라 그의 삶의 현장에서 기독교적 가치를 실천하면서 살아가는 성도를 양육하고 세워주는 일에서 목회자의 기쁨과 보람을 찾아야 한다.

공동체 안에서 어떤 사람이 중심에 서려고 하면 자연히 다른 사람은 주변에 머물게 된다. 그러면 공동체 구성원간의 관계는 중심과 주변부로 설정되고, 중심에 있는 사람이 주도적 역할을 하고 주변에 있는 사람들은 그를 따르는 수동적 위치에 머물게 된다. 과거에는 이런 형태의 리더십이 목회자 중심적 리더십으로 수행되어 왔다. 그러나 선교적 교회를 실현하는 선교적 목회 리더십에서는 리더의 역할에 대한 인식과 관점의 전환을 요한다. 진정한 리더는 자신이 중심에 서는 것이 아니라 다른 사람을 중심에 세우는 역할을 한다. 이런 리더십 형태에서는 공동체가 필요로 하는 역할은 다양하지만 모두가 주체적이며 능동적으로 참여한다.

---

29 평신도 신학에 대해서는 다음의 책을 참고하라. R. P. Stevens, *The Abolition of the Laity*, 홍병룡 역 『21세기를 위한 평신도 신학』(서울: IVP, 2001).

다른 사람을 세우는 리더십에서 목회자의 역할이 결코 약화되거나 소극적이 되지 않고 오히려 더욱 적극적인 참여가 요청된다. 목회자는 개인의 목회 비전에 사로잡혀 있는 것이 아니라 함께 공유한 목표를 향해 참여하는 성도들을 세심히 살피고 배려하며 그들의 재능과 은사를 발견하여 동기를 부여하고 격려함으로 성도를 교회와 하나님 나라 활동에 중심으로 세우게 된다.

이러한 리더십은 권위적이거나 수직적 관계가 아니라 예수님의 말씀대로 자신이 낮아지고 다른 사람을 섬기며 종이 되는 것을 통하여 실현할 수 있다. 예수님은 세속적 지도자와 제자들의 리더십의 차이를 분명하게 말씀하셨다. "너희는 그렇지 아니하니"(막 10:43)로 시작되는 제자도는 세속적 리더십의 형태와 구분되는 하나님 나라의 새로운 모습이었다. 선교적 목회 리더십은 세속적 권위가 아닌 사랑의 섬김으로 인정받는 권위를 통해 성도들과 지역사회에 영향력을 발휘한다.

필자가 13년 이상 선교적 교회를 실현하는 사례를 연구하면서 발견한 목회자의 공통적 특징은 성도를 세워 주체적으로 참여하게 하며, 나아가 지역주민을 전도의 대상이 아니라 상호 협력관계에서 그들 스스로 능동적으로 참여하게 하면서 관계를 형성하는 모습이었다. 그 목회자들에게서 권위적인 모습이 보이지 않았지만 성도들과 지역사회와 주민들에게 목회적 권위가 존중받고 있는 것을 볼 수 있었다.

결론

한국교회는 선교 초기부터 1990년까지 거의 100년이 넘는 기간을 지속적으로 성장해 왔다. 초대교회 시기의 박해와 핍박 속에서 오히려 신앙의 내면이 단단해졌으며, 경제적 빈곤과 정치, 사회적 어려움 속에서도 교회는 성장하였다. 한국교회는 고난과 시련 속에서 하나님을 만났기 때문에 이 하나님을 우리 민족과 국가의 주인으로 섬기는 믿음을 가졌으며, 교회는 오랫동안 우리 사회의 희망이기도 했다.

또한 우리가 겪었던 어려움과 같은 어려움을 현재 겪고 있는 세계의 다른 민족에게 복음을 전하려는 선교의 열정을 갖게 되었다. 130여 년의 짧은 한국교회 역사를 보면 기적과 같은 교회의 역사를 이루어 왔음을 알게 된다. 연약한 자를 통해 하나님의 일을 이루시는 하나님의 선교역사를 한국교회는 온 몸으로 경험하였다. 우리 시대에 하나님은 한국교회를 사용하여 세계선교를 이루신다고 확신한다. 이 사명을 감당하기 위해 건강하고 바른 교회가 세워져야 한다. 안정된 제도적 교회를 넘어 선교의 운동을 목회에 적용하는 선교적 교회 운동은 시대적 사명을 감당하는 생명력을 회복하는 계기가 될 것이다.

목회와 신학 인터뷰(2013년 3월호)

"선교적 교회론의 실천으로

한국사회의 신뢰를 회복해야 합니다"

"선교적 교회론의 실천으로 한국사회의
신뢰를 회복해야 합니다"

— 목회와 신학 2013년 3월호 —

일자: 2013년 1월 30일 수요일
장소: 장로회신학대학교
진행: 이창규 편집장
정리: 이동환 기자
사진: 정화영 팀장

근래 한국 교회가 정체기에 접어들면서 대안으로 선교적 교회론에 대한 관심이 높아지고 있다. 선교적 교회론은 무엇이며 한국 교회에 어떻게 적용할 수 있을까? 〈목회와신학〉은 장로회신학대학교의 한국일 교수(선교학)를 만나 선교적 교회에 관한 여러 가지 이야기를 들었다. 그는 선교적 교회에 대한 지대한 관심을 가지고 지난 10여 년 동안 선교적 교회의 토착화와 구체적인 적용 사례 발굴에 힘쓰고 있다.

○ 선교적 교회론이 태동하게 된 역사적, 신학적 배경은 무엇인가요?

역사적으로 유럽 지역은 313년 콘스탄틴 대제가 기독교를 공인한 후로 기독교 국 가가 되었고, 그 곳에서 태어난 사람은 크리스천이 되었기 때문에 서구 사회는 선 교의 필요성을 느끼지 못했습니다. 종교개혁 이후 개신교가 해외 선교를 하게 되었는데, 주로 비유럽 지역에서의 복음 전파 활동을 하고 교회가 없는 곳에 교회를 세우는 활동을 선교라고 생각하게 됩니다. 이것이 서구 교회 크리스텐돔의 유산에 서 비롯된 선교관입니다. 서구 교회는 교회가 직접 선교하기보다는 교회 밖의 선 교 단체나 선교에 관심 있는 개인 후원자들에 의해서 선교가 진행되고 있다고 볼 수 있어요. 유럽의 교회가 든든할 때는 기존 교회가 자기 구역의 성도를 잘 돌보는 일을 충실하게 해 왔지만 교회가 점점 쇠퇴하면서 이제는 유럽도 선교 현장이라는 사실을 인정하게 된 겁니다.

선교적 교회론은 영국의 선교학자인 레슬리 뉴비긴으로부터 시작됩니다. 그가 35 년간의 인도선교를 마치고 영국에 돌아왔는데, 영국 사회의 세속화에 충격을 받았 어요. 그는 다시 영국에서 유럽 지역을 선교하게 됩니다. 북미 선교학자들은 뉴비긴의 깨달음에서 영향을 받았습니다. 이들은 서구는 더 이상 선교하는 교회가 아니라 선교가 필요한 지역이며, 교회가 속해 있는 지역도 선교 현 장이라는 인식을 하게 되었습니다. 〈미셔널 처치〉 서문에서 대럴 구더 선교적 교회론을 연구할 때 기독교제국이나 크리스텐돔을 회복하려는 것도 아니고 교회 성장을 추구하는 다른 원리나 방법을 찾아내는 것도 아니며, 진지하게 교회가 속한 상황을 선교적 관점에서 반성하고 학문적으로 연구함으로써 바람직한 교회 운동과 선교 회복 운동이 합해져 시작된 것이 선교적 교회 운동이라고 말합니다. 과거 서구 교회는 기독교 문화였기 때문에 연구할 필요가 없었지만 더이상 기독교 문화가 아닌 비기독교 문화가 되었기 때문에 교회론적인 반성과 선교적인 반성, 그리고 문화적인 성찰이 같이 나타난 운동이라고 볼 수 있습니다.

○ **서구 사회의 선교적 교회론이 한국에 전해지면서 한국 교회와 선교에 어떤 영향을 미치고 있는지말씀해 주십시오.**

맥가브란이나 피터 와그너와 같은 1세대 선교학자들의 교회 성장 이론은 1990년대 이후 정체된 한국 교회 상황에 더 이상 영향을 주지 못하고 있어요. 게다가 한국 교회는 개교회 중심 구조에 교회 성장을 유일한 목표로 삼고 있는데 성장이 안 되니까 교회들이 힘들어 하는 거예요. 교회 성장의 정체 이유는 지역사회가 교회를 신뢰하지 않기 때문입니다. 교회성장운동 이론이 더 이상 적용되지 않는 상황에서, 교회가 지역사회에서 어떻게 선교하는 교회가 될 수 있을까를 고민하기 전에 선교적인 교회에 대한 새로운 발견이 필요했다고 봅니다.

한국 교회는 전도와 선교에 대해서 전통적으로 전도는 국내, 선교는 해외로 생각하잖아요. 본질적으로 전도는 복음을 전하는 행위 자체이고, 선 교는 예수 그리스도를 통해서 세상으로 파송하는 것을 의미합니다. 요한복음 20:21이나 17:18에 '아버지가 나를 세상에 보낸 것 같이 나도 너희 를 세상으로 보낸다'고 말씀하는데 '보낸다'라는 의미는 보다 넓은 의미를 가지고 있습니다.

한국 교회는 넓은 의미의 선교보다는 전도적인 교회라고 볼 수 있어요. 왜냐하면 비기독교 사회에서 교회가 시작되었기 때문에 서구 교회는 전 도가 필요 없었지만 우리는 처음부터 전도가 중요했습니다. 그래서 열심히 전도해서 교회를 개척하고 성장하는 것은 매우 필요했으며 바람직한 현상이었습니다. 그러다 보니 한국 교회가 선교적 교회의 측면에서 볼 때 좁은 의미의 선교관을 가지게 됩니다. 교회론도 교회에 와서 구원을 받 는다는 방주적인 교회관이기 때문에 교회론의 충분한 의미를 담지는 못하죠. 저는 방주적인 교회관이 반선교적 교회론, 지나치게 구원론에 집중 된 교회관이라고 생각해요. 교회가 지역 사회에서 사람들을 전도해서 교회로 데려오지만 정작 지역사회에 대해서는 관심이 없어요. 왜냐하면 지 역사회를 사탄이 활동하는 악한 곳으로 인식하니까요.

한국 교회가 선교와 전도가 분리된 교회관을 가지게 된 것은 선교와 전도의 개념을 오해한 데서 비롯된 것입니다. 교회는 여전히 전도의 열심을 가져야 하겠지만, 이 전도를 넓은 의미의 선교의 틀에서 어떻게 이해하느냐가 중요합니다. 저는 전도와 선교의 올바른 이해를 하나님의 선교에 서 찾습니다. 핵심적인 복음 선포도 여전히 필요하니까 선교와 전도의 관계를 잘 형성하고 교회론과의 관계도 잘 형성하여 그것을 세상과의 관 계에서 바로 세워나가야 합니다. 이를 통해 교회, 세상, 선교의 중요한 개념을 통합하는 선교적 교회론을 세울 수 있습니다.

한국 교회에서는 서구 교회와 달리 처음에는 모이는 교회의 의미가 중요했지만 지금에 와서는 이전의 패러다임을 넘어서서 교회와 세상을 연결 짓는 선교적 교회 패러다임으로 나아가야 한다는 의미로 이해됩니다.

한국 교회의 모든 신앙과 선교를 지배한 것은 개인 중심적인 신앙관과 교회 중심적인 선교 패러다임입니다. 이는 철저하게 개인 중심적인 신앙 이 되었고 일시적으로 사회와 분리된 교회의 모습으로 나타나게 됩니다. 서구 교회는 처음부터 그리스도인으로 태어나서 교회와 사회에 속해 있기 때문에 분리와는 관계 없죠. 그런데 한국은 타종교에 속한 상황에서 예수를 믿으려면 교회에 들어와야 했기 때문에 그런 과정적인 분리가 필요했어요. 문제는 교회가 계속 분리해서 사람들을 모으기만 하는 겁니다. 교회 안은 활발하고 성장하고 교인끼리는 하나님의 나라 잔치를 벌이 지만 세상과는 분리되었습니다. 이렇게 되면 교회 안에서 문제가 생기게 됩니다. 세상 사람들이 이해할 수 없는 교회 중심적인 행태를 만들어 내고, 세상과 단절되어 게토화 현상까지 초래해 세상이 교회를 어떻게 생각하는지는 전혀 고려하지 않고 교회 사역을 하게 됩니다.

결국 교회 세습과 같은 현상 등이 나타나게 되었고 교회가 다시 세상에 나가야 하는데 세상의 불신을 받아 힘들게 되었어요. 이를 극복하기 위해서는 전도 중심의 교회, 개인 중심의 신앙관에서 교회와 세상을 그리스도를 매개로 삼는 선교관을 회복해야 합니다. 그럴 때 교회다움을 회복할 뿐만 아니라 버려진 세상을 하나님의 나라로 회복하고 세상 안에서 교회 영향력을 회복하는 선교적 교회가 될 수 있습니다.

○ 선교적 교회론이 한국 교회에 구체적으로 어떤 모습으로 나타날 수 있을까요?

선교적 교회의 흐름의 또 다른 배경은 에큐메니컬 운동에서 나타납니다. 1968년 웁살라 총회에 제출했던 〈교회의 선교적 구조에 관한 연구〉 보고서는 교회의 구조가 선교를 막는 구조라는 점을 지적했습니다. 전형적인 크리스텐돔의 유산으로 형성된 교구 중심의 서구 교회에 대한 반성과 탈피의 노력은 이미 1960년대 중반에 서구 교회에서 형성된 선교에 대한 이해에서 시작하게 된 것입니다.

독일에 가보니까 독일 교회는 목회자가 지역사회에서 교회를 개척하는 게 아니라 이미 형성된 교구를 그대로 목회 합니다. 교구 중심적인 흐름을 탈피하려는 노력은 1960년대 중반 WCC를 중심으로 한 에큐메니컬 운동에서 선교적 교회론 운동의 일환으로 일어났어요. 이는 1952년도의 Missio Dei (하나님의 선교) 개념을 기초로 전 세계를 포괄하고 교회가 전 세계의 필요의 요청에 부흥해가는 하나님 나라의 선교, 하나님 나라를 구현하는 선교, 그 선교를 수행하면서 모든 서구 교회들이 내부 지향 중심의 교회 구조를 깨고 밖을 향해서 나가는 교회를 회복해야겠다는 본질 회복 운동으로 일어난 것입니다.

저는 선교적 교회에 대한 이론을 공부하면서 농어촌 교회 사례를 연구했습니다. 한국 사회에서 힘든 곳이 농어촌 지역이고 농촌 교회가 더 힘든 데 어떤 교회들은 목회자가 한 교회에서 10년 이상 오래 머무르면서 놀라운 변화가 일어나고, 교회가 지역사회를 완전히 바꾸는 사례들을 발견 했습니다. 농어촌 교회의 특징을 보면 지역사회가 교회를 관찰한다는 데 있습니다. 농촌 교회는 농촌 사회의 구성원으로 함께 살지 않으면 교회 존재가 불가능해집니다. 그래서 선교학적으로 교회는 지역사회를 전도의 대상이라고 생각하기 이전에 더불어 살아가는 이웃이라고 여기고 이들 과 더불어 살아가면서 이웃의 필요를 채우는 진정성을 가져야 합니다.

제가 2012년 선교적 교회 강좌를 통해서 선교적 교회를 실천하고 있는 12개 교회의 목회자들을 모시고 매주 한 교회씩 강의를 부탁했습니다. 강 의를 들으면서 놀랐던 것은 이분들이 선교적 교회에 대한 이론은 모르지만 선교적 교회가 추구하는 내용을 이미 실천하고 있었다는 것입니다. 대표적 사례 중의 하나가 아산 송악교회였습니다. 박원순 시장이 이곳의 마을 만들기 운동을 보면서 '내가 여기에서 대한민국의 희망을 보았 다'고 표현했습니다. 마을의 변화를 위한 주요한 지적 수준, 동원력, 재정적인 자원이 교회에 있었습니다. 그리고 한국의 지역사회는 교회가 참 여하지 않고는 변화시키기 어렵다는 사실도 발견했습니다. 서울에서도 덕수교회가 마을 만들기를 할 때 서울시에서 파송한 사람과 덕수교회가 같이 마을 만들기를 했어요.

○ **한국교회의 상황에서 선교적 교회를 이루기 위해 가장 중요한 것은
　무엇이라고 생각하시는지요.**

　　저는 선교적 교회 이론을 이미 건강하게 목회하는 교회를 해석하는
틀로 사용했어요. 그래서 이런 교회에 선교적 교회론의 의미를 부여했지
요. 교회는 저를 통해서 이론적 기반을 갖게 되었고 저는 이론을 적용할
현장을 만난 겁니다. 하나님의 선교를 이루고 있는 교회를 통해서 선교
적 교 회론과 부합되는 교회들을 봤어요. 제가 그 교회들을 통해서 발견
한 원리는 한국처럼 체계가 세워지지 않은 상황에서는 목회자의 리더십
이 가장 절대적인 위치를 차지한다는 것입니다.

　　첫째, 신학적인 관점에서 목회자의 교회관이 방주적인 교회관이 아
닌 선교적인 교회관입니다. 한남제일교회의 오창호 목사는 '나는 이 교회
담 임목사가 아닌 이 지역의 마을지기다'는 관점에서 목회했어요. 이것이
선교적 교회관이지요. 이 분은 지역 주민 자치위원회 위원장도 역임했
고, 구 청과도 협력해서 지역사회의 유익을 위해서 교회를 움직였어요.
양수리 국수교회의 경우는 교회관을 넓혔습니다. 교회가 속해 있는 6개
리가 다 교회라고 선포했어요. 저는 그것을 '확장된 교회론'이라고 명명
했습니다. 이는 교회가 예산을 6개의 리를 위해 쓰겠다고 선포하면서 교
인들의 교회관을 지역사회로 확장시켜가는 것입니다. 그리고 교회 건물
을 지역사회와 공유하는 공간으로 지어서 지역의 음악공연과 같은 문화
행사를 개최하고 지역사회에서 합창대회를 하면 교회 성가대도 동참하
는 등 지역 주민과 더불어 살면서 교인들도 지역사회를 바라보는 시야가
넓어지게 된 것입니다.

　　둘째, 목회적인 관점에서 평신도와 동역하는 목회를 합니다. 전남 완
도의 성광교회는 평신도 중심의 교회로 지역사회에 큰 영향을 끼칩니다.

교 회에 20개의 위원회가 있는데 이들이 지역사회의 필요성을 직접 채우는 겁니다. 평신도들이 지역사회가 도움이 필요한 부분을 인식하고 담임목 사에게 건의하고 승낙을 얻어 위원회를 조직해서 활동합니다. 담임목사의 역할은 예배를 잘 인도하고 신학적으로 교인들이 교회를 통해서 지역 사회에서 활동할 수 있게끔 역량을 키워주는 것입니다.

셋째, 목회자의 진정성입니다. 성장주의를 지향하는 교회는 진정성이 없어요. 이런 교회는 지역사회에 접근할 때 목적으로 전략적으로 접근합니다. 그런데 지역 사회는 교회의 행동을 다압니다. 안성의 율현교회의 경우 담임목사의 진정성이 교회 내부 뿐만 아니라 지역사회 와 막힌 담을 허물고 소통하게 된 좋은 사례입니다.

담임 목사님이 그 교회에 처음 갔는데 예배당이 비만 오면 물이 새고 교인들은 패배의식에 젖어 있었어요. 무엇보다 심각한 것은 목회자에 대한 불신이었습니다. 기껏 해야 반년이면 목사가 다른 곳으로 가겠지 하며 마음 문을 닫고 있었어요. 그래서 이분은 우선 교회를 떠나지 않고 성실하 게 목회하면서 장로들과 계속 대화를 시도했습니다. 결국 교인들의 마음 문이 열렸고 다음으로 교회의 낡은 예배당을 작고 예쁘게 새로 지었더니 교인들도 교회에 대한 자부심을 갖게 되었습니다. 그래도 마을 사람들은 교회에 대해서 냉담했어요. 그래서 어떻게 하면 지역 마을사람들과 관계를 회복할까 고민하다가 마을 사람들을 초청해 갯벌에 가서 조개잡이 활동을 시작했어요. 그것이 마을 사람들과 인격적으로 만나게 된 첫 접촉점이었습니다. 마을 어른이 많고 심심하니까 조개잡이라는 작은 접촉점을 통해서 교회가 지역사회와 관계를 회복하고 지역사회를 변화시키고 교회도 성장하는 결과로 이어졌습니다.

○ 도시에서는 어떻게 선교적 교회의 이론과 새로운 교회관이 영향을 미칠 수 있을까요?

　도시 교회는 여건상 선교적 교회를 실현하기 어렵습니다. 무엇보다 교회들이 경쟁하는 구조이며 아파트를 비롯한 거주지가 밀집되어 인구밀도가 높고 여러 교회들이 가까이 있다 보니까 개교회의 생존을 우선하게 됩니다. 교회관과 선교관은 무너지게 되고 자본주의 시장 원리의 지배를 받 을 수밖에 없습니다. 목회자도 목사의 생존이 가장 절실한 문제가 되고 선교적 교회론을 적용하기 어려운 구조가 되는 것입니다.

　한남제일교회나 은평구의 상암교회의 경우는 아파트가 없는 주택가 지역입니다. 저의 앞으로의 연구 과제는 아파트 지역의 교회들이 선교적 교회론이 제시하는 이론들을 어떻게 적용하고 실천할 것인가 입니다. 도시에서 실현가능한 선교적 교회 중에서 개교회의 협력을 통한 지역 복음화가 좋은 모델이 될 수 있습니다. 가령 후암동 9개 교회는 지역에 있는 다양한 교파 교회들임에도 목사님들이 친하게 지내고 개교회가 아닌 지역사회에 초점을 두어 선교, 복지, 목회를 협력하는 모델로 좋은 사례입니다.

○ 한국 교계가 최근 목회자의 윤리선언을 비롯한 교회세습반대 운동을 전개하는 등 교회의 자정을 위한 노력을 하고 있는데요, 선교적 교회론의 관점에서 볼 때 어떤 의미가 있다고 보시는지요?

　교회론의 첫 출발은 교회의 자기반성입니다. 교회가 왜 세상으로부터 불신을 받았는가에서 출발하기 때문에 자정활동의 시작입니다. 기 존의 교회 중심의 성장 운동은 자기반성을 찾아볼 수 없습니다. 왜냐하면 교회성장이 선(善)이기 때문입니다. 수단과 방법을 가리지 않고 교회를 성장시켜야 하기 때문입니다. 그러나 선교적 교회론은 교회 성장이 목적이 아니라 교회가 본질에 부합하는가가 중요합니다. 이는 종교개혁자들이 우리에게 전해준 "교회는 항상 개혁되어야 한다"는 원리에서도 나타납니다. 교회가 개혁되어야 교회의 본질을 회복할 수 있습니다. 교회의 본질 자체는 선교적 능력이 있습니다. 가령 바른 그리스도인을 보면 나도 온전한 그리스도인이 되고 싶습니다. 좋은 교회가 있으면 그런 교회에 보내고 싶어합니다. 그런 교회가 선교적인 능력을 가지고 있습니다. 그렇기 때문에 선교적 교회론은 저절로 교회 개혁을 이끕니다.

선교적 교회론의 입장에서 볼 때 지역사회에서 교회는 어떤 책임을 져야 하며, 그러한 책임을 한국사회 내에서 어떻게 감당할 수 있을까요? 선교적 교회론은 지역사회를 하나님의 선교 현장이라고 봅니다. 지역사회는 정죄의 대상이 아니라 하나님이 사랑하는 곳입니다. 사랑의 눈으로 지역사회를 보면 지역사회의 필요를 생각하고 접근하게 됩니다. 대부분은 복지로 접근하지만 다문화, 결손가정, 학교문제, 장애인 등 다양한 지역사회의 필요를 교회 문제로 보고 책임 의식을 가지고 접근하는 것입니다. 그러나 한국교회는 유럽의 교회와는 달리 개교회라는 약점이 있습니다. 아무리 교회가 커도 한국 사회 전체를 대상으로 하는 한국 교회의 역할이 없습니다. 지역교회가 최선을 다하면 지역사회를 변화시키는 역할을 하지만 한국사회 전체를 상대하지는 못합니다. 이는 교회의 연합 기구를 통해서만 가능합니다. 이 부분에 있어 한국 교회가 매우 취약합니다. 독일은 '에카데'(EKD 독일개신교)라고 하는 전체 교회가 속한 교회 기구가 사회에 대한 책임 의식을 가지고 중요한 발언을 하고 정부가 나가야 할 정치적 방향을 제시한 후 정책에 대한 비판적인 참여도 합니다. 모든 지역교회가 독일개신교회가 지향하되 어떻게 동참해야 하는지에 대한 방향을 제시하기 때문에 독일 개신교회는 독일사회에서 이미지가 분명합니다. 그런데 한국 교회는 그런 매체가 없습니다. 한국사회의 이미지를 바꾸려면 전체 교회가 연합해야 하는데 아직은 요원한 것으로 보입니다. 우리는 연합 의식이 너무 부족하거든요.

○ **한국 교회가 선교적 교회론을 통해서 얻을 수 있는 유익과 기대효과에 대해 정리해 주십시오.**

한국 교회가 얻을 수 있는 유익은 첫째, 그동안 교회와 선교를 분리했고 교회는 전도를 통해서 성장시키고 선교는 해외의 활동으로 이해했던 기존의 선교론에 대해 올바른 선교론을 정립할 수 있게 된다는 것입니다. 둘째, 그동안 한국 교회는 지역사회를 전도 대상으로만 봤지, 하나님의 선교 현장으로 보고 더불어 살아가는 이웃으로 보지 않았습니다. 이 점에서 선교적 교회론은 지역사회와 함께하는 교회론과 선교론을 확립해 지역사회와 교회의 단절되고 분리되었던 관계를 회복할 수 있게 하는, 다시 말해 지역사회에 대한 새로운 발견을 하게 합니다. 셋째, 교회 중심적 패러다임은 필요한데 교회 중심적 패러다임이 교회 이기주의를 초래했어요. 그리고 그것을 고착시킨 것이 개교회주의예요. 그래서 선교적 교회는 세상을 위해서 존재해야 하는데 활동은 세상을 위해 하면서도 실상 교회는 자기중심으로 살았던 모순이 있었던 것이죠. 그래서 선교적 교회론을 통해서 교회의 활동 이전에 교회가 세상과 함께하고 세상을 위해 존재한다는 원론적인 이해를 통해서 활동해야 해요.

결국 세상과 함께하는 교회가 되어야 하고 더 확장되어 선교적 그리스도인까지 되어야 하지요. 교회 단위로 보면 지역사회가 한계이지만 그리스 도인으로 볼 때는 세계가 눈에 들어옵니다. 그러면 기존의 교회는 훈련시켜서 나가서 전도해서 교회로 데려오는 것이 기껏 전도훈련이었지만 선교적 그리스도인으로 볼 때는 교회 안에 모이기는 하지만 선교적 마인드로 삶의 현장에 나가지요. 전도도 하지만 자신의 전공 분야와 직업적 소 명과 이웃과의 관계와 삶을 통해서 지역 단위를 넘어서 한국과 세계에 살아가는 그리스도인들이 머무는 곳마다 하나님 나라에 대한 증언과 실천 이 일어나면 이것이 바로 선교적 교회의 궁극적인 목표가 됩니다.

에베소서 4장 12절에 목회자의 역할이 성도를 준비시켜서 봉사하게 하고 그리스도의 몸을 세운다고 했는데, 여기서 '그리스도의 몸'은 개교회를 가리키는 게 아니라 공교회를 지칭하는 거예요. 그리스도의 몸인 공교회는 눈에 보이는 교회만을 세우는 것이 아니라 흩어져 사는 모든 사람들 이 몸으로 살아가는 것 자체가 그리스도의 몸을 세우는 것이죠. 그렇게 되면 그리스도인을 통해서 놀라운 영향력이 한국사회에 나타난다고 생각 해요. 저는 이것이 선교적 교회론의 최종 목표라고 봅니다. 지역 교회 차원을 넘어서 모든 성도들이 선교적 그리스도인으로 살아가는 삶으로 나타나야 합니다.

○ **선교적 교회로 나가기 위해 목회자들은 무엇을 먼저 실천해야 할까요?**

목회자에게는 기존 목회에 대한 성찰이 있어야 합니다. 예로 지방의 한 교회가 전에는 농촌교회였는데 사람들이 계속 유입되면서 지금은 준도시로 바뀌었어요. 교회 목사님이 농촌교회로 시작해서 열심히 사역했는데 환경이 바뀌었지만 정작 목사님의 목회가 바뀌지 않았어요. 결국 그 목 사님이 변화한 환경에 적응하지 못하니까 교회를 떠나버리더군요. 이러한 예처럼 지역사회의 변화에 대해 목회자는 교회다움의 회복을 위한 철 저한 성서연구와 신학적인 작업을 해야 합니다.

한국 교회의 희망과 절망이 목회자들에게 달려 있다고 해도 과언이 아닙니다. 서구 교회는 조직이 끌고 나가기 때문에 목회자가 바뀌어도 변화가 없어요. 그런데 한국 교회는 목회자에 따라서 많은 변화가 있기 때문에 목회자가 어떤 관점과 태도를 가지고 어떠한 리더십을 발휘하느냐에 따라 교회가 새로워지기도 하고 교회의 문을 닫기도 합니다. 목회자 한 사람이 교회를 새롭게 하고 지역사회를 새롭게 할 수 있기에 목회자에 대한 재교육이 절실히 요구됩니다.

본 서에 실린 글의 출처

제1장 선교적 교회를 위한 신학적 토대: 하나님 나라와 교회, 하나님 나라를 위한 성도의 은사 및 사역 개발 - 지역사회의 봉사활동에 지역교회 성도 참여 활성화를 위한 사역 및 은사 개발을 통한 선교전략연구 - 제13회 소망신학포럼(2011), 『한국교회 성인양육』(서울: 장로회신학대학교, 2011), 17-45.

제2장 선교적 관점에서 본 지역교회의 선교적 역할, 『교회와 신학』 제80집(2016), 424-447.

제3장 한국적 상황에서 본 선교적 교회: 지역교회를 중심으로, 『선교와 신학』 제30집(2012), 75-117.

제4장 마을 만들기와 지역교회의 선교적 역할, 『마을 만들기와 생명선교』, 호남신학대학교 학술발표회 논문집, 제16집(2013), 93-122.

제5장 선교적 교회의 실천 모델과 원리: 한국교회 현장으로부터 배우는 선교적 교회, 『선교신학』 제36집(2014), 355-402.

제6장 선교(mission)와 목회(ministry)의 만남: 선교적 교회에서 본 지역교회의 선교적 의미, 『교회와 신학』 80집(2016. 2. 28, 발행예정).

제7장 복음전도와 공적 책임: 선교적 교회의 실천을 위한 신학, 『공적 신학과 공적 교회』(서울: 킹덤북스, 2010), 167-222.

제8장 온 신학에서 바라본 선교적 교회를 위한 통전적 관점, 2015년 제6차 온 신학회 전문위원 세미나. 일시: 2015. 12. 14(월), 16:00-19:00, 장소: 장로회신학대학교 세계교회협력센터 새문안 홀.

제9장 루터의 소명론에 대한 선교적 해석과 적용: 선교적 그리스도인, 『장신논단』 4904호(2017, 12월호), 309-336.

제10장 선교적 교회 실천원리로서 "선교적 목회"(misisonal ministry)에 관한 연구, 『선교신학』 Vol. 54 (2019), 378-411.

제11장 선교적 목회 리더십, 뉴저지 주예수 교회 주관 선교적 교회 세미나 강연문(2015).

부록 "선교적 교회론의 실천으로 한국사회의 신뢰를 회복해야 합니다." 『목회와 신학』 인터뷰 (2013년 3월호).